다큐멘터리
중국현대사 1권

머리말

아편전쟁(1840~42년)을 기점으로 하여 급전직하 패망의 길을 줄달음질친 청조(淸朝)는 마침내 손문의 11번째 봉기인 신해혁명(1911년)으로 그 막을 내리지만, 대륙을 진감시킨 격동의 중국현대사는 신생공화국 중국의 운명을 고난의 가시밭길로 몰아간다.

본기획 <다큐멘터리 중국현대사>는 아편전쟁으로부터 중국공산당의 대륙 석권(1949년)에까지 이르는 파란만장한 100년간의 중국현대사를 각종 자료를 동원, 사건 위주로 재구성한 것이다.

여기에 주가 된 자료로는 <장개석 비록>(산케이 신문 발행)이다. 이 자료는 특히 중화민국 및 중국국민당에 파일된 공적 문헌을 비롯, 장개석이 남긴 기록과 저작물, 일본 외무성의 외교사료관, 동양문고, 방위청 전산실의 자료 등을 풍부히 활용한 것으로, 처음으로 공개되는 극비문서도 적지 않게 포함되어 있어 자료적 가치를 아울러 인정받고 있는 책이다.

이밖에도 <현대 중국의 정치와 인물>(彼多野乾一著), <Battle Hymm of China>(Agnes Smedley 著) 등을 비롯하여 중국현대사에 관한 권위있는 저작물을 기본자료로 하여 일관성 있게 엮었지만, 각 필자, 저자들의 정치적 입장에 따라 편향된 시각들을 되도록 객관화시키는 데 힘썼다.

중국의 현대사는 그 내용의 방대함과 흐름의 복잡다기함으로 인해 일반인으로서 접근하기에는 아무래도 부담스러운 감이 없지 않다. 본서는 이러한 난점을 해소하고, 중국사를 이해하고 그에 대한 인식을 깊게 하고자 하는 이들을 위해 현대 중국의 100년에 걸친 역사를, 주요 사건의 고리를 연결해가면서 종래의 역사서와는 다른 관점으로 서술한 것이다.

따라서 중년 이상의 분들 그리고, 학생과 젊은이들까지 재미있게 읽어나가는 동안에, 접근하기 어려운 방대한 중국현대사의 주된 흐름을 파악할 수 있도록 했다.

이 책이 중국현대사, 나아가서는 동양의 근현대사에 대한 독자들의 인식을 깊게 하고, 오늘의 역사적 상황을 보다 명확히 파악하는 데 조금이라도 도움이 된다면 더 이상 바랄 것이 없겠다.

서문당 편집실

✽ 다큐멘터리 중국 현대사 / 차례

제1부 비극의 중국대륙————7

제1장 내란으로 점철된 청조말기 · 9
1. 아편전쟁에서 영국에 패배 · 9
2. 일본의 대륙 침략 야욕 · 16
3. 반목하는 한(漢)·만족(滿族) · 30

제2장 청일전쟁에서 대패 · 33
1. 일본군에 포위된 조선왕궁 · 33
2. 인천 앞바다의 포연 · 46
3. 북양함대 전멸! · 54
4. 폭락하는 대국(大國)의 줏가 · 61

제3장 아시아 대륙, 비극의 서막 · 72
1. 의화단의 난 · 72
2. 노일전쟁의 발발 · 79
3. 청국(淸國)의 낙일(落日) · 92

제4장 손문의 혁명행각 · 105
1. 청국공사관에 감금된 손문 · 105
2. 역사적 흥중회 결성 · 124
3. 런던에서 구상한 삼민주의 · 136
4. 혁명군의 2차 봉기 · 152

제2부 혁명의 새벽————————163

제5장 신해혁명의 태동 · 165
1. 비밀조직 '동맹회'의 결성 · 165
2. 대륙 각지에서 잇달은 혁명의 횃불 · 177
3. 비극적 실패로 끝난 10차봉기 · 196

제6장 신해혁명(辛亥革命) · 211
1. 혁명의 새벽을 알리는 일발의 총성 · 211
2. 각지에서 혁명에 호응 · 228
3. 동북 3성에 대두한 장작림 · 234
4. 다시 등장한 원세개 · 246
5. 열강 6개국의 동향 · 261

제7장 청조의 최후 · 278
1. 남경으로 개선한 손문 · 278
2. 청조의 멸망 · 288
3. 원세개의 대총통 취임 · 295
4. 노·일의 야욕 · 302

제3부 중화민국의 시련———317

제8장 원세개의 야망 · 319
1. 당소의 내각의 퇴진극 · 319
2. 피로 물들인 독재정권 · 324
3. 높아가는 원세개 타도의 소리 · 332

제9장 2차혁명의 불길 · 339
1. 무력탄압에 나선 원세개 · 339
2. 동북 3성과 세계대전 · 349
3. 혁명군의 군함탈취 · 355

제10장 원세개의 최후와 군벌의 할거 · 371
1. 전국을 휩쓴 토원(討袁)의 바람 · 371
2. 원세개의 죽음 · 382
3. 북양군벌의 분열 · 384
4. 일본의 산동반도 출병 · 392

제11장 호법전쟁(護法戰爭) · 398
1. 중화민국 군정부 수립 · 398
2. 호법전쟁의 발발 · 404
3. 5·4운동의 불길 · 416
4. 진형명의 반란 · 420

제4부 중국공산당의 출현──441

제12장 중국공산당의 출현 · 443
1. 중국공산당의 창립 · 443
2. 제1차 국공합작(國共合作) · 454
3. 폭로된 영국의 음모 · 468
4. 제1차 동정(東征) · 473
5. 손문의 죽음 · 477

제13장 국민정부의 수립 · 491
1. 합의제에 의한 국민정부 · 491
2. 북벌을 위한 준비 · 497
3. 국민당의 내분 · 503

제14장 국·공의 갈등 · 508
1. 두 파로 분열된 국민당 · 508
2. 중산함 사건 · 518
3. 북벌—혁명전쟁 · 525
중국현대사 연표(1884~1926) · 552

1

비극의 중국대륙

제1장 내란으로 점철된 청조말기

1. 아편전쟁에서 영국에 패배

1984년에 일어난 두 사건

중화민국이 근대국가로서의 기초를 세우고 개국을 선언한 것은 1911년 1월 1일이다.

그 전해인 1910년 10월 10일, 무창(武昌)에서 거병하여 성공한 신해혁명(辛亥革命)이 중화민국 탄생의 시발점이 되었다.

이보다 앞서, 청조를 쓰러뜨리고 공화제에 의한 정부를 수립하려는 혁명이 손문(孫文)에 의해 착착 진행되고 있었다. 손문이 처음으로 혁명조직인 흥중회(興中會—國民黨의 전신)를 미국 호놀룰루에서 결성한 것은 1894년의 일이다. 손문의 지도에 의한 혁명의 거병은 다음해인 1895년 10월의 제1차 광주봉기(廣州蜂起)를 비롯하여, 10회에 걸친 계획과 실패를 거듭한 끝에 11번째인 무창 봉기에서 마침내 성공하여 신해혁명으로 역사에 기록되었던 것이다.

흥중회가 창립된 1894년은 마침 청국과 일본과의 사이에 청일전쟁이 한창이던 때였다.

중국의 진로를 결정한 흥중회의 결성과, 일본의 장래를 결정지은 청일전쟁이 같은 해에 일어났다는 것은 단순한 우연의 일치라고는 할 수 없다. 당시 아시아에서는 그렇게 될 수밖에 없는 역사적인 필연성이 존재하고 있었던 것이다. 즉 세계의 정세와 당시 중·일 관계가 신해혁명을 촉발시킨 셈이었다.

근대화의 시련 겪은 중국

청조 말기의 중국은 19세기 중엽 이래 5차례의 대외전쟁에서 잇달아 실패했다.

아편전쟁(1840~42년), 애로전쟁(영·불 연합군과의 전쟁, 1858~60년), 중·불 안남전쟁(淸佛戰爭, 1884~85년), 청일전쟁(1894~95년), 8국 연합군과의 전쟁(義和團 사건, 1900년) 등 5차례에 걸친 전쟁이었다.

그 결과 중국은 속령(屬領)을 잃었으며 국토는 할양되고, 허다한 이권을 빼앗기게 되어 나라의 경제는 파탄지경에 빠지게 되었다. 뿐만 아니라 갖가지 불평등조약으로 인해 족쇄와 수갑을 찬 꼴이 되어 중국민족은 일찍이 없었던 국난을 맞게 되었던 것이다.

이에 대해 장개석은 다음과 같이 말한다.

"19세기는 아시아 민족에게 가장 위험한 시기였다. 그러나 동시에 부흥을 위한 가장 좋은 기회였다고도 말할 수 있다. 특히 1840년(아편전쟁) 이래 서구 열강들은 아프리카를 분할하여 식민지화한 후 그들의 관심을 동방으로 돌리게 되었던 것이다. 그들에게 최초의 대상이 된 것은 중국과 일본이었다. 특히 중국은 넓은 영토와 풍부한 물자, 그리고 많은 인구로 하여 열강의 아시아 침략에 제1목표가 되었다. 이리하여 19세기 중국의 역사는 제국주의의 쟁탈과 침략을 위한 역사의 장으로 화하고 말았다.

그러나 19세기 후반 아시아 각국의 '행'과 '불행'은 나라에 따라 하늘과 땅만큼이나 차이가 있었으며 행운을 잡은 나라는 나날이 발전하여 강대해졌

▶ 18세기 후반 영국에서 일어났던 산업혁명의 여파가 겨우 동양에 미친 것은 이 시기였다. 산업혁명에 의해 확립된 자본주의 경제는 공업원료의 확보, 무역시장의 확대를 둘러싸고, 선진제국은 후진국에 대해 지배체제를 확립코자 광분했다. 중국도 일본과 같이 쇄국정책으로 이에 맞섰다. 국내의 봉건경제체제가 외국의 자본주의 경제에 의해 붕괴되는 것을 원치 않았기 때문이다.

다. 일본이 그 한 예이다. 이에 반해 불행한 나라는 거듭되는 열강들의 침략으로 인해 수없이 많은 치욕을 겪어야만 했다. 중국이 바로 그랬다."

아편전쟁 발발

중국의 대외무역은 광주(廣州) 한 항(港)에 한했으며, 청조의 허락을 받은 영국 동인도(東印度) 회사가 주로 상권을 쥐고 있었다. 중국의 수출품은 차(茶)·견직물 등이고, 수입품은 인도산 면화와 영국제 모직물·면제품 등이었다. 중국의 자급자족 경제는 수입품을 그다지 필요로 하지 않아 자연 수출초과 상태를 유지했다. 지불에 사용된 은은 계속 중국으로 흘러 들어갔다.

이 같은 상태를 타개하기 위해 동인도 회사는 아편무역을 하게 이르렀다. 영국의 지배하에 있는 인도에서 아편을 재배해 중국으로 수출하는 방식으로서 18세기 말에 시작했는데, 이것이 영국의 대중국 무역 역조를 극적으로 전환시켰던 것이다.

1831년에는 결국 중국 측이 수입초과가 되어 국내의 은이 이번에는 해외로 유출되기에 이르렀다. 한때는 국가 총수입의 80%에 해당하는 은이 해외로 빠져나가는 사태까지 벌어져 중국의 경제는 위기에 직면하고 민생은 도탄에 빠지게 되었다. 더욱이 아편 흡연으로 인한 해독은 눈뜨고 볼 수 없는 참담한 상태였다.

청조는 공식적으로는 아편의

아편재배 : 중국은 아편수입에 의한 무역역조로 열하성(熱河省) 등에서 아편을 재배하고 전매제도를 도입했다.

수입과 흡연을 금지시키고(1796년) 있었으나 적극적인 방어에 나서지 않았다. 그러다가 1838년에 이르자 이 문제에 강력히 대처하고 나섰다.

청조에 의해 광주로 파견된 임칙서(林則徐)는 이듬해 1839년 3월, 영국영사와 아편상인을 감금하고, 아편 2만 상자(연간 거래량의 약 1/2에 해당하는 양)를 폐기처분하고 말았다. 이에 대해 영국은 다음해 원정군을 파견, 1841년부터 42년에 걸쳐 하문(廈門)·주산(舟山)·영파(寧波)·상해(上海)·진강(鎭江) 등을 공략하고 남경(南京)을 향해 진격해 갔다. 이것이 아편전쟁이다. 청조는 이 전쟁에서 패해 남경조약을 체결했다(1842년 8월 29일).

이것이 중국에 있어서는 최초의 불평등조약으로써 그 내용은 다음과 같다.

1. 광주·하문·복주(福州)·영파·상해의 5개 항을 상항(商港)으로 개항하고, 아울러 영국영사의 주재를 허용한다.

2. 홍콩을 영국에 할양한다.

3. 중국은 2천 1백만 냥의 배상금을 4년에 걸쳐 지불한다.

4. 행상제도(行商制度—허가받은 상인만이 수출입업을 할 수 있는 제도)를 폐지한다.

5. 전쟁기간 중 영국인과 내왕·교제를 한 자들의 죄를 문책하지 않는다.

6. 영국 상인이 수입세(5%)를 납부하면 중국 내의 다른 세관을 통과할 때 다시 세금을 부과시킬 수 없다.

7. 중국·영국 관공서의 왕복문서는 대등한 양식으로 한다.

무거운 세금에 시달리는 민중

남경조약에 의해 중국의 자급자족경제·농업경제는 급속한 본질적인 변화를 강요당했다.

　결정적인 불이익을 가져온 것은 관세의 자주권을 상실했다는 것과, 수출입 관세율을 일률적으로 5%로 결정했다는 데 있었다. 더구나 영국인이 총세사(總稅司—세관장)로 임명되자 외국인에게는 관세를 감면해 주는 등의 폐단이 나타나기까지 했다. 게다가 영국인은 1회만 관세를 납부하면 이후 국내에서는 세금 없이 장사를 할 수 있는 데 비해, 중국인의 경우는 국내에서도 2중 3중으로 세금을 물어야만 했다. 그 결과 수입만이 보호되고 수출은 막대한 지장을 받을 수밖에 없었다. 자주권을 잃어버린 협정관세가 보호관세의 기능을 할 수 없음에 따라 중국의 주요산업은 압박받고 국가의 재정수입도 급속히 감소되어 갔다. 반면에 개항한 5개 항구에서는 외국자본이 상업지역을 형성하여 그들이 경영하는 상공업의 근거지가

남경조약: (상) 남경조약의 계기가 된, 영국군의 광동 침입. 영국해군의 맹공으로 1841년 광동이 영국군에게 점령되었다.
(하) 남경조약의 조인: 중국 최초의 불평등조약인 남경조약이 1842년 8월 29일 영국함대 콘홀리스호 함상에서 조인되었다.

되었다.

중국 고래의 상공업은 피폐되어갔으며 실업자의 증가도 피할 수 없었다.

외교면에서 볼 때 남경조약은 다른 열강들로 하여금 영국과 동등한 지위를 요구하는 데 있어 더없이 좋은 구실을 주었다. 그리하여 미국은 망하조약(望廈條約, 1844년)에 의해, 프랑스는 황포(黃埔)조약(1844년)에 의해 각기 영국과 같은 특권을 손에 넣었다.

1845년에는 영국이 상해에 조계(租界)를 설치함에 따라 각국이 앞을 다투어 조계를 두기 시작했다. 이 조계란 중국영토이긴 하나 중국의 주권(행정권·사법권 등)을 행사할 수 없어 외국의 영토나 다를 바가 없는 지역을 말한다. 그 후 천진조약(1858년 영국·미국·프랑스·러시아와 체결), 북경조약(1860년 영국·프랑스·러시아와 체결)에 의해 천진·남경·한구(漢口) 등도 개항하지 않을 수 없게 되자, 열강의 조계는 중국을 잠식하는 기지 역할을 했다.

세계정세를 너무 몰랐던 청조

중국에서는 예로부터 가까운 나라에 대해서는 '예(禮)'를, 먼 나라에 대해서는 '덕(德)'을 대외정책의 기본으로 삼아왔다. 중국의 세계관은 한마디로 천조자거(天朝自居―자기 나라가 세계의 중심이란 뜻) 사상이며, 외국은 모두 번방(蕃邦―오랑캐 나라)·번속(蕃屬―보호 속국)으로 간주되었다. 서구의 문화·전통·생활양식·종교가 중국의 그것들과는 판이하게 다르다는 사실을 전혀 모르고 있었을 뿐만 아니라, 양(洋)의 동과 서가 관념대립의 세계라는 인식이 거의 없었다. 물론 세계정세에 대해서는 무지에 가까웠으며, 문을 굳게 걸어 잠근 채 외국과의 왕래를 금하고, 외국의 우수한 문화를 인정하려 하지 않았다. 특히 외국사절의 입국까지 허용하지 않아, 이 시대의 외교문제는 말단의 출장기관에서 제멋대로 처리하여 정부에까지 보고되지 않는 경우가 대부분이었다.

이 같은 쇄국상태가 남경조약에 의해 깨뜨려지면서 서구문명의 직격탄을 맞게 된 청조는 그 무지로 인해 정치·경제·외교 각 방면에서 실패를 거듭한 끝에, 대외적으로는 세계의 흐름 속에서 고립되었고, 대내적으로는 민중으로부터 버림받았던 것이다.

청조(1616~1912년)는 남만주에서 일어난 왕조였다. 중국의 전 왕조인 명(明, 1368~1644)이 내란으로 멸망의 길을 치닫고 있을 때, 이를 틈타 북경을 함락시키고 1644년 이래 중국대륙을 지배해 왔다.

청의 국제(國制)는 명의 것을 그대로 이어받은 것이었으나, 군주 전제는 한층 더 강화된 것이었다. 청조는 또한 편협하고 종족관념이 강해 지배자인 만주족과 피지배자인 한족을 엄격히 구분, 차별정책을 취했다. 만주족 중심의 군사력으로 각 민족을 억압했으며, 특히 한인들의 활동을 고압적으로 탄압했다.

이 같은 정치가 오래 지속될 리는 만무했다. 말기에 이르자 정치는 문란해지고 관료들은 부패해갔다. 게다가 군대까지 부패하여 병란이 잇달았으며 민심이 이반하여 국력은 쇠퇴일로를 걷고 있었다. 사정이 이와 같았으므로 남경조약이란 굴욕적인 '국치(國恥)'에 대해서도 청조는 이미 저항할 힘조차 없었던 것이다.

남경조약의 체결은 민중의 불만을 더욱 들끓게 하였으며, 침입하는 영국세력에 대해 민중은 무력으로 저항하기 시작했다. 그러자 청조는 군대를 동원하여 이러한 민중의 저항을 탄압했다. 그 결과 외세에 향해졌던 민중의 울분은 청조의 횡포로 쏠리게 되었다.

13년간이나 계속된 태평천국(太平天國)의 난(1851~1864)이 일어난 것은 이 같은 상황 하에서였다. 홍수전(洪秀全)이 이끄는 태평천국은 인간평등의 가치를 내걸고 한때는 남경을 점령할 만큼 강대한 세력을 자랑했으나, 중국의 전통문화와 사회배경 등에 대한 그릇된 인식으로 말미암아 결국은 민중으로부터 소외당하여 실패로 끝나고 말았다.

그러는 동안 대외적으로는 '애로 호(Arrow號) 사건'이 발생, 영·불 연합군과의 전쟁(애로 전쟁)이 일어났다. 중국은 이 전쟁에서도 지고 말았다. 이 패전은 천진조약·북경조약으로 발전했으며, 중국의 대외적인 지위는 더욱 격하되었다.

천진·북경 두 조약에 의해 중국은 양자강 연안의 항구를 개방하지 않을 수 없었으며, 구룡(九龍)을 영국에 할양하고 기독교의 포교를 허용한데다 아편수입까지 정식으로 인정하는 등 대폭적인 양보를 강요당했다.

▶ **애로 전쟁** 1856년 10월, 중국 광주 부두에 정박 중인 영국 국적의 애로 호 선상에서 중국인 수부를 청나라 관헌이 해적혐의로 체포한 것이 발단이 되어 일어난 사건이다. 전부터 청조에 대해 양자강의 개방을 요구해왔던 영국은 같은 이해관계에 있던 프랑스와 결탁하여 이 사건을 구실로 전쟁을 도발했다. 이는 남경조약을 개정하려는 의도에서였다. 1858년에 개전하여 일단 천진조약을 체결하고 정전했으나, 청국정부가 이의 비준을 거부하는 바람에 다시 전투가 벌어져 영·불 연합군이 북경을 점령하는 사태로까지 발전했다. 그 결과 1860년 10월, 천진조약에 또 다른 조건이 붙은 북경조약이 체결되었던 것이다.

2. 일본의 대륙 침략 야욕

병자(病者) 위에 올라타려는 일본

이 시기에 청조는 일본과 수호조약을 체결했다.

1870년(明治 3년) 일본의 외무대신 야나하라 마에미쓰(柳原前光)가 청조를 방문, 16개조로 된 조약 원안을 제시했다.

청조는 현 상태로서도 통상에 그다지 지장이 없다고 보아 새삼스레 수호조약을 체결할 필요가 없다고 판단했다. 야나하라는 재삼 조약의 체결을 간청했으나 청조는 교섭에 응하지 않았다.

이듬해 6월, 일본의 대장대신(大藏大臣) 이다치 마사시로(伊達宗城)를 전권대사로 하고 야나하라를 부전권대사로 하는 일본의 교섭단이 다시 중국을 방문하여 이홍장(李鴻章)[1]과 교섭을 시작했다. 이때 청조는 지난해 일본 측이 제시한 조약 원안을 참고로 한 새로운 초안을 내놓았다. 그러나 그 1년 동안 중국에 대한 국제정세는 일변해 있었다. 서구열강의 무력에 굴복하여 체결한 불평등조약이 중국의 숨통을 죄고 있었다. 이러한 사정을 누구보다도 잘 아는 일본은 지난해 제시했던 조약 원안을 일방적으로 대폭 수정하여, 서구 열강과 체결한 조약에 유사한 특권을 요구하고 나섰다.

즉, 야나하라는 이홍장의 보좌역인 응보시(應寶時)와 진흠(陳欽) 2인에게 다음과 같은 서한을 보냈던 것이다.

'…국가간의 교제에 있어서는 어떤 나라에 대해서나 획일적이어야 한다. 스스로 조약을 파기하고 다른 나라에 휩쓸리는 특별한 예를 만들어서는 안 된다. …더욱이 조약은 서구 제국과 체결한 그것과 경중의 차가 있어서는 안 된다. 만일 우리와의 조약이 무거운 비중을 차지하면 서구 제국으로부터 큰 반발을 살 것이고, 반대로 가벼우면 그들이 일본을 얕보게 될 것이다. 지금 양국은 서구 국가들의 주목하는 바가 되고 있으며, 경중의 차가 난다면 여러 가지로 문제가 발생할는지도 모른다.'

말하자면 서구 열강의 간섭을 이유로 내세워 서구와 맺은 동등

---

1. **이홍장**(1823~1901) 청말의 외교정치가. 태평천국을 토벌하여 명성을 얻고 직례총독(直隸總督)·북양대신(北洋大臣)·내각태학사(內閣太學士) 등을 역임했다. 청일전쟁 후 시모노세키(下關) 조약 등을 마무리 짓는 등 다난한 외교절충에 공을 세웠다. 직례란 북경이 위치한 하북성(河北省)을 말한다.

한 불평등조약을 강요했던 것이다.

응보시와 진흠은 당연히 이에 반박하는 서한을 보내 일본의 비위를 추궁하고 나섰다.

'…조약이 서구 제국과 동일하지 않음은 귀국이 중국과 지극히 가까운 위치에 있기 때문이다. 양국 사이에는 일본의 선박뿐 아니라 중국의 선박도 왕래하고 있다. 이쪽에서 가는 배는 없고 저쪽에서 오기만 하는 먼 태서(泰西―서양)의 나라와는 상황이 판이하므로, 조약은 총괄적인 문안으로 공평하게 만들기만 하면 되는 것이다.

…중국에는 원래 본건에 대해 기정적인 견해가 없었다. 사람에게 성의를 다하면 이에 대한 보답이 반드시 있어야 한다는 것이 중국의 태도이다. 이 같은 조약은 중국이 희망한 것이 아니라 귀측이 원해서 16개조의 조문을 제시하고 토의를 요청해온 것이다. 이중에는 타협에 이르지 못한 조항이 몇 있으나 아직 연구해볼 여지가 있는 것이다.

그런데 이번에 제시된 초안을 보면 서구 열강과 중국 사이에 체결된 조약문을 주워 모아 일본에 가장 유리한 것만을 선정, 대폭 개서한 것임을 알 수 있다. 이것은 작년에 제시된 원안과는 전혀 모순된 것인즉, 귀국은 작년에 제시한 문안을 검토도 하지 않은 채 폐기하겠다는 의사인가? 그렇다면 교섭도 하기 전에 신뢰를 저버린 처사가 아니겠는가?'

1천 년 만의 국교정상화

이러한 교섭이 오간 다음에 중국 측의 주장이 받아들여져 1871년 9월, 청일수호조규가 조인되었다. 이로써 894년 일본의 견당사(遣唐使) 파견이 중지된 이래 약 1천년 만에 중·일 양국간의 국교가 정상화된 셈이었다.

이 조약은 확실히 평등·호혜의 정신으로 일관된 것으로, 이 정신은 중·일 양국이 제휴함에 있어 언제나 기초가 되어야 하는 조건이었다. 그러나 일본 측에서는 이 조약의 내용이 청국에 너무 많은 양보를 했다는 논란이 일어 정치문제로 발전, 조인은 했으나 그 비준에 많은 시간을 소모했다.

특히 문제가 된 것은 전체적으로 청국의 원안에 의존했다는 점과, 제2조에서 '한 나라가 타국으로부터 부당한 취급을 받았을 때는 서로 돕는다.'는 것은 군사동맹이 아니냐고 의심받은 점, 그리고 제11조 '상호 왕래함에 있어 도검류(刀劍類)의 휴대를 금지한다.'는 조항은 일본인에 대한 모욕이 아니냐는 점 등이었다.

중국과 일본 사이에 대만문제가 거론된 것도 이때였다.

1871년(메이지 4년) 가을, 태풍을 만난 유구인(琉球人) 어부 66명이 대만에 상륙했던 일이 있었다. 그런데 그중 54명이 원주민에게 피살당하는 사건이 일어났다. 일본은 이에 대해 '일본국민이 살해되었다'고 청조에 항의하며 대만에 대한 출병 구실을 만들려 했다.

당시 유구는 청조로부터 칙명에 의해 책봉 받고 조공을 바치는 한편 일본에 예속되어 있는 묘한 상태에 있었다.

일본이 유구열도를 정벌하여 복속시킨 것은 1609년이라고 한다. 그로부터 유구는 내정에 있어서는 일본의 지배를 받고 해마다 연공도 바쳤으며, 민간의 풍습도 점차 일본화되어 갔다. 그러나 다른 한편으로는 1372년(남북조시대) 이래 중국을 종주국으로 모셔 2년에 한 번씩 조공을 바치고 있었고, 당시 유구국 국쇄도 청조로부터 받은 만주문자로 새겨진 것이었다.

유구와 일본의 관계는 중국과 문제를 일으키지 않으려는 일본의 속셈에 따라 비밀에 붙여져 있었고, 중국 사신이 유구를 방문할 때는 일본인들이 산중으로 피신하고, 일본 화폐나 말의 사용이 금지되는 웃지 못 할 사태가 벌어지곤 했었다.

일본, 대만에 출병

대만사건에 대한 일본의 항의는 1873년 6월, 청일수호조규 비준서를 교환하기 위해 청국으로 건너간 일본 외무대신 야나하라가 청국 총리아문 대신(외무대신) 모창희(毛昶熙)에게 이 문제를 거론함으로써 시작되었다.

모창희는 이에 대해 다음과 같이 답변했다.

"대만 원주민이 유구인을 살해한 사건에 대해서는 이미 듣고 있었으나 일본인을 살해했다는 얘긴 듣지 못했다. 원래 그 2개의 섬(대만과 유구)은 우리의 속령으로서, 우리 속령에서 벌어진 사건에 대한 재판은 우리 정부에서 할 것이다. 우리들은 유구인에 대해 이미 보상을 했으므로 이는 귀국이 관여할 문제가 아니다. 따라서 그런 문제는 거론할 필요가 없다."

야나하라는 그렇다면 왜 살인한 대만인들은 처벌하지 않는가라고 반문했다. 그러자 모창희가 다시 답변했다.

"살인을 한 자는 대만에 거주하는 원시족이다. 이들은 청나라 입장에서 본다면 외화(外化—중앙의 통제를 받지 않는 지역)에 속하므로 철저하게 추궁하지 않는 것이다. 일본의 에소(蝦夷), 미국의 인디언들도 아직 왕화(王化—국가의 정치)에 따르지 않고 있잖은가? 이는 어떤 나라에도 있는 일이 아닌가?"

야나하라는 마지막으로 다음과 같이 말했다.

"살인을 한 원주민에 대해 귀국은 아무런 조치도 하지 않는다고 했다. 이는 마치 아이들(국민)이 살해되었다는데 이를 불문에 붙이는 부모(국가)와 같은 경우이니, 아이들이 어떻게 안심하고 살 수 있겠는가? 따라서 우리나라는 살인을 자행한 대만인들을 취조하여 처리하겠다. 귀국과는 우호관계에 있기 때문에 이러한 사실을 사전에 통고하는 것이다."

일본 외무성에 남아 있는 당시의 기록을 보면 '화외'를 두고 논쟁을 벌였으며, 나아가 이 사건을 구실로 삼아 대만침략에 나설 야심을 품었던 것이다. 당시 일본 내에서는 대만출병에 대해 찬반 양론이 엇갈렸으나, 논쟁 끝에 육군중장 사이고 쓰구미치(西鄕從道)를 위시한 강경파의 의견이 우세하여 1874년 5월, 마침내 대만출병에 나서고 말았다.

청조가 범한 2가지 실패

결국 일본은 대만에 출병했다. 사이고 육군중장은 대만 원주민에 대해 다음과 같은 고시문을 선포했다.

"대일본 육군중장 사이고는 대만 원주민에게 고한다. 작년 해난을 만나 상륙한 우리 유구인을 살해한 것은 잔학무도한 범죄로서, 이보다 더 큰 죄는 없을 것이다. 본관은 이에 일본국 천황의 위명을 받들어 그 죄를 문책하려고 왔으나, 죄인들이 이미 잘못을 깨닫고 우리 군문에 무릎을 꿇었으므로, 이를 불쌍히 여겨 용서함과 동시에 천황의 배려로 천수를 바랄 뿐이노라. 더욱이 청국과의 강화에 합의하였으므로 대만에서 철수 할 것이나, 그대들은 청국의 교화를 받들어 비록 삼척(어린아이라는 뜻)이라 할지라도 살인의 죄를 범하지 말 것을 특별히 당부하는 바이다."

이 고시문을 보더라도 일본군의 오만과 대만 원주민에 대한 경멸의 태도를 여실히 알 수 있다.

이 같은 일본의 대만출병은 당시 주청(駐淸) 영국공사 토마스 웨이드의 주선으로 중·일 북경전약(專約)이 체결됨에 따라 가까스로 결말을 보게 되었다.

'대만 원주민이 일본국의 속민 등에 함부로 해를 끼쳤기 때문에 일본국은 끝내 출병하여 원주민 등을 문책했다' 는 전문으로 된 이 전약은 일본의 대만출병을 정당행위로 인정하는 결과가 되었으며, 중국이 은 50만 냥의 보상금을 지불하는 선례를 남겼다.

이 전약으로 말미암아 청조는 2가지 실수를 범하고 말았다. 하나는 전문에서 유구인을 '일본국 속민'이라고 표현했기 때문에 유구가 일본에 속한다는 것을 인정한 셈이고, 다른 하나는 일본의 대만출병을 정당한 행위를 인정했기 때문에 자국 영토에 상륙한 외국군에 대해 배상금을 지불한 지극히 어리석은 전례를 만들었다는 사실이 곧 그것이다.

▶ 일본 측에서 보면 이것은 당연히 외교상의 승리로서, 이후 일본은 유구에 대해 청국으로 보내던 조공사의 파견금지, 칙명에 의해 왕을 봉하던 책봉제도도 금하는 한편, 청나라와의 관계를 청산하도록 요구했다. 1879년(메이지 12년)에는 유구 내의 반대세력을 숙청하고 유구번을 폐지한 다음 오키나와 현을 설치하기에 이르렀다.

다음으로는 조선침략에

청나라를 종주국으로 하는 또 하나의 국가인 조선에 대해서도 일본은 침략의 야심을 품고 서서히 접근해가고 있었다.

1868년(메이지 원년) 일본은 대마도 번주(藩主)인 종중정(宗重正)을 시켜 최초의 사절을 조선에 파견, 일본에 왕정복고가 이루어졌다는 사실을 통고함과 동시에 수교할 것을 요청했다. 그러나 조선의 섭정 대원군(大院君)은 그 요청을 거부했다. 조선 역시 쇄국정책을 쓰고 있었던 것이다.

일본의 수교요청이 일언지하에 거절된 데는 그보다 다른 이유가 있었다. 그것은 일본에서 보낸 국서(國書) 중에 '대일본황제'니 '봉칙(奉勅)'이니 하는 말이 들어 있었는데, 이는 청나라와 조선의 종주 관계를 무시하는 태도였다. 조선은 이에 용납할 수 없다는 태도를 보였다.

얼마 후 1870년과 1872년 두 번에 걸쳐 일본은 다시 사절을 보냈지만 수

운양호의 한국침범: 조약채결을 강요하며, 함재포로 강화도를 맹폭격하고 육전대를 상륙시켜 약탈을 강행한 운양호(1875년 9월 20일)

교의 목적을 달성할 수 없었다. 이렇게 되자 일본 내에서는 사이고 다카모리(西鄕隆盛)를 중심으로 하는 정한론(征韓論)이 일어났다.

1875년 9월, 일본 군함 운양호(雲揚號)가 조선 서해안의 강화도 부근에서 해안선을 측량하는 등의 시위행위를 감행했다. 조선의 포대에서는 이에 대해 포격을 가했으나 오히려 일본군의 반격을 받아 점령당하고 말았다. 일본은 이를 기화로 군함 6척을 이끈 구로다 기요타가(黑田淸隆)를 전권대사로 내세워 수교를 강요했다.

그러나 대원군은 '조선은 중국의 종속국이므로 독자적으로 수교를 맺을 수 없다'면서 거절했다. 이리하여 일본은 조선과의 수교 문제를 풀기 위해 청국을 협상 상대로 삼을 수밖에 없었다.

이듬해 1월, 일본 외무성 대보(大輔) 모리 아리노리(森有禮)가 북경을 방문하여 총리아문인 공친왕(恭親王—청조 9대 咸豊帝의 아우)과 만나 조선 문제를 담판했다. 이때 공친왕이 중대한 실언을 하고 말았다.

"조선은 중국에 예속되어 있지 않다"

공친왕은 조선의 지위에 대해 다음과 같이 답변했다.

"조선이 중국의 속국이라고는 하지만 그 땅은 원래 중국에 예속되

어 있는 것이 아니다. 따라서 중국은 지금까지 조선의 내정에 강제로 간섭한 일이 없다. 또한 외국과의 교섭에도 조선은 자주적으로 처리해 왔다."

모리는 이 말을 붙잡고 늘어졌다. 그는 총리아문에 대해 정식으로 조회하는 한편, '조선은 독립국가로서 일본과 조선의 관계는 청·일 수호조규의 구속을 받지 않는다'고 성명했다.

공친왕은 '조선은 중국의 속국이다'라고 말한 사실을 강조하면서, 청·일조규 제1조의 '양국에 속한 영토에 대해서는 서로 존중하고 추호도 침범치 않으며…'에 해당하는 사항이라고 주장했다. 몇 차례의 협상 끝에 모리는 최후로 '조선은 독립국은 아니지만 자주국이다'라는 선에서 인정하고, 내정·외교면에서 모두 조선과 직접 담판하겠다고 주장했다. 이리하여 강화도조약(정식명칭은 병자수호조규)을 체결하기에 이른 것이다.

이 조약의 포인트는 제1조에서 '조선국은 자주국으로서 일본국과 평등한 권리를 보유한다.'고 하여 중국의 종주권을 공식으로 부인한 데 있다. 그와 동시에 조선은 부산·인천·원산의 3개 항을 개항하고, 일본의 영사재판권과 무관세 무역을 인정하게 되었다. 청조가 열강에게 강제당한 것과 같은 불평등조약을 조선은 일본에 의해 강제 당한 것이다.

이 조약에 의해 일본은 조선을 침략하기 위한 실마리를 잡은 셈이었다. 후에 일어난 청일전쟁(甲午戰爭)도 따지고 보면 강화도조약이 그 출발점이었던 것이다.

소련도 중국 침략에 한몫

당시의 중·소 관계를 간략히 살펴보자.

청국과 러시아가 최초로 체결한 조약은 1689년(元祿 2년)의

'네르친스크 조약'이다. 이 조약에 의해 양국의 국경은 안정되어 있었으나, 아편전쟁에서 중국의 패전을 지켜본 러시아가 이윽고 영토적 야심을 드러내기 시작했다. 1858년(安政 5년), 러시아는 흑룡강 일대를 강점하고 아이훈(愛琿) 조약을 체결했다. 이로써 러시아는 흑룡강(아무르 강)을 양국의 국경으로 하고 우수리 강 이동의 지역을 중·소 공동관리 하에 두어, 러시아의 세력이 북만주에까지 뻗치게 되었다. 청조는 이것을 인정치 않으려 했으나, 2년 후 북경조약을 체결할 때 결국 이를 승인하지 않을 수 없었다. 그 결과 중국은 흑룡강 이북과 우수리 강 이동의 지역을 합하여 모두 270만㎢(한반도의 14배)의 광대한 영토를 잃고 말았다.

당시 러시아의 외교는 영국이나 프랑스와 같이 무력을 사용하여 항복을 받아내는 방법을 사용하지 않고, 감언이설과 협박으로 기정사실을 쌓아올려 이를 인정케 하는 술법을 취했다. 예를 들면 청조가 영국이나 프랑스에 대해 원한과 공포심을 품고 있을 때, 이를 이용하여 조정해준다는 명목으로 중국으로부터 양보를 받아내곤 했던 것이다.

이상이 당시 중국을 둘러싼 대체적인 국제정세였다.

중국의 몸부림

국내정세도 비길 데 없이 혼란스러웠다. 태평천국의 난을 전후하여 염비(捻匪)의 난(산동·강소·안휘·하남성 등지), 회(回—위구르)의 반란(신강성 등지), 묘족(苗族)의 반란(대륙남서부 일대) 등이 잇달아 일어났다. 1850년~73년까지의 23년간은 전국 18성(省) 전역에 걸쳐 전쟁으로 인한 파괴행위가 벌어졌다. 청조는 대외정책뿐만 아니라 국내의 정치·경제·사회 등 전 부면에 걸쳐 극심한 위기에 직면하고 있었던 것이다.

이와 같은 시기에 등장한 것이 양무운동(洋務運動—자강운동)이었다. 중국번(曾國藩)[2]·이홍장·좌종당(左宗棠)[3] 등에 의해 주로 추진되었다. 그 직접적인 동기는 애로 전쟁 때 직접 본 서구 열강의 막강한 군사력에서 받은 자극이었다. 특히 함선의 스피드, 총포의 도달거리 등에서 서구의 우수한 병기는 중국 재래의 그것을 완전히 압도했던 것이다. 따라서 서구 열강에 맞서기 위해서는 우수한 함선과 총포가 무엇보다 필요하다는 점을 뼈저리게 느꼈다. 그래서 내건 슬로건이 '사이장기 이제이(師夷長技以制夷)' 라는 것이었다. 말하자면 '서구의 우수한 기술을 배워 그것으로 서구를 제압한다.' 는 뜻이다. 이리하여 중국의 개혁론자들은 서구의 기술·문물을 도입하는 데 서두르게 되었다.

이러한 자강운동은 대개 3단계로 나눌 수 있다.

제1기는 1862년부터 12년간으로, 과학지식의 도입과 무기제조에 주력한 기간이다. 북경에 동문관(同文館—관립 외국어학교)을 세우고 구미지역에 유학생을 파견하는 한편, 상해에 광방언관(廣方言館—외국어학교)과 역서국(譯書局)을 설립했다. 또한 복주(福州)에 조선소, 천진·강남(江南)에 무기창, 대고(大沽)에 포대를 구축함과 동시에 탄광개발에도 나섰다.

제2기는 1875년에서 84년까지 약 10년간으로, 서양식 군사훈련과 국방을 위한 철도·통신망의 정비를 서둘렀다. 여순을 군항으로 정비하고 정원(定遠)·진원(鎭遠)과 같은 대형군함을 수입하기도 했다. 해외유학생도 군사·조선 같은 분야에 치중했으며, 주로 영국·프랑스·독일로 파견하고 있었다.

2. **증국번**(1811~72) 청말의 군인·정치가. 태평천국의 난 때 의용군(湘軍)을 조직, 청조를 구했으며, 양무운동에 진력하여 동치중흥(同治中興)을 이룩한 공신임. 고문(古文)·송학(宋學)을 배워 당대 일류의 문인·학자였다.

3. **좌종당**(1812~85) 청말의 군인·정치가. 회(回)와 묘족의 반란을 평정했다. 1866년에는 양무운동의 일환으로 복주(복건성)에 중국 최초의 조선소를 건립했다.

제3기는 1885년에서 청일전쟁 발발(1894년)까지의 10년간으로, 이 기간에는 국력배양과 경공업 발전에 주력했다. 제사(製絲)·방적공장 등이 건립되었으며, 북양함대(北洋艦隊)도 이때 발족되었다.

이러한 자강운동은 표면적으로 보기에는 신지식·과학기술의 도입으로 성공한 듯했다. 그러나 거기에는 기본적인 결함이 있었다. 곧, 새로운 국가체제에 대한 인식부족이 그것이었다. 2천 년래의 보수사상에서 탈피하지 못한 채, 근대국가로서의 제도적인 개혁은 전혀 이루어지지 못한 상태에 있었던 것이다. 더욱이 고루한 사상에 젖어 있던 당시의 지도자들은 눈으로 보이는 무기의 우열은 이해할 수 있었지만, 서구 열강의 부강함을 뒷받침해주는 정치·법률·교육·사상과 같은 분야에 대해서는 무지에 가까웠던 것이다.

군벌만 키워놓은 자강운동

당시 청국이 서구지식을 받아들이는 자세가 얼마나 어설픈 것이었나는 다음의 일화를 보더라도 명백히 알 수 있다.

청조가 미국으로 유학 보낸 학생들을 감독하기 위해 관리를 파견한 적이 있었다. 그런데 그 관리는 유학생이 자기에게 무릎을 꿇고 인사하지 않았다는 이유로 즉각 귀국시키고 말았다는 것이다. 또한 상해의 역서국에서는 30여 년에 걸쳐 수백 종의 외국도서를 번역, 출판했음에도 불구하고 팔린 책의 권수는 고작 1만 3천 권뿐이라는 기록도 있다.

이 자강운동(양무운동)이 남긴 반갑잖은 유산으로는 지방 군벌(軍閥)만 키워 놓았다는 점을 들 수 있다.

청조의 세력이 쇠퇴일로를 걷고 있을 때 지방호족들은 자위를 위한 사병을 조직하고 무장시키기 시작했다. 열강은 이러한 호족들의 사병조직을 측면에서 지원했다. 호족의 지배하에 있는 지역에서 이권을 따내려는 속셈에서였다.

나중에 중화민국이 성립된 후, 이 신생국에 엄청난 시련을 안겨주었던 지방군벌들은 이렇게 하여 생겨난 것이다.

중국의 양무와 일본의 유신

양무(洋務)운동의 시기는 일본의 '문명개화' 시기와 일치한다. 무력을 앞세운 서구 열강의 침략에 위협을 느끼고 시작되었다는 점에서도 일본과 마찬가지다.

태평천국의 난이 일어났다는 소식이 일본에 전해진 지 오래지 않은 1853년에는 일본에도 흑선(黑船—서양군함)이 나타나, 이듬해에 미국·영국과, 1855년에 러시아와, 1856년에는 네덜란드와 각각 화친·통상조약을 체결하여 쇄국정책을 끝막음했다.

중국에서 애로전쟁이 일어나고 태평천국의 난이 진압되었을 무렵, 일본에서는 메이지 유신(明治維新)이 단행되었으며, 청일수호조규(1871년), 대만출병(1874년), 강화도조약(1876년) 등이 뒤를 이었다.

일본의 메이지 유신(維新)과 중국의 양무운동은 출발은 같았으나, 그 진행과정과 결과는 너무나 다르게 나타났다. 이에 대해 장개석은 다음과 같이 분석하고 있다.

―일본의 도쿠가와 막부(德川幕府)가 정권을 천황에게 되돌려준 뒤 메이지 유신에 의해 건국·건군의 근대화 운동이 일어난 것은 1870년 이후의 일이다. 이 시기는 중국에서 자강운동이 일어난 양무시대와 일치한다. 일본과 중국 두 나라가 서양화·부국강병책을 쓴 것은 같은 시기였으며 경과도 일견 흡사한 바 있다. 그럼에도 불구하고 일본은 도약하여 아시아 유일의 강국이 되고, 우리 중국은

여전히 약소국으로 허덕이다가 급기야는 열강에 의한 분할이라는 재난을 연이어 입게 되었던 것이다. 이유가 뭔가?

…일본의 유신을 주도했던 이토 히로부미[4]는 각국의 군정을 시찰한 다음 귀국하자 내각을 조직하고 헌정(憲政)을 실시했으며, 군정을 확립했다. 같은 시기에 중국의 이홍장도 양무 담당의 중신이자 태학사(太學士—각료 직명의 하나)로서 외국의 정세를 시찰했다.

이토가 착안한 것은 정치·헌법·경제·사회조직·군사제도·과학정신으로서, 이를 기초로 한 건국·건군의 원대한 계획부터 먼저 수립해 나갔다. 이토는 '먼저 원대한 것을 세운다.'는 말의 의미를 알고 있었던 것이다. 이리하여 일본의 건국·건군은 처음부터 기본적인 정신에 입각하여 유신의 기초를 튼튼히 다졌던 것이다.

이에 반해 중국의 이홍장은 사이장기 이제이(師夷長技以制夷)라는 관념에 빠진 나머지 서양에 대해서는 다만 대포의 위력과 소총탄의 정교함, 기계의 우수성 그리고 대오를 짜고 행진하는 군대의 모습만을 따오면 더 이상 필요한 것은 없다고 생각했다. 또 그는 '중국에 대포와 기선만 있으면 서양인은 감히 손을 내밀지 못할 것'이라고 믿어 의심치 않았다. 건국의 대책(大策)과 학술문화의 근본계획, 그중에서도 과학적인 기본정신에 대해서는 전혀 관심이 없었다.

때문에 그가 양무(洋務)에 담당했던 몇 십 년의 세월 동안 한 일이라곤 서양의 고문을 불러다가 군대를 서양식 총검술로 훈련시킨 외에, 관세제도의 도입과 기계제조국의 설립, 조선창 건립, 해운국·광산국을 창설한 것이 고작이었다.

그 결과 해군은 청일전쟁이 일어나자 황해해전에서 완패했고, 육

---

4. **이토 히로부미**(1841~1909) 메이지 유신 후 메이지 헌법을 기초하고 초대 수상이 되었다. 청일전쟁 후 시모노세키 조약 체결 때 전권대사, 한일합병을 주동하고 을사보호조약을 강제로 체결시킨 후 초대 조선통감으로 취임. 1909년 10월 26일, 하르빈 역무에서 안중근 의사에게 피살되었다.

군도 조선에서 패했으며, 관세 자주권도 외국인의 손에 넘어가고 말았다. 실로 내우외환이 겹친 상태에서 연이어 재난을 당하여 반신불수의 꼴로 전락했던 것이다.

이홍장과 이토의 우열은, 이로써 보면 문자 그대로 운니(雲泥)의 차이가 있다고 하겠다. 〈건국사업은 기초부터(1966년 9월)〉

3. 반목하는 한(漢)·만족(滿族)

한족 천하를 두려위한 만주족

중국이 일본과 달리 개혁에 실패한 또 다른 이유는 민족 간의 갈등에 있었다. 특히 소수민족인 만주족이 정복왕조로서 한족을 지배함에 따라 민족 간의 반목질시는 국가발전에 커다란 장애가 되지 않을 수 없었다.

당시 한족과 만주족 사이에는 엄격한 차별이 있었다. 만주족 지배자들은 한족을 두고, 동족이 아닌 노예로서 배척하는 정책을 취했다.

청조에서는 오직 광서제(光緒帝)[5]만이 한인을 중요시했으나, 정치적 실권을 가진 자희태후(慈禧太后—西太后)의 압력으로 한인을 중용하고 정치를 개혁할 만한 권한을 마음대로 행사할 수 없었다. 일본의 메이지 천황이 막부로부터 정권을 되찾은 후, 정치를 주도하면서 마음대로 인재를 발탁, 기용한 것에 비하면 입장이 크게 달랐던 것이다.

이에 관해 손문이 총리 시절에 다음과 같이 말한 바가 있다.

---

5. 광서제(1871~1908) 청조 11대 황제. 4세에 즉위. 조부인 9대 함풍제의 첩실로 동치제(同治帝)의 생모인 서태후의 섭정 하에 있었다. 17세에 친정을 시작한 후, 계속 서태후의 영향 하에 있다가 서태후와 충돌, 종신 유폐된 채 병사했다.

"청조 말기에 그들(만인)은 이미 자기네 힘으로써는 어찌할 도리가 없다는 것을 알고 있었지만, 그러나 천하가 한인들의 손아귀로 돌아 가는 것을 두려워한 나머지, 차라리 친구에게 줄망정 자기네 머슴에 게는 주지 않는다는 속담처럼 중국의 영토와 주권을 모조리 외국에 게 넘겨주고 말았다"

청조의 정치가 서동(徐桐)[6]은 변법운동(變法運動)[7]에 극력 반 대, 설사 나라가 망하는 일이 있더라도 변법을 해서는 안 된다는 공 언을 서슴지 않았다. 변법은 한인에게는 이익을, 만인(滿人)에게는 해가 된다는 유언이 나돌기도 했으며, 광서제까지도 '중국의 예법 을 파괴하여 만인의 권세를 위태롭게 하는 것'이라고 말하기도 했 다.

이와 같은 정세 하에서는 한족 인재는 배척받을 수밖에 없었으 며, 이홍장이 양무, 외국과의 교제를 확대하고자 하면 즉각 한간(漢 奸—중국에 대한 배신자)으로 몰아대는 형편이었다.

외세의존이 부른 중·노밀약[8]

국내의 사정이 이러했으므로 청조는 자립·자강보다는 외세에 의 존하여 난국을 헤쳐 보려는 방향으로 나갔다. 이러한 노선이 자멸 의 구렁텅이로 제 발로 걸어 들어가는 결과를 가져다주었다. 중국 은 예로부터 외교의 대강으로 '오랑캐로써 오랑캐를 제압한다.' 는 전통을 갖고 있긴 했다. 그러나 그런 묵은 외교 전략이 각박한 군함

---

6. **서동**(1819~1900) 광서제의 스승. 청말에 태학사(각료)가 되었다. 청조의 보수파의 기수로서 광서제의 정치개혁에 반대하고 의화단을 지지했다. 의화단사건으로 북경이 8 개국 연합군에 의해 점령되자 자살했다.

7. **변법운동** 청말에 혁신의 필요성을 절실히 느낀 식자들이 내세운 슬로건. 강유위(康 有爲)등이 중심으로 급격한 개혁을 꾀했으나 수구파의 반대로 실패했다.

8. **중·노밀약** 일명 청·노비밀협정. 이홍장·로바노프 협정. 일본을 가상 적국으로 한 군 사협정. 시베리아 철도의 동북 횡단과 러시아 군함의 중국 내 자유 정박을 허용한 내용 으로 되어 있다.

외교에서 통하리라고 생각했던 데 커다란 착오가 있었던 것이다.

예컨대 일본이 유신으로 강대해지자 이에 위협을 느낀 청조의 중신들은 러시아와 손잡고 일본을 견제하려는 정책을 취했다. 청일전쟁에서 패배한 후에도 서태후는 분발해서 자립·자강정책을 채택한 것이 아니라, 러시아와의 유대강화에만 골몰했다. 그 결과 1896년 이홍장을 러시아에 보내 중·노밀약을 체결하게 되었던 것이다. 이 조약으로 러시아는 시베리아 철도의 중국 동북지구 횡단을 인정받았다. 이로 말미암아 동북지구는 러시아의 중국침략 거점이 되었다.

이 밀약은 결과적으로 일본과 러시아 쌍방에게 중국영토를 전장으로 제공하는 화를 자초한 셈이 되었다. 이로 인해 일본의 세력도 동북지구(만주)로 신속히 밀려들어오게 되었으며, 노·일 양국 사이에 끊임없는 마찰을 발생케 한 결과가 되었다. 물론 그 목적은 서로 중국을 독점하려는 데 있었지만, 청조의 우매하고 무원칙한 외교정책이 그러한 사례를 오히려 조장해준 꼴이 되어 국가에 엄청난 재난을 가져다주었던 것이다.

제2장 청일전쟁에서 대패

1. 일본군에 포위된 조선왕궁

조선 내부의 2파 분열

무대를 잠시 조선으로 돌려보자. 왜냐하면 당시 중·일간에 있어서는 조선 문제가 마찰의 원인이었기 때문이다. 후에 발발한 청일전쟁도 조선 문제가 그 발단이었다.

1876년 강화도조약에서 일본은 조선에 대한 중국의 종주권을 부정했다. 이에 따라 조선 내의 국론은 분열을 거듭했다.

그 하나가 일본과의 통상을 환영하는 개화파로서, 그들은 조선이 근대국가로 탈바꿈하기 위해서는 개국이 필요하다는 의견을 주장했다. 원래 이 '개화파' 내에서도 상반된 2가지 주장이 있었다. 친일과 사대(事大—청나라에 의지하려는 파)가 그것이다.

이 개화파에 대항하는 세력이 '보수파'였다.

이와는 또 별도로 대원군과 민비파가 대립하고 있었다. 대원군은 조선조 26대 왕인 고종의 아버지로, 섭정을 하여 실권을 장악하고 있었다. 그런데 고종이 민비를 왕비로 맞아들이자 민씨 일족의 세력이 강대해지면서 이윽고 고종의 친정을 이유로 권좌에서 밀려나게 되었다.

민씨 일족이 실권을 잡은 뒤 조선은 여러 차례 중국과 일본에 사람을 보내 양국의 정치·군사를 시찰했다.

1881년에는 청나라를 본떠 대대적인 정치개혁을 단행했고, 그와 동시에 군사면에서는 일본의 제도를 도입, 군대를 개편하고 우수한 청년 백여 명을 선발하여 이들을 사관생도로 임명하고 일본식 군사교육을 받게 했다. 이 교육을 맡은 사람은 당시 일본공사의 호위로 와 있던 호리모토(堀本) 중위였다.

이러한 개혁에 의해 조정과 정치면의 요직은 민씨 일족과 개화파의 손에 들어가게 되었다.

이 개혁은 군대의 반감을 샀다. 당시 조선의 재정 상태는 말이 아니었으며, 군대에 지급하는 식량과 수당도 13개월씩이나 밀린 상태에 있었다. 또한 군대의 개편으로 퇴역한 군인들 중에는 민씨 일족에 대해 원한을 품고 있는 자들도 적지 않았다. 그러나 민비 등은 이러한 군대 내부의 불만에는 아랑곳하지 않은 채 호화로운 생활을 누리고 있었다.

1882년 7월 23일, 오래간만에 군대에 1개월분의 식량이 지급되었다. 그런데 식량창고 관리의 농간으로 쌀의 말수가 부족했으며 그것을 모래로 채워 넣었으므로 먹을 수도 없게 되어 있었다. 이에 군졸들이 격분하여 관리를 구타하자 정부에서는 오히려 그들을 잡아넣었다. 이리하여 구식군대의 불만은 폭발했고 자연 폭동으로 발전하기에 이르렀다.

이것이 이른바 임오군란(壬午軍亂)이다.

폭도로 화한 군졸들은 무기고를 파괴하고 무기를 집어 들었다. 일본인 교관 호리모토가 그들 손에 살해되었고 일본공사관은 습격당했다. 일본공사 하나부사 요시타나(花房義質)는 공사관에 스스로 불을 지른 뒤 재빨리 인천으로 도주하여 영국의 측량선에 의해 가까스로 목숨을 건졌다.

청조, 대원군을 체포

다음날 반란군은 대원군의 명으로 민비 일파인 총리대신 이최응(李最應)을 죽이고 창덕궁으로 난입, 어영대장 민겸호(閔謙鎬)를 살해한 다음 민비까지 죽일 셈으로 궁궐을 뒤졌으나, 이러한 기미를 알아챈 민비는 재빨리 변장하고 몸을 피했다. 그리고 청나라로 사람을 보내 구원을 요청했다.

이 혼란을 틈타 대원군은 왕명을 받아 반란을 평정한 다음 다시 정권을 쥐었다. 그리고 정치·군사제도를 구제도로 환원시키고, 민씨 일족과 개혁파 인사들을 요직에서 추방시켰다.

하나부사는 7월 30일 나가사키(長岐)로 돌아가 외무대신 이노우에 가오루(井上馨)의 명령을 받고, 조선에 대해 문죄하기 위한 군을 조직, 군함 금강(金剛)을 위시한 3척의 함대를 이끌고 인천으로 들어왔다. 그리고 8월 16일에는 5백 명의 군사를 대동하고 한성의 숭례문(崇禮門—남대문)을 통과했다.

한편, 조선 사태를 전해들은 청조는 북양함대 제독 정여창(丁汝昌)이 이끄는 3척의 군함을 인천에 파견하여 사태의 진상을 조사하기 시작했다. 그 결과 사건의 배후에는 대원군의 음모가 도사리고 있었다고 판단하고, 4천 5백 명의 군대를 파병하여 대원군을 체포할 방침을 결정했다. 8월 26일, 청군은 대원군을 체포하여 중국 보정(保定)에 구금하고 반란의 주모자 10명을 단죄하는 것으로써 난을 마무리 지었다.

일본은 공사관 소실 등을 이유로 7개항의 요구조건을 조선에 제시했다. 그러나 조선은 이를 일단 거절하는 태도를 보이다가 청조의 권유도 있고 하여 8월 30일 일본과 제물포조약을 체결하기에 이르렀다.

일본 측은 청군에 비해 병력이 열세에 있었기 때문에 청조의 간섭을 두려워했다. 처음의 7개항에 포함되어 있던 영토의 할양, 대륙에서의 통상 요구 등을 나중에 철회한 것도 이러한 이유에서였다. 결국 일본 측은 방화범의 엄중처벌과, 일본인 유가족에 대한 5만 원의 보상금 지불, 일본 정부에 50만 원을 지불(5년 분할 조건)한다는 등의 선에서 협상을 타결 짓지 않을 수 없었다.

그러나 문제조항(제5항)이 하나 있었다. 그것은 일본공사관 경비를 위해 약간의 병사를 주둔시킨다는 내용이었다. 이것이 바로 2년 후에 일어난 갑신정변(甲申政變—친일파 '독립당'에 의한 쿠데타)의 원인을 만든 씨앗이 되었던 것이다. 이를 계기로 일본은 보다 적극적인 조선침략에 나선다.

▶ 당시 이노우에 외무대신의 훈령 중에서 그 2년 후에 일어난 갑신정변의 주모자인 김옥균(金玉均)·서홍범(徐洪範) 등의 이름이 등장하고 있음은 흥미로운 일이다. 무엇보다도 이는, 일본이 이들을 교사·지원하여 쿠데타를 계획하고 있었다는 증거가 되며, 여기에는 당시 일본 정계·학계의 지도적 인물들이 깊이 개입되어 있었던 것이다. 그 후 1884년, 중국은 월남의 지배권을 둘러싸고 프랑스와의 전쟁에 빠져들게 되었다. 이때 병력을 화남에 집결시키기 위하여 조선에 주둔중인 청군 6개 대대 중에서 3개 대대를 빼돌려 화남으로 보냈다. 갑신정변은 이 기회를 틈타 김옥균 등의 독립당이 일본과 내통하여 일으킨 것이다.

쿠데타 기공식이 된 우정국 낙성식

12월 4일, 한성 우정국의 낙성식이 있었다. 그날 밤 우정국 국장 홍영식(洪英植—독립당)은 각국 공사와 조정의 고관들을 초청하여 축하연을 베풀었다. 각국 공사들은 모두 참석했으나 일본공사 다케소에 신이치로(竹添進一郎)는 병결(?)했다.

밤 10시쯤 우정국에서 불길이 치솟았다. 이를 신호로 일단의 무리가 연회장으로 난입하여 삽시간에 장내는 수라장이 되고 말았다.

이와 동시에 김옥균 일파는 궁중으로 돌입하여 청군이 난동을 부리고 있다고 허위사실을 고하고, 일본군을 궁내로 불러들여 경비토록 요청했다. 고종은 거절했으나 국왕의 뜻은

우정국의 낙성식: 1884년 12월 4일. 갑신정변의 발화점이 되었던 당시의 우정국.

진작부터 무시되고 있었으며, 다케소에 공사의 지휘 하에 일본군이 이미 궁정을 포위하고 있었다. 국왕은 연금당하는 신세에 지나지 않았다.

김옥균 등은 다음날 어명이라고 하면서 사대파(事大派—친청파)의 핵심인물인 민영목(閔泳穆)·민태호(閔台鎬)·윤태준(尹泰駿)·조영하(趙寧夏) 등을 비롯하며 친로파로 알려진 한규직(韓圭稷)·이조연(李祖淵) 등을 불러내서 살해했다.

그러나 독립당의 행동은 그렇게 기민하지가 못했다. 그들은 처음에 국왕을 강화도로 유폐시키려 했으나, 일본 측의 의견은 달랐다. 일본은 국왕을 도쿄로 데려가고 대신 9살 난 국왕의 서자를 옹립하자고 주장했다. 그 바람에 쿠데타 주역들은 좀체 단안을 내리지 못했다.

그러는 사이에 이 소식이 장안에 퍼져 수만 군중이 왕궁으로 몰려와 궁궐을 포위했다. 한편 원세개(袁世凱)[1]가 지휘하는 청군도 국

---

1. 원세개(1859~1916) 청말·민초(民初)의 군인·정치가. 1882년에 조선에 머물러 내치·외정에 간섭. 친청파의 부식에 힘쓰다가 청일전쟁 패배 후에는 천진에서 신식군대를 편성했다. 이것이 후에 북양군벌로 불리어져 그의 사병처럼 되었다. 신해혁명 때는

왕의 일본 납치를 저지하기 위해 단호한 행동을 취하기로 결정, 3개 대대 병력을 왕궁으로 진격시켰다. 그러나 국왕의 신변안전을 생각해서 대규모적인 공격을 감행할 수가 없었다. 또 그럴 필요도 없었던 것이 숫적 열세에 있는 일본군이 지레 겁을 먹고 포위를 풀어, 청군의 국왕 구출이라는 소기의 목적은 쉽사리 달성할 수 있었던 것이다.

일본공사 다케소에는 김옥균 일파와 함께 또 제 손으로 공사관에 불을 지르고는 3일째인 7일, 일본군을 통솔하여 조선을 빠져 나갔다.

마침내 한성조약을 체결

원세개는 이때 본국의 이홍장에게 원군을 급파해달라고 요청했다. 고종도 역시 청조에 대해 조선방위를 위한 파병을 의뢰했다.

이러한 요청에 의해 다음해 1월 1일에 원군이 한성에 입성했지만, 그 수는 고작 4백 명에 지나지 않았다.

원세개는 청조에 대해 '필전(必戰)의 기세로 나가면 화평을 맞을 수 있으나 필화(必和)에 매달리면 전쟁은 피할 수 없을 것'이라고 주장하면서 일본에 대한 군사적 위협의 필요성을 역설했다. 그러나 이홍장은 '난리를 수습하기만 하면 그뿐, 일본인에게 피를 흘리게 하는 것은 절대로 엄금한다.'고 지시했다.

이러한 청조의 미지근한 태도로 말미암아 파병은 겨우 4백여 명으로 그치고 말았으며, 결과적으로 그 후의 화평교섭에서 일본에 양보하지 않을 수 없게 되었다.

한성에 청의 원군이 도착한 그날, 일본 역시 2천 명의 병력을 인

청조의 전권(全權)으로서 혁명군과 교섭, 이윽고 중화민국의 초대 대총통이 되었다. 독재 권력을 강화하여 스스로 제위에 올랐으나 내외의 거센 저항으로 즉위를 취소하고 분사했다.

천에 상륙시켰다. 일본 외무대신 이노우에 자신이 전권대사로서, 그 다음날 군대를 앞세우고 한성으로 들어왔다. 그는 고종에게 사죄국 서(謝罪國書)를 지참한 사절을 일본에 파견할 것과, 반란의 주범 처단, 일본인에 대한 피해보상금 11만 원과 공사관 복구비 2만 원 지불 등을 요구했다. 무력을 배경으로 한 강압적인 요구에 조선은 굴복할 수밖에 없었다. 불과 1주일간의 교섭으로 조선은 일본의 요구를 전면 수락하고 소위 한성조약(1885년 1월 9일)을 체결하기에 이른다.

일본의 속셈은 기실 다른 데 있었다. 조선에 대한 청조의 지배를 종식시키는 것이 목적이었다. 때문에 일본은 한성조약으로 청조를 굴복시킨 후 곧바로 이토 히로부미를 전권대사로 하여 천진으로 파견, 청의 전권인 이홍장과 조선 문제를 담판하게 했던 것이다.

청·일간의 천진조약(1885년 4월 18일)은 이렇게 하여 체결되었다.

그 내용은 대개 다음과 같았다.

- 청·일 양국군은 4개월 이내에 각기 조선에서 철수할 것.
- 유사시에 출병할 경우에는 사전에 통고할 것.

이로써 중국은 조선에 대한 종주권을 사실상 잃어버린 셈이었다. 이제부터는 조선의 요청이 있더라도 독자적으로 군대를 파견할 수 없게 된 것이었다.

이렇게 하여 조선에 대한 중국의 지배력은 급격히 약화되었다. 그러자 열강이 때를 만난 듯이 조선 문제에 끼어들었다. 러시아는 민씨 일족과 결탁하여 '조·노 비밀협정'을 체결, 조선 동해안에 있는 부동항 영흥만(永興灣)을 손에 넣었다.

영국은 무력으로 조선 남부에 위치한 거문도를 점령하고는 '해밀턴항'이라고 개명했다. 독일 또한 조선을 영구 중립국으로 할 것을 청조와 조선 조정에 건의했다.

일본은 이 같은 열강의 동향을 두려움으로 지켜보았다. 생각 끝에 일본은 청조의 이홍장에게 조선의 내정·인사에 관해서 보다 적극적으로 청조가 간섭해 줄 것을 요청했다. 일본이 독자적으로 맞서기에는 힘겨운 열강을 청나라의 힘으로나마 견제해 보려는 포석이었다.

이 요구를 받아들여 이홍장은 중국 조정에 연금 중이던 대원군을 조선으로 귀국시켰다. 이러한 조치는 민씨 일족을 자극하여 상황은 엉뚱한 방향으로 굴러갔다. 민씨 일족이 지배하던 조선 조정이 친로 반청의 입장으로 표변했던 것이다.

1886년, 민비 등은 당시 사대파로 알려진 총리내무부사(내무대신) 심순택(沈舜澤)의 이름과 국인(國印) 및 총리대신의 인장을 이용하여 러시아에 다음과 같은 비밀서한을 보냈다.

'밀계(密啓)···우리나라는 편재일우(偏在一隅)의 나라로서, 이때까지 자주 독립국이라 하나 다른 나라의 관리를 면치 못했다. 우리 군주는 그것을 심히 수치로 생각하시고 지금 진흥을 위해 전제(前制)를 모두 개혁하여 영원히 타국의 간섭을 받지 않기를 바라고 있으나 모든 것이 뜻대로 되지 않고 있다. 우리나라와 귀국과의 우호관계는 가장 두터워 순치(脣齒)의 관계에 있으니 만큼 다른 나라와는 사정을 달리하고 있다. 그러므로 귀정부에 대해 우리나라에 협력해 줄 것과 아울러 보호해 줄 것을 요청하는 바이다.

우리 군주는 각국이 모두 평등하다고 생각하나, 우리나라와 협화하지 않는 나라도 있는 만큼 귀국이 군대와 함선을 보내 우리를 도움으로써 우리나라의 안전을 기할 수 있게 되기를 바라는 바이다···'

이 서한의 내용은 청조에서도 알게 되었다. 청조의 힐문을 받은 조선은 그것이 위조된 서한이라고 강력히 주장했다. 또 러시아 측도 사실무근이라고 성명함으로써 사태는 일단 수습되었다. 그러나 민씨 일파의 친로 정책은 착착 진행되고 있었다.

그 결과 1888년 조선은 러시아가 이전부터 요구해 오던 '육로통상조약'을 체결하고, 서북변방의 경흥부(慶興府)를 개방, 러시아에 차지권(借地權)과 공장 건설권을 줌과 동시에 중국과의 국경선을 흐르는 두만강에서 러시아 선박의 자유항행을 인정했다.

조선 역시 말기에 접어든 청나라와 같이 외국의 압박을 받게 되자, 국내의 정세는 어지러워져갔고 국론이 분열되었다.

1876년의 강화도조약 이후, 조선 진출을 위해 무슨 일이 벌어지기만 하면 기회를 놓칠세라 손을 쓰던 일본이 지금이야말로 호기라고 생각했을 것이다.

청일전쟁은 이러한 배경을 깔고, 어쩔 수 없는 상황에서 일어난 전쟁이었다.

청일전쟁의 뇌관 – 동학혁명

청일전쟁의 직접적인 동기가 된 것은 1894년에 일어난 동학당(東學黨)의 봉기였다.

동학은 서학(西學—천주교)에 대항하여 붙인 이름으로서, 34년 전 경주의 몰락한 귀족출신인 최제우(崔濟愚)가 일으킨 종교였다. 조선 고유의 천신(天神) 숭배사상과 유·불·선(仙—道敎) 3교에다 예언술·주술 등을 가미한 종교로서 다분히 배타적이며 민족주의적인 교리를 신봉하고 있었다.

현실의 모순을 비판하면서 '지상천국'을 표방한 동학은 마음 붙일 곳 없는 민중으로부터 열렬한 호응을 얻어 폭발적인 교세신장을 보였다. 이에 불안을 느낀 조정은 동학을 혹세무민하는 사교로 몰아붙여 금지시키는 동시에, 1863년 교조(敎祖) 최제우를 처형했다.

계속되는 탄압과 금압에 신도들은 뿔뿔이 흩어졌으나, 그들 중 일단은 강원도 산중에 다시 본부를 세우고 비밀활동에 들어갔다.

그 후 조선의 내정과 외교는 악화일로를 걸어 백성들의 고통과 불만은 누적되었다. 이러한 기회를 틈타 동학당은 최시형(崔時亨)을 2대교주로 세우고, 1892년 교조신원운동(敎祖伸寃運動―교조의 억울한 죄를 풀기 위한 운동)을 전개했다.

1892년 3월, 박광호(朴光浩)를 소두(疏頭―대표)로, 손병희(孫秉熙)·손천민·김인국(金寅國) 등 간부 40여 명이 3일 3야(夜)를 광화문 앞에 엎드려 탄원문을 국왕에게 바치고, 처형당한 교조의 억울한 죄를 풀어 줄 것을 호소했다. 그러나 정부는 그들의 신원운동을 오히려 탄압했다. 동학당은 장소를 옮겨 보은(報恩) 장내에서 대대적인 시위를 감행했다. 1월부터 5월 초순까지 전국 각지에서 2만여 명의 동학교도가 접주(接主―동학의 교단조직인 接을 주관하는 자)의 인솔 하에 속속 장내로 모여들었다. 그리하여 교조신원을 외치는 한편, 척양(斥洋)·척왜(斥倭)의 깃발을 높이 들었다. 정연한 질서 아래 그들의 농성은 2달 동안이나 계속되었다. 중앙에서 파견된 선무사(宣撫使) 어윤중(魚允中) 같은 유능한 인물이 노력한 결과 결국 그들은 자진 해산했지만, 이때 이미 동학당의 기세는 부패 무능한 정부와 관헌의 세력을 능가할 정도였다.

이러한 상황 하에서 동학당이 제1차로 봉기의 횃불을 든 것은 1894년 2월 전라도 고부군(古阜郡)에서였다. 탐관오리인 군수 조병갑(趙秉甲)의 학정에 시달리다 못해 농민 대중과 동학교도들이 동학 접주 전봉준(全琫準)의 지도하에 봉기했던 것이다.

녹두장군이라는 별명을 가진 전봉준은 1천여 명의 농민과 동학교도를 이끌고 2월 15일 고부읍내로 진격을 개시했다. 이 사실이 관아에 알려지자 조병갑은 알몸으로 도주했다. 격분한 민중은 무기고를 부수고 무장한 다음, 군청사를 파괴하고 육방관속을 내쫓았다. 그리고 수세창고의 곡식을 도로 찾아 농민에게 돌려주었다.

이 소식이 서울에 알려지자 조정에서는 이를 민요(民擾)로 규정하고 조병갑에게 난민을 체포하라는 명령을 내림과 동시에 고부 농민들에게 무서운 탄압을 가했다. 장흥부사(長興府使) 이용태(李容泰)가 안핵사(按覈使)로 임명되어 내려와서는 사건의 진상이나 민심의 동향은 거들떠보지도 않은 채, 오히려 무고한 농민과 동학교도를 모조리 폭도로 몰아닥치는 대로 체포·투옥했으며, 폭동에 가담한 자를 침수할 뿐만 아니라, 부녀자와 어린애까지 살상하고 가옥을 불 지르는 등 참혹한 만행을 자행했다.

이러한 참극을 목격하자 일단 잠잠해졌던 민심은 다시 비등하기 시작했다. 이때 전봉준이 그의 동지들과 함께 재기의 통문(通文)을 돌리자 농민 대중은 이에 호응하여 모여들었다. 이번에는 고부뿐만이 아니라 인접한 태인(泰仁)·정읍(井邑)·부안(扶安)·무장(茂長)등지의 농민들까지 함께 궐기했다.

전봉준이 거느린 동학군이 다시 진격하자 안핵사 이용태는 지레겁을 먹고 도망가고, 5월 4일에는 태인현이 동학군의 수중에 떨어졌다. 그때 동학군의 세력은 이미 수만을 넘고 있었다. 5월 8일에는 다시 부안이 떨어졌고, 3일 만에 도교산(道橋山)으로 이동했다가 때마침 전주 감영에 모여든 수천 명의 지방관군을 황토현(黃土峴)에서 맞아 격전 끝에 이를 격파, 동학군의 사기와 성세는 호남 일대를 뒤흔들었다. 이 2차 봉기에서 동학군의 세력판도는 충청·경상도 일대에까지 확대되기에 이르렀다.

청·일의 간섭

사태가 이에 이르자 조정에서는 관군의 힘만으로는 동학군을 진압할 수 없다고 판단하고 청조에 원군을 요청했다. 6월 4일, 청조는 해군제독 정여창에게 명하여 군함 2척을 이끌고 인천에 상륙케 했으며, 직례총독 섭지초(葉志超)가 지휘하는 6영(營)의 청군이 6월 6일 군함 5척으로 아산만에 도착, 상륙을 개시했다.

사태가 이렇게 발전하자 일본은 기다렸다는 듯이 행동에 착수했다. 천진조약에 의해 청군의 조선파병을 구실로 7천 명의 군대를 군함 7척으로 인천항에 상륙시켰던 것이다.

사실 일본은 이러한 구실을 얻기 위해 당초부터 동학당을 은밀히 지원하면서 사태를 악화시키기 위한 모략책동을 계속하고 있었다. 즉 우치다 료헤이(內田良平) 등 소위 대륙낭인(大陸浪人—정치적인 무뢰한들)의 조직인 천우협단의 활동이 그것이다. 이들은 일본육군 참모본부 차장인 가와카미 소로쿠(川上操六)의 밀령을 받고 동학당과 접촉, 사태를 악화시켰던 것이다. 4월 28일, 홍계훈(洪啓薰)이 이끄는 관군이 전주 남산에서 동학군을 격파한 후, 동학당과 화의하려 했을 때 이 천우협단의 일본인 낭인들이 관군 측의 사자를 참살한 사건이 일어났다. 이 때문에 양군은 더욱 격렬한 전투를 전개하게 되었으며, 동족상잔의 참상을 피할 수 없었

▶ 일본의 대륙정책을 분석하는 데 중시하지 않을 수 없는 것에 현양사(玄洋社)·흑룡회(黑龍會)라는 두 국가주의 단체의 존재이다. 전자는 일본 후쿠오카(福岡) 출신무사들로 조직된 단체로서, 일본 우익의 거두인 도야마 미쓰루(頭山滿), 우치다 료헤이 등이 참여했다. 후자는 우치다에 의해 현양사의 후신으로 조직된 단체였다. 이 두 단체는 천황중심주의·국세확장주의·대륙 진출론을 내걸고 군벌과 손잡고 메이지에서 쇼와(昭和) 시대에까지 일본의 대륙정책에 큰 영향을 끼쳤다. 동학당을 지원한 천우협단은 히라오카(平岡浩太郎)라는 자와 가와카미 육군참모차장 사이에 '청국을 토벌한다'는 묵계 아래 우치다 등 14명의 낭인으로 조직된 것으로, 동학당 지도자 전봉준과도 직접 만나 거사에 협조하도록 되어 있었다. 특히 도야마·우치다 등은 손문·장개석 등의 중국혁명에도 뛰어들어 물심양면의 원조를 했다. 그러나 대부분의 대륙낭인들은 차츰 일본의 국익에 집착하여 대륙침략의 첨병적 역할을 했다.

던 것이다.

이와 같이 일본군의 파렴치한 수법은 비단 여기서 뿐만 아니라 9·18사변(만주사변)을 비롯하여 동북 3성(만주)·내몽고·하북 등지에서 일이 터질 때마다 자행되어 사태의 악화에 한몫을 했던 것이다.

계속되는 일본군의 증파

천진조약에 따라 청조는 6월 6일, 주일공사 왕봉조(汪鳳藻)를 시켜 일본에 대해 '조선의 요청에 의해 청국은 조선에 출병한다. 이는 중국의 보호 속령에 대한 관례에 의한 출병으로 반란을 진압하고 속령의 안전을 도모하기 위한 것'이라고 통지했다. 동시에 '반란을 평정한 후에 즉시 철군한다.'고 성명했다.

이것을 기다렸다는 듯이 일본정부는 다음날 왕봉조에게 '조선이 중국의 속령이라는 말은 인정할 수 없다'고 회답함과 동시에, 청국 주재 일본 대리대사 고무라 쥬타로(小村壽太郎)는 청조에 대해 '일본도 출병한다.'고 통보했다. 그러나 이 같은 일본의 출병 통고는 단순한 외교상의 절차에 불과했다. 일본은 이미 5일 전인 6월 2일, 함대를 인천과 부산에 집결시키고, 청조가 일본의 파병을 통고받기 전날인 5일에는 벌써 대본영(大本營)을 발족, 군대를 동원하기 시작했던 것이다. 그리고 8일에는 제5사단 제9여단의 약 5천 병력을 수송하기 시작했으며, 16일에는 서울과 인천 일대에 진주를 끝내고 대기상태에 들어갔던 것이다.

청조와 조선은 동학란을 진압한 후 일본의 철병을 요구했으나 이를 거절당했다. 이렇게 되자 군대의 충돌을 피하기 위해 섭지초의 군은 서울에서 남쪽으로 80km 떨어진 아산으로 철수했다. 청군의 이러한 태도와는 달리 일본군은 계속해서 병력을 증파하고 있었다.

2. 인천 앞바다의 포연

조선 수비군을 몰아낸 일본군

6월 19일, 일본은 돌연 청·일 양국의 공동으로 조선의 내정을 개혁하자는 제안을 해왔다. 원래 조선을 '자주국(강화도조약)'으로 인정했던 일본이 조선의 내정문제에 간여할 권리는 없는 것이었다. 청조는 이러한 일본의 제의를 단호히 거절함과 동시에 일본의 철병을 거듭 요구했다.

그러자 일본군은 23일, 왕궁을 포위하고 조선 수비군을 쫓아내는 강경수단을 취했다.

일본은 당초부터 조선 문제에 대해 강경수단을 쓰기로 결정하고 있었다. 내정개혁 제안이 거절되자 일본은 6월 22일 자로 다음과 같은 결정을 청조에 통지했던 것이다.

– 이미 우리는 흉금을 털어놓고 성의를 다했다. 설령 귀국과 의견이 상반되는 한이 있더라도 제국정부는 결코 조선 주둔군을 철수시키지 않는다.

청국에 대한 일종의 최후통첩 같은 것이었다. 일본의 외무대신 무쓰무네미쓰(陸奧宗光)도 강경태도로 처음부터 중국과 개전하려고 덤빈 사실을 외교 비사를 적은 그의 회고록에서 밝히고 있다.

"조선이 개혁할 능력이 있는지에 대해서는 의심스러웠으나, 이미 조야의 여론은 사정과는 달리 일치하고 있었으며, 청·일 양국관계를 파탄시키는 데 조선의 내정개혁 문제는 더없이 좋은 것이었다."

그는 또 주청·주한 전권공사인 오토리 게이스케(大鳥圭介)에 다음과 같은 훈령을 타전했다.

- 지금이야말로 단호한 행동이 요청되는 때다. 어떤 구실로든지 실력행사를 개시하라.

이어서 조선에 급파된 외무성 참사관 혼노 이치로(本野一郎)에게는 다음과 같이 훈령했다.

- 오늘의 급무는 청·일간의 충돌을 촉진시키는 데 있다. 그것을 단행하기 위해서는 어떠한 수단을 취해도 좋다. 일체의 책임은 본인이 지겠다.

청나라와의 개전을 위해 일본군은 계속 증강되었다. 7월 중순에 인천 일대에 진주한 일본군 병력은 1만여 명을 넘었다.

일본해군 역시 연합함대를 현성, 인천 근해에 집결하여 중국의 북양함대를 섬멸할 기회를 엿보고 있었다. 연합함대 사령관은 해군 중장 이토 스케유키(伊東祐亨).

이 같은 긴박한 국면에 대처하기 위해 청군은 위여귀(衛汝貴)가 지휘하는 성군(盛軍) 6천을 평양에, 마옥곤(馬玉崑)의 의군(毅軍) 2천을 의주(義州)에 각각 진출시켰다. 그러나 일본군의 압도적인 병력에 의해 각 부대는 도처에서 분산되어 극히 불리한 형세였다.

이러한 시기에 러시아와 영국에 의해 조정노력이 진행되고 있었다. 러시아의 조정은 이홍장의 요청에 의한 것으로, 2회에 걸쳐 일본에 조회하여 일본군의 철병을 권고했다. 이때 러시아로서는 극동에 군대를 투입할 의사가 전혀 없었기 때문에 일본에 대해 미지근한 태도로 임했다. 결국 러시아는 이홍장에게 그저 우의에 입각하여 일본에 권고했다는 말을 전했을 따름이었다.

영국의 조정은 주청대사 니콜라스 R. 오코너에 의해 진행되었다. 오코너는 이미 일본이 전쟁을 결심하고 있다는 것, 청조 또한 일본이 철병하지 않는 한 자국군을 철수시키지 않는다는 방침을 알고 있었다. 이런 이유로 그는 도중에 조정교섭을 단념하고, 전쟁이 일어날 경우 장강(長江—양자강) 유역을 전장으로 삼지 않으며, 영국의 이익에 손해를 끼치지 않는다는 내용의 비밀협정을 일본과 체결했다.

한편 왕궁을 포위한 일본군은 직접 조선국왕(고종)에게 내정 개혁안을 제출했다. 그러나 국왕 역시 청조와 마찬가지로 일본군의 철수가 선행되어야 한다고 대응했다. 드디어 일본은 7월 12일, 10일간의 기한부로 '청군의 국외 구축, 한·청조약의 폐기'를 최후적인 요구로 제시했다. 그리고 회답기한을 넘긴 23일 왕궁에서 변란을 일으켜 청군과의 무력대결 자세를 명백히 했던 것이다.

▶ 일본 측 자료에 의하면, 왕궁에서 일어난 변란은 일본공사인 오토리 게이스케의 지휘로 이루어졌다. 그는 왕궁을 점령하고 국왕에게 '청군토벌'의 의뢰장을 쓰도록 하는 한편, 정부를 대원군에게 위임시켰다. 대원군은 즉시 한·청조약의 파기를 선언, 일본군이 청군과 싸울 수 있는 명분을 제공했다.

청일전쟁은 인천 앞바다에서

청·일간의 최초의 본격적인 전투는 7월 25일 인천 앞바다의 풍도(豊島) 근해에서 벌어졌다.

아산만으로 원군을 수송 중이던 청나라의 군함 제원(濟遠)·광을(廣乙) 2척과 수송선 조강(操江), 영국 국적의 용선(傭船) 프(高陞)에 대하여 기다리고 있던 연합함대의 제1유격대가 공격을 감행, 최초의 포화를 내뿜었던 것이다. 해전은 간단히 끝났다.

– 고승호 격침, 조강호 나포, 광을호 좌초.

이것이 인접국인 중국과 일본 사이의 전쟁을 알린 최초의 포연이었다.

청일전쟁은 이렇게 하여 발발했다.

육지에서의 서전은 7월 28일에 일어난 '성환전투(成歡戰鬪)'였

남의 나라 땅에서의 전쟁: 청일전쟁은 일본이 인천 황해 평양 등지에서 일으켰으며 당시의 평양전투에서 파괴된 평양 선교리의 민가들.

다. 성환은 서울에서 아산(청군의 근거지)으로 통하는 교통의 요지이다. 이 전투 역시 일본군의 승리로 끝났다.

8월 1일, 청·일 양국은 동시에 선전을 포고했다.

곧이어 일어난 평양공방전은 청·일 양국군의 주력끼리 맞붙은 결전적인 전투였다. 청군 1만 4천여 병력에 대해 일본 측은 3만이 넘는 대병력을 동원(섭지초의 보고, 일본 측 자료에는 1만 2천 명), 정면공격을 감행해와 청군은 여기에서도 궤멸되고 말았다.

이 전투에서 청군이 입은 손실은 엄청난 것이었다. 신식장비로 무장한 북양육군(北洋陸軍)의 반수 이상을 잃었던 것이다.

당시 평양에 주둔한 청군은 군기가 문란할 대로 문란하여 각급 지휘관들은 작전에 골몰하기보다 진중에서 술을 마시는 데만 열중했다고 전한다. 군대의 사기란 것은 반드시 사회 분위기에 영향을 받게 마련이다. 부패할 대로 부패한 청조 말기의 사회상은 그대로 군대에도 반영되어 정부에서 지급하는 병사들의 급료를 떼어먹는

조선군의 차출: 일본군 청군 포로들을 감시하기 위해 우리 군졸들을 강제차출 했다.

일은 상식에 속할 정도였고, 고급장교 중에서도 아편을 피우는 자가 있었다. 일반적으로 '좋은 쇠로 못을 만들지 않으며, 좋은 남자는 군인이 되지 않는다'는 풍조가 널리 깔려 있어 군대의 질은 날이 갈수록 저하되어 갔던 것이다.

단, 무기면에서 보면 청군이 어떤 면에서도 일본군에 비해 우세했다. 일본군이 단발식 무라다(村田) 총으로 무장한 데 대해 청군은 연발식 모젤 총과 기관총을 갖고 있었다. 또 대포도 일본군은 국산의 동포(銅砲)인데 비하여 청군은 주철로 제작된 독일제 대포로, 사정거리나 발사능력이 우세한 것이었다.

그러나 이러한 신식병기를 청군의 모든 부대가 장비하고 있는 것은 아니었다. 구식소총이나 군도·창 등을 소지한 병사들도 적지 않았다.

무기의 우수성을 제외하면, 군대의 조직, 훈련·사기면에서는 일본군측이 단연 우수했다. 군대의 편성에 있어 청군이 서양식을 도입했다고 하나, 공병·통신·위생·병참부대와 같은 조직이 없어 근대전에는 적합지 않았다. 또한 청군은 모병제라서(일본은 징병제) 노병이 많았으며 훈련도 충분치 못한데다 사기도 저하되어 있었다.

당시 봉천에 거주하고 있던 영국인 의사 드골 크리스틱은 청군의 훈련 상황을 다음과 같이 묘사하고 있다.

'신병이라면 시골출신의 농부이거나 건달들이 대부분이었다. 장비도 가지가지로 화승총을 지닌 자가 있는가 하면 칼을 가진 병사도 있었다. 매일같이 훈련을 받기는 했지만, 붉은 헝겊이 달린 긴 창으로 돌진하면서 "샤아(殺)!"라고 고함지르는 것이 고작이었다. 왜 그런 훈련을 하느냐고 물었더니 이렇게 하여 적군을 놀라게 해서 격퇴한다는 대답이었다. 이 같은 훈련을 2주간 계속한 다음에는 등에 큰 원이 그려진 제복이 입혀졌으며, 붉은 깃발을 앞에 세우고는 기쁜 듯이 전지로 출발하는 것이었다.'

6시간 계속된 해상의 격전

평양에서 패전한 이틀 후인 9월 17일에는 청·일 양국 해군이 제해권을 둘러싼 일대 해전에 돌입했다. 이것이 바로 '황해해전'이다.

정여창이 지휘하는 북함대는 기함(旗艦) 정원(定遠)을 선두로 12척의 군함이 출전했으며, 이에 대해 일본 연합함대는 이토(伊東) 제독이 지휘하는 12척의 군함이 맞서게 되었다. 일본의 기함은 마쓰시마(松島).

해전은 장장 6시간 동안 계속되었다. 이 해전에서도 청나라의 북양함대는 패퇴하고 말았다. 5척의 군함은 가라앉았으며, 다른 7척의 군함도 그 후 1개월 이상 취역할 수 없을 정도로 파손되고 말았다. 그때 북양함대에서 이홍장에게 올린 보고에 의하면, 일본 군함

청일전쟁에서 일본 연합함대(함장 도고 헤이하치로)로부터 어뢰공격을 받아 격침되는 청국 함 '고승'. 결국 청국의 북양함대(제독 정여창)는 일본의 연합함데에 의해 전멸당했다.

3척을 격침시킨 것으로 되어 있다. 이는 잘못된 보고로서, 가라앉았다는 3척의 군함이 그 후 위해위(威海衛) 공격에서 그 모습을 나타냈던 것이다.

청군의 기함인 정원과 같은 형의 진원(鎭遠)은 당시 세계 유수의 거함(7,300톤)으로서, 황해해전이 일어나기 3년 전에 일본 나가사키(長崎)에 수리하기 위해 회항한 적이 있었다. 그때 일본에는 겨우 3천 톤급의 군함이 있을 뿐이어서 일본인들을 놀라게 했다. 화력도 또한 30㎝ 포 4문을 장착하고 있어 대단한 파괴력을 갖고 있었다. 그러나 이러한 북양함대는 청일전쟁이 일어나기까지 7년 동안이나 아무런 신함도 보충하지 않은 채 방치되어 있었다.

반면 일본은 자력으로 조선소를 만들고 ??3천톤급의 군함을 건조하기 시작했다. 그런데도 청조에서는 '일본이 어떻게 군함을 만들 수 있단 말인가'하고 일본을 비웃었다.

그러나 일본은 마침내 군함을 만들어냈다. 그것은 최대 23노트의 속도를 자랑하는, 당시로서는 쾌속함정이었다. 이에 비해 북양함대의 기함 '정원'은 겨우 14, 5노트의 속력밖에 낼 수 없는 덩치 큰

느림보에 지나지 않았다. 7년의 세월이 가져다준 결과였다.

　청일전쟁이 일어나기 3개월 전, 북양함대의 연습을 지켜본 영국인이 일본 전함에 비해 항행속도가 느리다는 점을 지적하고, 영국의 새 군함 2척(2백만 원)을 사들이는 게 좋겠다고 권유한 적이 있었다. 그때 청조는 자희태후(西太后)의 생일 축전에 비용이 든다는 이유로 이 권유를 받아들이지 않았다. 그 2척의 군함은 일본에서 구입했다. 그리고 그 중 1척인 '요시다(吉田)'가 황해해전에서 일본의 쾌속 주력함으로 대활약하여 북양함대를 괴롭혔다.

　이와 같은 육·해전의 패전 원인을 검토해보면 청나라의 '자강운동', '양무운동'의 결함이 더욱 선명히 드러난다. 즉 신식무기를 사들이기는 했으나 조직이나 훈련은 낙후된 상태에 계속 머물러 있었고, 정신적인 면에서도 구시대에서 벗어나지 못한 상태였다. 과학기술의 도입에 태만했고, 한번 들어온 군함과 대포에 대해서도 기술개발을 등한시하여 시간이 감에 따라 구식무기가 되어버리고 말았던 것이다.

　승패의 결정적인 요인은 당시 청·일 양국의 정신적인 면에 있었고, 정치·사회 등 국가조직의 현저한 상이점에 있었다고 하겠다.

북양함대의 최후: 1894년 9월 17일 0시 56분 북양함대는 전멸되었다.

3. 북양함대 전멸!

일본, 중국 대륙에 침입

청나라가 패전의 굴욕을 당하게 된 것은 당연한 귀결이었다. 평양과 황해에서 대승을 거둔 일본은 중국대륙을 넘보기에 이르렀다.

일본 대본영의 당초 작전계획은 먼저 중국해군을 궤멸시켜 발해(渤海)의 제해권을 장악한 다음, 북경의 콧잔등이라 할 수 있는 발해만에 육군을 상륙시켜 직례평원(直隸平原)에서 청군과 결전, 이를 격파하고 곧장 북경을 압박하며 청조의 항복을 받아낸다는 스케줄이었다.

그러나 황해해전에서 패배했다고는 하지만 중국에는 아직 남아 있는 함선이 있었으며, 발해의 제해권은 여전히 청군에게 있었다. 또한 위해위에 기지를 두고 있는 북양함대는 여순 방면으로 병력을 수송할 수 있는 능력을 아직 갖고 있었다.

일본 대본영은 이러한 상황을 파악하고 작전계획을 변경시켰다. 즉, 발해만 방면으로 돌파구를 열기 위해서는 위해위 기지와 여순항을 공격, 점령해야 한다고 판단한 것이다.

조선을 점령한 일본의 제1군(사령관 야마가타 아리토모,山縣有朋)은 의주·신의주에서 압록강을 넘어 안동(安東) 방면으로 진격, 요동반도에 교두보를 구축했다. 그와 동시에 오야마 이와오(大山岩)를 사령관으로 하는 제2군 10월 24일부터 화원구(花園口)에 상륙을 개시, 금주(金州—지금의 金縣)·대련(大連)을 공략하고, 11월 21일에는 여순을 점령했다. 이어 개평(蓋平)·영구(靈口)가 떨어지고 요동반도는 일본군에 의해 완전히 제압되었다.

이때 일본군은 여순에서 군인·민간인을 가리지 않고 대학살을 자행했다. 당시 영국의 <타임즈>지는, 여순 시내의 중국인은 다만 36명이 살아남았을 뿐 모조리 학살되었다고 전했다.

위해위 공략을 위한 산동반도(山東半島) 상륙작전은 다음해 1월 19일에 개시되었다. 일본군은 요시다 등 2척의 군함을 동원, 이틀에 걸쳐 봉래(蓬萊) 지구에 함포사격을 가하는 양동작전을 편 다음, 그로부터 170㎞ 떨어진 지점인 산동 반도 동쪽 끄트머리에 있는 영성(榮成) 부근에 약 3만 병력을 상륙시켜 위해위 공격에 나섰다.

정여창의 북양함대는 육상부대와 호응하여 해상에서 육지의 일본군을 포격했다. 그러나 일본군은 청군의 연안포대를 공략하는 한편, 수뢰정으로 만의 입구를 봉쇄하여 북양함대를 만내에 가두는 데 성공했다. 그리고는 점령한 연안포대를 이용, 치열한 포격을 가했다. 독 안에 든 쥐꼴인 북양함대로서는 참으로 속수무책, 비참한 최후를 맞고 말았다.

－ 기함 '정원' 자침(自沈), 기타 함선 격침 또는 나포, 제독 정여창 자살.

이때가 1895년 2월 12일로서 북양함대는 해상에서 완전히 자취를 감추었다.

그런데, 중국에는 이 북양함대 말고도 남양함대가 있었다. 이 남양함대는 북양함대가 일본해군을 상대로 악전고투하고 있을 때 이를 좌시했을 뿐만 아니라, 어처구니없게도 중립을 선언하기까지 했던 것이다. 세계 해전사에서 일찍이 볼 수 없었던 해괴한 일이 아닐 수 없었다. 이는 중국 군벌들의 알력과 불화에서 빚어진 것으로, 장개석은 다음과 같이 신랄히 비판하고 있다.

"나는 청일전쟁을 중국에게 가장 수치스러웠던 전쟁이라고 생각한다. 일본과의 개전과 동시에 북양함대는 일본군에 여지없이 패했다. 그러나 같은 중국의 남양함대는 팔짱을 낀 채 그것을 구경하고만 있었다. 뿐만 아니라 중립을 선언하기까지 했다. 이것이야말로 중국인에게는 민족사상이나 국가 관념이 전혀 없다는 것을 내외에 천명한 결과가 되었고, 나아가서는 일치단결하는 정신이 없는 민족임을 스스로 과시한 셈이었다. 이러한 상황에서 외국으로부터 모욕당하지 않고 실패를 면할 도리는 없는 것이다."

▶ 일본 대본영으로 보낸 보고에 의하면, 일본 측은 '전원', '제원', '평원(平遠)', '광병(廣丙)' 등 12척의 청국 군함을 나포했으며, 그중 1척은 정여창 제독의 군인정신을 높이 찬양하고, 군례(軍禮)로서 유체를 수송하는 데 사용하도록 돌려주었다.

기회를 엿보는 러시아

중국에 대한 선전포고와 동시에 일본은 정부를 비롯하여 전 국민이 일치단결하여 전쟁에 임한 데 비해 중국은 주전파와 주화파로 국론이 분열되어 있었다. 주화파는 이홍장을 위시하여 병부상서 손육문(孫毓汶), 군기대신 서용의(徐用儀) 등 소수파에 속했다. 다만 서태후로부터 소극적인 지지를 받고 있었다. 서태후가 화평을 지지한 데는 다른 이유가 있었기 때문이 아니라, 무엇보다 10월 10일로 예정된 자기의 60세 생일잔치를 즐겁게 보내고자 하는, 그런 보잘것없는 아녀자의 소원 때문이었다.

이홍장은 비밀리에 러시아와 영국에 화평을 주선해주도록 요청하려 했다. 그러나 이때 러시아는 엉뚱한 야심을 품고 있었다. 이 무렵 러시아의 움직임은 특기할 만하다.

동학란이 일어나 일본이 조선에 파병하자 러시아는 일본에 대해 철병을 권고하다가 일단 뒤로 물러섰으나, 사태가 긴장을 더해가자 태도를 바꾸었다. 북경 주재 러시아 공사 A. P. 캇시니는 성환에서 청·일 양국군이 충돌한 7월 29일과, 양국이 선전을 포고한 그 다음날(8월 2일) 이홍장에게 말하기를, '본국정부에 연락해서 화급히 조선에 파병하여 일본군을 구축하도록 요청했다. 또한 러시아와 영국은 한성(서울)의 일본군에 대해 인천으로 퇴거할 것을 요구하고, 그래도 철병하지 않을 때는 필요한 조치를 취한다는 데 합의했다'고 한 것이다.

결국 파병을 실행하지는 않았지만 러시아는 청일전쟁이 계속되는 동안 육·해군 병력을 극동방면으로 이동시키고, 조선과 동북지구(만주)에 대해 침입하려 했던 것은 사실이었다. 이홍장이 정전을 위한 조정을 러시아에 의뢰한 것도 러시아와 손을 잡고 일본을 제압한다는 '연로제일(連露制日)'에 뜻이 있었던 것이다. 러시아는 청·일간의 분쟁을 극동진출의 호기로 보고 이홍장을 부추겼던 것이다. 중국이 일본과의 전쟁을 피하여 사태를 수습한다는 것은 러시아로서는 모처럼의 기회를 잃는 셈이 된다. 따라서 러시아는 일본에 대해 형식적으로 철병을 권유했을 뿐 강력한 경고를 발하지 않았던 것이다. 러시아가 보기에는 전쟁이 벌어지면 청·일 양국은 누가 이기든 간에 손실을 보게 될 것이고, 잘만 하면 가만히 앉아서도 어부지리를 얻을 수 있다는 속셈을 하고 있었다. 사실 후에 이러한 러시아의 태도는 일본에 대한 3국 간섭[2]으로 나타났다.

가혹한 일본의 조건

9월 29일, 서태후가 주화파인 공친왕을 총리로 기용함에 따라 청조의 화평공작은 급속도로 구체화되었다. 청조는 먼저 영국·러시아·미국·프랑스·독일·이탈리아 등 6개국에 조정을 의뢰했다. 그중

2. **3국 간섭** 청·일 강화조약(시모노세키 조약)에서 일본이 요동반도를 영유하는 데 반대하는 러시아·독일·프랑스의 대일간섭을 말하며, 결국 일본은 3국 압력에 굴복하여 요동반도를 청나라에 반환했다.

에서 가장 활발하게 조정에 임한 나라는 미국이었다.

11월 27일, 일본의 외무성으로부터 미국을 경유한 비망록이 청조에 전해졌다. 화평을 원한다면 청조가 우선 전권대사를 일본으로 파견해야 하며, 강화조건은 그 후에 제시하겠다는 내용이었다. 청조는 미국을 통해 강화조건을 타진하려 했으나, 이미 여순을 점령한 일본은 조금도 양보하지 않으려 했다. 회담장소를 연대(煙臺—산동)나 상해로 하자는 중국 측의 제의도 한마디로 거절되었다.

청조는 결국 일본의 제의에 따라 호부시랑(戶部侍郎—재무차관에 해당) 장음환(張蔭桓), 호남순무(湖南巡撫—호남성 행정·군정의 장) 소우렴(邵友濂) 두 사람을 대표로 하여 일본의 대본영이 있는 히로시마에 파견키로 결정했다.

그러나 우유부단한 청조는 이의 결행을 미적미적 미루던 나머지 그냥 해를 넘기게 되었다. 전국은 이윽고 산동 반도에까지 확대되어 청조로서는 점점 불리해질 뿐이었다.

마침내 청조의 전권대사가 히로시마에 도착한 것은 1895년 1월 31일로, 개전한 지 6개월 만의 일이었다.

일본은 수상 이토 히로부미, 외상 무쓰 무네미쓰를 전권으로 하고, 2월 1일 청조의 전권대사에게 청조로부터 전권을 위임받았는지의 여부에 대해 문서로 질의했다. 사실 이 점이 장음환의 약점이었다. 청조는 그에게 그다지 큰 권한을 주지 않았던 것이다. 그가 광서제로부터 받은 권한은 '일본의 요구를 모두 보고할 것이며, 훈령을 기다릴 것. 국체에 해가 되는 제의, 중국에 무리한 문제에 대해서는 독자적으로 결정해서는 안 된다'는 내용이었다. 따라서 장음환은 조약에 서명하는 데도 본국 정부의 허가를 필요로 했으며, 조약은 일단 본국으로 갖고 가서 광서제의 재가를 받아야 비준할 수 있다고 답변했다. 그러나 이토는 교섭단의 권한이 전권이 아니면 일체의 담판을 거부한다고 밝히면서, 공친왕이나 이홍장이 직접 일본에 와서 교섭할 것을 주장했다.

이러한 구실로 강화회담을 지연시키는 데는 이유가 있었다. 또 다른 음모가 진행되고 있었던 것이다.

즉 청국대사가 히로시마에 도착하기 전인 1월 27일, 대본영에서 열린 어전회의(메이지 일황이 참석)에서 결정된 비밀정책이 바로 그 것이었다. 그 내용을 잘 알 수는 없으나, 적어도 그 후의 군사작전과 외교정책을 분석해 볼 때 대개 다음과 같은 것이라고 짐작할 수 있다.

─ 우선 중국해군을 격멸한 다음 병력을 대만으로 수송할 수 있는 시간적 여유를 얻는다.

사실 일본의 제2군은 산동반도에 상륙, 위해위에 육박하고 있었으며 가능하면 대만·팽호(澎湖) 등지까지 수중에 넣어 청조에 가혹한 조건을 제시하려는 계획이었던 것이다.

북양함대가 괴멸된 것은 2월 12일이었다. 사태가 이에 이르자 청조의 주전파도 더 이상 화평을 외면할 수 없었다. 결국 청조는 이홍장을 전권으로 하는 강화사절을 일본으로 파견하기로 결정했다. 승세를 탄 일본은 영토할양의 요구를 처음으로 명백히 했다. 청조는 처음엔 영토할양만은 응하지 않기로 방침을 정하고 있었지만, 전국이 불리해지자 일본의 요구를 받아들이지 않을 수 없었다. 이런 사정으로 이홍장은 영토할양에 대한 권한을 떠맡게 되었다.

'가혹! 가혹!'

담판은 3월 20일부터 일본의 바칸(馬關─현재의 下關)에서 열렸다. 21일에 열린 제2차 회담에서는 이홍장이 요구한 정전문제가 논의되었다. 이토는 3일 이내에 회답하라는 조건으로 다음과 같은 정전조건을 제시했다.

1. 대고(大沽)·천진·산해관의 성지(城池)·보루는 모두 일본군이 점령하고, 청군의 군수품 일체는 당분간 일본군이 관리한다.

2. 천진·산해관간의 철도는 일본군이 관리한다.

3. 정전기간 내의 일본 군비는 중국 측이 부담한다.

4. 정전 일시 및 양군의 경계선 등 세부사항은 중국이 전기(前記) 3항에 동의했을 때 다시 논의한다.

일본 측 자료에 의하면 이때 이홍장은 얼굴빛이 창백해지며 '가혹! 가혹하다!'는 말을 연발했다고 한다. 당시 일본군은 위해위를 점령하긴 했지만, 산해관·대고·천진은 아직 점령치 못하고 있었다. 그럼에도 불구하고 일본의 정전조건이란 것이 현 점령지역보다 더욱 넓은 지역의 점령을 요구한 것이다. 사실 일본 측은 이홍장과 즉각 정전에 타협하는 것을 원치 않고 있었다. 이유는 이미 비밀리에 대만작전을 전개하고 있었기 때문이다. 따라서 일본 측은 시간을 벌려는 속셈이었다.

이홍장, 일본인에게 피격

이홍장이 정전조건에 대해 본국정부와 협의한 결과, 정전조건은 제쳐두고 직접 강화회담에 들어갈 방침을 정하고, 24일 제3차 회담에서 일본 측의 강화조건 제시를 요구했다. 이때 이토는 처음으로 팽호도를 점령했다는 사실을 밝혔다. 그러나 상세한 조건은 다음날 제시하겠다고 말하고 3차 회담을 끝내고 말았다.

이날 숙소로 돌아가던 중에 이홍장은 일본인 고야마 도요타로(小山豊太郎)에게 저격당해 중상을 입었다.

일본정부는 당황했다. 이미 내외의 정세가 정전 쪽으로 기울고 있을 때 이런 일이 일어난 것이다. 이홍장이 부상을 이유로 귀국하고 만다면 정전교섭은 암초에 부딪치는 셈이다. 그러면 또 이번 정전회담의 귀추를 주목하고 있는 열강이 일본을 비난하고 나설지도 모를 일이었다. 그것은 곧 중국과의 강화회담에 열강이 간섭해 올 수 있는 구실을 주는 꼴이 될 것이다.

일본은 돌연 태도를 바꾸었다. 즉 이홍장에게 심심한 사과를 하는 한편 무조건 정전하겠다고 선언한 것이다.

이홍장은 참의(參議)로 대동한 이경방(李經方)을 대리로 내세워 3월 20일 정전협정에 서명케 했다. 같은 날 저격범 고야마는 무기징역형에 처해졌다.

> ▶ 일본 측 자료에 의하면, '관민의 놀라움은 대단했으며, 전국으로부터 바칸으로 위문단이 쇄도했다'고 한다. 일황은 특별히 유감의 뜻을 표하고, 황후가 손수 짠 붕대를 보내주는 등 극진한 예우를 했다. 그러나 한편으론 무조건 정전을 결정하기는 했으나 군부의 반발을 두려워한 일본정부는 미리 천황의 재가를 받아놓은 다음 정전을 통고했다. 당시 일본은 이미 중국에 제시한 영토할양 조건에 대해 러시아와 독일로부터 경고를 받고 있었으므로, 이 문제에 관해선 신중을 기하고 있었다.

4. 폭락하는 대국(大國)의 줏가

위협적인 조약내용

정전조약은 다음의 2개항으로 되어 있었다.

– 정전지구는 봉천·직례·산동 3개 성(省)에 한하여, 대만과 팽호는 제외한다.

– 정전기간은 21일간으로 하되, 기간 내에 강화가 성립되지 않는 경우에는 정전조건을 중단한다.

이어서 4월 1일, 일본은 강화조약만을 제시했다. 주요 항목은 다음과 같다.

1. 청국은 조선이 완전무결한 독립국임을 승인한다.

2. 청국은 패전의 결과로서 봉천성 남부의 땅(요동반도) 및 대만 전도와 팽호제도를 일본에 양도한다.

3. 청국은 일본군비의 배상금으로 3억 냥(5년 분할)을 지불한다.

4. 청국은 서구 제국과의 조약을 기초로 하여 일본과 수호 통상조약을 체결한다.

5. 종래의 개항장 이외에 북경·사시(沙市)·상담(湘潭)·중경(重慶)·오주(梧州)·소주(蘇州)·항주(杭州)를 일본인의 거주·영업을 위해 개방한다.

6. 조약 이행의 담보로서 봉천·위해위의 일시점령을 승인하고, 그 주둔비를 지불한다.

이홍장은 이러한 일본 측의 강화조약안에 대해 4개 항목의 의견서를 보내 반박했다.

1. 제1조에서 말하는 조선의 완전무결한 독립의 승인에 대해서는 일본 또한 조선의 독립을 승인한다는 조건을 추가해야 한다.

2. 일본은 개전시 각국에 대해 조선의 자주를 확립키 위한 전쟁이며, 청국의 영토를 침략하기 위한 것이 아니라고 통고한 바 있다. 그 초지(初志)를 잃지 않기 위해서는 영토 요구 문제는 수정함이 마땅하다.

3. 군비에 관해서는, 실비는 그렇게 많지 않을 것이다. 또한 청국은 그러한 군비를 지불할 만한 능력이 없는 만큼 거듭 고려해 주기 바란다.

4. 통상 권리에 대해서는 구체적인 조건을 조항별로 답변코자 하니 고려해주기 바란다.

위 의견서는 전문이 2천어가 넘는 장문으로서, 그중 특히 강조한

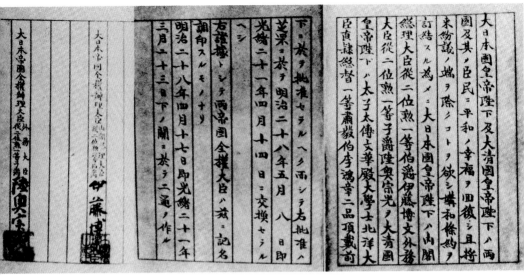

청일강화조약의 정본: 1895년 3월 30일 조인된 강화조약 정본.

짐은 중국과 일본의 장래에 화근을 남기는 조약이 되어서는 안 되다는 주장이었다.

 - 만일 청국이 일본의 요구대로 따라야 한다면 양국 간의 분쟁은 그칠 리 없을 것이며, 이로 말미암아 양국 국민은 자자손손에 이르기까지 원수가 될 것이다.

 - 양국 국민을 위해 대국적으로 본다면 양국 간의 영원한 평화와 우호를 위한 조약을 체결해서 서로 손잡고 아시아에 하나의 장성(長成)을 구축, 서구 열강이 감히 넘보지 못하도록 하지 않으면 안 된다. 만약 일본이 일시적으로 무력에 의지해서 무리한 요구를 강요한다면 청국은 와신상담으로 복수를 다짐케 될 것이다. 동양의 양국이 '동실조과(同室操戈—한방에서 칼을 마주 겨눔)'의 우를 범하며 서로 돕지 않는다면 다 같이 외국의 약탈만을 초래할 뿐이다.

 - 조약문은 모두 타당하며 조금도 폐해를 남기지 않는 것이 되기를 열망한다. 이후 양국 국민의 백년 누대에 걸친 행복과 운명은 전적으로 양국 전권의 손에 달려 있다. 배상금의 많고 적음이나 점령지와 할

양지의 넓고 좁음이 오늘의 중요한 문제는 아니다. 장래 양국 간에 틈이 생기지 않는 영원한 평화, 상호 협조하는 조약만이 중요한 것이다.

이에 대한 일본의 반응은 일본 측 자료에 나와 있다. 일본은 이 이홍장의 의견서를 가볍게 취급했으나, 군비문제에 대해서는 이홍장으로부터 '신문이 전하는 바에 의하면, 오늘까지의 군비는 1억 5천만 냥을 넘지 않은 듯한데, 군함 기타 전리품을 가산한다면 오히려 1억 냥으로 감함이 마땅할 것'이라는 반론에 대해 소상하게 대응하고 있다. 일본 측으로서는 이홍장의 주장을 단순한 외교상의 지연책이거나 흥정술 정도로 보았다.

협박으로 일관한 이토

이토 히로부미의 언사는 시종일관 위협적이고 모욕적이었다.

"일본은 전승국이며, 청국은 패전국이다. 이는 전쟁의 결과이며, 통상적인 교섭과는 다른 것이다. 만일 불행하게도 교섭이 결렬되는 날이면, 명령 하나로 6, 70 척의 수송인이 출동한다. 이렇게 되면 북경의 안전은 보장할 수 없을 것이다"

이토는 중국 측 의견에 전혀 귀를 기울이지 않았다. 그리하여 끝내 이홍장은 이런 넋두리 같은 말까지 했다.

"왜 이다지도 청국을 괴롭히는가?"

이에 대한 이토의 답변은 이랬다.

"모든 것이 청국의 책임이니 할 수 없는 일 아닌가?"

14일에는 일본군의 정청대총독(征淸大總督)에 고마쓰노미야아키히도(小松宮彰仁)가 임명되어 30여 척의 수송선에 일본군을 태워 대련으로 발진했다는 보고도 전해졌다. 결국 이홍장은 굴복할 수밖에 없었다. 배상금의 감액과 요동반도 할양의 면적을 축소하는데 어느 정도 성과를 거두었을 뿐으로, 중국사에 오점을 남긴 시모노세키 조약을 체결하기에 이르렀다.

조인식은 1895년 4월 17일 오전 10시에 이루어졌다.

아편전쟁에 의한 남경조약(1842년)이 체결된 이래 연이은 불평등조약에 의해 국제적인 지위가 날로 떨어져가던 청조이기는 하지만, 이 청일전쟁까지는 세계 최강국에는 끼이지 못했지만 1등 국가임에는 틀림없었다. 그러나 시모노세키 조약으로 말미암아 중국의 국제적인 지위는 급전직하로 전락하고 말았다. 열강의 중국에 대한 관념도 일변하여 중국을 침략하여 분할점거하려는 야욕을 노골적으로 드러내게 되었다.

중국 국내에 있어서도 이 시모노세키 조약에 분개하지 않는 자가 없었으며, 심지어는 이홍장이 나라를 팔아먹었다고 매도하는 사람까지 있었다. 중국 내에 반일사상이 굳게 뿌리를 내린 것도 이 조약으로 인해서였다. 시모노세키 조약은 이후의 중·일 관계에 불행한 그림자를 남기게 되었다.

침략국가 일본의 제1보

시모노세키 조약 즉, 청·일 강화조약은 1871년에 체결된 청·일 수호조규의 평등호혜 정신을 스스로 짓밟는 그런 조약이었다. 겨우 4분의 1세기 만에 일본은 침략국가의 길을 걷기 시작한 것이다.

여기에 시모노세키 조약과 이에 관련된 통상수호조약의 주요내용과 문제점을 열거하면 다음과 같다.

조선 문제 – 중국은 조선국이 완전무결한 자주 독립국임을 명확히 확인했다. 이에 따라 조선국이 종래 중국에 대해 시행해오던 조공·전례(典禮) 등은 독립과 자주를 해치는 것이 되므로 일절 폐지한다. 조선에 대한 중국의 종주권이 처음으로 명문(明文)에 의해 완전히 부정된 셈이었다.

영토할양 – 할양한 토지는 봉천성 남부(요동반도), 대만 전도 및 부속도서, 팽호 제도였다. 요동반도는 후에 독·불·노 3국간섭의 발단이 되었다.

배상금 – 고평은(庫平銀) 2억 냥(1냥은 은 37.31g)을 7년 이내에 지불키로 했다. 이는 당시 일본화폐로 환산하면 3억 6천만 엔에 상당하며 일본정부 세입의 4년분에 해당되는 거액이었다. 일본정부가 후에 발표한 군비 2억 47만 엔의 1.8배에 해당하는 배상금을 요구한 셈이었다. 아편전쟁 때 2천 1백만 냥, 영·불 연합군과의 전쟁 때 한 나라에 8백만 냥씩 등에 비하면 엄청난 거액으로서 가혹한 처사가 아닐 수 없었다.

일본은 이것을 기금으로 은본위제도에서 소망하던 금본위제도로 바꿀 수 있었으며, 국제경쟁력과 국제신용을 확보하기에 이르렀다. 국내적으로는 공업, 특히 군수공업의 발전을 촉진하여 서구 제국에 비해 뒤떨어진 산업혁명을 완수하여 경제대국·군사강국으로의 도약대를 마련했다. 1895년 국영으로 건립한 야하타(八幡) 제철소도 이때 받은 배상금으로 만든 것이다. 야하타 제철소는 후에 중국으로부터 철강석과 석탄을 값싸게 들여와 점차 규모를 확장, 일본 공업의 원동력이 되었다. 대만을 비롯한 조선·중국은 공업국 일본의 원료 공급지이자 공산품 시장이 되었다.

통상 – 일본은 서구 제국과 같은 최혜국 대우를 받게 되었으며, 영사재판권까지 확보했다. 또한 그때까지 개항 중이던 13개 항 외에도 사시·중경·소주·항주 등 4개 항을 추가로 개항시키고, 중경에 이르는 장강(양자강) 항행권과 상해로부터 소주·항주에 이르는 오송강(吳淞江) 운하의 항행권도 인정받았다. 이러한 조치로 인해 일본 선박회사의 대중국 해운은 급격히 증가되어, 전후 20년 만에 2배로 늘어났다.

또한 관세 상의 우대조치로 일본기업의 대륙진출도 눈에 띄게 활발
해 1895년에는 상해에다 방직공장을 건설하기도 했다. 이 같은 대중
국 투자는 반수 이상이 일본정부의 직영업체로서, 그 수가 1907년에
는 1,149개사에 달했으며, 경제면에서 중국을 지배할 수 있는 단계에
들어선 것이다.

조계 - 통상항해조약 비준문을 교환하기 직전에 일본은 교환공문
형식으로 전관조계(專管租界—조계를 설치한 나라의 영사에 의해 행
정·경찰권이 행사되고, 그 나라 국민만의 거류·영업행위가 인정되는
조계)를 요구했으며, 결국 상해·천진·하문·한구(漢口) 4개소에 조계
가 설치되었다. 그 후 조계는 소주·사시·복주·중경으로 확산되어 갔
다.

러시아가 앞장선 '3국 간섭'

당시 러시아는 조선 북부에 진출하여 동북 3성(만주)에 발판을
구축하고 있었다. 극동에서 부동항(不凍港)을 구하는 것이 러시아
의 국책이었다. 따라서 요동반도의 여순과 대련은 일찍이 러시아가
눈독을 들이던 항구였다.

이홍장은 이토 히로부미로부터 정식으로 할양요구가 있자 즉각
본국의 총리아문(외무성)에 타전하여, 이 사실을 러시아 공사 캇시
니에게 통보토록 하였다.

러시아 역시 즉각적인 반응을 나타냈다. 즉, 열강국들에게 이 같
은 일본의 요구사항을 알림과 동시에 공동으로 일본에 압력을 가해
요동반도의 할양요구를 철회시키려 했다.

러시아의 호소에 대해 영국과 미국은 냉담한 반응을 보였다. 그
러나 프랑스와 독일이 이에 찬동하고 나섰다. 프랑스는 러시아와 동
맹관계에 있었기 때문이고, 독일은 이 기회를 이용해 다른 열강에

비해 뒤늦은 극동진출을 만회코자 했던 것이다.

러시아의 니콜라이 2세 황제는 어전회의를 소집하여 일본의 요동반도 할양요구를 다음과 같이 규정했다.

- 일본의 요동반도 영유는 러시아의 이익에 해를 끼치며 극동의 평화를 위협하는 일이다.

여기서 대일본 강경방침이 결정되었다.

- 일본에 요동반도의 할양요구를 즉각 철회할 것을 권고하며, 만일 이를 거부할 때는 자유행동으로 나서서 그 이익 옹호를 위한 조치를 강구한다.

러시아는 프랑스에, 프랑스는 독일에 작용하여 4월 21일 런던에서 일본의 요동반도 할양요구를 철회할 것을 공포했다. 이에 4월 23일 일본정부는 3개국 공사로부터 '권고'를 받았다.

다음날 일본은 어전회의를 열고 다음 3개 안에 대해 토의했다.

1안 - 3국의 요구를 거부하고 3국과 개전한다.

2안 - 열강국 회의를 개최, 다른 열강 제국을 포함한 국제회의에서 요동문제를 해결한다.

3안 - 3국의 요구를 받아들여 요동반도를 반환, 청국에 은혜를 베푼다.

회의에서 채택된 것은 2안이었다. 일본으로서 가장 두려운 것은 3국의 무력간섭이었다. 일본의 정예부대는 육군이 요동에, 해군이 팽호에 출병중이어서 본토는 거의 무방비상태였다. 그러나 2안의 채택 결정은 곧 변경되었다. 마침 병중에 있어 어전회의에 불참한 외무대신 무쓰 무네미쓰가 '열강국 회의를 열게 되면 각국이 제각기 자기네 국익을 위해 주장하게 될 것이니 수습하기 어려울 것이며, 시모노세키 조약 그 자체가 분해되고 말 것이다'고 반대하여 다시 3안이 채택되기에 이른 것이다.

이렇듯 일본은 열강 3국에 대해서는 양보했으나, 중국에게는 조금도 양보하지 않는 태도를 견지했다.

> ▶ 일본 측 자료에 의하면, 러시아는 해군중장 치르토프를 동양함대 사령관으로 임명하여, 독일·프랑스와 함께 연합함대를 편승, 연대(煙台—산동성 동북부에 있는 도시)에 20여 척의 군함을 집결시켜 일본을 위압했다. 시베리아 방면에서도 예비병을 비상소집하여 현역병에 합류시켜, 모두 5만 병력을 집결, 언제든 동북 3성과 조선으로 출병할 수 있도록 준비하고 있었다.

'3국 간섭'의 결과

일본은 3국의 '권고'를 받아들여 요동반도를 반환함에 있어 또 다시 중국을 위협하여 그 대상으로서 3천만 냥을 배상금에 추가시켰다. 결국 3국의 간섭도 중국에는 그다지 이익을 주지 못했다. 3개국은 중국에 대해 각기 보상을 요구해, 러시아는 대련과 여순을, 독일은 교주만을, 프랑스는 광주만(廣州灣)을, 영국은 위해위와 구룡(九龍)의 조차를 실현시켰던 것이다. 이렇듯 '3국 간섭'은 오히려 국제적으로 중국영토의 분할 점령을 촉진케 하는 결과를 가져왔다.

3국 간섭의 영향은 또한 조선에까지 미쳤다. 일본의 굴복을 지켜본 조선의 민씨 일파는 러시아에 접근, 친로적인 색채를 띠어갔다. 때를 같이하여 러시아 공사 웨베르 역시 조정을 친로파의 영향 아래 두려는 야심을 갖고 민비 일파와 손을 잡게 되었다. 정부 내의 친일파는 축출되었고 친로파가 대거 등용되었다.

이러한 정세 하에서 때마침 이노우에 공사가 귀국하고 그 후임으로 미우라 고로(三浦梧樓)가 착임했다. 미우라는 친로적인 민비를 제거할 계획을 세우고 민비의 정적인 대원군을 끌어들였다. 그리하여 일본 낭인과 친일파를 앞세우고 새벽을 틈타 경복궁으로 쳐들어가 궁중을 샅샅이 뒤진 끝에, 건청궁(乾淸宮)에서 쉬고 있던 민비를 찾아내어 무자비하게 살해하는 만행을 저질렀다.

이것이 바로 악명 높은 을미사변(乙未事變)이다. 사건 후 고종은 러시아 공사관으로 파천(俄館播遷)하고, 쿠데타로 집권한 친일내각은 조선민중의 드센 반발로 이내 붕괴되고 말았다. 그리고 일본은 또 러시아군의 조선 주둔권을 인정하기에 이르렀다.

일본, 대만을 무력으로 점령

또 다른 할양지인 대만과 팽호 제도의 문제도 여기서 잠깐 짚고 넘어가야 할 필요가 있다.

중국인이 대만을 발견한 것은 1천 7백 년 전의 일이다. 그 이래로 중국은 대만을 개발해 왔다. 대만에 문명의 씨가 뿌려지고 촌락이 성시(盛市)로 발전한 것도 중국인의 노력에 크게 힘입었다고 할 수 있다. 그러나 이 거대한 섬에 대한 침략의 손길은 일찍부터 있었다. 명대(明代) 말기인 1624년 이래 38년 동안 네덜란드에 점령당한 적이 있었던 것이다. 이때 정성공(鄭成功)[3]이라는 명의 유장이 대륙에 새로 들어선 청조에 쫓겨 대만으로 건너와 네덜란드 인들을 몰아내고 대만 수복에 성공했다. 그 후 만주족이 지배하는 청조에 반대하는 명나라의 유신들이 속속 대만으로 건너와 한때 대만은 항만운동의 근거지가 되기도 했다. 이로 인해 대만은 경제와 문화면에서 본토에 지지 않을 정도로 발전했으며, 중국화가 급속히 이루어졌다.

청대 말기에 와서 프랑스의 침공(청불전쟁)을 잠시 받기는 했지만 타국 군에 의해 점령된 적은 없었다.

그러나 시모노세키 조약에 의해 대만이 일본에 귀속되었다는 사실이 알려지자 대만 주민들은 격분했다. 그들은 무서(撫署—순무의

---

3. 정성공(1624~62) 중국 명말의 유신. 명조의 부흥을 꾀해 청에 항전했다. 1661년 네덜란드 인을 몰아내고 대만을 점령했다

관청)로 몰려가 조약폐기를 요구했으며, 상가는 철시하고 사람들은 거리로 뛰쳐나와 통곡했다.

순무(巡撫) 당경숭(唐景崧)은 이러한 민심을 북경에 알렸으나, 청조는 이에 대해 아무런 회답도 하지 않고 원군도 보내지 않았다. 뿐만 아니라, 비준서를 교환한 후인 5월 20일에는 당경숭을 해직하고 대만주재 청군에 대해서도 전원 본토로 철수하라는 명령을 내렸다. 결국 대만에서는 자력으로 일본에 맞설 수밖에 없다고 생각한 끝에 구봉갑(丘逢甲)을 통령(統領)으로 선출하고, 철저한 저항을 선언하는 한편 의용군을 편성했다. 대남(臺南)에서는 청군 총병(總兵—사단장) 유영복(劉永福)의 흑기군(黑旗軍)이 호응해왔다.

일본은 해군대장 가바야마 스게노리(樺山資紅)를 대만총독으로 임명하고, 근위사단을 파견하여 무력진압에 나섰다. 5월 29일 대만 북동부에 위치한 오저(澳底)에 상륙한 일본군은 기륭(基隆)·대북을 점령한 다음, 서해안을 남하, 5개월에 걸친 전투 끝에 10월 21일 대남(臺南)을 탈취함으로써 대만공략을 마무리 지었다. 구봉갑·유영복은 하문으로 탈출했다. 그러나 의용군의 저항은 그치지 않고 무려 7년간이나 계속되는 치열함을 보였다.

5개월간의 전투에서 일본군이 입은 손실도 적지 않았다. 사상자가 5천 명을 넘었으며 환자도 2만 7천 명에 달했다. 그리고 사단장까지 목숨을 잃는 큰 손실을 입었다.

요동·산동 방면에서 일본군이 입은 손실 1만 7천여 명에 비교해 봐도 월등히 많은 이 희생자의 수는 대만인의 저항이 얼마나 격렬했던가를 웅변해주고 있다.

일본군이 이 같은 큰 희생을 지불하면서까지 대만을 손에 넣은 데에는 군사상의 큰 이유가 있었기 때문이다. 대만은 그 후 일본의 남방작전을 수행함에 있어 중요한 기지가 되었던 것이다.

제3장 아시아 대륙, 비극의 서막

1. 의화단의 난

극에 달한 정치의 부패

남경조약에서 시모노세키 조약 이전까지의 기간을 열강의 중국 침략 제1기라고 한다면, 시모노세키 조약 이후부터 의화단(義和團)의 난(亂)까지를 제2기라 할 수 있다.

제2기에 접어들자 열강의 침략방법은 일변했다. 즉 그때까지 이권 추구의 대상이었던 영사재판권·관세협정권·내하(內河) 항행권의 요구에서 성큼 나아가, 조계·철도차관·세력범위의 설정 등 영토 분할 쪽으로 내닫기 시작한 것이다.

세력범위란 어느 한 나라가 청조에 대해 특정지역을 지정하여, 다른 나라에 그 지역을 양도하면 안 된다는 것을 보증시키는 일로서, 영토분할의 사전단계라고 할 수 있는 것이다.

이 같은 제2기의 침략을 <중국의 운명>(장개석 저, 1943년 간행)에서 인용해보자.

'열강은 일구(日寇—일본)가 우리 중국을 괴롭히고 있던 기회를 이용, 중국 영토를 조차지로 다투어 뺏어갔으며, 세력범위를 가르고 병영과 군항을 건설하는 한편, 철도부설권과 광산채굴권을 취득해갔다. 유구(琉球)·홍콩·대만·팽호·안남(安南)·버마·조선의 쇠퇴·멸망은 눈앞에 다가왔으며, 중국대륙의 분할이라는 대화(大禍)가 임박하고 있었다. 이에 수치를 느끼고 국력을 강화하자는 운동이 국민들 사이에서 일어나게 되었다. 비로소 사람들은 중국이 쇠퇴하게 된 원인을 알아낸 것이다. 그것은 총이나 군함이 서양에 따르지 못했기 때문이 아니라 주로 누적된 정치의 부패에 그 원인이 있다는 사실을 알게 되었다. 그렇다면 어떻게 정치를 개혁해야 하느냐에 대해서는 저마다 의견이 달랐었다.

우리의 국부(國父—손문)만이 시대와 민족의 요구에 따라 혁명을 주장했다. 흥중회(興中會)를 호놀룰루에서 조직하고, 만주족을 축출하고 중화(中華)를 회복하여(민주주의), 민국을 건립하고(민권주의), 지권(地權)을 평균화한다(민족주의)는 슬러건을 내걸고, 삼민주의(三民主義)를 최고원칙으로 하는 혁명을 적극 추진했던 것이다.'

좌절된 국정개혁

중국 국내에서는 강유위(康有爲)·양계초(梁啓超) 등을 중심으로 하여 변법운동(變法運動)이 진행되었다. 이것은 서양기술의 도입에만 치중했던 '양무운동'과는 달리, 일본의 메이지 유신을 본떠 청조를 입헌군주제로 개혁하려는 운동이었다.

1898년 6월, 광서제는 강유위를 등용하고 변법에 의한 국정개혁에 착수토록 명했다. 그러나 당시 청조는 서태후를 핵으로 하는 수구파(守舊派)가 실권을 잡고 있었다. 수구파는 강유위의 변법운동에 강력히 반발하여 결국 정변을 일으켜 광서제를 유폐시키고 말았다. 이로써 개혁운동은 103일 만에 막을 내리고 강유위는 이토 히로부미의 도움으로 일본으로 망명했다. 이것이 바로 무술정변(戊戌政變)이다.

망명한 강유위는 일본에서 '보황당(保皇黨)'의 조직·확장을 계획했다. 그러나 이것은 어디까지나 청조 유지와 군주제 옹호의 테두리를 벗어나지 못한 것이었다. 따라서 손문이 이끄는 혁명운동과는 대립되는 것이었다.

무술정변에 뒤이어 일어난 것이 '의화단의 난'(1899~900년)이다. 청조는 이 의화단을 지원한 결과, 8개국 연합군의 공격을 받고 북경의 정서(北京議定書)라는 조약을 강요당하는 또 한 번의 국치를 맛보게 되었다. 의정서 체결 후 일본을 포함한 열강 제국은 중국을 무대로 대치하는 사태에 돌입했다. 화(禍)를 아시아에서 세계로 확대하는 기점은 여기서 비롯되었다.

그러면 청국 몰락의 결정적인 동기가 된 '의화단의 난'이란 대체 어떤 사건인가?

기독교를 배척하는 종교 결사

의화단사건은 중국에 대한 열강의 침략과 기독교에 대해 반기를 든 중국민중의 배외운동(排外運動)이었다.

청조는 1858년의 천진조약에 의해 국내에서의 기독교 포교를 인정했다. 그러나 기독교에 대한 이해가 부족했던 민중들 중에는 기독교를 사교(邪敎)로 보는 사람이 적지 않아 각지에서 교회에 불을 지르는 사건이 잇달아 일어났다. 이처럼 기독교가 민중으로부터 배척당한 데에는 몇 가지 이유가 있었다. 우선 기독교가 조상의 제사를 금하고, 남녀가 한자리에 모여 예배를 하는 것 등이 일반민중의 눈에는 전래의 풍속에 역행하는 처사로 보였다. 또한 교회가 운영하는 병원이란 곳에서 수술한다는 것이 도무지 괴이한 노릇이 아닐 수 없었다. 그리하여 나중에는 교회에서 중국 아이들을 유괴하여 눈과 심장을 꺼내 약품을 만든다는 등 골수에서 기름을 짜낸다는 등 하는 허무맹랑한 소문까지 떠돌게 되었다.

그러나 무엇보다 교회가 서구 제국의 약탈적인 무역과 양풍화(洋

風化)의 앞잡이 구실을 한다는 데 민중의 크나큰 분노가 있었다. 청조가 국치(國恥)를 거듭할 때마다 더욱더 생활이 어려워지는 것은, 이들 기독교 선교사를 앞세운 열강의 제국주의가 중국 땅을 침략해 들어왔기 때문이라고 민중은 생각하게 되었던 것이다.

이러한 민중의 분노와 불만을 등에 업고 역사의 전면으로 거칠게 튀어나왔던 것이 바로 의화단이었다. 이 의화단은 산동성에서 원(元)나라 때부터 맥을 이어오고 있던 백련교(白蓮敎) 계통의 비밀결사였다. 그들은 스스로 하늘에서 내려온 신병(神兵)이라 칭하며 권술(拳術)과 봉술(棒術)을 익혔다. 그리고 총이나 칼을 맞지 않는다고 믿는 부적(符籍)을 몸에 지니고 다녔다.

그들이 내건 슬로건은 '부청멸양(扶淸滅洋)' 즉, 청조를 떠받들어 서양인을 멸망시키자는 것이었다. 따라서 기독교가 이들의 공격 대상이 되어 산동성에서 난이 일어나게 되었다. 청조는 한때 원세개(袁世凱)를 파견하여 난을 진압하려 했으나, 폭동은 북경에까지 확대되었다. 게다가 나중에는 서태후까지 설득되어 청조는 의화단이 주장하는 '부청멸양'을 지지하는 태도를 취했다. 폭동은 확대일로를 치달아 의화단은 서양인에 대해 무자비한 테러를 가하기 시작했다.

외국 공사관을 공격한 의화단

1900년 5월, 의화단의 일단이 마침내 북경으로 입성하여 치안을 교란시켰다. 각국 공사들은 재삼 청조에 대한 의화단 진압을 요구했다. 그러나 청조는 전혀 움직이지 않았다. 그러자 각국 공사들은 그들의 군대를 북경으로 진주시켜 공사관을 보호하도록 하는 조치를 취했다. 5월 31일, 영국·프랑스·미국·러시아·이탈리아·일본(후에 독일·오스트리아가 가세) 6개국은 모두 490명의 군대를 북

의화단(義和團)원: 청조 정권을 옹호하던 의화단원의 무술.

경으로 불러들였다. 그런데 6월 8일, 천진 – 북경 간의 철로·통신선이 의화단에 의해 파괴되는 바람에 북경주재 공사와 진주군은 고립상태에 빠지고 말았다.

이에 관계국들은 영국 극동함대 사령관 에드워드 세이머를 총지휘관으로 하는 2천 명의 연합군을 편성, 6월 10일에 천진에서 북경을 향해 출발시켰다. 그러나 이 부대는 의화단의 강력한 저지를 받아 북경에는 입성하지 못했다. 북경 시내는 의화단에 의해 완전 장악되어 있었다. 각국 공사관들은 군중의 습격을 받았다. 독일공사 케텔러와 일본 공사관 서기 한명이 살해된 것도 이때였다.

연합군은 북경점령을 목표로 본격적인 실력행사에 들어갔다. 각국 군함은 대고(大沽)의 포대를 포격, 점령하고 계속 증원부대를 상륙시켰다. 이것을 본 청조는 6월 21일, 각국에 선전을 포고하고, 의화단에 대해 각국 공사관과 천진조계를 공격토록 명령했다. 그런데 이때 내린 선전포고 조서(詔書)에는 단지 '원인(遠人—외래 사람들)'으로 표현되어 있을 뿐, 특정 국명을 명시하지 않은 것이어서, 사상 미증유의 희한한 전쟁이 벌어지게 되었다.

이 사태에 가장 기민하게 대응한 나라는 역시 일본이었다. 일본은 이 기회에 대규모적인 출병을 서둘러, 청나라를 비롯한 각국에 대해 발언권을 강화코자 했다. 이런 계획으로 6월 11일, 일본 외무대신 아오키 슈조(靑木周藏)는 자국의 주영(駐英) 공사에게 비밀전문을 보내, 일본군 증파 계획에 대해 영국정부의 의견을 타진해보도록 훈령했다. 이때 영국은 '다른 나라와 행동을 같이 해주기 바란다.'면서 일본 측의 계획에 반대했다. 그러나 전황이 긴박해져 북경으로 출발한 연합군이 도중에서 의화단에 포위되어 고전하게 되자 영국은 일본에 대해 오히려 출병을 요청하기에 이르렀다.

아오키는 즉각 대고에 1개 사단병력 1만 5천 명의 파병을 결정했으나 독일과 러시아의 적극적인 찬성을 얻지 못해 일단 출발을 보류했다. 그러나 북경의 사태는 급격히 악화되어 갔다. 결국 영국은 출병비용을 모두 부담한다는 조건으로 일본의 파병을 간청했다.

이에 일본은 7월 6일, 7천의 병력을 증원하여 모두 2만 2천 명의 대부대를 중국으로 출병시켰다.

> ▶ 영국은 이때 일본에 대해 2만 명의 출병비용으로 1백만 파운드를 원조하겠다고 통고했다 한다.

승산 없는 전쟁

2개월에 걸친 전투 끝에 8개국 연합군은 8월 14일 마침내 북경을 공략했다. 서태후 등은 서안(西安)으로 도망가고 청조는 다시 강화를 청하기에 이르렀다.

이때 체결된 것이 신축조약(辛丑條約)으로서 일명 북경의정서라고도 한다. 조인에는 8개국 외에 벨기에·네덜란드·스페인도 참가하여 모두 11개국이었다.

여기서 결정된 배상금 총액은 무려 4억 5천만 냥이었다. 이 액수는 5년 전 청일전쟁으로 일본에 배상한 2억 냥의 2배가 넘는 거액이었다. 일본은 그중 7.7%에 해당하는 3,479만 냥을 취득했다. 5년 간격으로 당한 국치와 막대한 배상금 지불은 청나라의 국가재정을 곤경에 빠뜨리고 국민생활을 막다른 길로 몰아갔다.

더욱이 조약에 의해 대외적인 수입원이었던 협정관세에 변경이 가해진데다가 관세 그 자체가 배상금 지불을 위한 담보로 잡혀졌

연합군의 장병: 연합군으로 참가한 9개국의 장병 좌로부터 영국, 미국, 러시아, 인도, 독일, 프랑스, 오스트리아, 이탈리아, 일본

다. 이에 따라 외국제품이 국내제품보다 오히려 적은 세금을 물게 되는 특전이 주어져서 이후로 국산품은 국내시장에서도 외국제품과 경쟁이 되지 못했다. 결국 국내 산업은 이렇게 쇠퇴일로를 걸을 수밖에 없었다.

또한 저당된 관세를 관리하기 위해 외국인이 총세무사(總稅務司)로 임명되어 관세를 지배함에 따라, 관세에서 배상금을 지불하고 남는 돈은 외국은행에 보관시키게 되었다. 이로써 청조의 재정은 파탄에 직면하게 되었고, 나라꼴은 만신창이, 근근이 명맥만을 이어가는 형국이었다.

▶ 30년 후 이 사건에 대해 장개석은 다음과 같이 논평했다. ─ 의화단사건은 우리 중국에게 청일전쟁에 버금가는 국치였다. 국적을 분간함이 없이, 은인과 원수를 가리는 일도 없이 모든 외국인을 원수로 삼음으로써, 중국인이 국제적인 지식이 전혀 없음을 남김없이 폭로하여 외국의 경멸과 모욕을 받게 되었다. 이것은 당시 국민의 지식수준을 그대로 말해주는 것이다. 〈공리의 옹호와 강권에의 항거〉

결과적으로 의화단사건은 약간의 여력이 남은 청조에 결정적인 타격을 가해 나라의 쇠망을 촉진시켰고, 외국군대의 주둔을 인정함으로써 국토의 반 식민지화를 진전시킨 셈이 되었다.

2. 노일전쟁의 발발

동북 3성을 점령한 러시아

러시아 역시 의화단사건을 극동진출의 기회로 삼고자 했다.

1900년 6월 10일, 봉천성(奉天省)에서 교회가 의화단의 방화로 불에 타버린 사건이 발생하자 이를 구실로 러시아는 출병했다. 이유는 철도보호였고 동원된 병력은 15만으로 일거에 만주 일대를 점령하고 말았다. 의화단사건이 일단락되어 8개국 연합군과 청조 사이에 화평교섭이 진행되고 있을 때, 유독 러시아만은 '동북 3성은 별개의 지역적인 협정을 체결해야 한다.'고 주장하면서 철병을 거부했다. 이러한 러시아의 태도는 당연히 국제적인 물의를 빚었으며 여론의 악화를 초래, 미·영·독·일 등으로부터 연이은 항의를 받았다.

그러나 러시아는 청조에 대해 고압적인 철병조건을 제시했다. 협상은 난항을 거듭하다가 겨우 '동3성(東三省) 조약'이 체결되어 철병에 합의했다. 이때가 1902년 4월이니까 북경의정서가 체결된 지 7개월이 지난 후였다.

이 조약에서는 철병의 시기를 3단계로 나누고, 6개월 간격으로 봉천성·길림성(吉林省)·흑룡강(黑龍江)성의 순으로 철병을 완료한다는 내용이었다. 제1단계의 철병은 순조로이 이루어졌다. 그러나 2단계에 들어서자 러시아 측은 돌연 태도를 변경, 또 다른 조건을 내세웠다. 그 조건이 충족되지 않는 한 철병을 보류한다는 강경한 태도로 청조를 위협했다. 러시아 측이 내세운 담보조건은 다음과 같다.

- 러시아 군이 철수한 후에도 이 지역을 타국에 할양하지 않을 것.
- 러시아의 동의 없이 만주에 새로운 상항(商港)과 외국 영사관의 증설을 인정하지 않을 것.
- 만주의 행정에 외국인을 참가시키지 않을 것.

여기에다 러시아가 점령 중에 취득한 권리를 계속 보유한다는 조건도 들어 있었다. 한마디로 말해 동북 3성을 자국의 보호 하에 두고, 다른 나라의 세력을 모두 축출하여, 만주에 있어 배타적·독점적 이익을 취하겠다는 의사를 노골적으로 드러낸 것이었다.

청조는 이러한 러시아의 요구를 단호히 거부하고, 미·영·일도 이에 반대하여 러시아에 항의했다. 그러나 러시아는 이 모든 항의를 묵살했을 뿐만 아니라, 봉천성에서 철수한 병력을 한·만 국경인 압록강 방면으로 집결시켜, 조선 영토인 용암포에 병영을 세운 후 그 지역을 조차해 달라고 조선정부에 요구했다.

또 한편으로 러시아는 태평양 함대를 여순에 집결시켜 황해에서 대규모로 해상훈련을 실시하는 등 무력시위를 벌였다. 8월에 접어들자 러시아의 행동은 더욱 노골적으로 되어갔다. 만주 점령군 사령관 알렉세이에프를 요동 대총독으로 임명하고, 동북 3성에 대해 군사적인 지배체제를 갖추었던 것이다.

1896년에 체결한 중·노밀약(이홍장·로바노프 협정)에 의한 연로제일(連露制日)의 어리석은 정책은 결국 러시아 세력을 만주로 불러들이는 결과를 초래했으며, 러시아 제국주의가 중국침략을 현실화하는 데 길잡이 노릇을 한 셈이었다.

러시아의 이러한 동향은 일본에게 위기의식을 갖게 했다. 게다가 일본이 민비 시해사건을 일으켜 열국으로부터 비난을 받고 있을 때, 조선 주재 러시아 공사 웨베르는 고종과 태자를 자국 영사관 내에 보호하는 등 환심을 사고 있었다. 일본인 재정고문이 해고되고,

군대훈련도 러시아식으로 개편되었다. 또한 1899년 러시아는 조선 남부의 마산포를 태평양 함대를 위한 석탄 공급기지로 조차함으로써 일본에게는 군사적인 위협으로 받아들여졌다.

　러시아 세력의 조선 진출을 막는 것은 일본에 있어 최대의 당면 과제가 되었다. 이런 이유로 청일전쟁 후 일본은 병력의 주둔, 조선 정부에의 원조 등에 관해 세 번에 걸쳐 러시아와 각서·의정서를 체결했던 것이다.

　의화단사건 이후, 동북 3성에서 철수하지 않으려는 러시아 군에 대한 대책으로서, 일본은 영국과 손잡고 러시아를 가상적국으로 하는 '제1회 영·일 동맹협약'을 체결, 중국과 조선에서의 양국 이익을 지키기 위한 공수동맹(攻守同盟)을 맺는 데 성공했다. 이 영·일 동맹은 러시아의 만주철병에 외교적인 압력을 가하는 결과가 되었다. 그러나 만주와 조선을 둘러싼 일본과 러시아의 대립은 첨예화되고 있었다. 알렉세이에프의 요동 대총독 임명은 러시아의 군사적 결심을 말해주는 것으로서, 당시 러시아의 재무상 비테도 그의 자서전에서 '일본으로 하여금 무력에 호소하지 않을 수 없도록 하는 태도를 취했다'고 지적했다.

일본, 러시아와 전쟁을 결심

　러시아에 대한 일본의 교섭은 '한만교환론(韓滿交換論)'에 그 초점이 있었다. 즉, 일본이 동북 3성의 철도에 관한 러시아의 특권을 인정하는 대신, 조선에 대한 일본의 특수이익을 러시아로부터 인정받자는 것이었다. 그러나 러시아는 일본의 속셈을 미리 짐작하고 이에 응하려 하지 않았다. 조선에 대한 일본의 이권을 전혀 부인하지는 않으나, 동북 3성에 관해서는 처음부터 일본과 아무 관계가 없는 사안인 만큼 '교환'이란 가당치가 않다는 주장이었다.

'한·만에 관한 노·일 협상'은 1903년 6월에 열린 어전회의에서 방침이 결정됐으며, 그 후 노일전쟁 개전까지 13회에 걸쳐 노·일교섭이 있었다. 이 교섭에서 일본의 주장은 이랬다.

─ 한국은 대륙으로부터 제국(帝國)의 주요부(主要部)를 향해 날카로운 비수같이 돌출한 반도로서, 대마도와 일의대수(一衣帶水)의 거리에 있다. 만약 다른 강국이 해당 반도를 점령한다면 제국의 안전은 위협받게 될 것이며, 도저히 무사할 수 없을 것이다. 따라서 제국은 결국 이러한 사태를 용납지 않을 것이며, 이를 미연에 방지하는 것이 제국 전래의 정책이다.

일본으로 보면 러시아는 이미 요동에서 대련과 여순항을 조차하고 있을 뿐 아니라, 만주를 사실상 지배하고 있는데도 조선 국경 가까이 제반시설을 해놓고 있다.

이런 마당에 러시아의 이 같은 행동을 앞으로 묵과한다면, 날이 갈수록 만주에서의 러시아 세력이 강화되어 마침내는 한반도에까지 그 영향력을 미칠 것이다.

이렇게 되면 일본이 다년간 한반도에서 닦아 놓았던 기반이 위협받을 것이며, 나중에는 일본의 존립에까지 큰 위험이 따를 것이다. 대강 이러한 시각에서 한·만교환론이 나오게 되었지만 러시아의 강압적인 태도로 해결의 실마리를 잡을 수가 없었다. 마침내 평화적인 해결책은 없다고 판단한 일본은 러시아에 대한 개전을 결심하기에 이르렀다.

당시 일본의 전력은 10년 전의 청일전쟁 때에 비해 커다란 차이가 있었다. 육군은 7개 사단에서 13개 사단으로 거의 배증되었으며, 20만 명의 출병이 가능했다. 해군은 4배로 증강되어 비약적인 발전을 보였으며, 총톤수 25만 8천 톤을 과시했다. 일본해 해전에서 활약한 전함 미카사(三笠)는 총배수량(總排水量) 1만 5,362톤,

12인치 포 6문으로 세계 최신예함의 하나였다.

이 같은 전력은 일본이 한국·만주(동북 3성)를 지배하기 위해서는 러시아와의 전쟁을 피할 수 없다는 예상 아래 꾸준히 준비해왔던 결과였다. 또한 외교면에서도 위해위에 해군기지를 갖고 있는 영국과의 공수동맹을 체결함으로써 다른 열강의 간섭을 사전에 봉쇄했다.

일본은 다른 열강국과의 관계에 세심한 주의를 기울였다. 개전 약 1개월 전의 각료회의에서 결정한 '대로(對露)교섭 결렬시 일본이 취할 대청한(對淸韓) 방침'에서 청국이 국외중립을 취하는 것이 득책이라고 결정했다. 이유는, 청국이 일본과 함께 러시아에 선전포고한다면 아시아인 대 서구인의 대립을 초래할지도 모른다는 우려에서였다. 격분한 중국인이 서구인에 대한 폭행사건을 일으키면 의화단사건 때처럼 서구 열강에 개입할 구실을 줄 수 있다는 것이었다.

청국의 전쟁개입을 꺼려한 데는 다른 이유도 작용했다. 즉, 단독으로 싸우면 전승의 결과도 일본이 독자적으로 처리할 수 있다고 판단한 것이다. 이는 중국영토(만주)에서 러시아를 몰아낸 뒤 일본이 독식하겠다는 야욕에서였다.

조선 문제에 대해서는 더욱 엄격한 방침이 정해졌다.

– 어떤 경우에든 실력으로 우리 세력 하에 둠은 물론이나, 될 수 있는 대로 명분을 찾되, 최후의 결과는 실력에 의해 결정된다는 것은 두말할 나위 없다. 요는 조선에 대한 정책은 직접 간접으로 군사와 관계가 깊은 만큼…

이 방침에 따라 무력에 의한 조선 지배를 확정했으며, 시기를 보아 보호적인 협약을 체결하기 위해 여러 수단을 취한다는 것은 명백히 했다. 이 '보호적 협약'은 개전 후 2주도 못돼서 '한일의정서'

일본군 제3군의 포부대: 1904년 5월 5일, 제2군의 요동반도 상륙에 이어 제3군은 여순(旅順)공반전을 7월부터 그해 12월까지 계속, 여순항의 러시아함정 격파로 대세를 결정지었다.

로 현실화됐으며, 조선(당시 대한제국)은 일본 군사력에 의한 안전보장, 일본의 군사행동에 대한 편의제공 등을 허용하였다. 이 한일의정서는 후에 한일합방의 중요한 포석이 되었다.

노일전쟁도 인천 앞바다에서

1904년 2월 6일, 일본은 러시아에 국교단절을 선언했다. 이어 8일에는 인천, 9일에는 여순에서 해전이 일어났고, 10일에는 양국이 동시에 상대국에 선전을 포고했다. 이리하여 제국주의 전쟁인 노일전쟁은 제3국인 한국과 중국 땅에서 서전의 포문을 열었던 것이다.

이어 12일, 청조는 국외중립을 선언함과 동시에 각국에 대해 다음과 같은 설명을 발표했다.

– 동북 3성은 중국의 영토로서, 노·일 양국은 3성 내의 도시·관공서·인민·재산에 손상을 주어서는 안 된다. 현지에 주재하는 중국군대는 양국군에 대해 엄정중립을 유지할 것이다. 요하(遼河) 이서의 지역(동북 3성 서남지역)에는 러시아 군이 이미 철수했으므로 청조의

북양대신이 파견하는 군대가 주둔한다. 동북 3성과 이에 인접한 내외 몽고는 국외중립으로 취급될 것이며, 노·일 양국군은 이곳을 침입해선 안 된다. 단, 동북 3성 지방의 외국군이 철수하지 않은 지역에는 실제 중국의 힘이 미치지 않으므로 국외중립을 지키기 곤란하나, 동북 3성의 영토와 권리는 양국의 승패와 관련 없이 양국 어느 일방도 점령할 수 없으며, 중국의 자주에 귀속되어야 한다.

봉천(현재의 심양)에는 봉천장군 증기(增祺)의 중국군이 주둔하고 있었다. 러시아 군은 이미 길림·흑룡강성 전역과 봉천성의 대부분을 장악하고 있었다. 따라서 청조로서는 국외중립을 실행할 수가 없었으며, 결국은 봉천성을 양국의 '전쟁지역'으로 지정했다.

이에 대한 일본의 회답은 그런대로 성의를 보인 것이었다. 곧 '귀국의 중립에 경의를 표한다.'고 두서한 다음 '일본이 러시아와 전쟁하는 것은 우리나라의 권세와 이익을 지키기 위한 것으로서, 전쟁이 끝난 후 대청국의 영토를 점령할 의도는 없다'고 되어 있다. 그러나 이는 한낱 듣기 좋은 말에 불과했으며, 뒤의 역사가 이를 증명하고 있다.

러시아의 태도는 일본에 비해 대단히 횡포인 것이었다. '만주지방은 국외중립 지역으로 인정할 수 없다', '요하 이서의 땅도 당연히 만주지역 내에 있으므로 국외중립이라 할 수 없다', '동북 3성을 점령할 수 없다는 말에 대해서는 현재의 단계에서 논의할 문제가 아니라 종전 후 실정에 따라 협의해야 한다.'고 회답해 온 것이다.

러시아 외무성도 '군무에 속하는 이상 알렉세이에프에게 일임했다'는 회답을 현지에 보내고 있으며, 알렉세이에프는 또 봉천에 주둔중인 중국군 사령관 증기에게 '동북 3성에 있는 철도의 보호책임은 청국에 있다. 철도가 파괴되어 러시아 군이 군사상의 손실을 입게 되는 경우에는 철도수리비용은 물론, 이에 의한 군사상의 손실을 청국이 배상해야 한다.'고 통고하고 있었다. 러시아는 이미 동북 3성을 완전히 자기의 '속지'로 취급하고 있었으며, 중국으로 하여금 국외중립을 스스로 깨뜨리게 하는 데 갖은 노력을 다했다.

러시아의 책동은 외교면에서도 활발하여 관련 각국에 대해 '중국은 중립을 지키지 않고 일본 편을 든다', '중국의 민심은 격앙하여 백인을 원수로 본다'는 등 흑색선전을 늘어놓았다. 러시아의 속셈은 중국을 전쟁에 끌어들여 노일전쟁을 백인 대 황색인, 서구인 대 동양인의 대립으로 유도하고, 나아가 전 세계적인 전란으로 확대시키려는 것이었다. 다행히 러시아의 외교 음모는, 미국이 러시아에 대해 '중국의 국외중립을 침범치 말라'고 경고하는 등, 그 뜻을 이루지 못했다.

민심을 잃어버린 러시아

노일전쟁에 관해 중국의 민심은 일본에 동정적이었다. 그것은 러시아의 횡포에 대한 자연스러운 결과였다. 의화단사건을 구실로 동북 3성을 점령하고는 중국의 철병요구에 무리한 조건을 내세우면서 물러가려 하지 않았던 것이다. 노일전쟁이 일어나자 이번에는 군함을 제멋대로 중국항구에 출입시키는 등 중국의 주권을 무시하는 태도로 중국인의 분노를 샀다.

특히 격분을 샀던 것은 러시아 군의 중국인에 대한 잔악한 행위였다. 의화단사건 때 동북국경의 아이훈(愛琿) 부근에서 5천여 명의 중국인을 대량 학살한 것을 비롯해서, 각지에서 토비(土匪—마적)와 결탁하여 약탈행위를 일삼았다.

일본과의 전쟁에서 불리해지자 러시아 군은 지휘계통이 무너져 마침내 폭도의 집단으로 화하고 말았다. 전쟁 말기 봉천장군 증기가 청조에 보낸 보고문 중에는 다음과 같은 구절이 보인다.

– 일본군의 점령지대는 잘 통제되고 있으나, 러시아 병사들의 분탕과 약탈은 말로 표현할 수 없는 참상을 이루고 있다.

러시아에 대한 증오는 해외에 거주하는 중국인들에게까지 파급되었다. 일본에 체류 중인 중국인 유학생들은 러시아와 싸우기 위한 의용군을 편성했으며, 각지의 화교로부터 청조에 대해 러시아에 선전을 포고하라는 전문과 현금이 답지하는 사태가 벌어졌다. 그러나 여기서 주목해야 할 것은, 이러한 민중의 분노는 러시아에 대해서뿐만 아니라, 거듭되는 국치에도 아무런 대책을 세우지 못하는 무력한 청조에 대한 것이기도 하다는 점이다.

노일전쟁이 한창일 때, 상해에서 혁명지사 만복화(萬福華)가 친로파인 전 광서순무(廣西巡撫) 왕지춘(王之春)을 암살하려 했던 사건(피스톨 불발로 미수)이 일어났을 때 보인 시민의 동향은 그 대표적인 것이었다. 청조는 만복화를 비롯하여 다수의 혁명인사를 체포했다. 그러나 때마침 러시아의 폭행과 그것을 못 본체하는 관리의 무능·나약함에 대해 불만을 품고 있던 민중은 전시(全市) 스트라이크로써 청조에 항의하고 지사들의 석방을 요구했던 것이다.

발틱 함대 궤멸

노일전쟁의 경과를 일본 측 자료에 따라 요약하면 다음과 같다.

육군의 목표는 요동반도와 요양(遼陽)·봉천이었다. 제1군(사령관 黑木爲楨)은 한국 국경을 넘어 안동·봉성(鳳城)으로, 제2군(사령관 奧保鞏)은 요동반도에 상륙하여(5월 5일) 대련·요양방면으로, 제3군(사령관 乃木希典)은 장가둔(張家屯)에 상륙하여(6월 6일) 여순으로 진격했다.

대련은 5월 27일, 요양은 9월 4일에 각각 함락되었다. 그러나 여순 공방전은 전사에 남을 일대 소모전으로, 일본군이 점령하기까지에는 무려 4개월 반(8월 19일에서 다음해 1월 2일)이나 걸렸다.

노일전쟁의 최대·최고의 분수령은 봉천대회전(奉天大會戰)이었다. 일본군 25만, 러시아군 36만이 2주일에 걸친 격전을 치른 끝에 3월 10일, 봉천은 그 주인을 바꾸게 되었다. 노일전쟁에서 일본군은 모두 11만 8천 명의 사상자를 냈는데, 그중 60%에 해당하는 7만여 명이 봉천대회 전의 희생자였다.

다음은 해전—.

여순항 봉쇄작전을 비롯, 황해해전·울산 앞바다 해전 등이 있었지만, 다음해 5월 27일,8일 양일간에 있었던 일본해 해전에서 승부는 판가름 났다. 일본 연합함대 사령장관 도고 헤이하치로(東鄕平八郎) 제독이 내건 '황국의 흥폐, 이 일전에 달려 있다'는 Z기(旗)를 신호로 시작된 일본해 해전은 발틱 함대 38척 중에서 33척을 격침시키거나 나포하는 극적인 대승리를 거두어 문자 그대로 전쟁의 향방을 결정지었다.

같은 해 러시아의 수도 페테르스부르크에서 제1차 혁명(1월 22일)이 일어나 노동자들의 스트라이크가 전국에 파급되었다. 일본역시 더 이상 전쟁을 끌고 나가기가 벅차 양국은 강화를 서둘게 되었다.

양국의 강화는 6월 2일, 미국 26대 대통령 디어도어 루즈벨트가 제창했다. 이어 8월에는 미국 포츠머드에서 양국대표들이 테이블을 사이에 두고 마주 앉았다.

청조는 노·일 회담이 열리기 전에 일본 측 강화조건에 '러시아는 요동반도의 조차권, 남만철도(장춘-여순간) 등을 일본에 양도한다'는 요구가 포함된 것을 알고, 노·일 양국 및 구미 각국에 대해 '청국에 관계되는 사항에 대해서는 청국과의 협의 결정이 없는 한 승인할 수 없다'는 엄정한 성명을 발표했다. 조차권이란 원래 중국의 주권에 관한 것인 만큼 다른 나라가 저희끼리 멋대로 거래의 대상으로 삼는다는 것은 용납할 수 없는 일이었다.

일본정부는 전쟁이 일어나자마자 강화조건의 검토에 착수했다. 그 기본방침은 러시아에게 만주와 한국에서 손을 떼게 하고, 러시아의 권익을 일본이 양도받는다는 것이었다. 최종적인 강화조건은 6월 30일의 각의에서 '노·일 강화담판 전권위원에 대한 훈령안'으로 정식 결정됐다.

그 내용은 '절대적 필요조건'으로 ① 한국을 일본의 자유처분에 일임한다는 것을 러시아는 수락할 것 ② 양국 군대는 만주에서 철병할 것 ③ 요동반도 조차권 및 하르빈—여순간 철도를 일본에 양도할 것의 3개 조건이었다.

그밖에 '비교적 필요조건'으로는 ① 군비의 배상 ② 중립항에 도피중인 러시아 함선의 인도 ③ 사할린(華太)의 할양 ④ 연해주(沿海州) 연안에서의 어업권 등 4개 항이었다.

'부가조건'으로는 ① 극동 러시아 해군력의 제한 ② 블라디보스톡 항의 군사시설을 철거하고 상업항으로 할 것 등 2개 항을 덧붙였다.

이 각의의 결정을 일황이 재가한 것은 7월 5일이었으나, 다음날인 6일에 전술한 청국정부의 '엄중 성명'이 발표되어 일본의 강화조건을 인정할 수 없다는 청국의 태도가 명백하게 나타났던 것이다.

중국에서 빼앗은 승전 보수

결과적으로 중국의 '엄정 성명'은 노·일 양국에게 완전히 무시당했으며 강화회담에서는 양국의 이익을 위한 논의만 있었을 뿐이었다. 그리하여 1905년 9월 5일 '포츠머드 조약(노·일 강화조약)'이 체결되었다. 주요내용은 이렇다.

1. 러시아 정부는 일본이 한국에 대해 정치상·군사상·경제상 우선적인 이익을 가진다는 것을 승인하고, 일본이 한국에 있어 지도·보호·감리의 조치를 취하는 것을 저해·간섭하지 않는다.

2. 조차권이 효력을 발생하는 지역을 제외하고, 만주의 노·일 양국군대는 18개월 이내에 모두 철수한다. (제3조 및 추가약관의 제1)

3. 러시아 정부는 청국정부의 승낙을 받아 여순항·대련만의 조차권 및 이에 관련된 일체의 특권을 일본에 이전, 양도한다. (제5조)

4. 러시아 정부는 장춘-여순간의 철도와 지선(支線), 이에 부속된 일체의 권리·재산 및 동 철도의 이익을 위해 경영되는 탄광을 청국정부의 승낙을 받아 일본정부에 이전 양도한다. (제6조)

5. 러시아 정부는 북위 50도 이남의 사할린 남부를 일본에 영원히 양도한다. (제9조)

6. 노·일 양국은 만주에 있어서 각기 철도보호를 위해 1km당 최대 15명의 수비병을 배치할 권리를 가진다. (추가약관 제1)

이 조약문에서 보는 바와 같이, 일본은 전승의 보수를 러시아로부터 받은 것이 아니라 중국에서 탈취한 것이다.

▶ 포츠머드 전권 고무라 쥬타로(小村壽太郎)가 후에 밝힌 '대외정책방침'에 의하면, 일본정부의 목적은 남만주의 철도·광산·삼림의 3대 이권을 획득하는 데 있었다고 한다. 그러나 국내에서는 당초 요구한 사할린 전도(全島)의 할양을 남반부만으로 그치고, 또한 전비 배상금 요구도 철회한 것을 저자세 외교로 규정, 국론이 분분했으며, 강화를 반대하는 집회가 각지에서 열리는가 하면, 방화사건이 곳곳에서 일어나기도 했다. 이로 인해 가쓰라(桂太郎) 내각은 총사퇴(1905년 12월 21일)하지 않으면 안 되었다.

일본, 청조에 '만주협약'을 강요

일본은 포츠머드 조약에 따라 '만주협약'(만주에 관한 청·일조약)의 체결을 요구했다. 이 회담은 북경에서 청조의 경친왕(慶親王), 외무부 상서(외상) 구홍기(瞿鴻禨), 직례총독 원세개와 일본측 전권 고무라 쥬타로, 주중공사 우치다 고사이(內田康哉) 사이에 이루어졌다.

11월 17일에서 12월 22일 조인이 이루어지기까지 전후 22회에 걸쳐 교섭이 있었으나, 일본 측의 강경자세로 인해 청국은 일보의 양보도 받아낼 수 없었으며, 그저 일본이 강권하는 대로 따라갈 뿐이었다. 마침내 청조는 포츠머드 조약을 승인하여, 러시아가 갖고 있던 남만주의 권익을 모두 일본에 양도했다. 게다가 새로 요양·장춘·하르빈·만주리(滿州里) 등 16개 도시를 외국인의 거주·통상을 위해 개방하고, 압록강 우안(右岸)의 삼림벌채권까지 내주었을 뿐 아니라, 안동-봉천간의 철도를 일본정부가 경영하는 데에 동의했다.

이러한 협약을 강요하는 데 사용된 일본의 논리는 '만주에 뿌리 박은 러시아군을 보고서도 손을 쓰지 못하고 있던 중국을 대신하여 일본이 그들을 몰아내주었으므로 청국은 일본에 그 대가를 지불함이 마땅하다'는 것이었다. 또한, 만일 청국이 일본의 요구조건을 거부한다면 교섭을 중단하고, 일본군은 현상대로 점령을 계속한다는 배짱이었다.

교섭 당시 일본이 모르는 일로서 중·노밀약(이홍장·로바노프 협정)이 있었다. 그것은 청국과 러시아가 일본을 가상적국으로 하는 공수동맹으로서, 노일전쟁은 확실히 이 조약의 유효기간 내에 발생한 것이었다. 그러나 청국은 국외중립을 엄수하여 러시아와의 공수동맹을 발동하지 않았을 뿐 아니라 오히려 일본에 동정적인 태도를 취하기까지 했다. 만일 이 같은 중·노 밀약의 존재를 일본이 알았더라면 '만주협약'은 보다 가혹한 내용이 되었을 것이라고 충분히 예상할 수 있다.

이 밀약이 알려진 것은 그 후 중국이 워싱턴 회의(1921~22년에 열린 열국의 군축회의)에서 불평등조약의 철폐를 제의했을 때 중국 외무성 조사에 의해 밝혀진 것이다.

어쨌든 '만주협약'은 그 후의 동양사에 심대한 영향을 미친 것이 되었다. 이 협약의 교섭에서 일본 측은 매회 회의록을 작성하여 양국대표가 서명할 것을 제안했는데, 물론 공개하지 않는다는 약속을 했다. 그러나 일본 측은 협정의 성립과 동시에 이것을 비밀의정서로서 미국·영국 등 관계국에 공표하고 말았다. 이 비밀의정서 중에서 특히 문제가 된 것은 제11호였다.

　- 청국정부는 남만주철도의 이익을 보호할 목적으로 해당 철도를 회수하기 이전에 있어서는 철도부근에 이와 병행하는 간선, 또는 해당 철도의 이익을 해치는 지선을 부설하지 않을 것을 승낙한다.

이 병행선 문제는 후에 다시 분쟁의 불씨가 되었다. 중·일 관계를 결정적으로 악화시켜 제2차 세계대전의 분화구가 된 9·18사건(만주사변, 1931년 9월 18일)의 원인도 이와 관계가 있었던 것이다.

3. 청국(淸國)의 낙일(落日)

만철(滿鐵)이라는 이름의 일본제국주의

일본은 1905년 9월, 요양(遼陽)에 관동총독부(關東總督府, 총독 大島義昌)를 설치, 남만 일대를 군정 하에 두고 독점적인 지배체제를 확립했다. 군정의 목적은 남만주에 대한 열강국들의 영향력을 차단하고, 일본 이외의 나라에 대한 운송·통신 등에서 차별적인 제한을 가하는 데 있었다.

이에 대해 미국·영국 등은 즉각 '문호개방주의', '통상의 기회균등주의'를 이유로 일본의 군정 실시에 강력한 항의(1906년 3월)를 제기해왔다. 또한 청조 역시 이러한 상황을 틈타 일본에게 태도를 바꿔줄 것을 권고했다.

마침내 일본도 이러한 국제적 압력에 굴복하여 1906년 8월 1일, 총독부를 관동도독부(關東都督府)로 개칭하고, 민정으로 이관했다. 동북 3성의 행정권도 청조로 넘어가, 이제까지의 길림·흑룡강·봉천의 3장군 체제를 개편하여, 동3성 총독을 두기로 했다. 이에 따라 총독에는 서세창(徐世昌), 봉천순무에는 당소의(唐紹儀)가 임명되었다. 그러나 일본의 민정 이양은 표면적인 조치에 그쳤을 뿐, 점령기간 중에 이미 충분한 대비를 갖추어 놓은 일본군의 지배력은 여전히 강력했다. 그 후 일본은 철도보호 등의 이유로 주둔병을 증강했으며, 남만주 철도 주변지대는 일본의 조차지로 화해갔다.

민정이양 전에 일본은 칙령에 의해 '남만주철도주식회사(滿鐵)'를 설립했다(1906년 6월). 만철은 단지 철도경영 뿐만 아니라, 동북 3성 침략의 '대본영'으로 기능하는 일본제국주의의 국책회사였다.

만철은 정부에서 1억 엔, 민간에서 1억 엔, 모두 2억 엔의 자본금으로 설립된 회사로, 처음부터 일본의 대륙침략정책을 실현하는 전위기관의 성격을 강하게 띠었다.

일본은 이미 남만주를 속령으로 보고 있었다. 대만총독부 민정장관에서 초대 만철총재로 취임한 고토 신페이(後藤新平)는 거리낌 없이 '식민지 행정'이라는 용어를 사용했다.

일본군에 의해 처형되는 조선의 의병들. 일본은 한일합방(1910년)을 전후에서 조선에서 일어난 의병들을 잔혹한 방법으로 탄압했다.

국책기관으로서의 기능을 발휘한 조직은 '지방부'와 '동아경제조사국'이었다. 지방부는 사실상 만철 연선 부속지의 행정관청이라 할 수 있는 것으로, 도시개발·농업개발·주민교육 등의 사업을 시행했고, 조사국은 정보활동을 맡았다. 그밖에도 만철은 탄광·광산·항만·전기를 비롯한 각종 방계회사에 출자하여 산업을 일으키고, 만주에 있어 최대의 콘체른으로서 만주경제를 지배했다.

결과적으로 노일전쟁은 일본의 국제적인 지위를 크게 높인 바 되었으며, 아시아에 있어 열강의 외교전에 일대전환을 가져오게 했던 것이다.

일본, 한국을 합병

영국과 일본은 의화단사건 때 제1회 영·일 동맹을 체결하고, 동북 3성에서 러시아 군을 몰아낼 때도 양국은 공동보조를 취했다. 노일전쟁 강화 직전인 1905년 8월에는 양국이 제2회 영·일 동맹에 조인했다. 이것은 중국과 한국에 있어 일본의 권익을 영국이 승인해주는 대신 인도에 대한 영국의 특수권리를 일본이 인정한다는 식의, 서로 식민지 갈라먹기에 합의한 것이라고 할 수 있다. 그러나 그 관계는 오래 가지 못했다. 이윽고 영국은 동북 3성을 독점한 일본에 불만을 갖고, 미국과 '중재조약'을 체결했다. 그리고 영·일 동맹조약의 일부를 개정, '영국은 중재조약 체결국(미국)과는 교전 의무가 없다'는 조항을 일본 측에 승인케 하여 제3회 영·일 동맹을 맺었다. 말하자면 영·일공수동맹이 미국에 관한 한 소멸된 것이나 다를 바 없었다.

일본과 프랑스는 1907년 6월, 불·일 협약을 맺었다. 그러나 이것도 '양국은 아시아 대륙에 있어 상호의 지위 및 영토권을 보호하기 위해 서로 협력한다.'는 것으로, 중국을 거래대상으로 하는 협약임에는 다를 것이 없었다. 당시는 '일본이 동북 3성과 복건(福建)을, 프랑스가 광동·광서·운남(雲南)3성을 세력범위로 한다.'는 밀약이 있다는 말까지 떠돌았다.

일본과 러시아의 관계도 미묘했다. 노일전쟁 후 양국은 돌연히 손을 잡고 '우호국'이 되었으며, 1907년 7월에는 '노·일 밀약'을 체결했다. 이것은 일본이 한국에 대해 특수권익을 갖는 대신 러시아는 외몽고에 대한 특권을 갖고, 서로 간섭치 않는다는 내용이었다. 게다가 이 밀약에는 동북 3성을 노·일이 남북으로 분할하는 '분계선'을 설정, 각각의 세력 내 이익을 각기 독점한다는 내용이 포함되어 있었다. 이 밀약은 1910년의 제2차 밀약에 의해, 양국의 특권을 지키기 위해 필요할 때는 공동방위조약을 취한다고 하는 협정으로까지 발전했다.

이러한 일련의 밀약·협정에 의해 일본은 한국과 중국에 대한 제국주의적 침략을 시도할 만반의 준비를 갖춘 셈이었다. 말하자면 서구 제국주의 야욕을 나름대로 조정해가면서 스스로 열강의 틈에 끼어 이후의 역사가 보여주듯이 침략의 길로 내닫기 시작한 것이다.

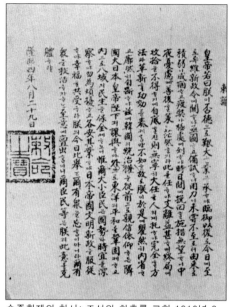

순종황제의 칙서: 조선의 최후를 고한 1910년 8월 29일의 순종황제의 칙서.

이 시기에 일본의 한국합병 책략은 순조로이 진행되어 갔다. 노일전쟁 발발 직후에 이미 일본은 한국에 대해 '한일의정서'를 강권으로 조인케 했다. 이에 따라 한국은 사실상 일본의 '보호국'으로 전락했다. 그 후 영국·프랑스·러시아와의 각종 조약으로 열강의 간섭을 봉쇄한 일본은 1905년 한·일 협약에 의해 한성(서울)에 총독부(초대총독 이토 히로부미)를 세우고, 1907년에는 고종을 폐위했으며, 1910년에는 마침내 합병하고 말았다.

한국 국내에서는 전국적 규모의 항일 구국운동이 일어났으며, 일본군벌은 이러한 운동을 철저하게 탄압했다.

▶ 한국 내의 의병운동을 탄압하기 위해 일본은 2개 사단병력을 동원하여 각 부락마다 배치시키고 철저한 압살작전을 폈다. 1907년 한국군은 해산하는 강경 조치를 취한 이래 4년에 걸쳐 모두 2천 8백회가 넘는 전투가 기록되어 있다.

아시아의 화약고 동북 3성

미국도 아시아에 주목하고 있었다. 중국에 관해서 미국은 '문호개방', '기회균등'을 주장했으며, 한 나라에 의한 독점적인 지배에는 시종 반대하는 입장을 견지했다.

서구 제국에 비해 미국은 중국진출이 늦었다. 이미 18세기경부터 인도에 강력한 기반을 구축한 영국 등에 비교해보아도 1세기 가량이나 뒤떨어져 있었다. 그러나 1867년에는 러시아로부터 알라스카를 구입했으며(720만 달러), 1898년에는 하와이를 합병했다. 또 같은 해 미서전쟁(美西戰爭)의 결과로 스페인의 식민지였던 필리핀과 괌 섬을 수중에 넣었다.

이러한 이권을 지키기 위해 미국은 노·일 강화회담 직전에 일본 수상 가쓰라(桂太郎)와 미 육군대신 윌리엄 H. 태프트(초대 필리핀 총독, 후에 27대 미국 대통령) 사이에 협정을 맺고, '일본이 필리핀에 대한 미국의 지배권을 인정함과 동시에 미국은 한국에 대한 일본의 보호권을 인정한다.'는 것을 확인 받았다.(가쓰라·태프트 밀약). 중국에 관해 미국은 문호개방을 주창하면서도 일본과 한국·필리핀의 식민지화에 담합했던 것이다.

노일전쟁 때 미국의 국내여론은 일본에 동정적이었다. 전쟁 중 일본은 전비(15억 엔)의 대부분을 외국공채에 의존했다. 미국시장에서 이 공채는 극히 인기가 높았다. 특히 승전소식이 전해졌을 때 그 값은 최고시세로 치솟았다. 그러나 노일전쟁 후 일본이 동북 3성의 이권을 독점하자 미국은 일본을 비난하기 시작했다. 비난의 초점은 동북 3성의 철도문제였다.

포츠머드에서 노·일강화회담이 진행되고 있던 1905년 8월, 미국의 '철도왕'이라 불리는 에드워드 H. 해리먼[1]이 '세계일주노선'의 계획을 갖고 일본을 방문, 가쓰라 수상과의 사이에 만철매입 예비협정 각서를 체결했다(동년 10월 12일). 당시 일본은 늘어나는 전비로 어려움을 당하고 있었다. 그런데 해리먼은 일본이 발행한 외국공채를 대량 구매한 미국 금융 자본가였다. 일본이 그의 방문을 거국적으로 환영한 것은 어쩌면 당연한 일이기도 했다. 그런데 포츠머드에

---

1. 에드워드 H. 해리먼(1848~1909) 미국의 금융자본가. 유니언 퍼시픽을 중핵으로 하는 미국의 독점적 철도산업 지배자. 세계일주 철도망을 구성할 계획으로 남만주 철도 매수계획을 세웠으나 실현하지 못했다.

이토 히로부미(1841~1909)

서 돌아온 외상 고무라는 동북 3성에서 외국자본이 경쟁하는 소지를 만든다는 이유로 이에 반대, 각서를 일방적으로 취소하고 말았다. 그러나 미국은 이 문제를 단념치 않고 봉천 총영사 윌러드 D. 스트레이트를 통해 동북 3성을 종단철도의 부설을 계획했다.

이것이 '신법철도'(新民－法庫간. 후에 錦州－愛琿까지 계획이 확대되어 錦琿鐵道로 불림)로서, 중·일, 미·일간에 파문을 일으키게 되었다.

미·일관계의 악화

청조는 동북 3성을 노·일에 독점당하지 않게 하기 위해서도 제3국의 투자를 환영하는 입장이었다. 봉천순무 당소의는 스트레이트와 비망록을 작성하고, 미국이 2천만 달러를 투자하여 동3성 은행을 설립, 신법철도를 부설키로 일단 합의했다. 그런데 때마침 미국이 금융위기에 휩쓸리는 일이 벌어졌다. 결국 이 계획은 영국에게로 넘어가 추진되게 되었다. 이러한 사실을 알게 된 일본은 만주협약의, '만철의 병행선 금지' 조항을 내세워 중국에 항의했다.

영국은 영·일 동맹에 묶이어 계획의 실현에 주저했다. 더욱이 일본은 '남만주 철도의 이익을 저해하는 행위에 대해서는 단호한 조치를 취하겠다'고 청조를 윽박질렀다. 이로 인한 미국의 대일 감정은 악화되었고 일본이민 배척문제가 일어나게 되었다. 동시에 중·미·독 3국이 동맹을 맺을 것이라는 둥 미·일 개전이 임박했다는 둥 하는 소문이 퍼졌다.

1908년 스트레이트에 의해 동북 3성 철도문제가 다시 거론되었다. 그때도 역시 일본은 이에 강력히 항의하여 계획을 무산시켰다. 이듬해 미국무장관 필란더 C. 녹스로부터 '동북 3성 철도 중립화 계획'이 제안 되었으나 이때도 일본은 '정치적 제안'이라는 이유로 이를 거부했다. 일본으로서는 이미 러시아와 공수동맹(제2차 노·일 밀약)을 체결하고 동북 3성의 독점적 지배에 박차를 가하고 있을 때였다.

결과적으로 노일전쟁은 아시아에 있어 각국의 관계를 이처럼 변화시킨 것이다. 분쟁의 초점은 말할 것도 없이 동북 3성이었다. 그것을 둘러싸고 중·일관계가 악화된 것은 물론, 미·일 관계까지 금이 가기 시작한 것이다. 그 후 2차 대전에까지 이르는 역사를 조망해보면, 아시아의 중대한 전환점은 바로 여기에 있었다고 할 밖에 없다.

'중국혁명동맹회'의 발족

중국대륙을 잠식하는 열강의 제국주의적 침략은 당연히 중국민족의 위기감을 고조시켰다. 장개석의 회고에 이러한 위기감이 짙게 배어 있다.

— 중국은 남에서 북에 이르기까지 일본의 빈틈없는 포위망 속에 갇힌 바 되었고, 화북의 문호인 여순·대련을 비롯하여 발해만까지도 일본에 의해 지배, 제압되기에 이르렀다. 그로 인해 중국에는 국방이란 게 전혀 존재하지 않게 되어 버렸다. 게다가 일본은 후에도 중국이 국방을 위해 어떤 조처를 취하려 하면 이를 전혀 용납지 않았다. 일본은 언제나 중국을 협박했으며, 중국의 멸망은 시간문제처럼 보였다. 〈외모(外侮)에의 저항과 민족의 부흥〉

이러한 위기감이 팽배한 가운데 1905년 8월 20일, 노일전쟁의 종결과 거의 동시에 손문(孫文)은 흥중회(興中會)를 중심으로 동지들을 규합, '중국혁명동맹회'를 도쿄에서 발족시켰다. 청일전쟁 때 하와이에서 결성된 최초의 혁명조직인 홍중회가 노일전쟁이라는 국제적인 격동기를 지나오면서 더욱 강력한 조직으로 변모한 셈이었다.

나날이 기울어가던 청조는 이 시기에 '신정운동(新政運動)'을 벌이기 시작했다. 이것은 겨우 103일의 유신으로 끝나고 만 '무술변법운동'의 한 부분을 다시 실시해 보려는 것이었다.

노일전쟁 후 중국 국내에서는 국정개혁의 요구가 나날이 높아가고 있는 가운데, 전에는 개혁에 반대했던 서태후도 이제는 생각을 바꾸어 찬성하기에 이르렀다. 1908년, 청조는 스스로 헌정(憲政)의 대강을 발표하고, 9년 이내에 헌정을 시행한다고 밝혔다. 그 헌법이란 일본헌법의 번역판이라고 할 만한 것이었다.

― 대청황제는 대청대국을 통치하고, 만세일계(萬世一系) 영구히 존대 받아야 한다(제1조). 군상(君上)은 신성존엄하며 이에 거역해서는 안 된다(제2조).

청조는 헌법을 결정하기 위해 일본·영국·독일 등에 사람을 보내 각국의 헌법을 연구케 했다. 그중 일본을 담당한 재택(載澤―황족)이 이토 히로부미로부터 일황의 대권에 대한 이야기를 듣고 감동한 나머지, 일본헌법을 그대로 갖고 갔던 것이다.

헌법뿐만 아니라 당시 중국은 일본으로부터 많은 영향을 받았다. 거기에는 일본이 중국보다 한발 앞서 서양문물을 받아 들인데다 일본의 문자가 서구문자에 비해 중국인에게 친밀하다는 점도 있었다. 말하자면 일본은 어떤 의미에서는 중국에 있어 서양문물의 창구라고 할 수 있었다.

이러한 상황이었으므로 중국의 유학생이 대거 일본으로 몰린 것은 당연한 일이라고도 하겠다. 중국에서 처음으로 유학생들이 도일한 것은 시모노세키 조약이 체결된 해인 1895년으로 44명이 유학을 왔다. 그러나 노일전쟁이 끝난 1905년에는 과거제도가 바뀌어 귀국한 유학생들에게 시험을 실시, 진사(進士)·거인(擧人) 등의 자격을 부여하는 통에 입신출세의 문이 넓어지게 되었다. 이에 따라 많을 때는 10만이 넘는 유학생들이 일본으로 건너갔다. 장개석의 일본유학도 이때의 일이었다.

미국은 같은 시기에 의화단사건의 배상금 중 반액을 유학생 유치에 할당하는 등 문화교류에 박차를 가했다. 이에 따라 일반학술 분야에서는 미국의 영향을, 군사방면에서는 압도적으로 일본의 영향을 받았다.

대륙경제를 틀어쥔 일본기업

일본의 대중(對中) 경제침투도 노일전쟁 후 급속히 증가했다. 통계에 의하면, 청일전쟁 당시 중·일 양국의 무역총액은 연간 약 4백만냥에 불과했지만, 그로부터 16년 후 신해혁명(辛亥革命)이 일어난 1911년에는 35배인 1억 4천만 냥에 달하고 있다. 중국에서는 농산물(대두·참깨·면화)·석탄·철광석 등을 수출했고, 일본으로부터는 면제품·소맥분·사탕 등을 주로 수입했다. 사탕은 일본이 중국에서 할양받은 대만의 산물이었다. 또한 대두는 동북 3성(만주)의 특산물로서 일본은 그것을 유럽 시장에까지 수출하고 있었다.

중국에 대한 일본의 투자도 급증했다. 특히 원료와 값싼 노동력이 풍부했기 때문에 면방직업의 진출이 두드러졌다. 1895년 상해 양수포(楊樹浦)에 상해방직회사가 제1공장을 세운 이래 30년 동안 26개의 공장이 잇달아 들어섰다. 그것은 상해지구의 방직공장 중 3분의 2에 달하는 숫자였다. 그러한 공장에는 무려 6만 명 이상의 중국인 노동자가 일하고 있었는데, 일본은 저임금에 장시간 노동으로 이들을 혹사시켰다. 1920년대 중반의 일본 방직공장 급료는 일반 공장의 4분의 3에도 미치지 못했다. 게다가 급료에 불만을 품고 있는 노동자들을 속박하기 위해 급료의 5%는 공제하여 적립케 하고, 10년이 지난 후에 지급하는 제도가 남아 있었다.

일본의 상사로 중국에 뿌리를 내린 것은 방직공장뿐 아니라 광산·운송·금융 등 여러 분야에 걸쳐 있었다. 요코하마 정금은행(横浜正金銀行 - 지금의 도쿄 은행)은 1906년 9월, 지폐를 발행하여 동북 3성에 유통시켰다. 이로써 만주지역의 금융은 모두 요코하마 정금은행에 의해 독점 당하게 되었다.

이러한 대중 투자와 기업 진출은 언제나 일본정부의 군사상·외교상 정책과 밀접한 관련을 맺고 있었다. 일본은 조약상의 특전을 십분 이용하고 나아가 창조의 관리들과 결탁하여 중국의 광대한 시장을 조종했으며, 중국으로부터 막대한 이익을 탈취해갔다. 이러한 경제적 독점은 중국민중들에게 민족주의적 자각에 눈뜨게 했으며, 일본돈 배척운동이 일어나게 되었다.

혁명의 기운

차관이라는 명목하의 이권수탈도 노일전쟁 후에 더욱 두드러졌다. 최초의 대상이 되었던 것은 호북성(湖北省)에 세워진 한야평 매철공사(漢冶萍煤鐵公司)였다. 이 회사는 양무운동과 식산정책(殖産政策)을 추진한 장지동(張之洞)에 의해 설립된 한양철창(漢陽鐵廠)과 대야철산(大冶鐵山)의 두 관영사업을 통합한 것으로, 1896년에 성선회(盛宣懷)[2]에 불하되었다가, 그 후 1908년에는 평향탄갱(萍鄕炭坑—인접한 강서성에 위치)에 여기에 흡수되었다.

---

2. 성선회(1844~1916) 청말에 국영사업을 추진한 관료기업가. 중국 최초의 은행 '중국통상은행'을 창립했다. 1910년 외국차관을 얻기 위해 철도의 국유화를 강행하려다 그 반대운동이 신해혁명으로 이어지는 단서를 만들었다.

1902년 일본의 오쿠라 양행(大倉洋行)이 한양철창 사업자금으로 25만 엔을 융자한 것을 출발로 하여 1904년에는 3백만 엔, 1909년에는 150만 엔으로 각각 증액되었다. 그 결과 한야평은 국제가격의 변동에 불구하고 장기(50년)에 걸쳐 대량의 선철·철광을 싼값으로 일본에 공급하기로 계약을 맺었다. 1차대전 중(1914~18년)에는 국제가격의 8분의 1 이하의 '불평등가격'으로 일본의 중공업 발전에 제물이 되었다.

　중국경제는 피폐할 대로 피폐해갔으며, 민중의 고통은 극심한 상태에 이르렀다. 경제에 관한 한 중국은 완전히 외국의 예속상태에 떨어지고 말았다.

　정치에 있어서도 사정은 다를 바 없었다. 이 무렵쯤 해서 열강 제국이 중국영토 내에 설치한 조계는 공동조계가 셋, 전관조계가 26개에나 달했으며, 각 조계에는 각국 군경이 배치되어 마치 '국가 안의 국가'라는 양상을 나타내고 있었다.

　이때의 상황을 장개석은 다음과 같이 기록하고 있다.

　- 중국영토 내에서 제국주의 군경은 중국의 군경—상인에 대한 거리낌없이 발포했다. 그러나 중국 군경은 그들에게 발포하지 못했다. 만약 그런 일이 있다면 제국주의자들은 전쟁을 갖고 중국을 위협했다. 군대·경찰이 즉각 출동하고, 최후통첩을 발하는 것이다. 중국정부나 민중도 외국을 두려워했고, 부패한 관리나 백성은 이러한 기회를 이용해 날뛰었다. 부자들은 그들의 재산을 조계로 옮기고 외국 군경의 보호를 요청했다. 곧, 중국의 은행·창고·탐관오리·거상들은 모두 조계를 안전한 곳으로 생각했던 것이다. 원래는 제국주의의 상징에 지나지 않았던 외국 군경이 이제는 중국사회와 정치의 목줄을 누르는 위협적인 존재가 되었다. 〈중국의 운명〉

　이러한 상황 속에서 제국주의와 전제정치의 질곡으로부터 벗어나려는 혁명의 기운은 나날이 높아갔다. 이윽고 신해년(辛亥年) 10월 10일, 무창기의(武昌起義)로 폭발했다.

제4장 손문의 혁명행각

1. 청국공사관에 감금된 손문

'광동사건의 주범 손문'

중국이 청조 3백 년의 꿈을 깨고 새 역사의 아침을 맞게 한 위대한 혁명가이자 국부인 손문의 이름을 최초로 세계에 떨치게 된 것은 청일전쟁이 종결되던 이듬해였다. 그것은 1896년 10월, 그가 런던 체제 중에 발생된 '청국공사관 감금사건'으로부터 비롯되었다.

이 사건은 단순히 손문의 이름을 떨치고 혁명적 혈기가 왕성한 중국청년들을 자극했다는 점 외에 또 다른 중요한 의미를 지닌다. 왜냐하면 당시 영국이 손문을 석방하기 위해 취한 행동을 통해 우리는 근대국가란 어떠한 것인가, 그리고 정의란 무엇인가에 대한 이해를 보다 확실히 할 수 있기 때문이다.

손문은 1894년에 하와이에서 흥중회(興中會)를 결성한 후, 이듬해 10월 제1차 혁명을 광주(廣州)에서 일으키려다가 실패했다. 그후 그는 일본을 거쳐 미국으로 도망했으며, 이듬해인 1896년 9월, 뉴욕에서 영국으로 건너갔다.

그때 청조에서는 이미 손문을 광동성 사건의 주범으로 단정 짓고, '역모를 꾀한 난동의 주모자'로서 해외공관에 지명수배를 해놓고 있던 중이었다. 그러나 손문이 영국으로 건너갔다는 정보는 청조의 미국 주재 공사로부터 런던의 청국공사 공조원(龔照瑗)에세 시

삼민주의를 주창한 손문(孫文 1866~1925),
임시 대총통 때의 모습.

시각각으로 통보되고 있었다.

공조원은 손문을 체포하기 위해 그 곳 슬레이터즈 흥신소에 미행조사를 의뢰했다.

슬레이터즈에서는 손문이 도착한 이튿날인 10월 1일에 벌써 다음과 같은 보고서를 공사관 참사관 매카토니에게 제출했다.

'9월 30일 정오, 프린스 부두에서 하선…… 화물은 1개. 리버풀의 미들랜드 역에서 하오 4시 45분발 기차를 탔으며, 당일 밤 9시 50분, 런던의 세인트 팽클러스 역에 도착. 12616번 마차를 타고 스트랜드 가의 헉셀스 호텔에 투숙. 현재 우리의 감시 하에 있음'

이러한 보고서가 작성되고 있으리라는 사실을 알 까닭이 없는 손문은 런던에서 대영박물관을 찾아보기도 하고, 고적·명승지를 구경하기도 하면서 데폰셔 가에 살고 있는 은사 제임스 컨트리 경의 저택을 방문, 그의 저서를 탐독하는 등의 일로 날을 보내고 있었다. 컨트리 경은 손문이 일찍이 홍콩의 서의서원(西醫書院—홍콩 대학 의학부의 전신)에서 의학을 배우던 무렵의 은사였는데, 이 사람이 나중에 손문 구출을 위해 중대한 역할을 하게 된다.

손문이 청국공사관의 함정에 빠진 것은 10월 11일 일요일의 일이었다. 오전 10시경 교회에 가려고 집을 나선 손문은 도중에서 중국인 3명을 만났다. '차를 마시자'는 그들의 권유를 받고 따라간 곳이 바로 청국공사관이었다고 하니, 거기서 저지른 그의 순간적인 실수가 엄청난 결과를 빚고 말았다. 손문은 그곳 문 안으로 들어갈 때까지 그곳이 공사관인줄을 알지 못했다. 철격자 문살이 박힌 3층의 조그만 방까지 제 발로 걸어 들어간 꼴이 된 그는 그대로 갇혀버렸다. 손문이 공사관으로 납치된 경위는 그가 쓴 <런던 조난기>에 상세히 적혀 있다.

손문이 감금당한 런던의 청국공사관 방, 3겹의 철격자가 보이는 방이다.

청조, 손문의 본국압송을 획책

감금된 손문은 자기를 감시하는 공사관의 고용인을 설득하여 종이쪽지를 전해 보기도 하고, 동전을 속에 넣고 싼 메모지를 창밖으로 던져서 자기가 유괴당한 사실을 바깥 세상에 알리려고도 해 보았지만 모두 실패했다.

감금된 지 6일째인 16일, 청국 외교부로부터 공조원에게 손문의 본국 이송 명령을 담은 다음과 같은 전문이 타전되었다.

– 광동행 상선을 세내기 위해 최상의 방법을 취할 것. 부족한 돈 7천 파운드는 어음으로 지불될 것임.

그때 공사관 측의 그러한 비열한 행동을 목격했던 공사관의 집사 하위부인은 은근히 손문에 대한 동정심이 우러나기 시작했다. 그리하여 그녀는 공사관의 영국인 고용인 콜을 통해 전문 내용을 손문에게 알려 주었다. 이튿날(17일) 아침 콜은 난로의 석탄을 운반하는 상자 속에 편지를 숨겨가지고 나와서 외부와의 연락을 취하는 데 성공했다.

컨트리 경의 집으로 익명의 편지가 전해진 것은 그날 밤 11시경이었다.

'귀하의 친구가 지난 일요일부터 청국공사관에 감금되어 있습니다. 공사관은 그를 본국으로 송환하여 사형시키려 하고 있습니다. 그 친구의 이름은 〈손일선(孫逸仙)〉(손문의 아호)이라고 들었습니다.'

이는 손문이 직접 쓴 편지가 전해지기 전에 콜이 자기 아내에게 쓰게 했던 '제1보'였다.

이 편지를 받아본 컨트리 경은 이튿날 아침부터 당장 구출활동에 나섰다. 먼저 그는 청국공사관 참사관으로 있던 매카토니를 자택으로 방문했으나 부재중이었다. 그는 그 길로 가까운 매릴본 렌 경찰서로 가서 사건을 전하고, 다시 런던 경시청으로 달려가서 담당 경무관에게 사건을 고발했다.

컨트리 경은 거기서 또 자기 친구인 패트릭 맨슨 경을 방문했다. 맨슨 경도 역시 손문의 홍콩 시절 은사 중 한 사람이었는데, 그의 집에는 콜이 와 있었다. 콜은 컨트리 경의 집을 찾아갔다가 그가 외출했다는 말을 듣고는 집안사람에게 행방을 물어 곧장 그곳으로 달려간 것이었다. 콜은 손문이 직접 자기 명함 2매에다 총총히 적은 구출 의뢰의 편지를 갖고 있었다. '청국공사관은 나(손문)을 정신병자로 가장하여 2일 후인 화요일에 상선을 세내어 중국으로 호송할 계획이다'라는 내용이었다.

컨트리 경은 맨슨 경과 함께 영국 외무성과 〈런던 타임즈〉에도 호소했다. 그런 다음 맨슨 경이 청국공사관을 방문했으나 면회를 거절당했다. 그래서 두 사람은 사설 탐정원을 고용해서 청국공사관을 밖에서 감시토록 했다.

여론에 굴복한 청국공사관

컨트리 경과 맨슨 경이 손문 감금사건을 영국 외무성에 알린 것은 사건이 발생한 날로부터 1주일이 경과한 일요일(1896년 10월 18일)의 일이었다. 그날이 휴일인데다 아직 확실한 증거도 없는 터였으므로 외무성 당국자로서는 별로 내키지 않는 일이었다. 그것을 눈치 챈 컨트리 경이 이튿날 사건 전말서를 제출하자 그제서야 당국은 조사에 나섰다. 조사에 나선 영국 외무성은 청국공사관이 이미 손문을 호송할 상선의 선실을 세냈다는 사실을 알아냈다. 그 사실은 즉시 외무대신 솔즈베리에게 보고되었다. 손문사건은 이렇게 하여 비로소 밝혀지게 된 것이다. 그로부터 영국정부의 활약은 눈부신 바 있었다.

손문은 그의 〈런던 조난기〉에서 당시의 상황에 대해 자못 감개어린 서술을 하고 있다.

'나는 런던에서 청국공사관에 감금되리라고는 꿈에도 생각하지 못했다. 그러나 영국정부가 관여해서 청국공사관에 나의 석방을 요구해 주리라고는 더더욱 생각하지 못했었다.'

청국공사관이 손문을 감금하기로 결심하기 전 그들은 '홍콩·버마 범인인도조약', '중·영조약(中英條約)' 등을 내세워 영국 외무성에 '중요범인' 손문이 영국으로 오면 체포해달라고 요구한 적이 있었다. 그러자 그에 대해 영국 측은 조약의 적용지역이 버마 등에 한정되어 있다는 이유로 그것을 거부했다. 청국공사관이 실력에 의해 손문의 감금을 감행하려고 나선 이면에는 그러한 외교적 경위가 있었던 것이다.

영국정부는 이 사건을 국가주권의 침해 및 기본적 인권문제로 다루었다. 그들은 신중했지만 매우 강경한 태도로 나왔다. 처음에는, 일을 크게 만들지 않고 석방시키기 위해 비공식 절충을 꾀했다.

그러나 가망성이 없음을 알자 국내법(인권보호법)에 따라 법원의 명령으로 석방시키려 했다. 그러는 동안 6명의 관계관을 공사관 주변에 배치하고 인근 경찰서에는 손문의 사진을 배부해놓은 다음 공사관에서 밖으로 연행해가지 못하도록 조치를 취했다.

그러나 영국의 중앙 형사법원은 그에 대한 인권 보호법의 적용을 거부했다. 그러자 외무성은 마침내 정식으로 그것을 외교문제화하기로 결정했다. 외무차관 명의로 된 서한으로 공사관의 참사관 매카토니에게 사건의 전말을 보고하도록 명령함과 동시에 '정치범을 임의로 체포, 감금하는 것은 공사관의 외교특권을 벗어나는 행위이므로, 영국 당국은 필요한 간섭조치를 취하겠다'고 경고했다. 그러자 그에 대해 청국공사관은 '공사관 안은 청국의 영토이므로 손문이 <자기 의사로써> 공사관으로 온 이상 그를 구류한다고 해도 영국 당국이 간섭할 권리는 없다'고 응수했다.

여기서 결정적인 역할을 한 것은 런던의 여론이었다. 22일자 석간지 <더 글로브>의 기자가 컨트리 경과 회견, 손문이 감금된 뉴스를 특종으로 다루어 대대적으로 보도했다. '놀라운 빅뉴스, 혁명가가 런던에서 유괴, 공사관에 감금되다'라는 센세이셔널한 기사가 독자들의 관심을 집중시켰다. 영국의 여론은 들끓었다.

<센추럴 리뷰>와 <데일리 메일>의 기자가 컨트리 경과 인터뷰한 다음 직접 청국공사관에 가서 '손문과 면회를 하고 싶다'고 요청했다. 응대에 나선 자사(刺史) 등정갱은 '그런 사람을 알지 못한다'고 버티었고, <더 글로브>의 기사에 대해서도 그것은 날조된 기사라고 비난했다. <센추럴 리뷰> 기자는 '석방하지 않으면 수천 명의 시민들이 공사관을 포위할 것이다'라고 경고하고 돌아갔다.

23일, 영국 외무대신 솔즈베리는 청국공사 공조원에게 손문의 조속 석방을 요구한 데 이어 4시 반 외무성의 관계관이 공사관에

나타났다. 거기서 청국공사관은 어쩔 수 없이 손문의 석방에 동의했다. 그러나 그때는 이미 공사관 주변에 격앙된 시민들이 밀려들고 있었다.

청국공사관으로 상선 임차료 7천 파운드가 송금된 것은 그 이튿날이었다. 그 돈이 조금만 더 빨리 도착했더라면 손문은 중국으로 호송되었을지도 모를 일이었다. 그야말로 위기일발이었다.

손문은 그 사건 후 영국 각 신문에 투고한 글에서 이렇게 말했다.

'나는 일찍이 영국인이 숭고한 공덕심과 정의를 굳게 지키는 데에 경복하고 있었는바, 이번 사건으로 몸소 그것을 체험하고 더욱 그 확신을 굳혔다. 나는 나의 감금사건을 통하여 입헌정체가 무엇인가를, 그리고 문명국 사람들의 참다운 가치가 무엇인가를 알았다. 나는 비록 학문은 깊지 않지만, 내 조국의 진보와 청조에 억압당하고 있는 친애하는 동포들의 해방을 위해 전력을 기울여야 할 것이다'

국권을 열강에 팔아먹고도 부끄러운 줄을 모르던 당시의 청국에서 만일 그러한 사건이 발생했다면 아마도 영국인들이 보여준 것과 같은 '정의'의 행동이 취해지지는 못했을 것이다. 손문은 거기서 타락된 청조의 상황과 비교하면서, 근대국가 영국과 그 국민이 보여준 태도에 커다란 감명을 받았던 것이다.

그런 일이 손문에게 커다란 자극이 되어 이후 그는 매일같이 대영박물관의 도서관을 드나들면서 영국의 정치·경제를 비롯하여 근대사상에 이르기까지를 정력적으로 연구하기 시작했다. 청국공사관은 손문을 석방한 후에도 탐정을 미행시켜 그의 일거일동을 탐지케 했다. 탐정으로부터 보내온 보고는 한결같이 '대영박물관 도서관 열람실에서 연구. 기타 변화 없음'이었다.

당시 서구 열강의 식민지 제국주의는 팽창을 거듭하면서 피압박

민족들로부터 집요한 저항을 받기 시작했다. 그들은 국내적으로도 자본주의의 발달과 더불어 노사간의 계급투쟁 등 사회불안에 쫓기고 있었다. 손문은 박물관에서 연구에 몰두하는 한편, 그러한 현실에 대해서도 충분히 관찰했다. 그의 혁명이론이 된 삼민주의(三民主義)는 그 무렵에 구상되었고, 나날이 체계화되어 갔다.

손문은 후일의 저술 〈손문학설〉 속에서 이렇게 말했다.

'감금사건 이후, 잠시 유럽에 체류하면서 정치제도를 연구하는 한편 그곳의 온갖 계층 사람들과 교분을 두텁게 했다. 내가 거기서 얻은 것은 아주 많다. 유럽 열강처럼 단순히 국가(민족)의 부강을 도모하고 민권이 발달을 꾀하는 것만으로는 결코 이상향에 도달할 수 없음을 알았다. 한때의 〈노(勞)〉를 가지고 영원한 계(計)를 세워야 한다고 생각했다. 민생주의(民生主義)를 채택하여 민족·민권문제와 더불어 문제를 해결하려는 삼민주의의 주장은 그렇게 해서 완성을 보게 되었다'

해외에 눈뜬 소년시절

손문은 1866년 11월, 광동성 향산현(廣東省 香山縣—현재의 中山縣) 취형촌(翠亨村)에서 태어났다. 그의 집은 농가였고, 부친 달성(達成—이름은 觀林, 호은 道川)은 54세, 모친 양태부인(楊太夫人)이 39세 때 얻은 아들이었다. 어린 시절부터 유난스럽게도 남에게 지기를 싫어하던 그는 같은 또래들 사이에서 석두자(石頭仔—고집불통)라는 별명으로 불렸다고 한다.

취형촌은 주강(珠江) 델타(三角洲)의 서안에 면해 있고 포르투갈령 마카오가 남쪽으로 50km, 영국령 홍콩이 동남으로 100km 지점에 있는 만큼 해외로부터의 자극이 많은 곳이었다. 그보다 12세 위인 맏형 덕창(德彰)은 해외진출을 꿈꾸어, 손문이 6세 때 하와이 왕국(당시는 미국영토가 아닌 독립국)으로 건너가서 목축업·미곡상으로 크게 성공했다. 덕창은 손문이 13세 때에 결혼하기 위해 귀국했다. 이듬해인 1879년 6월, 손문은 모친과 함께 형의 초청으로 하와이로 건너갔다. 외국으로 나가보는 첫 항해가 어린 손문의 마음속에 커다란 영향을 끼쳤다. 손문이 후일 쓴 자서전을 보자.

'신기한 증기선과 넓디넓은 대해를 보면서 나는 비로소 서양의 학문에 대한 동경과, 세계의 사상을 파헤쳐보리라는 뜨거운 감정이 솟구침을 느꼈다'

이것이 바로 '혁명의 원점'이 되는 경험이었다.

하와이에 도착한 손문이 처음에는 형이 경영하는 미곡상에서 장부를 기장하는 등의 일로 형을 도왔지만, 그의 향학열을 본 형 덕창은 곧 그를 영국교회 계통의 이오라니 스쿨에 입학시켰다. 재학 중의 성적은 아주 우수했고, 3년 후 졸업할 때는 수백 명의 학생 중에서 영문법이 전교 2등이어서, 하와이 왕 카라카와로부터 상품으로 중국책을 받기도 했다.

이오라니 스쿨을 졸업한 1883년, 18세때 그는 하와이 최고학부인 오하우 칼리지로 진학했다. 그러나 손문이 그리스도 교도가 될 것을 걱정한 덕창은 거기서 일단 손문을 광동으로 귀국시켰다.

손문의 미국체류 시절의 친구 린버그는 그의 <손일선 전기> 속에서 손문이 광동으로 돌아갈 때 경험한 에피소드에 대해 언급한 부분이 있다. 손문이 홍콩에서 고향 취형촌으로 가는 사선(沙船—여울목을 건네주는 바닥이 얕은 배)을 타고 가다가 청국관리가 주재하는 세관이 있는 작은 섬에 도착했다. 세관관리는 다가와서 짐을 검사했고, 이어서 통관세를 받는 관리, 그리고 아편 취체관, 다음에는 기름의 밀수를 단속하는 관리… 등등이 잇달아 나타나서 짐을 풀게 했다. 승객들은 그들이 나타날 때마다 뇌물을 바쳐야 했다. 그러나 손문의 정의감과 양심은 도저히 그것을 참을 수 없어서 뇌물 주기를 거부했다. 그러자 관리는 사선의 출항을 정지시켜 놓고, 그 '불손한' 젊은이에게 대항했다. 난처해진 선장이 그들에게 뇌물을 줌으로써 겨우 출항은 허가되었다. 이때에 손문은 몹시도 격분했다고 한다.

'중국은 지금 이처럼 부패한 관리의 손에 쥐어져 있다. 당신들은 이것을 그냥 견디고 있어야만 하는가?'

하면서 몹시도 흥분했다.

홍콩의 학교에 입학

고향에 돌아온 손문의 눈에 보이는 것은 예전과 다름없는 고향의 모습 그대로였다. 탐관오리는 여전히 횡행했고, 마을사람들은 말없이 그것을 참고 견뎌야 했다. 서양학문을 몸에 익혀온 손문으로서는 참지 못할 현상이자 풍경이었다. 그는 사람이 모인 곳이면 어디든지 연설을 하고 다녔다.

'청조의 관리들은 무거운 세금을 매길 뿐 주민의 복지는 쥐꼬리만큼도 생각해 주지 않는다. 학교 하나도 세운 것이 없고, 도로나 교량은 엉망진창이다. 이 따위 천자를 중국의 황제라고 할 수가 있겠는가. 그들은 국민의 복지라고는 아예 생각도 않고, 오직 저들 일족의 번영에만 골몰하고 있지 않은가'

손문의 열변을 듣는 마을사람들은 젊고 싱싱한 그의 말투와 논리에 공감을 느끼면서도, 관헌의 귀에 들어가 자기들에게 화가 미치지 않을까 걱정할 뿐이었다.

어느 날 손문은 마을사람들의 그러한 '낡은 정신'이야말로 진보를 가로막는 요소라고 통탄한 나머지, 마을사람들이 미신적으로 숭배하는 '북제묘(北帝廟)'의 신상(神像)을 파괴하는 사건을 저지르고 말았다.

이 사건이 손문의 전기에는 여러 가지 모습으로 묘사되어 있는데, 그 하나를 소개하면 다음과 같다.

어느 날 손문은 친구들과 함께 북제를 모신 사당 앞을 지나가고 있었다. 어린 시절의 친구이며, 후일에는 혁명동지가 된 육호동(陸晧東)도 함께 있었다. 친구들이 북제의 상에 절하려 하는 것을 본 손문은, '만약 북제상에 살(肉)이 있으면 진짜 신이고, 없으면 가짜다' 하면서 북제상의 팔을 잡아 빼는가 하면 '금화부인'상의 손가락을 칼로 잘라버렸다.

북제상을 신앙하는 마을사람들이 놀라 나자빠진 것은 물론이다. 그들은 징을 치며 손문의 부친 달성에게로 쫓아갔다.

'당신 아들이 외국에 다녀오더니, 오랑캐를 배워서 정신이 나갔소. 신령님을 모독한 죄가 이제 우리 마을에 큰 재난을 가져올 터인데 당신이 어떻게 할 셈이오?'

그래서 모친 양태부인이 마을사람들과 담판한 결과, 은화 10냥을 내어 제단을 다시 세우기로 하고 문제를 해결했다는 것이다.

이 사건으로 손문은 마을에 있기가 곤란해져서 그해 가을, 불과 4개월의 고향 체재 끝에 홍콩으로 나가서 발췌학교(拔萃學校—Diocesan School)에 입학했다. 그리고 그 무렵에 알게 된 미국인 목사 찰스 하우저에 의해 그리스도 교 세례를 받았다.

손문은 1개월 후 그 학교를 나와 이듬해인 1884년 봄 홍콩 정청에서 세운 중앙서원으로 전학했다. 그 학교는 오전중의 4시간은 중국어로, 오후의 4시간은 영어로 수업을 했는데 교육은 아주 엄격했다.

그해 5월, 손문은 고향으로 돌아가서 부모의 명령으로 노모정(盧慕貞)이라는 18세 여성과 결혼했다. 그러나 신혼생활을 즐길 틈도 없이 3개월 후에는 신부를 양친 슬하에 남겨두고 다시 홍콩으로 나와서 학업을 계속했다.

11월에는 손문에게 다시 한 번 하와이로 오라는 형 덕창으로부터의 전갈이 있었다. 손문이 마을에서 신상을 파괴하고, 세례를 받았다는 소문이 덕창의 귀에 들어간 것이었다. 손문은 홍콩에서 학업을 계속하고 싶었지만 형의 말을 거역할 수가 없었다.

형 덕창은 하와이에 도착한 손문을 엄중히 문책하면서, 앞서 손문에게 나누어준 재산을 몰수한다고 선언했다. 손문은 재산을 형에게 돌려주면서 말했다.

'재산이나 부(富)로써 내 마음을 돌릴 수는 없어요. 지금 중국은 금전이 재앙의 하나로 되어 있습니다. 금전이라는 것은 올바로 쓸 수도 있지만 잘못 사용하는 일이 많으니까요'

청불전쟁 후의 굴욕외교

고향에서 손문이 저지른 신상파괴사건을 단순히 젊은 혈기에서 온 한때의 잘못으로 본 덕창은, 손문의 감정을 돌려놓을 생각으로 그를 마우이 섬으로 데려가서 그곳에 있는 자기 점포의 일을 보게 했다. 그러나 손문은 그곳에서 6개월을 보낸 후, 자기 은사와 목사로부터 돈을 꾸어 이듬해(1885년) 4월 귀국해 버렸다. 하와이에서 돌아온 손문은 어느덧 20세가 되어 있었다.

그해 청조는 청불전쟁(淸佛戰爭)의 결과로 안남(安南—베트남)에 대한 종주권을 빼앗겨버렸다.

안남은 일찍이 중국과의 번속관계(蕃屬關係)에 있었지만, 프랑스는 1858년 무렵부터 안남침략을 개시하더니, 83년에는 무력으로 안남을 굴복시켜 보호국으로 삼았다. 청조는 물론 그것을 인정하지 않았다. 그리하여 이듬해 6월, 청·불·양국이 국경에 가까운 랑손에서 무력충돌을 일으킨 것이다.

해상의 싸움은 청군에게 불리하게 전개되었다. 싸움이 벌어지자마자 청군은 민강구(閩江口—복건성의 항구)에서 목제전함 11척을 겨우 7분 만에 격침당했고, 또 대만의 기륭항과 팽호도를 점령당하는 등 참패를 맛보았다.

그러나 육지전에서는 풍자재(馮子材)가 국경의 진남관(鎭南關)에서 프랑스 군을 격파, 안남으로 돌입했으며, 그 후에도 도처에서 프랑스 군을 격파했다. 그로 인해 프랑스는 내각이 교체될 정도였다.

그러한 전황은 시시각각 중국 각지로 전해졌고, 그것이 중국인의 잠자던 민족의식을 눈뜨게 했다. 기륭에서 손상된 프랑스 전함이 수리를 위해 홍콩으로 기항했을 때 중국인 노동자들이 그 수리를 거부했던 일은 그와 같이 팽배해진 민족의식을 보여주는 한 예라고 하겠다.

그러나 청조는 화평교섭에서 기선을 제압하지 못하고 일을 그르치고 말았다. 해군의 패배를 과대평가한 이홍장은 영국이 주선해준 화평교섭에서 프랑스에 양보만을 거듭했던 것이다. 1885년 6월에 체결된 10개 항목의 '천진조약'에 의해 청조는 안남의 종주권을 정식으로 포기했을 뿐 아니라, 중국 남부지방에 있어서의 통상·철도 건설에 대한 특권을 프랑스에 넘기고 만 것이다.

영자신문 등으로 전쟁의 경과며 화평의 양상을 지켜보던 손문은 그런 굴욕적 강화에서, 이제는 구제할 수 없을 만큼 썩어빠진 청조의 말기적 상황을 뚜렷이 보았다. 후일 손문은 그의 〈손문학설〉에서 이렇게 말했다.

'나는 청불전쟁의 해에 비로소 청조를 무너뜨리고 만국을 세워야겠다는 뜻을 굳혔다'

서양 근대의학을 공부

이듬해인 1886년 가을에 손문은 광주에 있는 박제의원(博濟醫院) 부속 의학교에 입학했다. 이 학교는 마취나 개복수술과 같은 서양의 근대의학을 중국에 처음으로 소개한 곳이며, 또한 중국에서 처음으로 남녀공학을 실시한 학교이기도 하다.

손문은 의학의 기초를 배우는 한편, 방과 후에는 중국의 경제서적이나 역사서적을 탐독했다. 그의 하숙에는 <24사(二十四史—청나라 건륭연간에 편찬된 중국의 정사)>를 전부 모아놓고 있었다. 그를 찾아온 친구들은 손문이 방대한 <24사>를 거의 독파한 데 대해 혀를 내둘렀다.

의과학교에서는 후일의 혁명동지 정사량(鄭士良)과 알게 되었다. 그는 손문과 같은 광동출신으로 스포츠맨이었다. 그는 자기가 비밀결사 '삼합회(三合會)'[1]에 속해 있음을 귀띔하면서, 장래 손문이 거사할 때는 동참하겠다고 약속했다. 그 약속은 제1차 광주혁명, 제2차 혜주혁명(惠州革命) 때 이행되었다.

이듬해 손문은 홍콩에 신설된 서의서원(西醫書院)에 전학했다. 그 이유는 자서전에 의하면 '교수내용이 좋을 뿐 아니라 그곳은 자유로운 땅이기 때문에 혁명사상을 고취할 수 있으리라 생각했기 때문'이라는 것이었다.

손문은 수재들만이 모였다는 그 학교에서도 발군의 성적을 보였다. 예를 들면, 2학년 때의 성적은 100점 만점으로 물리학이 82.5, 화학 92, 생리학 81.5, 임상진단 70, 해부학 65, 식물학 63, 약물학 39 − 계 493점이었고, 화학과 생리학에서는 1등, 종합성적은 13명 중의 3등이었다. 영어 또한 능숙했고, 급우 중에서 아주 두드러진 존재였다. 따라서 그는 교사들의 주목을 받았다. 입학 당시의 교두

---

1. **삼합회** 청조 말기에 중국 남부에서 활동하던 비밀결사. 반청복명(反淸復明)을 슬로건으로 광동·광서지방을 비롯, 동남아시아의 화교들에게까지 세력을 뻗치고 있었다.

(敎頭)가 바로 맨슨 경이었고, 그 후임 교두로서 외과부장이 된 사람이 바로 컨트리 경이었다.

그 무렵 지리에 대해 이상하리만큼의 관심을 갖던 손문은 자기 방에 중국대륙의 커다란 지도를 걸어놓고 있었다. 손문은 일단 혁명이 일어났을 때 어디를 공격하며 어디를 지켜야 하는가에 대해 머릿속에서 '작전'을 짰던 것이다. 동급생들이 그의 방에 들어가면 그는 지도를 가리키며 이렇게 질문했다고 한다.

'이렇게 넓은 땅을 이민족(만주족의 청조)에게 지배당하고 있다니! 너희들은 우리가 이대로 참고 견뎌야 한다고 생각하느냐?'

서의서원 시절은 손문이 자기 주위에 혁명을 지향하는 동지들을 끌어 모으던 시절이기도 했다. 그중에는 의기투합하던 진소백(陳少白)·양학령(楊鶴齡)·왕열(尤列) 등 3인이 있었다. 모두가 같은 광동출신이기도 했다.

특히 진소백은 4세 연하의 하급생이었지만, 손문의 권유로 입학한 인연도 있고 해서, 학우들 중에서 가장 신뢰하는 동지가 되었으며, 먼 훗날까지 손문을 도와서 혁명에 공헌했다.

양학령의 집은 홍콩 항 가부가(歌賦街)에서 큰 상점을 경영하고 있었다. 그 점포의 방 하나는 이들 동지들이 모여드는 집합소처럼 되어 있었다. 손문과 진소백 등 3명의 친구들은 조석으로 거기 모여서 거리낌 없이 혁명을 논했고, 의기가 충천했다. 때문에 그들의 주변 사람들은 손문을 포함한 4명을 '사대구(四大寇)'라고 불렀다. '구(寇)'란 외적(外敵)을 뜻하는 말인데, '반역자'라는 뜻으로 통했다. 예를 들면 태평천국의 난을 일으킨 홍수전(洪秀全)도 청국으로부터 '구(寇)'라고 불렸다.

'우리의 청조 타도의 뜻이 홍수전보다 강한 것이었으므로 〈대구(大寇)〉라 한 것이다'고 훗날 진소백이 그 별명의 유래를 설명했다.

'명의'를 겸한 '혁명가'

서의서원 시절 이런 에피소드가 있었다.

손문은 동급생 관경량(關景良)의 집에 초대받아 그들 가족과 함께 식사를 하는 날이 많았다. 관경량의 모친 여(黎)는 서의서원에서 영문번역 일을 맡은 부인이었다. 여 부인은 손문이 너무나도 과격한 말을 하는 것이 우스워서 그를 한번 놀려주고 싶은 생각이 들었다.

"학생은 이상이 아주 높고, 큰소리도 잘 치는 모양인데, 앞으로 관리가 되어서 광동제대(廣東制台-총독)라도 되려는 건가요?"

"아닙니다."

"그럼 흠차대신(欽差大臣-지방에 파견되는 황제의 사신)이라도 되겠다는 건가요?"

"원, 천만에요"

"그럼 뭐죠, 황제라도 되고 싶은가?"

"아닙니다. 저는 청국정부를 걷어치우고, 우리 한민족의 산하를 다시 찾으려 합니다. 그런 일이란 황제 따위가 되는 것보다도 훨씬 힘드는 일이라고 생각합니다만…"

이런 말을 들은 여 부인은 "마치 손오공(孫悟空) 같군요"라면서, 기가 막히다는 듯이 입을 벌렸다고 한다. 청조를 전복시킨다는 것이 당시로서는, 사람의 말 같지 않은 엉뚱한 헛소리로 밖에는 들리지 않던 시대였다.

그 무렵 '사대구'들은 광주에 있는 관음산 삼원궁(觀音山 三元宮)으로 놀러나가곤 했었다. 그들이 거기서 거리낌 없이 목청을 돋구어 청조를 욕하고 있자니까 80세 가량 되 보이는 노인이 나타났다. 노인은 자기 이름을 정안(鄭安)이라 하며, 예전에 임칙서(林則徐-아편을 단속하여, 아편전쟁을 일으킨 청조의 고관)의 막료로 있었는데 청조의 무능을 통탄하다가 관에서 물러나 삼원궁에 은퇴해 있는 중이라는 것이다.

그는 손문의 반만(反滿)의 의지를 크게 칭찬한 다음, 젊은 혈기로 경거망동하는 일이 없도록 훈계하면서, 동지끼리 충분히 연락을 취해 단결에 그르침이 없도록 하라고 충고했다. 그러면서 그는 조직 방법이라든가, 중국 각지에 분포되어 있는 반만조직 등에 대해 상세하게 가르쳐주었다. 손문은 즉석에서 노인이 구술하는 것을 노트에 받아 적었다. 그것이 후일 그의 무창 봉기에 크나큰 몫을 하게 되었다.

손문은 1892년 7월, 27세로 서의서원 5년의 학업을 마쳤다. 졸업시험은 평균 83점으로 수석이었다. 5개월 후인 12월에 손문은 마카오로 가서 중국인이 경영하는 경호의원(鏡湖醫院)이라는 한방 의원의 방을 하나 세내어 '중서약국(中西藥局)—中西란 중국과 서양이란 뜻)'이라는 의원을 개업했다.

외과수술과 산부인과에서 솜씨를 발휘하던 그는 달걀 크기만한 신장결석을 수술로써 제거한 일도 있었다. 그 시대에는 그런 일이 아주 진기한 사건에 속했다. 그가 큰 수술을 할 때는 홍콩의 서의서원에서 은사 컨트리 경이 달려가 지도를 해주는 일도 있었다. 그리하여 손문의 '중서의원'은 연일 많은 환자들로 붐볐다.

'중서의원' 근처에 이전부터 개업한 포르투갈 사람의 병원이 있었다. 의사 손문의 명성이 퍼지자 그 병원은 쇠퇴일로를 걸었다. 그들은 마침내 '손문축출'을 계획하고 마카오 정청(政廳)의 당국자를 움직여서 우선 손문이 포르투갈인 환자를 진려하는 행위를 금지시킨 다음, 포르투갈 정부에서 발행하는 의사 면허증을 갖지 않은 자의 진료행위를 금지시키는 수단을 취했다.

손문은 할 수 없이 이듬해인 1893년 봄에 광주로 병원을 옮겨

'동서약국'이라고 이름을 고쳤다. 손문은 오전 10시에서 정오까지는 거기서 진료를 했고, 다음 시간부터는 왕진을 다니느라 분주했다. 난산·음독자살·급환… 등등 환자는 가지가지였다. 손문은 빈부에 상관없이 진찰에 응했다. 그때의 '동서약국' 광고문에는 '오후는 왕진을 합니다. 요금은 가까운 곳 1원, 먼 곳은 2원, 일찍이 내외에 알려진 국수(國手—유명한 의사)' 등의 문구가 씌어 있다.

그러나 손문에게 있어서 '의사'란 어디까지나 방편에 지나지 않은 것이었다. 정사량과 상해로부터 귀향해 있던 죽마고우인 육호동, 그리고 '사대구'의 진소백·왕열 등과, 광주시의 문인들이 모이는 광아서국(廣雅書局)에서 회합을 거듭했고, 혁명의 기본방침을 토의했다.

혁명방침에 대해서는 2가지 논의가 있었다. 육호동은 외환(열강의 침략)이 급하므로 먼저 그에 대한 대책이 시급하다고 주장했다. 손문은 영국의 입헌군주제도, 미국의 민주주의를 예거하면서, 청조를 타도하는 일이야말로 혁명의 근본이라고 주장했다. 결국 손문의 주장이 받아들여졌다.

혁명실행에 대한 구체적인 대책이 논의된 것도 바로 그 시절의 일이었다. 정사량은 통해서 반만각파(反滿各派)를 적극적으로 자기들 그룹에 영입하는 한편, 광주에 주둔하는 청군에 파고들어 그들이 군대 내부에서 호응하도록 공작할 것을 결정했다. 혁명을 위한 정식 조직으로는 아직 충분하지 못했지만, 구체적인 활동이 서서히 무르익어가고 있었다.

손문은 이듬해 1894년, 혁명 실행에 앞서 청조의 이홍장에게 구국대계(救國大計)를 적은 개혁안을 상서로써 제출, 그의 반성을 촉구했다.

'유럽의 부강은 그 원인이 군사력에 있는 것이 아니라, 국민으로 하여금 충분히 각자의 재능을 발휘하게 하며 토지를 충분히 이용하고, 물재(物材)를 적절히 사용하게 하며, 재화의 유통을 원활하게 하였기 때문이다. 이것이 부강으로 가는 길을 넓히는 기본이며, 나라를 다스리는 기본이다. 마땅히 우리나라가 원대한 계획을 세워 서양의 방법을 배우며 자강(自强)의 길을 열기 위해서는 이상의 4가지 기본을 실행해야 할 것이며, 공연히 선견포리(船堅炮利 - 배를 견고히 하고 대포의 성능을 좋게 함)만을 구하는 것은 본말전도이다'

말할 나위도 없이 이런 상서가 받아들여질 리가 없었다. 손문은 육호동과 함께 천진에서 북경으로 가서 청조의 정세를 살피는 한편, 또 양자강에서 무한(武漢) 일대로 깊숙이 들어가서 혁명실행에 대비한 지형을 관찰했다.

그러한 '적정관찰(敵情觀察)' 결과를 손문은 <런던 조난기>에서 다음과 같이 분석했다.

'중국의 일반민중은 조정에 대해, 또 국민과 지방의 일에 대해 발언할 권리도 없었고, 그것을 알 권리도 전혀 주어져 있지 않았다. 관리는 생사여탈의 전권을 가졌고, 인민은 억울한 죄를 뒤집어쓰고도 호소할 길이 없었다. 관청이 바로 법률이었기 때문이다. 관청은 또 탐욕스러운 부정부패에만 혈안이 되어 있고, 돈으로 관직을 사고파는 것은 공공연한 비밀이었다.'

청일전쟁은 손문이 그 여행의 도중 상해에 머물러 있을 때 일어났다. 양국은 1894년 8월 1일에 선전을 포고했고, 청군은 연전연패했다. 이를 본 손문은 이제 혁명의 기회가 다가왔다고 판단하여 즉시 호놀룰루로 건너가서 혁명조직 결성에 착수했다.

손문이 29세 때였다.

2. 역사적 흥중회 결성

'혁명선언'을 채택

'1894년 하와이로 건너간 나는 화교들에게 호소하여 흥중회(興中會)를 설립하였다. 그것이 혁명을 위해 수립된 최초의 당이었다.'

손문이 <중국혁명사> 속에서 밝힌 것이다.

중화민국 건국 역사의 첫 페이지는 이 흥중회 창립에서부터 시작된다. 1894년 11월 24일의 일이다.

흥중회 창립 제1회 회의는 비숍 은행의 매니저인 하관(何寬)의 집에서 열렸다. 그날의 참가자는 하관 외에 이창(李昌-공무원)·유상(劉祥-상업)·정울남(程蔚南-상업)·등음남(鄧蔭南-농업)·정금(鄭金-공무원)·허직신(許直臣—교육가) 등 20여 명이었다. 그들은 거의가 손문과 같은 광동성 출신이었다.

손문은 그 자리에서 주석으로 뽑혔다. 이어 중국을 진흥하고, 존망의 위기에서 조국을 구하겠다는 서약을 정하고, 회원들은 왼손을 성서 위에 놓고 오른손을 높이 들어 엄숙히 선서했다.

이어서 처음으로 '혁명선언'이라고도 할 수 있는 흥중회의 장정(章程-나중에는 '성립선언'이라고 불렀다)이 채택되었다. 취지는 다음과 같은 것이었다.

'중국의 위태로움은 극에 달하고 있다. 위로는 인순고식(因循姑息), 분식허장(粉飾虛張)만 일삼고, 아래로는 오직 무지몽매하여 앞일을 헤아리지 못하고 있다. 근년의 굴욕적 패배로 인해 당당하던 중국이 이제는 인방(隣邦)과 나란히 서지도 못할 처지에 있고, 문물의관(文物衣冠)도 이족(異族)에게 경시당하고 있다. 유지(有志)들이여, 어찌 팔짱을 끼고 이를 방관할 것인가. 4억 백성과 수만리 풍요한 국토를 가졌을진대 발분하여 천하무적의 웅(雄)이 될 수 있지 않겠는가.

그런데 매국노들은 나라를 그르치며, 인민을 괴롭히고 있으니 국가의 쇠퇴는 이제 극에 달했다! 열강은 중화의 물산과 부를 호시탐탐 노리며 이를 잠식코자 다투어 우리 국토를 분할하려 한다. 위기는 목전에 닿았다. 인민을 수화(水火)의 괴로움에서 지켜주고, 당장에 쓰러지려는 국가를 받들어 세우자고, 소리 높여 외치지 않을 수 있겠는가. 이곳에 모이는 제군이여, 중화의 부흥을 위해 지혜와 힘을 모으지 않으려는가. 동지 제군이여, 궐기하라!'

이 '흥중회 장정'에는 기의(起義—혁명)라든가 청조 전복 등의 말은 들어 있지 않다. 이는 사람들이 위험단체로 보는 것을 방지하기 위해, 단순한 중국 부강의 길을 찾는 민간단체인 것처럼 꾸몄기 때문이다.

이 회의에서는 또 혁명자금 조달을 위한 '혁명군채(革命軍債)'를 발행하기로 의결했는데, 그것도 '군채'라는 이름을 피해서 다만 공공사업을 위한 '고과은(股科銀—출자금)'이라고 했으며, '성공한 후에는 10배로 환불한다'고 규정했다. 형 덕창과 등음남 등이 즉석에서 수백 원씩이나 출자에 응했다. 덕창은 마우이 섬에서 수천 마리의 소를 기르며, 수백 헥타르의 토지를 가진 부자로서 '마우이 왕'이라는 별명을 가진 인물이었다.

그의 경제적 원조는 손문과 그의 동지들에게 커다란 용기를 주었다. 그밖에도 회원은 입회금으로 1구좌에 5원을 납부키로 했다. 이것은 2일간에 288원이 걷혔다. 최초의 혁명단체 '흥중회'는 이렇게 하여 제1보를 내딛게 된 것이다.

당시 하와이 왕은 중국인 인민을 환영했기 때문에 그 섬에 거주하는 화교는 4만 명에 이르고 있었다. 손문은 우선 그들 화교를 흥중회에 참가시키려고 힘썼다. 그러나 그들의 정치적 의식은 아주 낮은 편이어서, 손문이 애써 호소하는데도 호응하는 사람은 극히 적었다. 그러다가 차츰 흥중회에 공명하는 입회자가 늘기 시작했고, 1개월 후에는 그 수도 발족 당시의 20명에서 126명으로 불어났다.

중국본토에서는 청일전쟁의 전황이 날로 악화되어 가고 있었다. 이미 여순이 함락 당했고, 일본군은 여세를 몰아 북경·천진을 노리고 있었다.

청조의 위신은 땅에 떨어졌고, 인민의 분격은 극에 달했다. 혁명의 기운이 점차 일어나고 있었다.

손문은 흥중회의 조직 확대를 위해 미국행을 계획했다. 그러나 상해의 동지들로부터 귀국하라는 편지를 받고 등응남 등 몇몇 동지들과 함께 급히 홍콩으로 향했다. 흥중회가 결성된 지 1개월이 지난 12월 하순의 일이었다. 도중에 그들은 일본의 요코하마 항에 들렸다. 상륙은 하지 않았지만 일본에 거류하는 화교들과의 연락은 취할 수 있었다. 그래서 손문은 후일 일본을 혁명기지로 삼게 되었다.

흥중회 본부를 홍콩으로

하와이에서 중국으로 향하는 기선 속에서 손문은 함께 배를 탄 중국인 동포들에게 청조를 뒤엎고 중국을 구하자고 호소했다. 기선 속에서 손문의 연설을 듣고 크게 감명을 받은 사람이 있었다. 요코하마에서 고물상을 경영하는 진청(陳淸)이라는 사람이었다. 그는 요코하마에서 하선하는 즉시 친지 풍경여(馮鏡如)·풍자산(馮紫珊) 형제, 그리고 담유발(譚有發) 등과 상의했다.

풍씨 형제는 요코하마에서 '문경인쇄점(文經印刷店)'을 경영하고 있었다. 풍경여는 청조의 부패에 분격한 나머지 변발을 잘라 버렸을 만큼 반만사상이 강한 인물이었다. 그리고 담유발은 풍 형제와 가까운 곳에서 양복점 '균창호(均昌號)'를 경영하고 있었다.

진청은 담유발과 함께 정박 중인 선박으로 손문을 방문, '아무쪼록 하선하여 강연을 해달라'고 간청했다. 그러나 손문은 홍콩으로 가는 길이 바

'4대구'로 불린 양학령 · 손문 · 진소백 · 왕열(왼쪽으로부터)

쁜 나머지 흥중회의 장정(章程)을 주었다.

담유발은 조직에 전면적으로 협력하겠다고 약속하고 다시 만나기를 기약하면서 작별했다.

풍 형제와 담유발은 그 후 손문의 유력한 지원자가 되었다. 이듬해 1895년, 제1차 광주기의(광주혁명)에 실패하고 손문이 요코하마에 들렀을 때, 그들은 그곳에 거류하는 동지 20여 명을 모아 '요코하마 흥중회(분회)'를 설립했다.

홍콩으로 돌아온 손문은 '4대구'이던 옛 친구들을 모으는 한편, 정사량의 '삼합회'를 비롯한 기존 혁명조직과의 접촉을 시작했다.

'보인문사(輔仁文社)'라는 결사가 있었다. 양구운(楊衢雲—이름은 飛鴻)이 1892년 3월에 결성한 것으로, 중국의 개혁과 만청정부의 타도를 목적으로 하는 단체였다.

양구운은 복건성 출신으로 홍콩에서 기계학과 영어를 배운 사람이었다. 보스 기질을 지닌 그는 무술에도 소양이 있었다. 손문과 그는 '보인문사'를 설립하던 당초부터의 친구였다.

손문이 흥중회에 참가해 달라고 청하자 그는 보인문사의 멤버 수십 명을 이끌고 참가했다.

조직 확대의 조건이 정비되자 손문은 흥중회 총회(본부)를 홍콩에 두기로 하고, 사무실에 '건형행(乾亨行)'이라는 이름을 붙였다. 관헌의 눈을 피하여 겉으로는 상점처럼 꾸며야 했기 때문이다.

1895년 2월 21일, 새 조직의 성립회의(결성회의)가 열렸다. 여기서 회명은 계속 '흥중회'로 하기로 결정했다.

청천백일기를 군기로 정하다.

'청조를 구축하고 중국을 부흥하여 합중정부(合衆政府)를 수립한다. 만약 다른 마음을 품는 일이 있으면 천벌을 감수하겠다.'

전원이 이렇게 선서하면서 흥중회 선언을 채택했다.

3월 16일, 손문·육호동·양구운·진소백·정사량 등 흥중회 주요 인물들은 간부회의를 열고, 광주를 공략하여 혁명 근거지로 삼기로 결정했다.

이 회의에서 정한 것으로는 또 청천백일기(靑天白日旗)가 있다. 이것은 육호동이 디자인한 것으로 후일 중화민국의 국기가 되었다.

대외공작에도 세밀한 준비를 했다. 혁명의 무대로 선택한 광주는 홍콩(영국 영토)과 접해 있었다. 혁명봉기 후에 만일 청조가 영국과 한편이 된다면 혁명군은 협공을 받을 위험이 있었다. 그래서 홍콩 의정국(議政局) 의원이며 손문이 수학한 서의의원의 창설자이기도 한 하계(何啓)를 움직여서 지방신문 <덕신서보(德臣西報─차이나 메일)> 지상에 중국의 개혁이 필요함을 호소했다. 그 신문의 주필 토마스 레이드와 <토멸서보(土蔑西報─홍콩 텔레그래프)> 주필 체스니 덩컨 등은 혁명의 움직임에 공명, 하계와 협력해서 혁명을 결행할 때 발표할 영문 선언문을 기초했다.

10월 6일, 마침내 광주 혁명조직이 탄생했다. 청조의 눈을 속이기 위해 그 조직에는 '농학회(農學會)'라는 가명을 붙였다. 흥중회는 이로써 하와이, 홍콩에 이어 중국 내부로의 진출에 성공한 셈이었다.

'농학회'의 취지서는 중국농업의 후진성을 지적하고, 서구의 나라들 같이 진보된 농업을 받아들여야 한다고 호소하는 내용을 담고 있었다. 그래서 청국관리들 중에는 그것이 혁명단체인 줄을 모르고 회원으로 가입, 취지에 찬성한 자도 더러 있을 정도였다.

혁명거사를 반달쯤 앞둔 10월 10일, 흥중회는 선거에 의해 총판(總辦—회장)을 선출했다. 그 직책은 혁명정부가 성립되면 총통이 되는 주요직책으로서 '백리새천덕(伯理璽天德—영어 president의 譯音)'이라는 이름이 주어졌다.

선거 결과 손문이 당선되었다. 그런데 양구운이 이에 불복, 이튿날 손문을 찾아와서 그 직책을 자기에게 양보할 것을 요구했다. 정사량·진소백 등은 격분하여 극력 반대했다. 정사량은 양구운의 제명을 강력히 주장하기까지 했다.

그러나 그날 밤 재개된 간부회의에서 손문의 제안으로 다시 총판에 양구운을 선출키로 낙착되었다. 이 사건으로 혁명동지들 간의 호흡이 약간이나마 흐트러졌다는 사실이, 나중에 기의의 실패를 초래한 원인 중 하나가 되었다.

그 무렵 청조는 청일전쟁의 패배로 굴욕적인 시모노세키 조약을 일본과 체결하여 대만·팽호를 일본에 빼앗긴 후, 국민의 분격 속에서 패전처리에 여념이 없던 중이었다. 광주에서는 총독 이한장(李瀚章—이홍장의 형)이 모병한 많은 병사들이 파병될 기회도 갖지 못한 채 무용지물이 되고 말았다. 이한장은 모병한 병사 중 4분의 3을 급료도 지불하지 않은 채 무책임하게 해산시켜 버렸다. 저녁 끼니조차 때울 방법이 없던 병졸들은 곧바로 강도나 절도가 되었고, 군영에 남은 병졸들도 내일의 운명이 어떻게 될지 불안에 떨어야 했다. 치안유지의 임무를 띤 순방대(巡防隊—지방 경비대)도 군복을 벗어던지고 도둑질에 나섰다. 주민들이 순무아문(巡撫衙門—취체기관)에 가서 호소를 하면, 오히려 그런 호소를 한 사람은 감옥에 갇히는 형편이었다.

당시 중국 관리들은 상사의 생일날이면 선물을 하는 관습이 있었다. 때마침 이한장의 생일이 왔기 때문에 광동·광서 양성의 관리들은 백성들로부터 1백만 냥의 은을 걷어 들여 상납했다. 백성의 노기가 충천하는 가운데 마침내 이한장은 청조에 의해 경질되었다. 이렇게 뒤죽박죽이 된 광주는 혁명봉기를 위해 그야말로 '천시(天時)'를 맞은 셈이었다.

좌절된 무창봉기

봉기는 중양절(重陽節—음력 9월 9일)인 1895년 10월 26일에 하기로 정해졌다. 중양절에는 가까운 시골에서 성묘하기 위해 수천 명의 사람들이 줄을 지어 광주로 모여든다. 그 틈을 이용하여 혁명군의 광주투입이 용이하기 때문이다.

손문은 광주기의를 소수정예주의로 단행할 생각이었다. 태평천국의 난(1851~64)에서는 유여천(劉麗川)이 겨우 7명으로 상해를 점령한 전례가 있었다. 광주는 비록 당시의 상해와는 사정이 다르다고 하지만 1백 명의 결사대만 가지면 충분히 공략할 수 있다고 생각한 것이다. 공격목표를 시내의 총독·순무(巡撫) 등 행정·경비기관으로 국한하고, 무장 5인조 결사대를 뒷문으로 돌입시켜 관방(官房)·숙사 안에 있는 장관을 사살, 또는 체포한다. 그러면 그들의 지휘계통은 일대 혼란에 빠질 것이다. 그 틈을 타서 남은 2,30명이 시내 요소를 제압하고 불을 지른다. 청군의 증원부대가 성 밖으로 진격해 오는 경우에도 혁명군이 대군을 갖고 있는 듯이 가장해 보이면 그들의 성내진입을 저지할 수가 있을 것이다—.

그러나 손문의 이 의견은 너무나도 모험적이라 하여 동지들에게 채택되지 않았다. 그래서 결국은 '분도공성(分道攻城―여러 길에서 시내로 진격함)'의 정공법을 쓰기로 결정을 보았다. 기의 결행의 전날 밤(10월 25일)에 손문·진소백이 이끄는 소수 결사대와 진청(요코하마에 거주하는 화교)이 이끄는 폭파반이 광주시내로 잠입한다. 삼합회 회원 등 약 3천명의 주력부대는 흥중회 간부 주귀전(朱貴全)의 지휘 아래 홍콩에서 구룡(九龍)으로 집결하고, 그날 밤 소형선박에 분승하여 결행 당일 오전 6시에 광주로 진입한다. 주력이 광주에 도착하는 것을 확인하면, 시내에 잠복하던 결사대는 4대로 나뉘어 주요관청을 습격한다. 폭파반도 동시에 시내 요소를 폭파한다. 그런 혼란을 틈타서 선박으로 도착한 주력이 시내에 돌입한다.

혁명군은 전원이 붉은 완장을 차며, 암호는 '제폭(除暴)'·'안량(安良)'이라고 정했다.

성하(省河)에 있는 청군 군함 중 가장 큰 '잔도(鎭濤)'와 '안란(安瀾)'에 대해서는, '진도' 함장 정규광(程奎光―흥중회 회원)이 혁명에 참가하도록 미리 공작하기로 했다.

그러나 이같이 면밀한 혁명계획도 불행하게도 밀고자가 나타나는 바람에 실패로 돌아갔다.

혁명 참가자 중 청조토벌의 격문 작성을 맡은 주기(朱淇)라는 자가 있었다. 그 주기의 형 주상(朱湘)이 낌새를 알아채게 된 것이다. 주상은 만일 혁명이 실패한다면 연좌에 의해 아우의 죄를 자기도 뒤집어 쓸 것을 두려워한 나머지 아우 몰래 즙포위원(緝捕委員―경찰관)인 이가작(李家焯)에게 밀고한 것이다. 거사 2일 전의 일이었다.

밀고에 접한 이가작은 즉시 손문 등의 행동을 감시케 하는 한편, 이한장의 후임으로 부임한 총독 담종린(譚鍾麟)에게 이 사실을 보고했다. 담종린은 주모자가 손문이라는 것을 듣자 웃음을 터뜨리며 말했다.

"손문이라는 자는 돌파리 의사 출신의 광사(狂士―허풍을 떠는 인간)가 아닌가. 농학회를 시작한 자라는데, 그런 자가 반란을 꾸미다니 말이 되겠느냐. 그건 아마 허튼소리일 게다"

그러나 곧 뒤미쳐 홍콩에 심어둔 밀정으로부터 '지급전보'가 날아왔다. 이것은 이가작의 보고가 사실임을 전했다. 담종린은 황급히 병력 1천 5백을 장주(長州)에서 광주로 이동시켜 방위와 진압에 나섰다.

한편, 혁명군 내부에서는 최후의 순간까지도 손발이 맞지 않고, 대열이 흔들리고 있었다. 홍콩에서 오기로 되어 있는 배는 예정시간 2시간을 넘긴 26일 오전 8시가 되어도 광주에 나타나지 않고 있었다. 진소백·정사량 등 결사대 간부들은 농학회에 모여서 초조하게 기다리고 있었다. 거기에 손문이 전보를 가지고 달려왔다. 홍콩에서 무기수배를 책임진 양구운으로부터 온 전보였다.

―형편에 따라 하물은 2일간 지연됨.

양구운은 친위대로 하여금 자기 주변을 경호케 하고, 그런 친위대에게 무기를 우선 분배하는 등 부정한 행위를 저질렀다. 이런 이유 등으로 해서 그는 병사들의 신뢰를 잃었고, 그것이 거사 직전에 문제화됨으로써 마침내 예정대로 배를 출항시키지 못하게 된 것이다.

전보를 받은 결사대 간부들은 즉시 긴급회의를 소집했다.

진소백은 신중론을 폈다. 거사를 2일간이나 뒤로 미룬다면 계획이 누설될 염려가 있으니, 게다가 2일 후에 배가 꼭 도착하리라는 보장도 없다. 일이 이렇게 된 바에는 경거망동을 삼가고, 실패를 두려워하지 말 것이며, 일단 주력부대를 원상위치로 돌리고 재기할 시간을 기다리자는 것이었다. 손문도 그에 찬성했다.

손문은 양구운에게 지급전보를 타전했다.

―하물은 불요. 명령을 기다릴 것.

동시에 손문은 각 회당(會黨)의 지도자들에게 당장 필요한 자금을 분배한 후 부대를 일단 철수하라고 명령했다.

양구운으로부터의 답신전보는 10월 27일 밤에 도착했다.

―전보는 너무 늦었음. 하물은 선편으로 보냈음. 받아주기 바람.

이때는 이미 주력부대 중 약 4백 명이 구룡을 출발한 후였다. 청조 측의 진압행동은 예상 이상으로 빨랐다. 광주시내에 있는 2개 '비밀 기관부'는 즙포위원 이가작이 이끄는 경비대의 급습을 받아 청천백일기와 무기·군복·도끼·칼 등이 모조리 압수되었다. 그리고 육호동·정요신(程耀宸)·정규광·유차(劉次)·정회(程懷) 등 6명의 대원이 체포되는 불상사를 맞고 말았다.

한편, 이미 선박으로 구룡을 출발한 주력부대는 이러한 사태를 전혀 알지 못한 채 광주를 향해 항해를 계속하고 있었다. 10월 28일 아침, 광주항 부두에 도착하자 이가작이 이끄는 경비대가 그들을 덮쳐왔다.

혁명군은 거기서 저항을 할래야 할 수가 없었다. 홍콩에서 적재한 무기는 배 밑창에 감추어 두고 있는 형편이었기 때문이다. 사태는 절망적이었다. 한발의 총성도 울려보지 못한 그들은 선내에서 이리 몰리고 저리 도망치면서 발버둥칠 뿐이었다. 그때에 구사(丘四)·주기전 등 약 40명의 대원들이 체포되고 말았다.

이로써 반년이나 준비를 거듭하던 광주기의는 완전 실패로 끝났고, 흥중회는 많은 빼어난 정예대원들을 잃었으며, 손문 역시 반역자의 낙인이 찍혀 쫓기는 몸이 되고 말았다.

손문의 해외탈출

1895년의 광주기의가 실패한 뒤, 청국정부가 취한 조치는 더할 수 없이 가혹했다. 광동·광서 총독 담종린은 즉시 기의 참가자의 잔당을 수색하기 시작, 주모자급 17명에 대해서는 1백 원에서 1천 원까지의 현상금을 걸었다.

'손문은 일선(逸仙)이라고도 이르는 자로서, 향산현 동향(東鄕) 취미(翠微) 출신이다. 이마는 모가 났으되 넓지는 않고, 연령은 약 29세, 화홍은(花紅銀—상금) 1천원

양구운은 향산현인(香山縣人)이되 본적은 복건. 오른손에 손가락 3개가 없다. 연령은 약 39세, 화홍은 1백 원…'

체포된 육호동 등에 대한 신문은 잔혹했다. 그러나 그들은 끝까지 굴하지 않았고, 육호동은 종이와 붓을 요구하여 격렬한 문장을 써서 청조를 규탄했다.

'오늘날 만청을 폐하지 않고서는 한족을 광복할 수가 없다. 그리고 만청을 폐멸하기 위해서는 먼저 한간(漢奸—한족으로서 외족에 협력하는 민족반역자)을 제거해야만 한다. 우리의 목표는 한두 놈의 주구를 죽임으로써 우리 한족의 눈을 뜨게 하는 일격을 가하는 데 있다. 오늘의 우리가 그 일에 성공하지 못했다고 해서 이번 일을 후회하지 않는다. 내 몸이 희생되어 지상에서 사라진다 해도 구세(九世)의 원수를 잊지 않을 것이다. 어서 나의 목을 쳐라'

이에 대해 청조는 극형으로써 답했다. 육호동과 구사는 참수형, 주기전은 화형(火刑), 정규광은 군봉(軍棒)으로 6백 대를 맞고 절명, 정요신은 복역 중에 옥사했다.

이때 손문은 광주에서 친구인 목사 왕욱초(王煜初)의 집에 숨어 바깥 동정을 살피고 있었다. 그러다가 증기선으로 마카오 북방 당가만(唐家灣)으로 탈출, 가마를 타고 육로로 마카오로 도망쳐 거기서

홍콩으로 들어갔다. 정사량·진소백·등음남 등 동지들도 제각기 청국정부의 수색망을 빠져나와 홍콩으로 탈출했다.

당시 청국과 영국 사이에는 1858년에 체결한 '홍콩·버마 범인인도조약'이 있었으므로, 청조에서 홍콩 정청으로 손문 등의 인도를 요구할 염려가 있었다. 그래서 손문은 은사 컨트리 경의 소개로 변호사 데니스와 상의한 결과, 변호사의 충고에 따라 그들은 일본으로 가게 되었다. 그 후 홍콩 정청은 1896년 3월 4일에 손문·양구운·진소백 등 3명을 5년간 입국금지 처분했다.

11월 12일, 손문은 정사량과 진소백을 데리고 일본 화물선에 몸을 실어 고베에 도착했다. 일본 신문들은 손문의 도착을 보도하면서 '중국혁명당의 손일선'이라고 썼다. '혁명'이라는 두 글자가 사용된 것은 그때부터였다. 그때까지는 '기의(起義)'라고만 호칭했던 것이다.

그달 17일 그들은 요코하마로 들어갔다. 손문은 호놀룰루에서 흥중회를 설립한 후 홍콩으로 가는 도중에 요코하마 항에 기항한 적이 있었지만, 상륙을 하기는 이번이 처음이었다. 손문은 풍경여를 찾아 그의 문경인쇄점으로 갔다. 손문의 방문을 받은 풍은 크게 기뻐하며, 그의 점포의 2층을 손문의 거처로 제공, 즉시 아우 풍자산과 담유발·여달경(黎達卿)·조명락(趙明樂)·조역금(趙嶧琴) 등 10여 명을 모아 흥중회 요코하마 분회를 발족시켰다. 이는 담유발이 전번에 손문과 약속한 일이었다. '요코하마 흥중회'는 풍경여를 회장으로 선출하고, 조명락을 감사, 조역금을 서기로 임명하는 등 임원을 정했다.

보름 후 사무소를 요코하마 시내의 다른 곳으로 옮겼다. 온분(溫芬) 등 10여 명이 가맹하는 등 회원이 계속 늘어났다. 입회자 중에서 가장 나이가 어린 사람은 풍자유(馮自由―풍경여의 장남)로 당년 14세였다.

그러나 일본과 청국 사이에는 이미 청일전쟁 후 강화조약이 맺어진데다가 외교관계도 복구되어 있었으므로, 청국정부의 신임 주일공사가 부임하는 즉시로 일본정부에 대해 이들 혁명분자의 인도를 요구할 것이라는 소문이 나돌고 있었다. 일본도 결코 안전한 곳은 아니었다. 게다가 당시의 일본은 중국혁명의 '후방기지'로 삼기에는 아직 그 기운이 성숙한 땅이 아니었다.

겨우 2개월을 일본에 체류하던 손문은 홍중회 발상의 땅 하와이로 가서 재기를 꾀하기로 했다. 일제 양복 몇 벌을 사서 복장을 바꾼 그들은 콧수염을 기르고 변발을 깨끗이 깎아버렸다. 양복 주머니에는 분회에서 모아준 5백 원이 들어 있었다. 떠나면서 손문은 정사량을 다시 홍콩으로 잠입시켜 혁명잔당의 재규합을 명령하는 한편, 진소백을 일본에 남게 하여 일본에서 전개할 활동을 부탁했다. 진소백은 그 후 일본과 손문과의 파이프 역할을 맡게 되었다.

1896년 1월, 손문은 호놀룰루에 도착했다. 그 후 그는 미국을 거쳐서 그해 9월말에 영국으로 건너갔다. 런던 청국공사관에 의한 감금사건이 생긴 것은 바로 이때였다.

3. 런던에서 구상한 삼민주의

대동(大同)을 지향하는 삼민주의

런던 청국공사관 감금사건(1896년) 이후 손문의 행적을 더듬어보자. 그는 대영박물관 도서관에만 틀어박혀 있었지만, 그 무렵에 2명의 친구를 얻게 되었다. 일본인 생물학자인 미나카타 구마쿠스(南方熊楠)와 아일랜드 독립당원으로 군사학자인 멀컨이라는 사람이다. 미나카타는 철학과 자연과학 방면에서 손문에게 많은 영향을 준 친구였고, 멀컨은 후일 손문이 혜주기의(惠州起義, 1900년)를 일으켰을 때 홍콩으로 건너가서 혁명에 협력한 사람이다.

손문과 미나카타와의 만남에서는 다음과 같은 에피소드가 있다.

미나카타는 미국 미시간 주립 농업대학을 졸업한 후 대영박물관 초청으로 그곳 동방 도서부장 로버트 K. 더글러스 밑에서 중국과 일본의 도서목록을 작성하고 있었다. 손문이 그를 처음 만난 것은 더글러스 부장의 방에서였다. 손문이 미나카타에게 인생의 목적이 무엇이냐는 질문을 던졌더니, 그는 '동양에서 서양인을 싹 쓸어 내버리는 것이 나의 인생의 목적이다'라고 말한 다음, '물론 영국인도 동양에서 몰아내야지요'라고 서슴없이 말했다. 그의 말에 손문도 더글러스도 모두 놀라고 말았다. 그 후부터 손문과 미나카타는 어딘지 모르게 서로 의기투합하는 바가 있었다.

그 시절에 손문이 얻은 최대의 수확은 삼민주의(三民主義)의 구상을 확립한 일이었다.

손문은 대영박물관 도서실에서 처음 그것을 착상한 다음, 그것의 이론화·체계화에 많은 시간을 소모한 끝에 40세 때야 비로소 세상에 발표했다. 즉, 1905년 봄 벨기에의 브뤼셀에서 열린 유학생 혁명 단체 성립회에서, 삼민주의와 오권헌법(五權憲法)에 대한 구상을 밝힌 것이다. 그리고 11월 26일, 중국동맹회 기관지 <민보(民報)>를 일본 도쿄에서 발간할 때에도 그 지상에 삼민주의에 대해 구체적으로 밝혔다.

'나는, 구미가 진보한 이유는 대체로 삼민주의에 연유한 것이라고 생각한다. 하나는 민족, 하나는 민권, 하나는 민생이다. 로마가 멸망하자 먼저 민족주의가 흥했고, 유럽 각국은 독립했다. 그런데 그들 나라들은 군주국이 되면서 전제로 돌아서 서민은 그런 괴로움을 견디지 못했다. 그리하여 민권주의가 일어나 18세기 말에서 19세기 초에 걸쳐 전제는 무너지고 입헌정체가 일어났다.

문명이 진보되고 산업이 발달하자 경제문제가 정치문제의 뒤를 이었다. 여기서 민생주의가 우뚝 일어났다. 20세기는 바야흐로 민생주의의 시대이다.'

손문은 이 글에서 중국을 천년의 전제에서 해방하고, 만청족의 지배와 열강의 침략에서 벗어나기 위해서는 무엇보다도 먼저 민족주의·민권주의를 하루바삐 확립해야 한다고 주장했다.

그리고 민생주의에 대해서는 그것이 서구 각국보다 중국이 한걸음 앞서 있다고 주장, 민족·민권·민생의 3가지를 혁명에 의해 한꺼번에 확립해야 한다고 역설했다.

그러나 이 시점에서의 손문은 아직 기본적인 구상을 발표한 것에 지나지 않았다. 삼민주의가 이론적으로 체계가 갖추어져 발표된 것은 1924년 1월 27일부터 8월에 걸쳐 그가 광주의 광동고등사범학교에서 행한 일련의 강연에서였다. 그것은 그해 중국국민당의 개편에 즈음해서 발표된 것이었다.

손문이 삼민주의의 기본구상을 품기 시작한 지 약 30년 만이었다.

이때의 강연은 민족주의·민권주의·민생주의에 대해 각각 6회씩 실시될 예정이었다. 그러나 민족·민권에 대해서는 6회 강연을 모두 마쳤지만, 민생주의에 대해서는 4회로 중단되었다. 전국통일의 북벌을 위해 손문이 광주를 떠나야 했기 때문이다.

민족·민권·민생 3가지 주의에 대해서 손문은 그의 저서 〈삼민주의〉 속에서 그 요지를 다음과 같이 설명했다.

'한마디로 말하자면 민족주의는 국족주의(國族主義)를 말하는 것이다. 중국인은 가족주의와 종족(宗族—같은 조상의 일족)주의를 숭배하지만 국족주의가 없다. 외국의 방관자들은 중국인을 평하여 한줌의 모래라고 말한다. 사실 중국인은 가족과 종족의 단결력이 아주 강해서, 흔히 종족을 위해서 일신일가를 희생하지만, 국가에 대해서는 일신을 희생한 자가 아직 한 명도 없다. 즉, 중국인의 단결력은 <종족>이라는 한계에 머물러 있다. 아직 <국족>에까지 넓혀지지 못하고 있는 것이다'

'민권주의란 무엇인가? 말뜻을 풀이하자면 <민>이란 단체를 조직하는 사람들이고, <권(權)>이란 힘이요 위세다. 그 힘의 최대 실체는 국가이다. 명령을 행사하는 힘, 많은 사람을 누르는 힘을 <권>이라고 부른다. <민>과 <권>을 합쳐서 말하자면 <민권>, 즉 인민이 가진 정치력이다'

'민생주의란 무엇인가? <민생>이란 말은 중국에서 종래에 많이 써온 명사이지만 이것이 사회경제상으로 사용되고 보면 그 의의가 아주 심원하다. 정의를 내리자면, 민생이란 인민의 생활, 사회의 생존, 국민의 생계, 군중의 생명이라고 할 수 있다. 그러므로 민생주의는 사회주의이고 또 공산주의이기도 하다. 즉 대동주의(大同主義)이다'

그런데 손문은 여기서 말하는 '공산주의'를 '균빈부(均貧富-빈부의 차를 없게 하는 것)'의 이상적 사회를 목표로 하는 광의의 '사회주의'라 했고, 계급투쟁을 수단으로 삼는 마르크시즘과는 근본적으로 다른 것이라고 설명했다.

'사회의 진화는 사회 대다수의 경제적 이익이 서로 조화하는 데 있는 것이지 충돌하는 데 있는 것은 아니다. 마르크스가 말하는 계급투쟁은 사회가 진화할 때에 발생하는 일종의 병중이다. 마르크스가 사회문제를 연구하면서 얻은 것은 모두가 사회진화에 따르는 <병중>에 불과한 것이며, 그것이 사회진화의 <원리>는 아니다. 마르크스는 단순한 <사회병리학자>였을 뿐, <사회생리학자>는 아니었다.'

민족주의는 열강 제국에 의한 정치·외교·경제적 압박으로부터 벗어나서 중국이 열강과 대등하게 맞설 수 있도록, 중국인의 한 사람 한사람이 중국이 처해 있는 현상을 인식하고, 중화민족으로서 정성어린 단결정신을 진작하지 않으면 안 된다는 것이다.

민권주의는 자유·평등의 정신에 기초한 공화국가를 목표로 하는 것이다. 국민이 정치에 참가하는 권리를 확대하며 이른바 입법·사법·행정의 3권에 고시(考試)·감찰(監察)의 2권을 첨가한 중화민국의 '5권 헌법'의 이념적 기초가 되는 것이다.

민생주의란 경제적으로 평등한 사회 창조를 목표로 한다. 토지와 자본의 집중·독점을 제한하고, 생산물의 분배를 공평하게 하자는 것이다. 곧, '천하를 가지고 즐기며, 천하를 가지고 근심하는 것'(맹자)을 이상으로 삼는다.

손문은 이렇게 말했다.

'삼민주의란 <민유(民有)·민치(民治)·민향(民享)>이다. 국가는 국민의 공유이고, 정치는 국민의 공관(共管)이며, 이익은 국민이 향유하는 것이다. 국민은 국가에 대항해서 어떠한 일이라도 함께 할 수 있는 것이다'

이러한 삼민주의에 의해서 달성되는 사회야말로 사해평등의 '대동사회'바로 그것이다. '대동사회'란 공자의 <예기(禮記)> 예운대동편(禮運大同篇)에서 보는 중화민족의 이상이자, 중화민족이 자랑하는 세계이다.

일본인 지사(志士)들과의 교우

런던에서 삼민주의를 구상하던 손문은 캐나다를 거쳐서 1897년 8월 16일 이른 아침, 영국선으로 요코하마 항에 도착했다. 두 번째의 일본 방문이었다. 항구에는 동지 진박(陳璞)이 마중 나왔다.

손문은 요코하마 시의 외국인 거류지에 여장을 푼 다음, 진소백의 집을 방문했다. 진소백은 광주기의에 실패한 후 손문과 함께 일본에 들렀다가 그대로 일본에 눌러 있는 중이었다.

손문의 일본에서의 동정은 일본과 청국 양국 정부에 의해 철저히 감시받고 있었다. 상시 손문의 동정에 대해서 일본의 가나카와현 지사는 외무대신 오쿠마(大隈)에게 그해 8월 23일자로 다음과 같은 기물문서를 발송했다.

'영국의 청국공사관 3등 서기관 증광전(曾廣銓)은 영국에서부터 손일선을 추적해왔으며, 현재 거류지 221번 관(館) 청국인 증탁헌(曾卓軒)의 집에 묵고 있음. 또한, 손일선의 당지 도착에 즈음해서는 도쿄로부터 청국공사관 소속 서기관이 요코하마에 도착하여 손일선의 상륙을 확인한 다음 어디론가 전보를 발신하고 즉시 도쿄로 귀환했음'

'손일선은 지난 17일 오후 3시경 거류지 119번지, 진박의 소개로 가가마치(加賀町) 경찰서장의 관사를 내방, 그가 사정이 있어서 영국을 출발, 이달 16일에 영국선 인디어 호로 일본에 도착했음을 알리고, 영국을 출발하던 때부터 자기를 미행하는 청국관리 한 명이 있음을 신고한바, 그가 일본국내 체류 중에 청국관리로부터 불법 체포되거나, 본인의 의사가 제한되는 등, 일본제국 국권에 관계되는 일은 없으리라고 사료되는 바이지만, 만약의 경우에 대비하여 직접 간접의 보호를 바란다는 취지의 청원을 했음. 또한 그가 영국에 체류했을 때도 이상과 같은 보호를 받아왔다는 사실도 아울러 진술했음'

즉, 이에 의하면 손문은 영국 출발 당시부터 청국측으로부터 미행당했으며, 제2의 런던 사건이 발생하지 않도록 경계가 필요하다는 것이었다.

진소백은 손문과 재회하는 그날까지 여러 방면으로 일본 지사

(志士)들과 접촉을 가지고 있었다. 그는 손문이 호놀롤루에서 사귄 목사 스가하라(菅原傳)의 초대를 받고 어느 날 도쿄 시바(芝)에 있는 '도쿄 고요캉(東京紅葉館)'에 가서 퇴역 해군대위 소네(曾根俊虎)라는 사람과 접촉했다. 진이 말하는 바로는, 소네는 중국 북부지방에 오래 체류한 적이 있으며, 중국문제에 큰 관심을 가졌을 뿐더러 중국어도 약간 할 줄 아는 사람이었다.

소네의 집은 도쿄의 오모리에 있었는데, 요코하마에서 기차로 3,40분이면 갈 수 있는 가까운 거리였다. 진은 자주 소네의 집을 방문하여 밤이 늦도록 이야기를 주고받곤 했다.

소네와 알게 된 얼마 후 진의 집으로 일본인 한 사람이 찾아왔다. 그는 미야자키 도텐(宮崎滔天)이라는 사람으로 소네의 소개장을 가지고 있었다.

미야자키는 그의 형들이 모두 자유 민권·사회개혁 운동 등, 당시로서는 혁신적인 사상을 가진 인물들로서, 모두 중국문제에 깊은 관심을 가지고 있었다. 미야자키도 그러한 형의 영향으로 한때는 중국의 혁명운동을 지원하기 위한 자금을 벌기 위해 농업이민을 인솔하여 태국으로 건너간 적도 있었다.

그런데 사실은 일본 외무성이 미야자키와 히라야마(平山周) 그리고 가니(可兒長一)라는 3명의 민간인에게 중국의 비밀결사와 국내정세에 대한 현지조사를 의뢰한 일이 있었는데, 미야자키만이 신병으로 출발을 못하고 있던 중, 우연한 기회에 소네로부터 진소백에게 소개된 것이었다.

진은 미야자키에게 '흥중회의 지도자는 이 책을 저술한 사람이오'라고 하면서 손문의 저서 〈런던 조난기〉를 증정했다. 미야자키는 〈런던 조난기〉를 읽고 손문에게 커다란 흥미를 보이기 시작했다. 그 후 그는 히라야마 등의 뒤를 좇아 중국으로 건너갔다. 마카오에 이르렀을 때에 손문이 일본으로 갔다는 정보에 접하자 그는 급히 일본으로 되돌아왔다. 손문을 한시바삐 만나보고 싶었던 것이다.

미야자키가 진소백의 집을 다시 방문한 것은 9월 어느 날이었다. 진은 그때 새로운 혁명조직을 만들기 위해 대만으로 건너갔고, 그의 집에는 손문이 기거하고 있었다. 미야자키의 방문에 응대하기 위해 나와 준 사람은 잠옷 바람의 손문 자신이었다.

미야자키는 진소백이 없다는 말을 듣고 매우 실망했지만, 혹시나 하고 질문해 보았다.

'혹시 손문이라는 분을 아십니까?'

'내가 손문이오.'

수륙 만리를 뛰어다닌 끝에 뜻하지 않는 데서 손문을 만난 것이다.

손문은 미야자키에게 중국혁명의 취지를 설명했다. 미야자키는 중국어를 알지 못했기 때문에 두 사람의 대화는 필담으로 진행되었다.

'나는 민중의 자치야말로 정치의 대원칙이라고 생각하는 까닭에 정치의 정신을 공화주의에 두고 있소. 공화라는 것은 원래 예전부터 중국에 있었던 거요. 중국의 촌락에서는 장로로 하여금 마을 송사를 조정케 하고, 민병을 두어서 강탈을 방지했소. 이는 공화정치의 원형이라고 볼 수 있는 것이오. 하지만 국가의 공화제도는 그렇게 간단하게 이룰 수는 없는 일이오. 그러므로 혁명이 필요하게 되는데, 나는 중국혁명의 책임을 지고 있소'

손문은 이어서 혁명으로 공화제를 세우는 일이야말로, 중국에서 그칠 날이 없는 환란을 막는 길임을 이론적으로 조리있게 설명했다.

손문의 말을 듣던 미야자키는 너무나도 깊은 감동을 받은 나머지 온몸이 떨릴 지경이었다.

미야자키는 그때 잠옷차림의 손문과 만났던 일을 그의 저서 <33년의 꿈> 속에서 이렇게 회고한다.

'표연한 그의 행동거지에는 약간 가볍게 보이는 데가 있어서 다소 실망을 느꼈다. 이 사람이 과연 4백 주(四百州—중국전토)를 짊어지고 일어날 수 있겠는가? 그리고 능히 4억 민중 위에 서서 정권을 발휘할 수 있겠는가? 내가 이 사람을 도와서 나의 뜻을 이룰 수 있겠는가?'

그러나 그것은 외양만을 보고 느낀 속단이었음을 깨닫게 되자 손문에 대한 그의 평가는 순식간에 일전했다. 그는 곧이어 이렇게 쓰고 있다.

'손일선은 실로 천진(天眞)의 경지에 가까운 인물이니, 과연 우리 일본에는 그와 같은 인물이 몇이나 있겠는가. 그야말로 동아(東亞)의 진기한 인물이 아닐 수 없다. 나는 실로 여기서 그에게 나의 모든 것을 바치기로 마음먹었다'

일본의 정계·재계, 손문을 지원

미야자키는 손문이 일본에서 혁명활동을 전개함에 있어서 포석(布石)한 제1석이 되었다.

손문에게 경도된 미야자키는 당장 자기와 가까웠던 진보당의 거물 이누가이 쓰요시(犬養毅)를 방문하여 손문과의 상면을 요청했다. 이누가이는 이전부터 아시아 민족운동에 깊은 관심을 가진 인물이다. 그는 '그건 좋은 선물이군. 아무튼 만나보기로 하지'하고 두말없이 승낙했다. 그달(1897년 9월) 중에 양자의 회견이 실현되었다.

손문은 미야자키·히라야마·가니 등 3명과 함께 도쿄의 우시고

메(牛込區)에 있는 이누가이의 저택을 방문했다. 그때의 이야기를 손문은 그의 저서 〈손문학설〉 속에서 이렇게 말했다.

손문과 일본인 협력자들 오른쪽부터 손문, 한 사람 건너 히라야마, 미야자키, 우치다

'서로가 막역한 친구처럼 손뼉을 치며 천하를 논했으니 실로 유쾌했다. 당시 일본에서는 민당(民黨)이 처음으로 정권을 장악했는데, 오쿠마가 외상이었고 이누가이는 그의 참모가 되어 능히 그를 좌우했다.'

이누가이는 자신의 전기에서 당시 손문에 대한 인상을 말했다.

'당시의 손문은 35,6세의 한창 젊은 나이였다(실제로는 32세, 만연령으로는 31세). 단단한 표정에 변발을 하지 않은 하이칼라 머리였다. 평소에는 별로 말이 없었지만 청조의 부패상에 화제가 미치면 정연한 이론을 전개했고, 기세가 날카로운 인물이었다. 나는 그와 이야기하는 가운데 차츰 그가 비범한 대물(大物)임을 깨닫게 되었다'

이 대면에서 손문을 알게 된 이누가이는 그를 일본 조야의 유력자에게 소개했다. 특히 광업회사 사장인 히사하라(久原房之助)와 지사 기쿠치(菊池良土)는 자금면에서 그의 후원자가 되었고, 후일 남경(南京) 동문서원(同文書院) 교수가 된 야마다 요시마사(山田良政)는 직접 행동으로 헌신하여 1900년 혜주기의에 참가했다가 일본인으로서는 최초의 혁명 희생자가 되었다.

보황파와의 합작 실패

광주의 제1차 기의에서 실패한 손문으로서 가장 급한 문제는 흥중회 조직을 확대하는 일이었다.

그 하나로 보황파(保皇派—청조를 옹호하면서 그 체제 속에서 개혁을 하자는 파)라고 일컫던 강유위(康有爲) 그룹과의 합작문제가 있었다. 강유위는 청일전쟁 직후에, '강국 일본을 본따자'는 입헌군주론을 내건 변법운동(變法運動—정치개혁운동)을 제창하여 국내외에서 조직을 확대하고 있었다. 말할 나위도 없이 그런 주장은 삼민주의를 바탕으로 하는 흥중회의 혁명사상과는 근본적으로 배치되는 것이다. 양자의 대립은 요코하마의 '중서학교(中西學校)' 문제로 표면화되었다.

당시 일본에는 2만 명이 넘는 화교들이 거주하고 있었다. 그러나 그들 대부분은 '혁명'이라는 말만 들어도 얼굴이 새파랗게 질리는 위인들이어서, 요코하마에 흥중회가 생긴지 2년이나 지났어도 회원이 1백 수 십명을 넘지 못했다. 그래서 진소백은 그들 화교에게 혁명사상을 주입할 목적으로 요코하마의 중화회관에 화교들의 자녀교육을 위한 학교를 개설하여, 두 번째로 일본에 도착한 손문을 즉시 교장으로 맞아들였다. 손문은 그것을 '중서학교(中西學校—中西란 중국과 서양이라는 뜻)'라고 명명했다. 이때 교사를 중국으로부터 초빙하기 위해 상해에 있는 양계초(梁啓超)에게 그것을 의뢰했던 바, 양은 강유위의 문화생인 서근(徐勤) 등 몇 사람을 추천했다. 서근 등은 강유위의 뜻을 받아 학교를 '대동학교(大同學校)'라고 개명하고, 학생들을 선동, 흥중회 배척운동을 벌인 끝에 손문을 몰아내고 학교를 빼앗아 버렸다. 그러자 손문과 친교를 맺은 이누가이는 그와 같은 대립의 해소를 도모하여 이듬해 1898년 8월에 미야자키·히라야마 두 사람에게 '중국에 가서 유신 각파(維新各派)의 연합을 꾀하라'는 밀명을 주어 중국으로 파견했다.

때마침 중국에서는 강유위의 변법의 주장이 청조의 광서제(光緖帝)에 받아들여져, 강은 변법자강(變法自彊)의 개혁운동을 지도하는 사람으로서 각광받고 있었다. 그런 입장에 있는 강에게 흥중회와의 제휴를 권하는 미야자키의 제안이 받아들여질 리가 없었다. 미야자키는 한창 전성기에 있는 강유위로부터 깨끗이 거절당하고 말았다.

그런데 사태는 '무술정변(戊戌政變)'에 의해 급전환된다. 광서제의 신정(新政)에 반대한 서태후(西太后)가 1898년 9월 21일 개혁파를 거세하고 광서제를 유폐하는 정변을 일으킨 것이다. 이로써 강유위의 개혁운동은 겨우 103일 만에 좌절되고 말았다. 실각한 강은 영국군함으로 홍콩으로 탈주하여 가까스로 목숨만을 건졌다. 일본으로 망명을 희망한 그는 그때 홍콩에 체류 중이던 미야자키에게 도쿄까지의 호송을 부탁했다. 강유위의 심복이던 양계초·왕조(王照) 등 2명은 북경의 일본공사관에 피신했다가 히라야마의 주선으로 일본에 망명했다.

이누가이는 손문에게 일본에 망명한 강유위와의 합작을 권했다. 손문과 진소백은 강유위의 운동과는 노선이 다른 것을 인정하면서도, 중국의 개혁이라는 목표는 같은만큼 이누가이가 권하는 대로 그들과 연대하기로 했다. 그러나 강유위는 혁명당의 수령 따위와는 만날 수 없다고 계속 거절했다.

이누가이 자택으로 손문과 진소백, 강유위와 양계초 등 4명을 초대하여 4명이 대면할 자리를 만들어보려 했지만 강유위는 끝내 모습을 나타내지 않았다.

강유위는 '금강성명(今上聖明—광서제)이 복벽(復辟—왕정복고)하시는 날이 반드시 올 것이다. 나는 황제의 성은을 깊이 입은 자이므로 전력을 다해 병(兵)을 일으키고 황제를 도와 유폐에서 구출할 생각이다. 그밖에는 아무 생각도 없다'라고 주장하면서 '악의 근원'인 청조를 타도하자는 이야기에는 끝내 귀를 기울이지 않았다.

그러한 합작공작은 이듬해 1899년 6월, 강유위가 일본에서 캐나다로 가버린 사이에 보황파의 양계초가 접근함으로써 급속히 진전되는 듯이 보였다. 한때는 손문을 회장으로, 양계초를 부회장으로 하는 조직까지 검토된 적도 있었다. 그러나 결국 청조를 유지하자는 데서 탈피하지 못한 보황파와는 합작이 이루어질 수 없었다. 마침내 양계초는 손문을 배반해 버렸다. 12월에 손문의 소개장을 가지고 하와이로 건너간 그는 거기서 홍중회 회원의 집을 찾아다니면서 '보황과 혁명은 이름만 다르지 내용은 똑같은 것이다'라고 농하면서 회원들 빼돌려 '보황회'라는 비혁명 단체를 호놀룰루에서 설립한 것이다.

이 시기의 손문은 표면에 나서서 활약하기가 어려운 상태에 있었다. 1897년에는 제1차 기의로 타격을 받은 홍콩·광주 방면의 혁명조직을 재건하기 위해 홍콩 당국에 거류허가를 요청했다. 그러나 홍콩 당국은 '귀하의 거류목적은 청조의 압제 아래 있는 국민을 해방하는데 있다고 하거니와, 그러한 처사는 우리 인방과의 우호를 해치는 것이므로 우리 정부는 귀하의 거류를 허가할 수 없음'이라고 거절해왔다.

청조 관헌의 감시도 점차 심해지기 시작했다.

'삼합회(三合會)', '가노회(哥老會)'와의 공동전선

대만에 홍중회가 조직된 것은 1897년으로 중국이 일본에게 대만을 빼앗긴 지 얼마 되지 않았을 때다.

손문의 명령을 받은 진소백은 손문이 일본으로 망명한 며칠 후에 대만으로 건너가, 대북(臺北)에서 흥중회 분회를 만들었다. 대북에는 과거 '4대구(四大寇)'의 한 사람이던 양학령의 친척인 양심여(楊心如)라는 청년이 살고 있었다. 이미 흥중회에 가입한 사람이다. 또 대남(臺南)에서는 일본인 변호사가 진소백에게 협력해 주었다.

1899년에 접어들면서부터는 2차 혁명봉기를 위해 활동이 바빠졌다. 최초의 본거지는 일본의 요코하마였다. 그 전해에 일본정부가 외국인 거주의 자유를 준 것을 기회로 손문은 화교가 많이 사는 요코하마로 거처를 옮겼다. 청국영사관 바로 옆이었다. 손문 자신은 별로 외출을 하지 않았지만 동지들의 출입은 눈에 띄게 빈번해졌다.

1899년 가을, 진소백은 소문의 명을 받고 홍콩으로 건너갔다. 홍콩에서는 앞서 이누가이의 명령을 받고 활약 중인 미야자키의 힘으로 광동의 비밀결사인 삼합회(三合會) 동지들과의 연락이 재개되었다. 삼합회는 손문의 친구 정사량이 이끄는 결사로서, 일찍부터 흥중회와의 관계가 깊었으며, 1895년의 제1차 기의 때는 솔선 참가하기도 했다. 진소백은 삼합회에 가맹해서 곧 용두(龍頭—최고 간부)의 하나인 '백선(白扇)'으로 임명되었다. 백선은 군사를 담당하는 직책으로서 회원에 대한 동원명령권도 가진 만큼 봉기 때는 중요한 위치가 된다. 이렇게 해서 삼합회와의 합작은 굳어졌다.

다른 단체와의 합작도 적극적으로 추진되었다. 그중 최대의 것은 장강(長江—양자강) 유역에서 큰 세력을 가진 비밀결사인 가로회(哥老會)와의 합작이었다.

진소백은 어느 날 한 일본인 친지로부터 사견여(史堅如)가로회라는 청년을 소개받았다. 그는 즉시 진소백의 주장에 공명하여 흥중회에 가맹했고, 손문을 만나기 위해 일본으로 출발했다. 그가 일본으로 가는 도중에 알게 된 것이 가로회의 용두인 필영년(畢永年)이라는 사람이었다. 두 사람은 당장에 뜻이 맞아서, 함께 한구(漢

口)를 비롯한 호북·호남을 두루 돌면서 현지의 지사들과 접촉을 가진 다음 일본으로 건너가서 손문을 만났다. 필영년 또한 거기서 흥중회에 가입했고, 히라야마를 데리고 호북·호남을 돌면서 흥중회와의 합작공작을 시작했다.

1899년 11월에는 흥중회·삼합회·가로회의 대표들이 홍콩에서 모였다. 일본인 미야자키·히라야마도 거기 참석했다.

지금까지 흥중회의 영향력은 고작 광동·홍콩을 벗어나지 못한 것으로, 대륙 내부에까지는 연락조직을 갖지 못하고 있었다. 그런데 이번 '3파 연합'에 의해서 비로소 대륙 깊숙한 오지에까지 파고들 발판을 구축할 수 있게 되었다.

3조직은 그 회의에서 합병을 결정하고 이름을 '흥한회(興漢會)'로 정했다. 그리고 총회장에는 손문이 추대되었으며, 동시에 총회장의 인장도 만들었다. 그 인장은 나중에 미야자키가 일본으로 가져가서 손문에게 전했다.

진소백은 그해 12월에 홍콩에 발행소를 둔 〈중국일보〉라는 신문을 발행했다. 이는 흥중회로서는 기념할 만한 최초의 기관지였다. 인쇄기와 활자는 손문이 요코하마에서 사서 보냈다. 처음에는 신문 발행에 대해 영국 측이 어떻게 나올지 몰라 '혁명배만(革命排滿)'이라는 문자를 피했고, 논조도 되도록 온전하게 하다가 반년쯤 지나면서부터는 격렬한 논조로 공공연하게 혁명을 호소하는 동시에 보황파의 노선을 오류로 규정, 비판했다. 이 〈중국일보〉의 발행소는 나중에 제2차 기의(혜주봉기) 때의 참모본부가 된다.

이 무렵 손문은 일본인이 얽힌 필리핀의 독립운동과 관계를 갖게 되었다. 16세기 이후로 스페인의 식민지였던 필리핀에서는 필리핀인들의 독립운동이 계속되고 있었다. 1898년, 미국과 스페인 사이에 전쟁(미서전쟁)이 발생하자 필리핀 독립군은 미군과 협력하여 스페인 군과 싸웠다. 그러나 미국이 전쟁에서 승리하자 이번에는 미국이 필리핀을 강점함으로써 필리핀 독립군은 다시 미국 쪽으로 총부리를 돌리게 되었다.

이때 독립군 지도자의 한 사람인 마리노 폰세(후일 독립군 외무총장)가 홍콩에서 미야자키와 알게 되었다. 폰세는 미야자키의 권유로 1898년 6월에 요코하마로 손문을 방문했다. 민족독립을 갈망하는 같은 혁명지사로서 독립투쟁에 사용할 무기와 탄약 구입에 도움을 청하러 온 것이다.

손문은 이누가이에게 그 문제를 상의했다. 이누가이는 자기가 소속한 헌정본당(憲政本黨)의 대의사(代義士—국회의원)인 나카무라(中村彌六)와 그 문제를 상의했다. 나카무라는 오쿠라구미 상회 사장인 오쿠라(大倉喜八郎)의 루트를 통해 육군성으로부터 수천 정의 소총과 탄약을 입수할 수 있었다.

그 무기와 탄약은 1899년 7월 19일 미쓰이(三井) 선박회사의 배로 비밀리 나가사키에서 필리핀으로 발송되었다. 그런데 문제의 배는 황해 도중 폭풍을 만나서 조종이 불가능해졌고, 21일에는 영파(寧波) 앞바다의 안산도에서 암초에 부딪쳐 침몰하는 비운을 맞고 말았다.

이 사건으로 말미암아 일본이 필리핀의 독립투쟁을 지원하고 있다는 사실이 미국에 알려지고 말았다. 미국정부는 일본정부에 이를 강력 항의했으며, 사건에 관련된 히라야마는 미국 당국으로부터 행방을 추급당했다.

사건 발생 반 년 후인 1900년 1월, 폰세는 다시 손문에게 무기 구입을 부탁해왔다. 손문은 6만 발의 포탄과 총 등을 입수해서 필리핀으로 보낼 준비를 갖추었지만, 미국의 경고를 받은 일본정부의 방해로 그것을 실어내지 못한 채 창고 속에 감추어두고 있어야만

했다. 무기를 입수하지 못한 필리핀의 독립투쟁은 손문 등이 지원한 보람도 없이 마침내 패배로 끝나고 말았다.

이 사건은 후일, 손문 등의 제2차 기의의 실패와 관련을 갖게 된다.

4. 혁명군의 2차 봉기

실패한 이홍장과의 합작

손문의 2차 기의였던 '혜주전역(惠州戰役)'은 청조의 거물 이홍장과의 합작이라는 관점에서 이야기를 풀어나가 보자.

1900년 5월경에 이홍장은 광동·광서 양성의 총독에 임명되어 북경으로부터 부임해 왔다.

당시 중국 북부에는 의화단(義和團)이 맹위를 떨치고 있었고, 그런 혼란을 틈타서 남부의 광동·광서를 일거에 독립시키려는 은밀한 모사가 진행되고 있었다. 그 중심인물들은 홍콩 총독인 브레이크와 이홍장의 막료인 유학순(劉學詢) 등이었다. 그들은 신임총독으로 부임한 이홍장의 추대를 구상하고 있었다.

그런 계획은 광주기의 때, 손문을 도와준 홍콩 의정국원 하계(何啓)로부터 진소백을 통해 일본에 있는 손문에게 전해졌다. 그런데 유학순은 손문과 지면이 있는 관계로서, 손문에게 전문을 보내 지원을 요청했다.

손문은 그에 응하기로 결심하고 즉시 정사량·양구운 등 심복 및 일본인 미야자키·우치다(內田良平)·기요후치(淸藤七郎) 등을 데리고 홍콩으로 떠났다. 그러나 손문은 홍콩 당국으로부터 '국외추방'을 받은 몸이었으므로, 홍콩에서의 절충은 미야자키 등 일본인에게 맡기고 자신은 그대로 사이공으로 향했다.

미야자키는 청국 해군 군함 '안란(安瀾)'을 타고 광주로 가서 유학순의 자택에서 밀담을 했다. 그때 이홍장은 정세를 관망하면서 아직 태도를 정하지 못하고 있었다.

그러는 동안에 사태는 급변하고 있었다. 열강 8개국 연합군에 의해 북경을 점령당한 청조는 이홍장을 급히 북경으로 불러들여 직례총독 겸 북양대신(北洋大臣)에 임명함과 동시에 열강과의 교섭임무를 부여한 것이다. 따라서 이홍장을 떠메고 나서자는 광동·광서의 독립구상은 완전히 수포로 돌아갔다.

그러나 기의의 준비는 이홍장과의 합작공작 실패에도 불구하고 계속 진행되었다. 손문은 흥한회의 힘만으로 궐기할 생각이었다. 사이공에서 일본 선박 '사토마루'로 홍콩으로 되돌아온 손문은 7월 17일 밤, 주요간부들을 소집하여 작전회의를 열었다.

기의 지점은 광동성 남안의 혜주(惠州), 봉기부대의 사령은 정사량으로 결정되었다.

손문은 대만을 '기지'로 해서 작전을 지휘하고, 정사량의 군대가 해안을 따라 동쪽에서 올라와 아모이(廈門)를 제압하면 그 즉시로 원군을 인솔하고 대만해협을 건너 총지휘를 맡을 계획을 세웠다.

외무부장에는 히라야마, 참모장에는 하라(原楨) 등 일본인을 기용하고, 내무부장에는 필영년을 임명했다. 사견여·정음남은 광주로 잠입해서 내부로부터 호응하며, 양구운·이기당·진소백은 홍콩에 머물러 있으면서 보급을 담당한다는 포진도 결정을 보았다.

혁명원조를 밀약한 대만총독

손문은 일단 일본으로 갔다가 9월 25일에 고베에서 대만으로 향했다. 대만을 혁명의 '총사령부'로 삼기 위해서였다. 우치다·히라오카·야마다·히라야마 등이 손문과 동행했다.

대만을 기지로 선택한 이유는 당시 대만총독이던 고다마 겐타로(兒玉源太郎)와 손문 사이에 기의 원조에 관한 밀약이 있었기 때문이다. 고다마는 일찍부터 손문을 존경하여 그의 운동에 깊은 관심을 가져오던 터였다. 그는 대만총독으로 부임하기 전에 손문을 도쿄에서 몇 번인가 만나 원조를 언약한 바도 있었다.

손문은 9월 28일 대만의 기륭항(基隆港)에 도착하는 즉시로 대북으로 들어가서 지휘소를 설치했다. 그는 당장 고다마와, 대만총독부 민정장관 고토(後藤)를 만나 무기와 탄약, 군사요원 등의 원조를 청하는 한편 이전에 그가 필리핀 독립군을 위해 매입해 두었던 무기를 혜주로 운송하는 조치를 취했다.

기의 지점은 광동성 혜주의 귀선현 삼주전(歸善縣三洲田)으로 정해졌다. 해발 3백m, 산으로 둘러싸여 있는 곳이다. 동남은 대붕만(大鵬灣)에 가깝고, 홍콩에서는 선박으로 하루거리에 있다. 서북으로 가면 혜주로 통하며, 거기서 동강(東江)으로 직선 코스로 광주로 이어진다.

정사량은 이미 그해 초두부터 혁명지사 6백 명을 규합, 삼주전에 가까운 산중에 있는 유방(油房—기름 제조소)를 비밀기지로 정해 활동을 개시하고 있었다.

그러나 그 단계에서도 무기는 여전히 모자랐다. 겨우 3백 정 남짓한 서양식 총과 소총 1정당 30발씩의 탄환만을 확보했을 뿐이었다. 게다가 날이 갈수록 식량에 대한 걱정이 더해갔다. 그 때문에 정사량은 80명의 정예분자만 남겨두고 나머지는 일단 군장을 풀고, 나무꾼 노릇을 하거나 동지들의 집에 기식생활을 하게 하면서 당면한 어려움을 견뎌내고 있었다.

기의 당일까지의 기밀을 엄수해야 하는 문제가 큰일이었다. 그래서 비밀기지에 접근한 사람은 누구를 막론하고 일단 체포해서 기지에 억류했다. 그러나 그런 행위가 오히려 그 지방 사람들에게 커다란 의혹을 주는 결과를 가져왔다. 산으로 나간 마을 사람들이 모두 돌아오지 않는 것을 수상히 여긴 사람들이, '삼전주 산중에는 수만 명의 병사들이 집결해서 모반을 꾸미고 있다'는 소문을 퍼뜨렸던 것이다.

광동·광서성 총독대리로 있는 덕수(德壽)는 10월 초에 그런 소문을 듣고, 수사제독(水師提督)인 하장청(何長淸)이 이끄는 4천여 병력을 심주(深圳)에 진주시켰고, 또 제독 등만림(鄧萬林)의 해주 방위군 1천명을 진륭(鎭隆)에 주둔시켰다. 삼주전을 3면에서 포위한 셈이다. 그들은 '수만 명에 이르는 반란군'을 두려워하여 공격을 망설이고 있었다.

포위를 당한 정사량은 전령을 밀파하여 대만에 있는 손문에게 전보를 치게 했다. 그들은 무기를 시급히 보내달라고 호소했지만, 손문 쪽에서는 아직 그럴만한 충분한 준비가 되어 있지 않았다. 손문은 우세한 청군과의 정면충돌을 피하기 위해 일단 부대를 해산하고 때를 기다리라고 명령했다. 그러나 해산명령의 전보가 도착한 시간보다도 청군측의 행동이 더 빨랐다. 하장청은 2백 병력의 부대를 신안현(新安縣)의 사만(沙灣)으로 옮겨 공격준비에 들어갔다. 정사량은 혈로를 개척하기로 했다.

10월 8일 심야, 황복(黃福)이 이끄는 80명의 결사대가 사만의 청군에게 돌격을 감행했다. 불의에 습격을 당한 청군은 싸울 엄두도 내지 못한 채 허겁지겁 패주해갔다. 혁명군은 청군 40명을 죽이고 30명을 포로로 잡았으며 양총 40정을 노획했다.

이것이 혜주전역에 있어 최초의 전투였다.

연전연승의 혁명군

정사량은 서전에서 승리를 거두자 즉시 사만에서 서쪽으로 진로를 바꾸어 광주를 공격할 생각이었다. 광주로 가는 길목에 있는 신안(新安)·호문(虎門)에서는 동지들 수천 명이 정사량 등의 도착과 동시에 봉기하기로 예정되어 있었기 때문이다. 그때 대만의 손문으로부터 '연안지대를 먼저 검거하여 아모이에서 대만으로부터 수송된 무기를 접수하라'는 전보가 도착했다. 그래서 정사량은 급히 부대의 진로를 동북으로 돌려 아모이로 향했다. 때문에 신안·호문에서 기다리던 동지들은 정사량의 군대와 합류할 수가 없었다.

청군은 아직도 하장청이 이끄는 3천 여 명의 본대와 등만림이 이끄는 1천 명을 남겨두고 있었다. 정사량의 혁명군은 진격 도중에 모병하여 1천여 명으로 증강된 병력으로 10월 15일 진륭을 공격했다. 뒷산으로 올라간 혁명군은 청군을 배후로부터 치는 기습전법을 취하여 포로 수천 명, 소총 7백여 정, 마필 10여 두, 탄환 5만여 발이라는 전과를 올리는 대승을 거두었다.

정사량이 다음으로 목표한 것은 담수(淡水)였다.

한편, 진륭의 패전으로 혁명군의 군세가 만만치 않음을 알게 된 청군은 1만여 명의 증원부대를 파견했다. 양군은 17일에 영호(永湖)에서 조우했다. 혁명군의 의기는 충천하여 이 전투에서도 우세한 청군을 여지없이 패주시켰다.

담수에서는 5, 6천의 청군이 포진을 끝낸 채 혁명군을 기다리고 있었다. 혁명군은 겨우 양총 1천여 정으로 돌격을 감행, 수 시간의 전투 끝에 또다시 청군을 패주시켰다. 이 싸움에서 양총 6백 정, 탄환 수만 발, 마필 10두를 빼앗았고, 포로 1백여 명은 모조리 변발을 잘라버리고 군역(軍役)에 종사케 했다.

19일 혁명군은 붕강허(崩崗墟)로 진출하여, 강을 사이에 두고 6,

7천 병력의 청군과 대치했
다. 여기서도 혁명군은 야전
기습으로 적을 격파하여 21
일에는 삼다축(三多祝)까지
파죽지세로 진격했다. 삼주
전을 공격하기 시작한 2주일
사이에 140km에 달하는 진

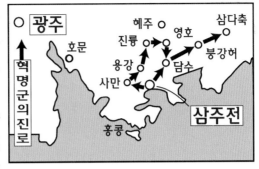

격에서 연전연승을 거둔 것이다. 이로써 마침내 혁명군은 혜주 일대
의 해안을 따라 해안지방 일대를 제압한 셈이었다.

혁명군은 가는 곳곳 마을마다 폭죽 소리 요란한 환영 속에서 술
과 음식으로 환대를 받았고, 근향 일대의 지사들이 속속 혁명군에
가담하는 바람에 총 군세가 2만을 넘게 되었다.

그러나 무기와 탄약은 태부족했다. 혁명군이 궐기했다는 보도에
접한 손문은 즉시 미야자키에게 전보를 쳐서, 필리핀 독립군이 일본
에 남긴 무기를 시급히 대만으로 보내달라고 요청했다. 미야자키는
창고 안에 들어가서 보관된 무기를 챙겨보았다. 그런데 놀랍게도 거
기 쌓여 있는 무기는 하나같이 폐품뿐이 아닌가. 도저히 써먹지 못
할 폐총뿐이었다. 무기를 구입할 당시에 중개를 한 나카무라가 일본
육군으로부터 헐값으로 폐총을 사들여서 그 차액을 착복했던 것이
다. 나마쿠라는 그와 같은 부정행위가 탄로됨으로써 헌정본당으로
부터 제명처분을 받았다. 일은 이로써 벌써 틀려버린 것이다.

이제 한 가닥 희망을 걸어 볼 것은 대만총독 고다마가 약속한 무
기와 전투요원의 원조뿐이었다. 손문은 고다마의 대답을 기다렸다.
그러나 그에게 온 대답은 청천벽력 같은 것이었다.

'이번 일본 본토에서 온 전보에 의하면 당신들 혁명당 사람들을 대
만에서 철거시키라는 명령이오. 내가 당신을 만나러 온 것은 내일 출

항하는 선편으로 퇴거해 달라는 통보를 하기 위한 것이오!'

고다마의 태도는 차가왔다. 손문은 고다마에게 다시 한번 생각해 보라고 말했지만 아무 소용없었다. 일본정권이 10월 19일에 '야마가타(山縣有朋) 내각'에서 '이토(伊藤博文) 내각'으로 교체되었기 때문에 외교방침이 180도로 전환되어 혁명파에 대한 원조일체가 금지된 것이다.

일은 최악의 사태에 이르렀다. 손문은 야마다 요시마사(山田良政) 등 동지 몇 사람을 홍콩에서 해풍(海豊) 가까운 곳에 있는 혁명군 진지로 파견해서 무기공급의 길이 막혔음을 알렸다. 이제 선택할 길은 분명해졌다. 혁명군은 해산되었다. 정사량은 황복 등과 함께 홍콩으로 도망쳤고, 이리하여 혜주기의는 결국 실패로 돌아가고 말았다.

앞에서 말한 바와 같이, 교수이면서 중국혁명에 참가하고 있던 일본인 야마다 요시마사는 혁명군이 퇴각할 때 길을 잘못 들었다가 청국군에게 체포되어 피살되었다. 야마다는 변발을 하고 중국어를 썼으며, 양복 속에 중국옷을 감추어 입었기 때문에 청군은 그를 중국인으로 알았던 것이다. 당시 그의 나이는 33세였다.

야마다의 죽음을 애도한 손문은 1913년에 그를 위해 도쿄에 기념비를 세웠다. '건비(建碑)기념사'에는 다음과 같은 손문의 글이 씌어 있다.

'논자(論者)가 모두 말하기를, 혜주의 실패는 전투의 죄가 아니었으니, 일본정부가 전 내각의 방침을 고수하여 고다마가 도중에서 변절하지만 않았더라면 혁명군도 좌절됨이 없었을 터이며, 그대도 결코 전사하지 않았을 것이다. 그대는 그대의 정부가 취한 정책전환에 개의치 않고 그대의 신념에 순사(殉死) 하였느니라. 중국인민의 자유 평등을 위해 몸바친 그대의 분투정신을 아직도 일본에서 계승할 자 있기를

바라노라'

홍한회 설립의 공이 있던 사견여도 희생자의 한 사람이었다. 사견여는 정사량의 주력부대에 호응해서 광주에서 봉기하는 역할을 맡고 있었다. 그러나 군자금 부족 등의 이유로 계획은 뜻대로 되지 않았고 병사들도 모여들지 않았다. 그러자 사견여는 광동·광서 양성 총독대리인 덕수(德壽)를 암살할 계획을 세웠다. 그는 동지들과 함께 총독관저의 뒷집을 빌어서 지하에 터널을 파고 10월 27일에는 관저 지하에 200파운드의 폭탄을 장치했다. 그런데 도화선에 습기가 차서 폭탄이 불발했다. 다음날 밤 도화선을 바꾸어서 다시 점화, 겨우 폭발은 시켰지만, 뇌관이 적어서 일부가 폭발했을 뿐, 덕수의 암살에 실패하고 말았다. 사견여는 밀고로 체포되어 참수 당했다.

제1차 광주기의에 이어 혜주기의의 지도자이던 양구운은 실패한 후에도 홍콩에 머물러 있으면서 영어교사 노릇으로 처자를 먹여 살리고 있었다. 광동·광서 양서의 총독대리 덕수는 양구운의 목에 3만 원의 현상금을 걸었다. 그러나 양구운은 '사내대장부가 죽음을 두려워하겠느냐'면서 도망칠 생각도 하지 않았다.

이듬해 1901년 1월 10일 양구운은 덕수가 보낸 자객 진림(陳林)이 교실로 침입하여 발사한 권총을 맞고 이튿날 사망했다.

정사량도 역시 8월 27일에 홍콩의 술집에서 <중국일보>의 부주필 정관공(鄭貫公)과 술을 마시던 중에 급사했다. 경찰당국은 외상을 발견하지 못해 뇌일혈로 보았지만, 일설에는 청국관리에 의한 독살이라고 한다.

세계를 편력하는 손문

혜주기의에 실패한 손문은 일단 일본으로 망명한 다음, 동남아시아·미국·유럽 '편력'에 나섰다. 1905년까지의 5년간은 다음 혁명

궐기를 위한 준비기간이었다.

그가 최초로 찾아간 곳은 1902년 1월 홍콩이었다. 광주기의의 실패로 인한 5년간의 국외추방 기간은 지났지만, 경찰이 그를 철저하게 감시하는 바람에 불과 6일 만에 그는 홍콩을 떠나 일본으로 갔다. 홍콩 정청은 그 후 손문의 입국을 금지시켰다.

다음 여행은 1902년 12월의 베트남이었다. 당시에는 베트남의 수도 하노이에도 흥중회 분회가 설립되어 있었다. 그 분회는 1907년 손문이 청조의 항의로 일본으로 쫓겨간 뒤, 혁명 '기관부'로서 중요한 역할을 하게 된다.

손문은 약 반년 동안 하노이에 체재한 다음, 사이공·타이를 돌아서 1903년 7월부터 2개월간 일단 일본에 들렀다가 이어서 9월 말에는 하와이로 건너갔다. 하와이는 그가 소년시절을 보냈고, 또 처음으로 흥중회를 조직한 추억의 땅이다.

흥중회는 손문이 밖으로 나가 있는 동안 강유위의 보황회에 의해 조직이 붕괴되고 있었다. 손문은 거기서 <융기보(隆記報)>라는 신문을 그의 기관지로 바꾸어, 광동 출신의 화교들에게 '혁명의 목적은 도만흥한(倒滿興漢)'에 있는 것이고, 보황의 목적은 부만신청(扶滿臣淸)에 있는 것이니 양자가 서로 받아들일 수 없는 물과 불의 사이와 같다'고 호소했다. 그리하여 다시 손문에게로 결집한 동지를 중심으로 그는 '중화혁명군'을 설립했다.

이어서 미국으로 건너간 그는 혁명이 성공하면 10배로 상환하겠다는 약속으로 군수채권을 발행, 4천 달러를 모으는데 성공했다.

1905년 봄, 그는 대서양을 건너 유럽으로 향했다. 거기서 삼민주의의 요강을 처음으로 공개하고 브뤼셀(벨기에)을 비롯하여 베를린·파리 등 3개 도시에서 중국 유학생 혁명조직을 결성하는 데 성공했다.

혁명군 사학교 개설

손문이 이처럼 외국을 떠도는 동안에도 중국본토에서는 수많은 혁명운동이 진행 중에 있었다. 청조의 통치는 이미 절망적인 상태에 빠져 있었다. '8개국 연합군 전쟁'(의화단사건)에서 청국이 패배한 결과, 배상금 담보로서 세관·염세의 관리권을 양도하겠다는 식민적인 조항이 포함된 신축조약(辛丑條約─북경의정서, 1901년 9월)이 체결되었다. 설상가상으로 이 사건을 구실로 러시아 군이 동북 일대를 점령하고는 철군을 하지 않으려 했다.

1904년에는 노일전쟁이 발발, 양국은 중국에 대한 이권을 다투었다. 전쟁이 중국 영토 안에서 벌어지는 형편인데도 청조는 주권국가로서의 권리를 전혀 행사하지 못하고 있었다. 청조에 대한 중국민중의 원성과 불신은 이제 어떠한 방법으로도 수습할 길이 없을 지경에까지 이르러 있었다.

한편, 혁명의 기지가 되어 있던 일본에서도 중국인 유학생을 중심으로 하는 혁명 활동이 활발해졌다. 이미 도쿄·요코하마에 거류하는 유학생을 대상으로 1899년에는 양정동(楊廷棟) 등의 <역서휘편(譯書彙編)>이 발간되었는데, 그 속에는 루소의 <민약론(民約論)>, 몽테스큐의 <법의 정신>, 밀턴의 <자유원론> 등이 중국어로 소개되어 유학 청년을 계도했다. 또 이듬해에는 풍자유 등이 순간(旬刊)인 <개지록(開智錄)>을 요코하마에서 간행하여 자유 평등을 논했다.

1901년 봄에는 손문도 참가해서 광동·광서 양성의 중국 유학생으로 구성된 광동독립협회(요코하마)가 결성되었고, 바로 그 다음에 심상운·양정동·장계 등에 의한 <국민보(國民報)>가 창간되었다.

이 같은 움직임에 대해 일본정부는 청조의 요청을 받아들여 엄중한 감시의 눈을 번득이고 있었다.

1902년 4월, 한족 국가인 명나라의 멸망을 기념하여, 장병린(章炳麟)·진정이(秦鼎彝)·풍자유 등이 열려던 '망국 242년 기념회'와, 이듬해 4월, 러시아의 동북 진주에 항의해서 도쿄에서 결성된 '거아 의용대(나중에 '軍國民敎育會'로 개칭)' 등이 일본 당국에 의해 중지, 해산 당했다.

오경항 등의 유학생들이 청국공사 채균(蔡鈞)을 묶어서 매단 사건도 이 무렵에 생긴 일이었다. 오경항은 그 사건 이후 일본에서 추방되어 상해로 돌아가 '애국학사' 결성에 진력했다.

손문이 직접 나선 것으로는 도쿄의 아오야마에 개설한 '혁명군사학교'가 있다. 청국공사관이 학생들의 혁명운동을 두려워하여 사비 유학생을 일본육군에서 몰아내게 함에 따라 쫓겨나온 중국인 유학생을 대상으로 개설한 '비밀학교'였다.

전체 학생은 14명, 이누가이의 소개로 일본의 기병소령 고무로(小室友次郎), 보병대위 히노(日野態藏)를 담당교관으로 맞아, 경찰의 눈을 피해 일종의 게릴라 전술의 군사훈련을 실시했다. 히노는 히노식 자동권총을 개발한 사람이다. 처음에는 셋집을 얻어서 공부했지만 후에 일본군 연병장으로 옮겨가서 낮에는 일본군 사단훈련을 관찰했고, 밤에는 히노의 집에서 모여 전술을 공부했다.

그러나 곧 손문이 일본을 떠나자 학생들 사이에 의견분열이 생겨 6개월로 '혁명군사학교'는 해산되고 말았다.

혁명의 새벽

제5장 신해혁명의 태동

1. 비밀조직 '동맹회'의 결성

혁명 각파의 연합

손문은 1905년 7월 19일, 프랑스에서 '통킹 호'로 요코하마에 도착했다. 이미 손문의 가슴 속에는 삼민주의에 의한 중화민국 건국의 청사진이 완성되어 있었다.

일본에 거류하는 중국인 유학생은 이때 8천 명에 이르고 있었다. 제1차 광주기의 이래로 10년 사이 혁명운동은 저변이 확대되어가던 중이었다. 중국인 유학생은 지도자 손문이 오는 날을 손꼽아 기다리고 있었다. 8월 13일에는 도쿄 유학생들이 주최하는 손문 환영회가 성대히 열렸다. 회장에는 약 1천 3백 명의 중국청년들이 모여들었다. 회장이 차서 입장하지 못한 수백 명의 밖에서 아우성을 치는 바람에 한때 교통이 막히는 소동이 벌어지기도 했다. 그 환영 석상에서 손문은, 독립정신을 가진 일본이 강국이 되었음에 비해 청국이 쇠퇴한 현상을 규탄하면서 '우리의 힘으로 중국을 공화국으로 건설하자'고 호소했다.

이때 손문이 알게 된 사람들로는 '화흥회(華興會)'의 조직자인 황흥·송교인 등이 있다. 그들은 나중에 손문의 동지로서 신해혁명에 참가했을 뿐 아니라, 손문의 브레인으로서 줄곧 그를 보좌했고 중화민국의 유력한 지도자가 되었다.

황흥과 송교인은 전해인 1904년 11월 16일, 자희태후 만수절일

(慈禧太后萬壽節日—서태후의 70세 탄생일)에 장사에서 봉기하여, 축하회장의 장사 만수궁(長沙萬壽宮)에 모인 전국 각 성의 문·무관을 폭탄으로 분쇄하려다 계획이 사전에 누설되는 바람에 일본으로 망명했다. 그들은 일본에서 <20세기의 지나(貳拾世紀之支那)>라는 혁명잡지를 발행했다.

후일 황흥은 신해혁명 때 전시 총사령이 되었고, 전선에서 군사작전을 총지휘했다. 혁명 후 손문이 중화민국 임시 대총통으로서 내각을 조직했을 때는 육군총장에 취임했고, 그 후 제2혁명에서는 원세개(袁世凱) 타도를 위해 거병하려다 실패하여 미국으로 망명했다.

송교인도 신해혁명에 있어서 독전원(督戰員)으로서 황흥 등과 함께 싸웠고, 혁명 후의 임시정부에서는 법제국장으로 선출되었다. 중화민국 임시약법(임시헌법)의 대부분은 송교인의 안이 채용된 것이었다. 그는 그 후 다른 동지들과 함께 원세개의 책모를 분쇄하기 위에 동맹회를 다른 혁명 제파와 합병해서 국민당(현재의 중국국민당과는 별개의 것)으로 개편할 것을 제안, 1912년 8월을 국민당 결성에 나섰다. 그러나 1913년 3월, 그는 원세개가 보낸 자객에 의해 상해에서 암살되었고, 그것이 제2혁명의 도화선이 되었다.

왕조명(汪兆銘—字는 精衛)과 알게 된 것도 이때였다. 그는 1938년에 중화민국 부총재라는 지위에까지 올라갔지만 1940년에는 중화민국을 배반하고 일본 군벌과 결탁, 남경에서 괴뢰정권을 만들어 주석이 되기도 했다.

손문은 황흥·송교인 등에 대해 '중국은 현재 열강에 의해 분점되는 것을 우려하는 것보다도 내부의 대립을 더 걱정할 때다. 각 성이 제멋대로 혁명을 일으킨다면 오히려 열강 각 나라가 그에 간섭하여 중국은 멸망하고 말 것이다. 이제야말로 혁명가는 상호간에 긴밀히 연락을 취해 협력할 필요가 절실해졌다'고 역설했다. 황흥 등도 그에 깊이 공명했다. 그것이 중국혁명을 성공으로 이끌어갈 중국혁명동맹회의 설립을 이룩하는 계기가 되었다.

혁명 각파의 연합을 호소하는 손문의 주장이 열매를 맺어 7월 30일에는 벌써 혁명파를 통합한 새로운 비밀혁명단체의 결성준비회가 도쿄 아카사카에 있는 흑룡회(黑龍會) 본부에서 열렸다. 그날의 참가자는 손문과 풍자유·양모광(梁慕光) 등 요코하마 흥중회의 멤버들이었다. 황흥·송교인 등 화흥회 멤버들, 그리고 하천형(何天炯)·왕조명·주집신(朱執信)·이문범(李文範), 게다가 흑룡회 소속의 일본인 우치다 료헤이(內田良平), 미야자키 도라조(宮崎寅藏) 등이 참여, 총인원 70명이었다. 출신 성별(省別)로 보면 유학생이 파견되어 있지 않은 감숙성 하나만이 빠졌고, 17성의 대표가 전원 참가했다.

너무나도 성황을 이룬 나머지 회의 도중 방바닥이 내려앉아버려, '이거야말로 만청(滿淸)을 전복시킬 징조'라면서 모두가 기뻐했다는 에피소드도 있다.

비밀조직의 이름은 '중국혁명동맹회'라고 정했다. 하지만 외부에 대해서는 '혁명'이라는 두 글자는 빼고 '중국동맹회'라 부르기로 했다. 이어서 서약문이 정해졌다.

  – 만족을 구축하고 중화(中華)를 회복하며(민족), 민국(民國)을 창
  립하고 (민권), 지권(地權)을 평균케 할 것(민생)을 서약함.

전원이 서명을 마치자 손문이 앞장서서 오른손을 번쩍 쳐들고 하늘을 향해 선서했으며, 모든 출석자들이 그에 따랐다. 그런 다음 손문은 개별적으로 참석자를 자기 옆에 부르더니, 회원 동지끼리의 신호의 뜻이 담긴 독특한 악수방법을 가르쳤고, 3가지 암호를 일러주었다.

① '어디 사람인가?', '한인이다'

② '무슨 물건인가?', '중국의 물건이다'

③ '무슨 일인가?', '천하의 일이다'

라는 것이 그것이다.

초대총리에 손문 선출

중국혁명동맹회의 창립대회는 1905년 8월 20일 오후 2시부터 도쿄 아카사카에 있는 국회의원 사카모토(阪本金彌)의 별장에서 3백여 명이 참가한 가운데 열렸다.

회칙인 장정(章程)에 대한 일부 수정이 채택된 다음, 황흥이 손문을 초대총리로 추천, 만장일치로 선출되었다. 집행부에는 황흥·진천화(陳天華)·정가정(程家檉)·요중개(廖仲愷) 등이 뽑혔고, 평의부에는 왕조명을 의장으로, 풍자유·호한민(胡漢民—胡衍鴻)·주집신이 선출됐고, 사법부에는 등가언(鄧家彦)·송교인 등이 추대되었다.

동맹회의 결성은 혁명운동에 있어서 커다란 전환점이 되었다. 혁명을 수행하고 새로운 중국을 짐 지고 나서야 할 지도자들이 여기서 뚜렷이 부각되었고, 정권을 담당할 기초적 준비가 이룩된 것이다.

이 대회에서는 황흥 등에 의해 5월부터 발간되던 잡지 <20세기의 지나>를 동맹회 기관지로 삼기로 결정했다. 그전에 8월 28일자로 발간하려던 제2호 중에서 '일본 정객의 중국 경영론'이라는 기사가 일본정부의 검열에 걸려 인쇄가 끝나기가 무섭게 잡지를 모두 압수당한 일이 있었다. 게다가 잡지사 직원들이 일본경찰에 끌려가서 조사를 받아야 했다. 동맹회 결성에 신경을 곤두세운 청조가 일본정부를 움직여서 탄압을 강화했던 것이다.

그러나 손문·황흥·송교인 등은 기관지 발행을 단념하지 않았다. 간부회의를 몇 번이나 열면서 검토한 끝에 기관지 이름을 <민보(民報)>로 고치고 표지도 새로 꾸며 발행키로 했다.

<민보> 창간호는 11월 26일에 발간되었다. 초대 편집인 겸 발행인은 동맹회 사법부 판사인 장계(張繼)[1]였다. 창간호에 기고한 손문의 발간사는 민족·민권·민생의 삼민주의를 천명했다. 그리고 책머리에는 삼민주의의 선각자로서 황제(黃帝)·루소·워싱턴 등의 초상화가 게재되고, 호한민, 요중개·진천화·왕조명 등 동맹회의 유력한 멤버들이 필진을 구성했다.

황흥(1874~1916) : 중국의 혁명가. 일본에 망명, 도쿄에서 손문 등과 중국혁명동맹회를 조직함.

<민보>의 역할은 동맹회의 혁명이론을 전개하고, 각지에 분산된 혁명가들을 지도해가는 데 있었다. 창간호에 손문의 삼민주의가 제시된 것을 비롯하여 귀중한 논문들이 많이 게재되었다. 제3호(1906년 4월)에는 호한민이 '민보 6대주의'를 밝힌 바 있다. 6대주의란 ① 현재의 열악한 정부를 전복하라, ② 공화정체를 건설하라, ③ 토지를 국유로 하라, ④ 세계의 진정한 평화를 유지하라, ⑤ 중·일 양국의 국민적 연합을 주장하라,

송교인(1882~1913) : 중국의 혁명가, 국민당의 당수로 지냈으며 정당내각제를 만들어 대통령 위안스카이를 견제하려 하다 자객에 의해 살해당했다. 대한민국임시정부를 지원한 공로가 인정되어 건국훈장 대통령장이 추서됨.

⑥ 세계 열국이 중국 혁신사업에 찬성토록 요구하라는 등의 주장이

1. 장계(1882~1947) 하북성 출신으로 16세 때 일본으로 건너가 재일 유학생과 함께 <역서휘편>을 발간, 서구사상을 소개했다. 그 후 와세다(早稻田) 대학에서 수학했다. <민보> 편집인이 되었을 때는 유학생 총간사도 겸했다. 그 후 프랑스로 가서 파리에서 <신세기>를 발간했다. 신해혁명 후 귀국하여 국민당 창립에 참여, 광동 호법정부의 주일 대표가 되었다. 손문이 죽은 후 공산당 배척·국민당 개혁을 주장했으며, 뒤에 입법원 원장이 되었다.

었다. 그중 특히 주목되는 것은 제5항으로서, 중·일 양국의 기본적 존재방식에 대해 논술한 부분이었다.

호한민은 여기서 중국에 대한 일본의 양면정책을 지적했다. 즉, 한편으로는 무력에 의한 '침략주의'이고, 다른 한편으로는 청조에 의해 자국의 이익을 도모하려는 '흡수주의'가 그것이었다. 한편 중국에도 일본을 배격하는 '배일파'와 일본에 의존하려는 '친일파'의 양파가 있었다. 이는 모두가 중·일 양국민의 진정한 유대를 저해하는 것이라 하여, 그는 대략 다음과 같은 내용을 주장했다.

'우리가 말하는 국민적 연합이란 쌍방의 우정에 기초를 둔 것이다. 중국으로서는 일본과 대등한 교제를 할 만한 실력을 갖추는 일이 요긴하다. 일본은 우리에 대한 침략적인 사고방식을 버리고 성의로써 대해야 한다. 중화민국은 청조와는 다르다. 만약 일본의 오쿠마(大隈―당시 일본 수상)가 만족의 청조를 믿지 못한다면, 일본도 또한 눈앞의 이익만을 생각하는 교활한 외교정책에서 탈피하여 청조를 버리고 중국 국민과 직접 손을 잡아야 한다.'

이때 호한민은 이미 중·일 양국이 멀지 않아 맞게 될 '불행한 역사'를 예견했던 것이다. 호한민은 이와 같은 상호존중의 필요성은 비단 중·일 사이만의 문제는 아니라고 강조했다.

'열강 중에도 혁명군을 도우려는 자가 많지만, 사실은 혁명군을 돕는다는 구실 아래 중국에 대해 간섭하려는 의도가 적지 않아, 중국영토를 그들에게 분점당하는 결과를 초래할 염려가 있다. 우리가 외국인에게 요구하는 것은 다만 혁명군을 교전단체로 인정하고 중립을 지켜달라는 것뿐이다'

기관지 <민보>는 그 논조에 공명하는 많은 독자를 얻어서 1년도 안된 사이에 발행부수가 1만 부를 돌파했다. 이듬해 12월에는 <민보> 창간 1주년 기념회가 열려, 6, 7천 명의 중국 유학생이 참가하는 등 성황을 이루었다.

<민보>는 중국 국내에까지 침투되어 혁명사상을 퍼뜨렸고, 각 성에 동맹회 비밀분회를 만드는 원동력이 되었다.

후일 손문은 <민보>의 공적을 높이 평가하여 '<민보>는 삼민주의를 전국에 고취했고, 혁명사상을 충만케 했다. 우리나라 잡지로서 역사상 가장 큰 공적을 거둔 잡지라고 할 수 있다'고 말했다.

당시의 혁명잡지·신문은 <민보> 이외에도 도쿄에 <부보(復報)><운남잡지(雲南雜誌)> <동정파잡지(洞庭派雜誌)> <한치잡지(漢幟雜誌)> <한풍(漢風)> 등이 있었고, 홍콩에는 <중국일보> <세계공익보> <유소위보(有所謂報)>가, 싱가포르에는 <중흥보(中興報)> <도남보(圖南報)>, 하와이에는 <자유신보> <민생일보>, 밴쿠버에 <대한보(大漢報)> <화영일보(華英日報)>, 샌프란시스코에 <소년중국신보>, 미얀마에 <면전보(緬甸報)>, 페낭에 <광화보(光華報)> 등이 있었다.

그리고 중국 국내에도 상해에 우우임(于右任)이 발행하는 <민호보(民呼報)>, 광주의 <평민보> <제민보(齊民報)>, 북경의 <국민보>, 천진의 <대공보(大公報)> 등이 있었다.

'혁명방략'과 자금조달

혁명의 구체적 지침이 된 '혁명방략(革命方略)'도 그 시절에 편성되었다. 이로써 기의할 때의 조직·운영방법 등이 비로소 명확하게 정해진 것이다.

그때까지의 혁명운동에는 통일기준과 같은 것이 없었고, 각지의 혁명조직이 각기 다른 방법으로 하고 있었다. 그 때문에 뜻밖의 차질이나 혼란을 야기하는 일도 적지 않았다. 그래서 손문은 그것을 '혁명방략'으로써 체계 잡고자 하였다.

'혁명방략'은 1906년 세모에 다음과 같은 15항목으로 완성되어 중국 각 성의 회원에게 배포되었다.

① 군정부(軍政府) 선언 ② 군정부와 각지군(各地軍)의 조건 ③ 군대의 편성 ④ 장관(將官)의 등급 ⑤ 군인의 봉급 ⑥ 병사의 상휼(賞恤—行賞과 구제) ⑦ 군율 ⑧ 모병의 규칙 ⑨ 청군의 투항조건 ⑩ 점령규칙 ⑪ 식량규칙 ⑫ 선무포고 ⑬ 대외선언 ⑭ 만족 장병들에게 투항을 권고하는 포고 ⑮ 만주의 조세·기부의 철폐 포고.

군정부 선언이란, 혁명의 성공과 동시에 민심의 동요를 미연에 막기 위해 혁명군 명의로 발표하는 선언문이다. 그 내용은 먼저 혁명을 국민혁명으로 규정하며, 청조를 구축하고 중화를 회복하며 국체·민생을 변경한다는 삼민주의 이념을 밝힌다. 그런 다음에는 구체적인 정치형태를 3기에 걸쳐 천명한다. 즉 제1기(3년)는 '군법(軍法) 정치'로 하여 군정부가 국민을 지도하며 구악을 일소하고, 제2기(6년)는 '약법(約法) 정치'로 하여 군정부가 국민에게 지방 자치권을 부여한다. 제1·2기는 모두 과도적 형태이고, 제3기 '헌법정치'에 이르러서 공화헌법 아래에서 국가기관이 국사를 행한다는 최종목표의 달성을 약속하고 있다. 대외선언이란, 혁명에서 예상되는 외국인의 간섭을 방지하기 위한 것으로, ① 청조가 이미 각국과 체결한 조약은 모두 계속 유효한 것으로 한다, ② 청조가 지불해야 하는 배상금 및 외채는 새 정부가 떠맡는다, ③ 외국인의 기득권은 모두 보호할 것을 약속함과 아울러, 만약 청조를 원조하여 혁명정부를 방해하는 자가 있으면 모두 적으로 간주한다는 선언이다.

군관계의 갖가지 규정에서는 혁명 후의 조직·규율·운영방법의 세목을 정했다. 보병은 8명을 1배(排)로 하였고, 3배가 1열(列), 4열이 1대(隊), 그리고 4대로써 1영(營)을 편성한다. 1영에는 보병 외에, 영장 이하 지휘관과 군악장(軍樂長)·영기수(營旗手)·나팔병·

신호병·경리·서기 등을 합쳐서 전원이 440명이 된다. 그리고 4영을 1표(標)로 하고, 포병대·공병대·수송대도 별도로 설치한다. 봉급은 매월 보병이 10원부터인데, 최고는 표통(標統—연대장)이 5백원으로 정해졌다. 군율은 엄격했다. 명령에 위반하는 자는 물론, 부녀에 대한 폭행·약탈 등도 사형이었다.

그 밖에 투항을 권고하는 포고에서는 ① 무기를 가지고 투항해오는 자는 훈공을 기록하고, 무기의 4배 값에 해당되는 돈을 지불한다, ② 투항 후에는 혁명군과 동일한 대우를 하며, 매월 10원을 지급하고 의복·식량도 지급한다, ③ 논공에 따라 봉급을 올려주며, 혁명이 성공하면 종신 부양해준다는 등의 조건도 있었다. 그렇게 해서 청군을 내부로부터 붕괴시키려는 것이다.

이 '혁명방략'은 1911년, 신해혁명의 발단이 된 무창기의 때 그 위력을 유감없이 발휘했다.

이 기의가 당초에는 송교인 등 동맹회 지도자들에 의해 손무(孫武) 등이 지휘를 맡기로 되어 있었다. 그런데 그것이 사전에 발각되어 현지에 있던 손무 등 지도자들이 체포되거나 도주한데다 송교인 등의 도착이 늦어지는 바람에 혁명군은 지도자가 없는 채로 봉기할 수밖에 없게 되었다. 이때 혁명군은 그 '혁명방략'에 의해서 국민에게 호소했고, 외국영사관에 대한 선언도 신속히 한 덕분에 사회적 혼란을 훌륭히 막아낼 수 있었던 것이다.

동맹회의 초기 자금원은 1인 10원의 입회비를 주로 한 것이었다. 그러나 역시 큰 몫은 화교들이 해주었다. 그래서 동맹회는 혁명군채(革命軍債)를 발행, '군정부가 성립되면 1년 이내에 4배로 상환하며, 희망한다면 특별한 이권도 주겠다'는 조건을 제시하여 화교에 대한 모금을 강화했다. 손문 자신도 1905년 10월에 사이공으로 가서 화교들에 대한 직접 모금에 나서기도 했다.

동분서주한 군자금 모금

군자금의 '적자'를 메우기 위해 손문 등은 또 동분서주하는 나날을 보내야 했다. 손문은 동남아시아에서 유럽·미국 등으로 혁명조직(분회)의 강화·확대와 자금모집을 위한 여행에 나섰다.

1905년 가을 손문은 사이공에서 자금을 모은 다음 다시 선편으로 프랑스로 향했다. 그 배에는 장인걸(張人傑—靜江)이라는 절강성 출신의 부호가 타고 있었다. 그는 프랑스 청국공사관 상무수원(商務隨員)이기도 한데, 상해와 파리 사이에서 골동품 무역을 해서 큰돈을 번 사람이었다.

손문과 대면한 장인걸은 자기 이름을 밝히면서 혁명에의 협조를 제의했다.

"선생이 혁명가이신 손문씨인가요? 나는 혁명 말고는 중국을 구출할 다른 방도가 없다고 생각합니다. 근년에 제게 돈도 좀 생겼으니까 필요하시다면 언제든지 전보를 쳐주십시오. 돈을 보내드리겠습니다."

손문은 그의 호의를 받아들여 돈을 빌 때 사용할 암호를 정했다. A가 1만 원, B는 2만 원, C는 3만 원, D는 4만 원, E는 5만 원이라는 암호였다.

그 후 손문은 때때로 장인걸에게 돈을 빌어 썼는데 그 총액은 6, 7만 원이나 되었다. 손문은 그의 공로에 보답하기 위해 장인걸을 신해혁명이 성립된 후 남경정부에 재무부장으로 영입하려 했지만 장인걸은 한사코 그것을 사양했다.

1906년 4월 손문은 유럽에서 싱가포르로 건너가서 동맹회 분회를 만든 데 이어 (이듬해에는 그것이 남양지부가 되었다) 콰알라룸푸르·사이공·하노이·폐낭·방콕 등 동남아시아를 두루 방문했다. 그렇게 해서 동남아시아는 혁명의 유력한 자금 조달지가 되었다.

그 후 밝혀진 것만으로도 네덜란드 령 남양(현재의 인도네시아)에서 약 3만 2천원, 영국령 남양(말레이지아 기타)에서 약 4만 7천원이 신해혁명까지의 기의비용으로 갹출되었다. 또한 베트남의 황경남(黃景南)·이탁봉(李卓峯)·증석도(曾錫圖)·마배생(馬培生) 등 개인적으로 수만 원 단위의 돈을 헌납한 지지자들도 나타났다

1909년 손문은 다시 동남아시아에서 프랑스·벨기에·영국 등 유럽각국을 순회한 다음 미국으로 건너갔다. 미국에는 뉴욕·시카고·샌프란시스코 등 3개소에 동맹회 분회가 결성되어 있었다. 그중 샌프란시스코 분회가 미국 내의 총기관(본부)으로 되어 있었다. 미국에는 성공한 화교가 많아서 7만 7천원에 이르는 기부금을 걷을 수 있었다. 그 무렵 손문은 자금을 만들기 위해 미국에 무역회사를 설립, 말레이 반도의 주석을 영국인 중개상을 거치지 않고 미국으로 직수입하려 했지만 그것은 성공하지 못했다.

신해혁명을 목전에 둔 1911년에도 손문은 다시 미국으로 건너가서 풍자유·진요환·황예소 등과 함께 미국 각지에서 기부금을 모았다. 미국에서는 '혁명의 시기가 가까웠다'는 관측이 강해졌고, 화교들이 줄을 지어 모금에 응한 결과 총액은 10만 원에 이르렀다.

그해 7월에는 모금 전문기관으로 샌프란시스코에 '홍문주사국(洪門籌餉局)'이 설립되었다. 이는 미국 곳곳에 치공회(致公會)라는 배만조직(排滿組織)을 가진 '홍문회(洪門會)'와의 합작에 의해 세운 것으로, 거기서 '금폐권(金幣券)'을 발행하기도 했다. 그것은 액면가의 반액으로 발행, 중화민국 성립과 함께 국가화폐로 통용한다는 약속으로 발매된 것이다. 그에 의해 아주 짧은 기간 내에 총액 14만 4천 130원이라는 거액의 자금을 모을 수 있었다.

중화민국이 성립되었을 때, 그동안 이렇게 해서 모은 자금의 총액은 140만원에 이르렀다. 그중 손문의 임시 대총통 시절에 약 50

만 원은 상환했지만, 손문의 뒤를 이은 원세개는 그것을 한 푼도 갚지 않았으니 해외동포들의 열성을 짓밟아버린 셈이다.

손문, 일본에서 추방

자금조달과 병행해서 혁명의 거병도 잇달아 이루어졌다. 동맹회원들에 의한 최초의 기의는 1906년 12월의 '평례(萍醴) 싸움'에서였다. 그러나 거기에 도쿄의 동맹회 본부는 직접 참가하지 않았다.

'평례싸움'은 일본유학에서 귀국한 동맹회원 유도일·채소남 등이 지방사람 이금기(李金其) 등과 함께 호남·강서 양성의 평향(萍鄉)·예릉(醴陵) 등지에서 궐기한 것이었다. 당시 중국의 중부지대는 흉작으로 민심이 흉흉한데다가, 강서성 남부·호북 서부·호남 북부 등에서는 기근에 시달리는 노동자들을 물론이고, 지방관리에 이르기까지 청조에 강력한 불만을 품고 있었다.

혁명군은 3대로 나뉘어서 제1대는 유양(瀏陽)을 점거하여 장사(長沙)로 나가며, 제2대는 평향의 안원광산(安源鑛山)을 점거하고, 제3대는 서창(瑞昌)·남창(南昌)을 공격할 계획이었다. 그러나 이 계획은 사전에 누설되어 진압되었고, 수백 명이 체포당하는 등 참담한 패배를 맛보았다. 여기서 유도일은 체포되어 장사에서 처형당했다. 당시 그의 나이 22세였다.

청조는 이 사건의 배후가 도쿄의 동맹회라고 지목했다. 그리하여 청조는 일본정부에 압력을 가해 동맹회를 비롯한 중국 혁명세력에 대한 단속은 더욱 강화되었다.

청조는 먼저 손문에게 화살을 겨누었다. 주일공사 양추(楊樞)는 일본 정부에 대해 '손문의 국외추방'을 요청했다. 일본정부는 일단 그것을 받아들였지만, 외무성 당국은 아직은 손문이 이용가치가 있는 인물로 생각하고, 공식적으로는 '국외추방'이라고 하면서도 은밀히 손문에게 5천 엔의 전별금을 주면서 송별회까지 열어 주었다. 또 도쿄의 주식업자 스즈키(鈴木久五郞)는 1만 엔을 손문에게 제공하는 등 호의를 보이기도 했다.

그 무렵 청국조정이 조사한 동맹회에 대한 내사는 꽤 상세한 것이었다. 17성(省)에 둔 분회 중에서 7성에 대한 분회장의 성명을 캐냈고 주요 간부의 동정, 귀국 회원의 움직임 등을 입수하고 있었다. 일본에 배치한 정보원이 청조에 보낸 보고서에 의하면, 일본인 간부로는 미야자키·히라야마·스에나가 등의 이름이 있고, '기타 잇키라는 일본인이 부하 3명을 데리고 혁명분자를 위한 폭탄제조 기술을 습득하기 위해 러시아로 파견되었다', '중령을 포함한 일본 육군 사관 10여 명이 관계하고 있다'는 등 정보가 전해졌다.

2. 대륙 각지에서 잇달은 혁명의 횃불

〈민보〉 폐간

일본에서 추방된 손문은 호한민 등과 함께 1907년 3월, 안남에 도착했다.

청조는 손문이 일본을 떠난 다음에도 중국혁명동맹회에 대한 탄압을 집요하게 요구했다. 당시 일본과 중국 사이에는 '간도문제(間島問題)'라는 것이 마찰을 일으키고 있었다. 간도는 한국의 북단과 동북지방(만주) 사이의 국경을 흐르는 두만강의 델타 지대로서, 청조는 그곳을 조상의 발상지라 하여 특별히 신성시하고 있었다. 그러나 그 땅에는 한국인 이주자가 많이 살고 있었고, 일찍이 한국과 중국 사이에서 귀속문제가 쟁점이 되기도 한 지역이었다. 그런데 한국을 손아귀에 넣은(1905년 통감부 설치) 일본은, 장래 한국경영을 유리하게 이끌어갈 속셈으로 그해 8월에 일본군 3백 명을 간도로 파병하여 그곳을 강점하고 영사재판권·경찰권을 청조에 요구했다. 청조는 당연히 그것을 거부하고 일본군의 철병을 요구하고 나서 쌍방은 첨예하게 대립하게 되었다.

게다가 청조와 미국 사이의 동맹조약 체결교섭도 청·일간에 알력을 빚어내고 있었다. 동북 3성을 러시아·일본에 강점당한 청조는 일찍이 중국의 문호개방주의를 제창한 미국에 대해 접근을 시도하고 있었다. 그런데 때마침 일본은 인민문제로 미국과 분쟁을 일으키고 있는 터이기도 했으므로 청조와 미국 사이의 동맹을 저지할 필요가 절실했다.

1908년 10월, 동맹조약 교섭을 위해 미국을 방문한 청조의 당소의(唐紹儀)는 돌아오는 길에 일본에 들러, 일본정부에 대해 동맹회 기관지 <민보>의 발행금지 처분을 요구했다. 일본정부는 여기서 '간도문제', '청·미동맹' 등 거래조건을 외교 교섭상 유리하게 전개해 볼 속셈으로 당소의의 요구를 받아들여 <민보>의 탄압에 나섰다. 이윽고 10월 19일, 일본정부는 <민보> 제24호(10월 10일 발행)를 발행금지 처분으로 압수했다. 이유는 본지의 29쪽에 실린 탕증벽(湯增璧)의 <혁명의 심리>라는 글이 '암살·소란을 제창했고, 사회의 치안을 문란케 한다'는 것이었다.

황흥과 송교인, 발행인 겸 편집인 장병린 등은 미야자키에게 부탁해서 발간금지 처분에 대한 취소청구소송을 제기했으나 결국 패소 당했다. 그리하여 청·일간의 정치적 흥정의 제물이 되어 <민보>는 폐간되고 말았다. 이듬해에는 왕조명이 발행소를 프랑스의 파리 시내 명의로 해서 일본에서 비밀로 발행했지만 겨우 2호로써 끝났다.

8차 기의까지 잇달아 실패

하노이에 도착한 손문은 즉시 동맹회 '기관부'를 설치했다. 그 기관부는 그해 5월부터 잇달아 혁명을 발동시켰다.

조주 황강(潮州黃岡)의 궐기(제3차 기의) 1907년 5월, 광동성 조주 요평현의 황강에서 여기성(余紀成)·진용파(陳湧波)가 지도해서 궐기한 싸움이었다. 혁명군이 황강을 점령했지만 청군의 반격으로 실패.

혜주 칠녀호(惠州七女湖)의 궐기(제4차 기의) 그해 6월, 광동성 혜주에 가까운 칠녀호에서 등자유 등이 거병했으나 실패.

흠렴 방성(欽廉防城)의 궐기(제5차 기의) 그해 9월에 사탕세와 쌀값 인상에 대한 민중의 반항운동에 편승, 왕화순 등이 광동 흠주(欽州)의 왕광산(王光山)에서 거병, 염주(廉州)의 방성(防城)을 점령했으나 무기보급이 되지 않아 실패.

진남관(鎭南關)의 궐기(제6차 기의) 그해 12월 손문 등이 지휘해서 광서성의 진남관에서 거병. 혁명군은 진남군의 포대를 탈취하고 청천백일기를 세웠으나 혈전 7일 만에 패퇴.

그 후 손문은 청조의 요청을 받아들인 프랑스 정부에 의해서 안남에서 추방당해 동남아시아를 전전하는 신세가 된다. 그러나 황흥·호한민 등은 안남을 본거지로 해서 손문의 명령을 받들어 여전히 혁명활동을 진두지휘했다.

흠렴상사(欽廉上思)의 궐기(제7차 기의) 이듬해 1908년 3월에 황흥은 2백여 명을 지휘해서 안남 국경에서 광동성 흠주 점령을 목적으로 진격했다. 당초 청군의 통령(統領—여단장) 곽인장(郭人漳)이 혁명군 쪽으로 돌아서기로 밀약되어 있었으나 그 약속이 지켜지지 않는 바람에 수십 개의 마을을 점령한 끝에 결국 해산하고 말았다.

하구(河口)의 궐기(제8차 기의) 그해 4월에 안남국경에서 운남성 하구로 진공했다. 청군 관대(管帶—대대장)인 황원정(黃元貞)이 혁명군 쪽으로 돌아섰고 하구포대·남계(南溪) 등을 점검했으나, 청군의 증원군에 쫓겨 안남영토 안으로 철퇴한 후 프랑스 군에 의해 무장을 해제 당했다.

무기조달에 고전

일본정부가 차츰 동맹회에 대한 탄압을 강화하는 것과 반대로 일본의 민간지사들과 동맹회 사이의 관계는 더욱 긴밀해짐에 따라 손문은 중국혁명의 후방기지로서 일본을 충분히 이용할 수 있게 되었다. 손문이 하노이와 동남아시아에 있으면서도 지도한 기의(제3차~제8차)에서는 일본 민간지사들이 그와 활발한 접촉을 가졌다. 특히 무기구입·전투참가 등에 그들은 집중적인 협력을 해주었다.

1907년 6월, 혜주 칠녀호의 궐기(제4차)에서는 손문이 하노이 기관부에서 일본의 히라야마에게 무기와 군자금 원조를 전문으로 요청했다.

'광동·광서의 의군(義軍)이 궐기했다. 무기 공급이 긴급한바, 일본의 지사들이 만일 원조할 수 있다면 하노이의 용산(龍山)으로 군자금을 보내주기 바람. 송금할 때는 쌴통(손문의 가명) 명의로 보낼 것. 무기는 야마시타 기선편으로 운송하기 바람. 귀하로부터 무기보급이 가능하다는 전보가 온다면 무기 수령지점을 추후 통지하겠음. 손문. 6월 7일, 하노이'

이어서 6월 14일자 전보가 도달했다.

'1만 엔 구입. 우선 소총 2천 정, 총탄 2백만 발을 발송하기 바람'

그러나 이 기의는 그 전날에 이미 실패로 끝났다.

손문은 미야자키에게 무기구입과 보급에 관한 전권위임장을 보냈다.

'중국 혁명동맹회 총리 손문(印), 미야자키 도라조로 하여금 일본에
서의 무기구입과 혁명군에 대한 보급에 관한 전권을 위임하며, 판매자
와의 교섭조건도 그에 위임함

천운세차(天運歲次) 정미년(1907년) 9월 13일'

이 편지에는 일본 헌정본당의 장로 이누가이에게 보낸 서장도 동
봉되어 있었다.

'일본이 우리를 돕는 데는 이누가이 군이 나서주는 것이 가장 적당
하리라 생각한다. 따라서 동봉한 이 편지를 이누가이 군에게 전하고
함께 의논해주기 바란다.'

무기조달에는 또 한 사람의 일본인 지사 스가노라는 사람이 관
계하고 있었다. 스가노는 이때 일본에서 대량의 무기를 구매하여 광
동으로 운반할 계획을 세웠는데, 거기서 그는 '행운호(幸運號) 사
건'을 일으키게 되었다. 그 사건에는 이누가이도 관련되어 있었다.

사건의 발단은 그해 봄 하노이로 손문을 찾아온 일본인 스가노
에게 무기·탄약구입을 부탁한 데서부터 비롯된다. 그 무기는 광동
성 산미(汕尾)로 밀수될 예정이었다.

스가노는 일본으로 귀국한 후, 홍콩의 풍자유로부터 일본돈 1만
엔의 송금을 받아, 미야자키 등의 협력을 얻어서, 오사카의 총포상
으로부터 무기를 구입했다. 소총 2천 정과 총 1정당 탄환 6백 발(총
계 120만발), 그리고 총검·배낭 등 부속품, 일본도 50개 장교용 군
도 20개·단총 30정 및 그 1정당 1백 발의 탄환 등을 구입했다. 구
입대금은 1만엔을 초과했지만, 후불 보증으로 인수하기로 했다. 그
때 이누가이는 자기가 가지고 있던 일본도 3개를 스가노에게 전하
면서 그의 장도를 축복했다.

스가노의 저서 <중화민국 혁명비급(革命秘笈)>에 의하면 그 후

이누가이는 다시 일본도 50개를 선사했다고 한다. 그 부분을 요약하면 다음과 같다.

'스가노는 어느 날 도쿄 우시고메에 있는 이누가이의 자택을 방문하고 무기구입에 대해 상의했다. 스가노가 이누가이에게 자금부족을 호소하자 이누가이는 자기가 가진 일본도 50개를 기증하겠다고 말하면서, 미행하는 형사의 눈을 피해 밤이 깊어진 다음에 다시 오라고 말했다. 그때 스가노에게는 항상 일본경찰의 미행이 따르고 있었던 것이다.

스가노는 밤이 깊어진 다음, 여관의 뒷문을 살짝 빠져나와 인력거를 타고 이누가이의 저택으로 달렸다. 이누가이는 자기 집 깊숙한 골방을 몇 번이나 왕복하면서 크고 작은 일본도 50개를 가지고 나오더니, 그 칼은 모두 고품으로서 예전에 일본 사무라이들이 실전에서 사용하던 것들이라고 설명해 주었다. 스가노는 그것을 담요에 싸서 인력거로 여관으로 가져와서는, 그날 밤으로 포장하여 이튿날 고베로 가는 기차에 실었다'

무기 운반선은 모지(門司)에서 출항하는 행운호(2,800t)로 정했다. 때마침 그 배로 미쓰이 양행이 홍콩에 석탄을 운반하기로 되어 있었기 때문에 짐을 함께 싣게 된 것이다. 도착지의 현지 안내인으로는 진이구(陳二九) 등 2명의 중국인이 일본에 파견되어 있었다.

혁명군은 허설추(許雪秋)를 무기인수의 총책임자로 현지에 파견하여 무기가 도착할 때까지 제반 준비를 담당케 했다. 그들의 계획은 대개 이러했다. 그것은 미리 대형어선 20척을 준비하여 산미 부근에 배치해 두었다가 행운호로부터 무기를 인도받는다. 혁명군은 가까운 해안에서 대기하다가 무기가 입수되는 대로 바로 궐기한다.

행운호는 10월 8일, 석탄만을 싣고 모지 항을 출항, 항구 밖의 육련도(六連島) 부근에서 세관의 감시를 피하여 소형배로 실어온 무기를 적재한 후 남행하기로 되어 있었다.

실패로 돌아간 무기 인수

배는 예정대로 12일 새벽에 산미에서 약 5.5km 떨어진 앞바다에 도착했다. 제5차 기의(흠령 방성의 궐기)가 실패한지 4주일 밖에 되지 않은 때였다. 스가노는 미리 약속한 대로 상륙지점을 향해 붉은 램프 신호를 보냈지만 응답이 없었다. 허설추가 엄청나게 지각을 해버린 것이다. 그가 작은 배에 백기를 달고 행운호까지 달려온 것은 오전 10시가 되어서였다. 스가노는 '오후 4시까지 짐을 인수할 배와 사람이 오지 않으면 우리 배는 떠나겠다'고 통고했다.

그로부터 2시간 후 청군의 소형 순시함이 하얀 물결을 일으키며 달려왔다. 바다를 순찰 중이던 그들은 항구도 아닌 곳에 외국선이 머물러 있는 것이 수상쩍게 생각되어 급히 달려온 것이다.

'행운호' 선장은 황급히 닻을 올리고 홍콩을 향해 출항했다. 만약 청국 순시선에 잡혀서 배를 수색당한다면 문제가 커지는 것이다.

한편 홍콩의 호한민·풍자유 등은 스가노와 협의한 끝에, 홍콩에서 석탄을 퍼낸 다음, 혁명군의 병사 5백 명을 태우고 복건성의 평해(平海)에 상륙, 기의를 일으키는 것으로 당초의 계획을 바꾸었다. 그러나 행운호의 동향은 이미 홍콩에서 소문이 퍼져, 홍콩 정청은 청조로부터의 긴급 연락에 따라 일본영사관에 대해 '행운호는 금지품을 적재한 혐의가 있으므로 구류, 검색하겠다'고 통고했다. 일본영사관은 야마시타 기선의 홍콩 주재원에게 그 사실을 통고하면서 즉각 홍콩에서 떠날 것을 명령했다. 그리하여 청조에 의한 무기·탄약의 적발은 면할 수 있었지만, 행운호에 의한 무기수송은 실패로 돌아가고 말았다. 행운호는 정규화물인 석탄도 하역하지 못한 채 일본으로 돌아간 끝에 무기와 탄약은 일본경찰에 압수당했다.

그러나 순문은 여전히 일본에서의 무기 조달을 단념하지 않았다. 행운호 사건 직후에 그는 다시 스가노에게 서신을 보냈다. 그 편지에서 손문은 전번 실패의 책임은 허설추에게 있음을 사과하면서, '현재 경제적 문제는 아직 해결되고 있지 않지만, 일본에서 다시 무기를 마카오 해상까지 수송해준다면, 그 다음은 적당한 사람을 시켜서 목적지까지 운반할 수가 있다. 그렇게 하면 일본선박 자체에는 아무런 위험이 없을 것이며, 또 비교적 쉬운 일이라고 생각된다. 정확한 인수 장소는 아직 결정되지 않았지만, 이쪽에서 취할 방법을 상의하고 싶으니, 일본의 상황을 알려주기 바란다'고 부탁했다.

4개월 후에는 이른바 '다쓰마루 사건(辰丸事件)'이라는 것이 벌어졌다. 일본의 무기밀수선 제2 다쓰마루가 마카오 부근 해상에서 청국의 군함에 의해 나포된 사건이었다.

이 사건이 일어나자 일본정부는 청조에 대해 오히려 일본 국기가 모욕을 당했다고 항의하고 나섰다.

이 일은 중국민중의 배일감정을 더욱 격화시키는 결과를 가져왔다. 그 밀수가 동맹회에 의해 이뤄진 것이라는 소문이 한때 나돌았지만 사실과는 달랐다. 동맹회는 마카오 상인들에 의해 그 밀수계획이 진행되고 있다는 사실을 알고 있었다. 그래서 제2 다쓰마루를 해상에서 습격하여 무기를 탈취할 계획까지 세우기도 했지만, 포르투갈 당국(마카오는 포르투갈의 식민지)과의 마찰을 피하기 위해 계획이 중지되었던 것이다.

난공불락의 진남관 점령

그해(1907년) 12월의 6차 기의, 진남관(鎭南關)의 싸움에서는 손문 자신이 직접 전선에 나섰다. 진남관은 안남과의 국경에 있는 광서성의 요충지이다. 청불전쟁(1884~85년) 때 이곳에서 청군이

10만의 프랑스군을 격퇴하여, 이 견고한 요새는 '동양 제2의 여순 (旅順)'이라고 일컬어질 만큼 난공불락을 자랑했다.

12월 1일 밤, 황명당(黃明堂)이 인솔하는 80명의 결사대가 겨우 소총 42정을 가지고 이 요새의 함락에 나섰다. 그들은 새끼줄을 타고 벼랑으로 기어올라 포대의 배후로부터 기습공격을 감행, 4개의 포대를 빼앗는 데 성공했다. 그때까지 하노이 혁명 기관부에서 지휘를 하던 손문은 즉시 황흥·호한민 등 동맹회 수뇌들과 함께 일본인 이케노와 프랑스인 협력자인 포병대위 디 남작을 대동하고 전선으로 향했다.

이때 손문은 1895년의 1차 기의에 패하고 광주에서 도망친 이래 12년 만에 고국 땅을 밟는 것이다. 그러나 포대에는 탄환이 예상보다 훨씬 적은데다가 포대 방향이 중국 쪽이 아니라 안남 쪽으로 향해 있었기 때문에 실전에서 별다른 위력을 발휘하지 못했다. 그리하여 청조에서 파견된 4천 명의 진압군에 포위된 혁명군은 모처럼 빼앗은 포대를 포기할 수밖에 없었다.

손문 일행은 겨우 이틀을 그곳에 머물러 있다가 다시 하노이로 되돌아왔다. 무기의 보급문제가 시급했기 때문이다. 그동안 포대를 지키던 혁명군은 청천백일기 아래에서 7주야를 싸우다가 마침내 철수했다.

그 기의 후에 손문은 다시 프랑스 정부에 의해 안남에서 추방되었다. 청조에서 파견된 밀정이 손문을 미행, 그의 기관부의 위치를 캐낸 다음 프랑스와 담판을 벌여 그의 추방을 요구했던 것이다. 프랑스의 안남총독은 손문에 대해 호의를 가진 인물이었다. 그는 총독부 서기에게 명령하여 손문을 사이공까지 배웅케 했다. 이로써 손문은 자신이 동맹회를 결성한 일본에서 쫓겨난 이래로 다시 안남에서도 추방되는 신세가 되었다.

압수된 당원명부

프랑스는 손문의 혁명운동에 대해 은밀히 원조하는 방침을 취하고 있었다. 그것은 중국의 혼란을 틈타서 안남에 접해 있는 광동·광서 양성에서 이권을 획득하려는 야심에서였다. 프랑스의 그러한 자세는 중국침략을 노리던 일본이나 영국 등과 때때로 대립하게 되었고, 몇 가지 사건을 일으켰다. 예를 들면 1906년에 일어난 무창의 '일지회(日知會) 탄압'에 프랑스의 천진 주재 무관과 영국의 세관이 개입되어 있었다.

일지회가 본격적으로 탄압을 받기 전, 손문은 동남아시아를 여행하던 중에 상해에서 천진에 주재하는 프랑스 군 참모장 프가피의 방문을 받았다. 프가피는 손문에게, 프랑스 정부는 중국혁명을 원조할 의사가 있음을 전하면서, 각 성의 혁명세력 조사와 연락에 협력하기 위해 천진의 참모부로부처 7명의 무관을 파견하겠다고 약속했다. 손문은 그것을 받아들였고, 그해 연말에는 동맹회 간부를 파견, 프랑스 문관과 함께 남경·남창·광주·귀주 등에서 합동조사를 시행케 했다.

사건이 발생한 것은 1906년 6월의 2차 중·불 합동조사 때였다. 프랑스는 천진 참모부의 무관 오가르를 무창으로 파견했고, 동맹회 쪽에서는 교의생(喬義生)이 그들과 협력했다. 교의생은 무창 성공회(가톨릭 교회) 안에 있는 일지회에서 혁명선전을 담당하던 사람이다.

교의생은 일지회에서 오가르의 환영회를 개최했다. 오가르는 이 자리에서 중국혁명을 지지했다. 그런데 그 환영회에는 청조로부터 파견된 밀정들이 잠입해 있었다. 밀정으로부터 보고 받은 호광(湖廣) 총독 장지동은 영국인 세관원 한 사람에게 오가르의 미행을 부탁했다. 그 영국인은 오가르가 타고 가던 배에 동승하여 그에게 접근했다. 그는 천연덕스럽게도 중국인의 혁명운동에 동정하는 척하면서 오가르에게 말을 붙였다. 그런 것이 스파이의 상투수단이라는 것을 뻔히 알면서도 오가르는, 그가 자기와 같은 백인종아라는 데서 경계를 풀었다. 오가르의 방심을 틈타 그 영국인은 혁명정세 조사기록을 슬쩍 빼돌리고 말았다.

프랑스의 정규무관이 혁명 활동에 관계하고 있다는 확증을 잡은 청조는 프랑스 대사관에 정식으로 항의했다. 대사는 모르는 일이라고 잡아 뗐지만, 프가피의 처분문제에 대해서는 본국정부의 훈령을 요청했다. 프랑스 정부는 그것을 일단 묵살했다. 그러나 곧 내각이 바뀌자, 새 내각은 중국에 대한 종전의 정책을 바꾸었다. 이에 따라 프가피는 본국으로 소환되었다. 그것이 계기가 되어 일지회에 대한 청조의 감시는 더욱 강화되었고, 이듬해인 1907년 1월에는 마침내 청조로부터 검색받기에 이르렀다. 그때 당원명부가 압수되었고, 신군(新軍—청국군대) 속에 잠입해 있으면서 혁명을 공작하던 주자룡(朱子龍)·호영(胡瑛)·계우림(季雨霖) 등이 체포됨으로써 일지회는 괴멸당하고 말았다.

영·불·일에 대한 청조의 시각

손문이 하노이를 기관부로 하여 잇달아 안남과 중국 국경에서 일으키던 기의에 대해서도 프랑스의 국경수비대는 혁명군의 진격에 박수를 치며 진군을 격려했을 정도였다. 안남에서 발행되는 신문들도 혁명군에 지극히 동정적인 기사를 실었다.

그러나 청조의 압력으로 손문이 하노이로부터 추방당한 이후로는 약간 상황이 달라져서, 1908년 4월의 제8차 기의에서는 혁명군 6백 명 전원이 프랑스 군에 의해 무장을 해제당하고 구류되었다. 하지만 그들에 대한 프랑스 측의 대접은 정중한 것이었다.

프랑스측은 선박을 세내어서 혁명군 전원을 싱가포르로 보냈다. 이때 싱가포르의 영국 당국은 혁명군을 '난민(亂民)'으로 규정, 입국을 거부했다. 그러나 프랑스 정부는 '영국이 사실상 혁명군을 교전단체로서 승인한 바 있다'고 주장, 국사범으로서 싱가포르에 상륙시키도록 영국을 설득했다.

이케노가 저술한 〈지나혁명 실견기(支那革命實見記)〉에는 1908년 2월 8일자 손문의 편지(원문은 영문)을 인용, 영·불·일 3국의 중국에 대한 정책을 대체로 다음과 같이 비평했다.

'청조는 영국을 가장 강한 나라로 보고 두려워했으며, 프랑스는 강함과 동시에 지혜 있는 나라로서 존경했고, 일본을 가장 다루기 쉽고 속이기 쉬운 나라로서 경멸했다는 말을 들었다. 그 이유는 아주 우스꽝스러운 것이다. 영국은 청국의 요청을 단호하게 거절하고 나(손문)을 망명객으로서 보호했기 때문에 강국이라는 것이다. 프랑스는 처음에는 거부하다가 나중에 가서 서서히 막대한 보상을 청국에 요구하면서 그 요구와 교환조건으로 청국의 요청을 받아들였다. 즉, 강하면서도 지혜로운 외교술책을 썼던 것이다. 그런데 일본은 청국의 요구에 한마디의 군소리도 없이 그저 고분고분 말을 들어서 나를 국외로 추방했다. 즉, 일본의 외교는 졸렬했고, 당국은 우매했으며, 또 그들 일본이 가진 군도(軍刀)라는 것도 두려워할 만한 것이 되지 못한다는 것이다. …청국은 영·불·일 등 3국을 이렇게 비교했던 것이다.'

당시 영국과 일본 사이에는 공수동맹이 체결되어 있었다. 그들 양국이 우호관계를 유지할 수 있었던 것은 양국이 러시아의 세력진출을 공동으로 견제할 필요가 있었고, 일본의 한국침략과 영국의 인도침략을 상호 인정하는 것이 그들의 국가이익에 일치했기 때문이다.

일본과 프랑스 사이에서도 일·불 협약에 의해서 양국이 아시아에서 상호이익의 존중을 꾀했지만, 안남의 독점과 광동·광서에 대한 세력 부식에 초조하던 프랑스는 내심 일본에 대해 경계심을 품고 있었다. 그래서 제8차 기의 때는 하구 싸움의 혁명군 총사령관 황흥을 일본인이라고 오해한 프랑스측이 그를 안남인에 대한 선동죄로 체포하는 사태까지 벌어진 적이 있었다.

<지나혁명 실견기>에도 당시 프랑스와 일본과의 관계를 엿보게 하는 에피소드가 있다. 그 책의 저자 이케노는 손문과 함께 진남관으로 가는 도중에, 그들과 동행한 프랑스 군 대위 디 남작이 다음과 같은 말을 여러 번 되풀이 하는 것을 들었다.

'일본은 중국혁명을 틈타서, 중국과 국경을 접한 안남의 프랑스와 대결하여, 프랑스를 안남에서 내쫓을 속셈이 아닌가. 지금 그런 소문이 돌고 있는데, 만일 그게 사실이라면 일본은 실로 음흉한 적국이다'

이케노는 또 다시 안남에 있던 프랑스 인의 대일감정에 대해 서술하고 있다.

'프랑스는 일본에 대해 불신의 눈초리로 주시하고 있다. 노일전쟁 후 프랑스 인의 신경은 일본에 대해 여간 날카로워진 것이 아니다. 그것은 비단 황화론(黃禍論)에서만 비롯된 것이 아니다. 특히 근년에 일본인들이 통킹(안남 북부)에서 셀룰로이드 원료용 나무를 재배하기 시작하면서부터 일본의 침략을 심각히 우려하며 현저하게 혐오감을 갖기 시작했다'

각지로 전전하며 조직을 확대

하노이에서 쫓겨난 손문은 일단 싱가포르에 자리를 잡았다. 그러나 거기에서도 청조는 손문을 축출할 생각으로, 싱가포르 주재 청국영사에게 훈령하여 영국의 싱가포르 제독과 교섭토록 했다. 그러

호한민(胡漢民): 신해혁명의
주역, 동맹회 남부지부장

나 제독은 영사를 상대하지 않고 손문의 체재를 계속 인정했다.

1908년 4월 제8차 기의의 실패로 혁명군의 봉기는 일단 잠잠해졌다. 당분간의 휴식상태였다. 손문은 동남아시아의 조직 확대에 골몰했고, 그 해 가을에는 동남아시아의 연락을 통괄하기 위해 싱가포르에 동맹회 남양 지부(지부장 호한민)를 설립했다. 이미 동남아시아에는 20개소의 분회가 발족했고 동지들도 3천 명에 이르고 있었다. 이어서 콰알라룸푸르·페낭·방콕 등을 편력하던 손문은 다시금 청조의 요구에 의해 샴(타이) 정부로부터 정치연설을 금지 당했고, 1주일 이내에 출국하라는 명령을 받았다. 그러나 샴 주재 미국대사의 알선으로 체재기간이 연장되고, 방콕 동맹회 샴 분회를 조직하는 데 성공했다. 그 후 싱가포르에서 1년 남짓한 세월을 보낸 후 손문은 1909년 5월, 유럽으로 떠났다.

손문의 유럽행 목적은 모금이었다. 잇달은 기의가 모조리 실패했기 때문에 동맹회의 재정은 말이 아니었고, 자신의 여비 염출마저 어려운 형편이었다. 호텔도 작은 방의 싱글 침대였고, 스스로 세탁을 해야 하는 형편이었다.

1909년 6월에서 10월까지 프랑스·영국에 체재한 손문은 만족한 성과를 얻지 못한 채 대서양을 건너 미국으로 갔다. 그동안 프랑스에서는 귀국해 있던 전 안남총독의 협력으로 어떤 실업가로부터 거액의 차관 공여에 대한 교섭이 거의 완결단계에까지 갔었지만, 혁명에 협력적이던 클레망소 내각의 사퇴로 인해 실패로 돌아갔다. 미국에 도착한 손문은 뉴욕·시카고·샌프란시스코 등에 동맹회 지부를 결성하고, 하와이에서는 흥중회를 동맹회로 개편했다.

한편, 청조의 방해활동도 강화되어 샌프란시스코에서는 청국 총영사 허병진(許炳榛)이 보낸 밀정이 호텔 방을 침입, 손문의 트렁크에서 비밀문서를 훔쳐 내려다가 미수에 그친 사건이 발생했다. 또한 주미공사 장음당(張蔭棠)은 미국정부에 손문 추방을 교섭했으나 거부되었다.

미국 체재중 손문은 처음으로 '중화혁명당'이라는 말을 썼다. 표면상으로는 동맹회 회원이 그 후로는 '당원'이라는 이름으로 불리기 시작했다. 중화혁명당은 그 후 1914년에 도쿄에서 정식으로 결당되었다.

혁명의 실패원인에 대해서도 이 무렵 여러 가지로 분석되었다. 그리하여 장강(양자강) 유역 및 화남지구에서 준비가 불충분한 기의는 중지키로 하고, 실력을 비축한 연후 한 번에 대규모적인 기의를 발동키로 결정했다. 또한 미국에서 훈련된 군관 몇몇을 현지에 파견하여 군사력을 강화한다는 것 등도 결정되었다. 그리고 혁명에 필요한 경비 350만 달러를 뉴욕의 재단으로부터 차입하기 위해, 일찍이 혁명에 찬동하던 미국의 군사연구가 찰스 부스를 동맹회의 국외 재무담당으로 임명했다.

국제적인 요주의 인물

그러는 동안에 중국본토에서는 제9차 기의인 '광주 신군(新軍) 궐기'가 발발하고 있었다. 이는 신군 내부의 혁명분자와 경찰과의 우발적인 충돌에서 발생된 것으로, 혁명군의 지원이 신속치 못함으로써 실패로 돌아갔다.

또 왕조명과 황복생에 의한 청조 선통제(宣統帝—溥儀)의 섭정 순친왕(醇親王—載灃) 암살미수 사건(4월)도 발생했다. 이 사건은 왕조명이 북경 선무문(宣武門) 밖에 잠입해서 개설한 사진관을 기지로 해서 사제 지뢰를 순친왕의 마차가 통행하는 다리에 장치하여 그를 폭살하려 한 계획이었다. 그러나 점화용 전선이 부족해서 밤중에 다시 매설하려고 나갔다가 개가 짖어대며 덤비는 바람에 근처 사람들에 의해 발각되고 만 것이다. 왕조명은 이 사건으로 종신형을 받았다가 신해혁명 후 석방되었다.

이 무렵 이미 국제적인 '요주의 인물'로 되어 있던 손문에 대해 일본정부는 하와이에서 첩자를 붙여놓고 그의 동정을 낱낱이 살피고 있었다. 손문이 유럽에서 미국을 거쳐 반드시 일본으로 되돌아올 것으로 보았기 때문이다. 일본은 3년 전 청조의 압력에 의해 손문을 일본에서 하노이로 추방한 적이 있었다.

이때 호놀룰루 주재 일본 총영사가 외무성으로 보고한 1910년 4월 9일자 보고서에는 이렇게 기록되어 있다.

'청국 혁명파의 수령으로 일컫는 손일선은 지난 28일에 코리아 호로 샌프란시스코에서 당지로 도착한 바, 현재 스쿨 스트리트에 거주하며, 동국인의 환영을 받으며 혁명사상을 고취하고 있는 중임. 손일선은 원래 이곳에서 출생했다는 설이 있어, 이곳 일부 사람들 사이에서 확고한 세력을 부식한 인물이며, 지난 5일 중국인 극장에서 개최된 환영 연설회에서는 약 2천 명의 청중으로부터 환영을 받았다고 전함. 내일(10일) 다시 동일 장소에서 공개 연설회를 개최할 것이라 함. …탐문한 바에 의하면 이번에 손일선이 하와이로 온 목적은 동지들로부터 기부금을 모집하기 위한 것이라고 하며, 이곳에 몇 주일 체재한 후에 다시 뱅쿠버·시애틀 방면의 중국인들에게 유세할 예정이라고 함 …'

그러나 손문은 일본을 다음 목적지로 하고 있었다. 그보다 조금 전, 미국에 도착한 즉시 손문은 도쿄에 있는 황흥에게 편지를 보내, '내가 가명을 사용해서 일본에 가면 일본정부는 그것을 묵인해 줄 것인지 어떤지 넌지시 알아 봐달라'고 부탁했다. 또한 하와이를 출발하기 직전에도 이케노에게 똑같은 부탁을 했다. 이케노는 일본 외무성과 손문의 일본 입국문제에 대해 교섭한 적이 있었다.

손문은 하와이를 출발, 6월 10일에 몽골리아 호로 일본 요코하마에 도착했다. 요코하마 수상경찰서는 검역소에 정박한 몽골리아 호로 관계관을 파견하여 선내를 조사, 손문의 도착을 확인했다.

일본정부는 손문이 미국에서 활동 중이던 1월부터 청조로부터 손문을 청국으로 인도해 달라는 요구를 받고 있었다. 손문이 요코하마에 도착했을 당시에 가나카와 현 지사로부터 일본 외무대신에게 보고된 보고서에는 이렇게 기록되어 있다.

'…승선하여 조사한 결과 1등선 명부에 에스 다카노라고 기재된 선객이 있었는데, 그 사람이 손문임에 틀림없다고 보고 그의 거동에 주의하였던 바, 그 사람은 배가 닿자마자 선창에서 세관의 잔교(棧橋)로 상륙했음…'

이때 일본경찰의 질문에 손문은 에스 다카노가 가명임을 인정했다. 수상경찰서장은 '나의 개인적인 생각이지만'이라고 전제하면서 손문이 일본에 상륙하는 것은 본인을 위해 좋지 못한 일이므로 그 배로 다시 돌아가라고 설득했다. 그러나 손문은 '아이들을 도쿄에서 교육시키기 위해 곧 홍콩에 있는 처자를 불러들일 생각이니 잠시만 일본에 체류하게 해 달라'고 간청했다. 그래서 수상경찰서장은 '손일선으로서 체재를 인정하는 것이 아니고 에스 다카노라는 인물의 체재를 인정한다'면서 그가 싱가포르로 떠날 때까지의 체재를 인정했다.

이때 청조에서도 손문의 일본입국을 탐지하고, 일본에 대해 손문의 국외추방 또는 청국으로의 인도를 요구했다. 일본정부는 손문이 일본에 도착한 사실을 아는 바 없다고 잡아뗀 다음 각의를 열어서 대책을 협의했다. 각의에서 육군대신 데라우치(寺內正毅)의 동정론이 우세하여 손문의 체재는 일단 묵인하기로 의견을 보았다.

아시아의 추방자 손문

손문은 청조의 눈을 피하기 위해 요코하마에서 하룻밤을 묵은 다음 도쿄에 있는 미야자키의 집에서 묵었다. 이름도 '아랍 박사'라고 다시 고쳤다. 이번 일본 방문에는 그의 형인 손덕창도 동행했다. 덕창은 아우 손문에 동조하여 하와이에 있는 그의 재산 전부를 이미 혁명 사업에 투입했으며, 지금은 홍콩으로 가는 도중이었다.

손문은 일본에 3개월쯤 체류할 예정이었다. 그러나 청조는 손문의 일본 체재를 완전히 파악하고, 대리공사 오진린(吳振麟)을 통해 일본 외상 고무라에게 '손문의 일본 체재를 거부하라'고 강경하게 요구했다. 고무라는 마침내 그것이 외교문제로 번질 것을 두려워한 나머지 손문에게 출국을 재촉했다. 손문은 할 수 없이 일본에 체재한 15일 만에 출국을 결심, 6월 25일에는 싱가포르로 향했다.

손문은 싱가포르에서 페낭(영령 말레이 연방)으로 가서 당 수뇌인 황흥·조성(趙聲)·호한민·손덕창·등택여 등을 모아놓고 회의를 열었다. 그 회의에서 제10차 기의, 즉 '황화강(黃花岡)의 궐기'(1911년 4월) 계획이 결정되었다. 자금 10만원으로 먼저 5백 명이 광주에서 거병, 그곳을 점령한 다음, 황흥이 이끄는 군사로 호남에서 호북까지를 탈취하고, 조성의 군사가 강서에서 남경으로 진격한다는 대규모 계획이었다. 이것이 혁명군으로서 '최후의 실패'를 기록한 기의였고, 그 다음 이루어진 제11차 기의인 '무창기의(武昌起義)'에서 비로소 성공, 신해혁명으로 발전하게 된다.

이때 그것을 준비하던 중에 손문은 말레이 연방으로부터 국외추방을 당하게 되었다. 손문의 연설 중 영국의 동남아시아 정책을 비평한 부분이 '말레이의 치안을 교란한다'는 판정을 받았던 것이다.

이제 아시아에서 손문은 발붙일 곳이 없게 되었다. 손문은 자금 모집을 겸하여 다시금 유럽에서 미국으로 여행길에 나섰다. 청조의 간섭에 굴하여 각국이 자주적 입장을 포기하고 잇달아 자기를 추방처분한 데 대해 그는 한탄해 마지않았다. 중국혁명운동에 있어서 일본 땅은, 중국 거류민의 숫자로 보거나 또는 지리적인 조건으로 보아 극히 귀중한 요충지임에도 불구하고, 일본의 몇몇 정계·재계 인물의 개인적인 협조를 제외하고는 손문에 대해서 매우 비협조적이었다.

일본정부는 손문의 뜨거운 호소에 대하여 지극히 냉담했고, 혁명 자체에 대해서도 탐탁치 않게 여겼다. 중국의 신해혁명에 대해서 일본은 그것을 찬성하지 않았을 뿐 아니라 적극적으로 방해까지 하고 나섰던 것이다.

참고로, 1971년에 정리된 중국 국민당 사료편집위원회 자료를 들추어 보면, 중국 혁명에 원조한 일본인 친구들의 명단은 총 232명에 이르고 있다. 그중에는 혁명에 직접 가담하여 중국 땅에 피를 흘린 인사도 있으며, 성명을 밝히지 않고 큰돈을 기증한 사람들도 있다. 그들은 중국과 일본의 영원한 우호를 진심으로 바랐던 사람들이다. 그러나 그러한 친구들의 염원은 일본 제국주의의 중국침략 야망 앞에서 결국 열매를 맺지 못했고, 그 후 일본이 걸어온 길은 동양평화와 인류의 정의에 전적으로 배치되는 불행한 길이었다고 할 수밖에 없다.

3. 비극적 실패로 끝난 10차봉기

서태후의 사망

 말기적 현상을 보이던 청조는 국내 민심을 수습하기 위해 '불분만한(不分滿漢—만인과 한인을 차별하지 않음)'이라는 새로운 정책을 내걸고, 1906년에는 예비입헌(豫備立憲)을 선포했으며, 1908년에는 헌정대강(憲政大綱—9년 후 국회를 구성하겠다는 취지)을 잇달아 발표했다. 그러나 실질적으로는 무엇 하나 변한 것이 없어 민심은 하루가 다르게 이탈되어 갔다. 그런 현상의 하나로 입헌파에 의한 '국민청원운동'(국회의 조기구성)이 벌어졌다.

 청조가 헌정대강을 발표한 직후인 1908년 11월 14일, 광서제(光緒帝)가 사망했고, 이듬해 16일에는 서태후가 74세로 죽었다. 그런 일이 청조의 몰락에 더욱 박차를 가했다.

 광서제에게는 후사가 없었기 때문에 그의 친동생 순친왕의 아들인 부의(溥儀)가 겨우 3세로서 즉위하여 선통제(宣統帝)가 되었다. 태조(太祖—누루하치)로부터 12대, 청조 최후의 황제였다. 부의는 신해혁명으로 폐제(廢帝)가 되었고, 후일 일본 군벌에 의해 세워진 만주국(滿洲國)이라는 괴뢰국의 황제가 된 인물이다.

 이때 섭정왕으로서 실권을 장악한 순친왕 재풍(載灃)은 헌정으로 이행한다는 구실 아래 만주인 황족의 집권에 의한 중앙집권제를 강화하려고 나섰다. 그는 먼저 금위군을 조직하여 스스로 그것을 통솔했다. 이어서 이듬해인 1909년 1월 2일에는 북양군벌의 거물인 군기대신 원세개(袁世凱—한인)를 족질(足疾)이 있다는 구실로 파면하여 하남성의 창덕(彰德)에 은거시키는 등 난폭한 수단으로 군사권을 손아귀에 넣었다. 원세개는 직례총독 시대부터 최신식의 정예부대를 조직하여 그것을 자기의 사병화하여 '군사왕국'을 구축

하고 있었다. 요컨대 청조는 한인이 가진 그런
군사력을 두려워했던 것이다.

1909년 10월에 청조는 입헌제로 이행하는
조치의 일환으로서 각 성에 자의국(諮議局 –
성 의회의 전신)을 발족시켰고, 그것을 구성하
는 의원 선거를 실시했다. 그 결과 다수의 한
인들이 선출되었다. 자의국은 총독이나 순무
의 자문기관에 불과한 것이었지만, 거기에 선
출된 한인들은 그것을 발판으로 국회청원운동
을 정력적으로 추진했다. 11월에는 벌써 강소
자의국의 장건(張謇)이 제창하여 16성의 자의

부의(溥儀 1906~1970): 청조의
마지막(12대) 황제 3세 때 즉위
했다.

국 대표가 상해에 집결, '국회청원동지회'를 결성했고, 이듬해 1910
년 1월에는 대표 23명이 북경으로 가서 '속개국회(速開國會)'를 요
구하는 탄원서를 제출했다.

청조는 그들의 요구를 일단 물리쳤지만 국민운동으로써 팽배해
진 요구를 막을 길이 없었기 때문에 그해 11월에는 '1913년에 국
회를 소집한다'고 양보하고 내각책임제의 발족을 약속했다.

황화강의 궐기

이 같은 정치적인 혼란 속에서 일어난 것이 '황화강의 궐기'(제
10차 기의—1911년 4월 27일)였다. 이 기의는 약 반년 간의 신중
한 계획을 거쳐 결행된 대규모의 것이어서 비록 실패했다고는 하지
만 신해혁명으로 이어지는 귀중한 포석이 되었다.

'황화강의 싸움'은 황흥을 총지휘자로 하여 8백 명의 돌격대로써
광주의 총독서·수사행대(水師行台—해군사령부)·창포국(槍砲局)
등을 점령하고, 신군(청군) 내부의 동지와 호응해서 혁명군을 편성,

대륙 북방부를 북진하여 호남·호북에서 남경 방면을 목표로 진군하려는 것이었다. 그해 1월에는 홍콩에 총기관부를 설치했고 폭탄 제조에도 착수했다.

전비(戰費) 10만 원을 목표로 손문이 유럽과 미국에서, 그리고 호한민과 등택여가 동남아시아에서 각각 모금활동을 벌였고, 일본이나 안남에서 소총 8백 정과 기타 무기·탄약을 구입할 채비도 갖추고 있었다. 광주시내에는 기관부로서 미곡상 점포 2개소를 마련함과 동시에 38개소의 아지트도 만들어놓고 있었다. 미곡상은 무기를 가마니로 포장해서 반입하기에 아주 좋았다.

그러나 모금활동은 청조에 의해 발각되었고, 또 보황파가 밀고하는 바람에 당국의 경계는 사뭇 엄중했다. 그 때문에 군자금·무기 등의 조달이 늦어졌고, 4월 말에는 청군 안에 포섭해 두었던 동지들이 만기 제대하는 등의 사정도 겹치고 있었다. 황흥 등 혁명군 동지들은 준비가 아직 불충분한데도 불구하고 4월 27일을 최후의 기한으로 설정해 겨우 130명의 소수병력으로써 독서(督署)의 기습공격을 감행했다. 혁명군이 독서를 습격해보니 거기는 이미 텅텅 비어 있었다. 총독 장명기(張鳴岐)는 이미 혁명군이 궐기했다는 정보를 입수하고 있었기 때문에 재빨리 그곳을 빠져 나갔던 것이다. 그는 오히려 혁명군이 독서를 공격할 때에 대부대를 가지고 역포위 하겠다는 작전을 세워놓고 있었다.

포위당한 황흥 등 혁명군은 3대로 나뉘어 포위망을 뚫고 탈출할 계책을 세웠다. 대남문(大南門)을 목표로 빠져나가려던 황흥의 부대는 도중에서 수백 명의 청군과 조우했다. 사실 그 군사들의 초장(哨長—대대장) 진보신(陳輔臣)과 초관(哨官—소대장) 온대웅(溫帶雄) 등은 혁명군의 봉기에 호응해서 혁명군 측에 가담하기로 약속된 사람들이었다. 그러나 비밀을 엄수하기 위해 팔에 흰 완장을 차기로 했던 당초의 약속을 미처 실행하지도 못한 채 느닷없이 혁명군과 맞닥뜨렸기 때문에 혁명군 쪽에서 먼저 총을 발사하는 결과를 초래하고 말았다. 게다가 혁명군 쪽에서 발사한 최초의 탄환이 불행하게도 온대웅을 쓰러뜨리고 말았다. 그러자 쌍방은 수습할 겨를도 없이 혼전을 거듭해서 백병전이 벌어졌다. 동지들끼리의 비극적인 접전이었다.

성내에서 전투를 시작한 이들 돌격대와 동시에 성 밖에서 습격해 오기로 예정된 요우평(姚雨平)·호의생(胡毅生)·진형명(陳炯明) 등의 3부대를 비롯하여 조성·호한민이 이끄는 홍콩으로부터의 내원부대는 궐기할 시기를 놓쳐 전투에 합류하지 못하는 바람에 결국 참가자의 반수 이상이 전사하는 커다란 희생을 치른 끝에 기의는 또다시 실패로 돌아가고 말았다.

청조는 이때 전사한 혁명군들의 시체를 절에다 모아 두었다. 모두 72구였다. 동지들은 절과 교섭해서 72명의 시체를 홍화강(紅花岡–나중에 黃花岡이라고 개칭)에 매장하고, 그 후 거기에 기념비를 세웠다. 사망자는 나중에 더 발견되어 총수는 86명에 이르렀다.

괴뢰내각의 실책

'황화강의 싸움'은 청조에도 커다란 충격을 주어, 그 해(1911년) 5월 8일에 경친왕(慶親王)을 총리대신으로 임명한 책임내각을 조직했다. 내각의 구성을 보면, 총리대신을 비롯하여 민정·탁지(度支–재정)·해군·농공상의 5개 각료직은 청조의 황족이 점했고, 협리(協理–부총리) 등 3개 각료직은 나동(那桐) 등 만주출신 귀족이 앉았으며, 한인은 협리 등을 비롯한 겨우 4자리에 지나지 않았다. 그야말로 청조의 괴뢰에 지나지 않는 내각에 대해 국민의 대부분이 실망했음은 말할 나위도 없었다.

국회청원운동을 추진하던 입헌파의 장건은 이에 대해, '정부는 육해군이나 정부의 주요부문에는 모두 친족을 임명했다. 이는 조제(祖制-청조의 전통적인 제도)도 아니며, 그것이 개선된 것은 더욱 아니다. 이 때문에 조야 상하의 인심은 백배나 떨어졌다'고 한탄했을 정도였다.

말할 필요도 없이 민심은 수습되지 못했고, 그 후에도 국회청원운동은 계속되었다. 청원운동이 심해지자 청조는 그들을 탄압할 목적으로 그중 1명을 체포하여 신강(新疆)으로 유배했다. 그러나 그런 행동이 입헌파의 반감을 오히려 부채질하는 결과가 되었고, 이제는 청조에 더 이상 기대를 걸 수 없다고 단념하는 사람이 늘어났다. 그들은 이제 청조를 타도할 수밖에 없다는 주장으로 기울어져 갔다.

새로 조직된 내각은 여기서 또 치명적인 과오를 저질렀다. 조각 이틀만에 선포한 '철로 국유화'가 그것이었다. 국유화가 결정된 것은 당시 민영으로 건설이 추진되고 있던 월한철로(粤漢鐵路-광도-한구간)·천한철로(川漢鐵路—사천-한구간)의 2선이었다. 그것을 추진한 우전부(郵傳部) 대신 성선회는 일찍이 한야평공사의 철광을 파격적인 싼 값으로 일본에 장기 제공하는 차관을 체결한 데서도 알 수 있듯이 적극적인 외자 도입론자였다.

당시 청일전쟁·8개국 연합군 전쟁(의화단사건)의 패배 등으로 막대한 배상금을 지불했던 청조는 심각한 재정위기를 맞고 있었다. 그것을 타개하기 위해 그들은 주요 간선철도를 국유화하여 중앙집권제를 강화함으로써 국고수입의 증가를 꾀하려 했던 것이다.

철도 국유화 계획

청조가 최초로 차관문제로 꺼낸 것은 영·불·독 3개국(1909년)

에 대해서였다. 그 3개국은 일찍이 극동에서 일본과 러시아의 진출을 경계의 눈초리로 바라보던 국가들이었다. 따라서 차관교섭은 어렵지 않게 진척되었으며, 3개국 은행이 조직되어 구체적인 교섭에 들어가고 있었다. 그런데 그 이야기를 들은 다른 열강제국들이 즉각 이 문제에 개입하고 나섰다. 차관에는 '이권'이라는 반대급부가 으레 따르게 마련이므로, 다른 열강이 영·불·독 3국에만 그런 이권이 독점되는 것을 가만히 보고만 있을 리 없는 노릇이었다.

최초로 개입한 나라는 미국이었다. 미국은 이전부터 '중국의 문호개방'을 주장해온 나라였다. 일본의 남만주 철도 독점지배에 대항코자 미국은 1909년에 '동북 3성 철도중립화 계획'을 제안했으나 일본의 반대로 뜻을 이루지 못한 전례도 있었다. 미국은 중국에 대한 간섭을 강화하기 위해 그 차관단에 가입할 필요가 절실하다고 판단했다.

3개국 중에서 영국이 미국이 참가를 반대했지만, 1910년 5월에는 마침내 참가에 성공하여 4개국 은행단이 구성되었다. 그것과는 별도로 미국은 또 단독으로 은행단을 구성, 그해 10월에 통화개혁을 위한 5천만 달러를 청조에 제공했다.

일본은 또 이것을 좌시하고 있지 않았다. 일본은 단독으로 성선회와 교섭한 끝에, 이듬해인 1911년 3월에 요코하마 정금은행(正金銀行—현재의 도쿄 은행)을 통해서 철도차관 1천만 엔의 차관조약을 체결했다.

4개국 은행단의 차관은, 은행 측이 재정고문으로 외국인을 기용할 것을 요구한 관계로 한때는 난항을 거듭했지만, 일본이 먼저 1국만의 철도차관에 응했기 때문에 다른 각국도 모두 체결을 서둘기 시작했다. 그리하여 4월 15일에는 통화개혁과 산업진흥을 위한 차관 1천만 파운드(5천만 원), 5월 20일에는 문제의 월한·천한 양철도의 국유화를 위한 6백만 파운드(3천만 원)의 차관조약이 체결되었다.

4개국 은행단과 체결한 1천만 파운드의 차관은 동북 3성의 공업확장을 위한 것으로, 그 지방의 연초세(煙草稅)·주세(酒稅)·산소세(産銷稅—제조판매세) 등 연 2백 50만 냥이 그에 대한 담보였다. 나중에야 그것을 알게 된 일본은 러시아와 함께, '차관이 부족해서 재차 차관을 검토할 적에는 4개국 은행단을 우선케 한다'는 항목의 삭제·수정을 미국에 요구했다. 그러나 그러한 각국 간의 이권다툼도 곧 신해혁명에 의한 청조의 붕괴로 말미암아 일단 원점으로 되돌아갔다.

이러한 차관은 청국이 쇠태해진 틈을 타서 책동된 열강 제국의 중국에 대한 간접적인 침략이라고 밖에는 말할 수 없는 것이었다.

일본의 1천만 엔 차관이라는 말을 들은 송교인은 그해 3월 30일자 상해의 〈민립보〉에서 그것을 맹렬히 비난했다.

'아, 우리나라는 이제 더욱 큰 위험을 맞았다. 그 영향은 러시아가
몽고나 이리(신강성 서부)를 침략하고 영국이 편마(片馬—운남성)를
점령하는 것보다도 10배나 더 중대하며, 우리나라를 이집트나 조선처
럼 만들려는 것이다. 이는 경제력을 앞세운 침략이다. 그러한 차관을
받아들인다면 우리나라 재정은 더욱 고갈될 것이며, 나아가서는 우리
나라 재정이 일본국의 간섭 또는 감독을 받게 될 것이다'

준비를 갖춘 청조는 단방(端方)을 월한·천한 철로독판(鐵路督辦)에 임명, 5월 22일자로 사천·호남 양성의 철도조고(鐵道租股)의 정지를 명령했다. 조고란 철도 건설자금으로서 지주가 소작료의 1백분의 3을 적립해 온 것을 말한다. 그러한 철도건설이 인정된 지벌써 4년의 세월이 흐른 시점이었다.

민간으로부터 모아진 조고와 주식은 2천여 만원에 이르렀고, 노

선조사도 이미 끝나 있었다. 의창(宜昌—호북성)에서는 10여km의 궤도 기초도 이미 건설되어 있었다. 청조의 방침은 그 적립금을 현금으로 상환하지 않고 채표(債票—채권)로써 갚는다는 것이었다.

외국으로부터 들여오는 차관이 중국이 장래에 대해 무엇을 의미하는 가를 확실히 파악하지 못하는 민중들도, 자기들의 돈과 노력으로 쌓아올린 철로를 정부에 빼앗겨버린다는 것에 대해서는 무조건 반발을 느끼지 않을 수 없었다.

폭발한 민중의 분노

철도 국유화 정책에 반대하는 여론은 이제 겨우 출발한 약체 내각을 뿌리에서부터 뒤흔들어 놓았다.

5월 27일(1911년)에는 사천성의 천한철로공사가 사천성 총독대리 왕인문(王人文)에 대해서 철도 국유화 계획의 철회를 청조에 요청한 것을 필두로, 6월 6일에는 광동철로의 주주대회가 열려 국유화 반대·민영 견지를 결의했다. 특히 타격이 컸던 것은 조고가 많은 사천성이었다. 6월 11일에 열린 사천철로공사의 임시주주대회에는 수천 명이 참가했다. 그들은 눈물을 흘리면서 '철로가 국유화되면 사천은 망한다'고 호소했다. 주주대회가 끝난 다음 그들은 반대운동을 조직화하기 위해 보로동지회(保路同志會)를 결성했다.

주목되는 것은 이때 지방행정을 맡은 고관이 중앙의 명령에 항거하여 민중 쪽에 가담했다는 사실이다. 호남순무인 양문정은 호남성 자의국을 대신해서 '호남인은 자기들의 힘으로 충분히 철로를 경영할 수 있으므로 차관은 필요치 않다. 현재의 정부는 신용을 잃었고, 민심을 잃었다. 그래서 민심은 불신에 가득 차 있으며 어찌할 바를 모르고 있다. 뜻밖의 이변이 조성될 염려가 있다'고 청조에 주상했다.

또 사천성 총독대리 왕인문은 사천성민에 대해서 '책임을 다하여 사천 사람들을 위하여 진력하겠다'고 공언한 다음에 우전부 대신 성선회에게 '국권을 잃음이 심하며, 군주를 속이고, 국가를 오도함이 크다'고 전보를 쳐서 외국차관을 비난하고, 철도 국유화의 철회를 요구했다. 청조의 행정기관마저 국민의 고통을 보다 못해 청조를 외면하기 시작한 것이다.

사실 청조 치하의 국민들은 계속되는 몇 년 사이의 극심한 인플레로 피폐의 나락에 빠져 있었다. 열강의 강탈, 수입초과, 지폐의 남발, 물가등귀의 악순환은 갈수록 더할 뿐이었다. 인심의 황폐와 더불어 토지도 황폐했고, 전년에 호남성 장사에서 장강유역 전체를 휩쓸던 쌀소동이 그해에도 강서성에서 발생하고 있었다. 하루가 다르게 가치를 상실해가는 지폐는 이미 사람들이 거들떠보지도 않고, 광주에서는 지폐를 은으로 바꾸려는 사람들이 은행으로 쇄도해서 군대를 동원해야 할 지경에까지 이르렀다.

게다가 장강의 중류 일대에서는 6월에서 7월에 걸쳐 호우가 계속되었고 그 때문에 사망자가 수천 명에 이르렀다. 그런데도 청조는 곤궁의 극에 달한 백성들의 호소는 들은 척도 하지 않고, 도처에 '명령에 따르지 않는 자는 격살물론(格殺勿論―극형에 처해도 좋다)'이라는 난폭한 고시문만을 게시하며, 오직 강압적 수단으로 만사를 해결하겠다는 식이었다.

외교면에서도 4개국 차관·일본차관을 비롯하여 실패가 계속되고 있었다. 운남성과 버마 국경을 둘러싼 영국과의 분쟁에서는 영국에 대해 편마지구(片馬地區)를 조차지로 할애해도 좋다는 약체를 드러내고 있었다. 외몽고 지구에서도 침투한 러시아 세력을 업은 몽고인의 독립운동이 일어나고 있었다. 그해 4월에는 일본·러시아·마국·영국·프랑스 등 5개국 대표가 파리에서 중국 분할에 관한 비밀회의를 열었다는 정보가 주불공사 유식훈(劉式訓)으로부터 잇달아 들어왔다. 그것은 청국의 영토를 섬서·하남으로 한정하고, 동북과 복건 4성을 일본에게, 나머지를 러시아·영국·프랑스 3국이 분할하자는 밀약이었다. 그러나 이것은 미국의 반대로 와해되었다.

이 같은 청조의 내정·외교의 잇달은 실패에 대해, 국회청원운동을 추진하고 있던 각 성의 자의국 연합회는 6월 30일, 차관·철도 국유화·외교정책 등 청조의 '6가지 큰 죄목'을 열거한 선언문을 발표, 청조에 대한 불신임을 전국에 호소했다.

이미 사태는 수습불능의 단계에까지 도달해 있었다.

거기까지 몰리고 있으면서도 청조는 강경한 태도를 굽히지 않았다. 그들은 민중 쪽으로 붙은 사천성 총독대리 왕인문을 파면했고, 그 후임으로 사천·운남 양성을 담당한 천전변무대신(川滇邊務大臣) 조이풍(趙爾豊)을 앉히면서, '보로운동의 요구를 강력히 탄압하라'고 엄명했다. 그리고 보로운동의 확대를 막기 위해 각 성의 전보국에서 철로문제에 관한 전보의 접수를 일절 금지시켰다.

민중에 총탄세례

혁명을 위한 바탕은 바야흐로 성숙해 가고 있었다. 중국혁명동맹회에서는 그때까지 10회에 걸친 기의의 실패에도 조금도 사기를 잃지 않고 다시 활발한 운동을 전개하고 있었다. 주주대표의 한 사람으로서 사천성 성도로 들어간 주지홍(朱之洪)은 청군 내에 있는 동지들과 연락하여 다시 민중대회를 연데 이어, 8월 24일에는 성도(成都)에서 전 시가가 파업을 단행, 납세거부운동을 조직했다. 주지홍은 또 중경(重慶)을 근거지로 독립을 추진했고, 영현(榮縣)에서는 왕천걸(王天杰)이 1백여 명의 민군을 이끌고 기의를 포고했다.

신임총독 조이풍은 사태의 진압은 이미 불가능한 것으로 판단했다. 그래서 그는 일단은 '민영을 계속할 수 있도록 해달라'고 건의했으나, 청조에서는 이번에도 '격살물론'의 힘에 의한 진압을 강제하는 한편 독판대신 단방에게 명령하여 군대를 사천으로 발진케 했다.

보로운동이 장기화하는 것을 두려워한 조이풍은 그에 힘을 얻어, 9월 7일에는 성도에서 보로운동의 지도자들을 일제히 체포했다. 체포된 자는 서천 자의국 의장 포전준(蒲殿俊), 부의장 나륜(羅綸), 보로회 회장 등효가(鄧孝可), 주주회장 안해(顏楷) 등 9명이었다. 조이풍은 즉시 그들을 처형하려 했지만 성도의 장군 옥곤(玉崑)에 의해 처형은 간신히 보류되었다.

그런 사실을 알게 된 민중들은 그들의 석방을 탄원하기 위해 속속 독서 앞으로 모여들었다. 그 숫자는 수천 명에 이르렀다. 어린이와 부인·노인들도 다수 포함된 군중이었다.

오후가 되자 비가 뿌리기 시작했다. 군중은 비에 흠뻑 젖으면서 날이 저물어도 돌아갈 생각을 않고, 선제(先帝—광서제)의 위패를 장식한 향불을 피우면서 그 앞에서 엎드려 선정이 이루어지기를 빌었다. 그런 단계에서는 아직 청조를 송두리째 뽑아버릴 생각은 갖고 있지 않았던 것이다.

밤이 되자 총독 조이풍은 군중에게 해산을 명령했다. 그러나 군중이 명령을 따르지 않는 것을 본 총독은, 군중이 위패 앞에서 피우는 향의 연기를 '독서에 방화하려는 것이다'라고 덮어 씌워, 수비병에게 발포를 명령했다.

독서의 동원문(東轅門—바깥문)에서 첫 총성이 울리면서 이어서 주변 요소요소를 수비하던 위병들이 일제히 사격을 시작했다. 민중들의 쫓기는 인파는 근처 상점으로 밀려들었지만 그들의 등 뒤에서 퍼붓는 총탄은 비 오듯 쏟아졌다. 이때 사망한 자는 이름이 알려진 숫자만도 27명이었다. 그중에는 15세의 소녀에서, 73세의 노인까지 포함되어 있었다.

탄원에 대해 총탄세례의 회답을 받은 민중의 노여움은 마침내 절정에 도달했다. 그들은 폭도로 화했고, 성도의 시가 전체는 말할 수 없는 혼란 속에 빠졌다.

'이제야 때는 왔다.'

성도의 민중은 각처에서 전선을 절단하여 '관소(關所)'를 두었던 곳과 관청 사이의 연락을 끊었다. 전선을 끊음으로써 연락이 단절되는 것은 정부기관뿐만이 아니었다. 그래서 성도의 민중들은 다른 지방 사람들이 성도의 소식을 알 수 있도록 '수전보(水電報)'라는 연락수단을 생각해냈다. 나뭇조각에 유혈사건의 전말과 경과를 기록하여, 다른 지방민들에게 경계와 궐기를 호소하는 글을 쓴 다음 거기에 오동 열매 기름을 발라 냇물에 흘려보내는 것이다.

— 관의 횡포로 민변(民變)이 발생. 제대(制台—지방장관, 조이풍을 말함)가 반역하여 백성이 고난을 당하고 있음.

— 조이풍은 먼저 포전준·나륜을 체포했음. 그런 다음에는 사천 전역을 공격했음. 각지의 동지들은 시급히 자구책을 마련하라.

성도를 흐르는 강은 사천성 서부를 남하하는 민강(岷江)에서 장강으로 흘러들어간다. 강은 가을철에는 언제나 물이 불어 있었다. 나뭇조각은 유속이 빠른 강의 흐름을 타고 하류에 있는 각 도시 주민들의 손에 사천의 뉴스를 전해주었다. 하류에서 '수전보'를 받아본 사람들은 다시 나뭇조각에 그 문장을 받아써서 다시 하류로 보내는 릴레이식이었다. 그리하여 성도의 소식은 별안간에 사천성의 서부·남부 각처로 퍼져나갔던 것이다.

동맹회원 용명검·왕천걸 등은 지체 없이 장강 일대의 혁명조직인 가로회의 수령 진재갱 등과 연합하여, 민중학살사건이 있던 다음날

9월 8일(1911년) 보로동지군을 결성하고, 9일에는 성도성 밖에서 청군과 대치했다. 청조는 그들을 격멸하라고 명령했지만, 이때 청군 병사들은 청조의 횡포한 처사에 반감을 품고, 보로동지군에게 동정적이었다.

그들은 일단 상관의 명령에 복종하여 보로동지군에게 수백 발의 사격을 했다. 그러나 탄두를 뺀 탄환이었기 때문에 그것은 공포로서 하늘 높이 큰소리로 울렸을 뿐이었다. 이때 동지군에 가담하는 민중의 수는 속속 늘어나고 있었다.

청조는 어쩔 수 없이 대륙 중앙부에 있는 최대의 신군 근거지인 무한으로부터 증원군을 급파하기로 방침을 세웠다. 그러나 민중의 궐기는 요원의 불길처럼 성도에서 인근 각처로 번져나갔고, 10월 3일 성도 남방의 영현에서 1천여 명의 민중이 독립을 선언하자, 정연(井研)·인수(仁壽)·위원(威遠) 등 가까운 각 현에서도 잇달아 그에 호응했다. 그들 4현에서 편성된 민군은 3만 명을 넘었고, 각지에서 청군과의 전투태세에 들어갔다.

민군은 사본일조(四本一組)의 깃발을 흔들었다. 그 깃발에 선명히 적힌 글자는 '구제달로(驅除韃虜—만주족 구축), 회복중화(恢復中華), 창립민국(創立民國), 평균지권(平均地權)'의 4구절이었다. 그것은 분명히 동맹회의 슬로건이었고, 민군의 선두에는 동맹회원이 서 있었다.

동맹회는 이때 이미 호북의 '문화사(무창)', '공진회(한구)'와 합동회의를 열고, 무창에서 호응 궐기하기로 정했던 것이다.

임시 총사령부를 조직

문학사는 1911년 1월 30일, 무창의 황학루(黃鶴樓)에서 창립된 비밀혁명조직이다. 사장 장익무(蔣翊武), 문서부장 첨대비(詹大悲),

평의부장 유복기(劉復基)가 그들의 지도자였다.

문학사의 원류를 따져보면, 그것은 1904년에 조직된 과학보습소(科學補習所)로 거슬러 올라간다. 과학보습소는 조직되자마자 황흥이 호남에서 기의를 계획했을 때 그에 호응하려다가 실패했다. 그러나 그 흐름은 일지회(日知會)로 인계 되었고, 잇달은 탄압을 견디면서 호북군대 동맹회, 군치학사(群治學社), 이어서 진무학사(振武學社), 문학사 등등으로 이름을 바꾸면서 조직을 개편해 온 것이다.

문학사의 특징은 호북신군(湖北新軍) 속에 세력을 뻗친 점이었다. 호북신군은 상비군 제8진(鎭—사단), 상비군 제21혼성협(혼성여단)을 주력으로 무창에 근거지를 두고 있었다. 각 성의 신군 중에서도 가장 오랜 역사를 지닌 정예부대였다.

무창은 장강과 한수(漢水)의 합류지점에 있다. 인접한 한구·한양과 함께 무한 3진이라고 일컬어지는 도시로서, 고대부터 군사상의 요지로 알려진 곳이다. 그러니만큼 청조에서도 특히 주력하던 곳인데, 거기서 오래 동안 호광(湖廣—호북·호남성) 총독을 지내던 장지동이 유학생의 해외유학을 권장했기 때문에 해외에서 공부하고 돌아온 영재들이 많았다.

그들 중에는 해외의 문명세례를 받았을 뿐 아니라 손문의 영향을 받아 혁명사상을 간직하고 돌아온 사람들도 많았다. 그리하여 그들은 귀국 후 은밀히 혁명진영에 투신했다. 호북신군 속에 있는 문학사 사원은 약 5천명에 이르러, 실로 호북군 전체의 3분의 1을 점하고 있었다. 그들은 후일 무창기의에서 희생자 중의 태반을 차지할 만큼 분투했고, 혁명이 성공한 후에는 동맹회와 합류했다.

한편 공진회는 1907년에 동맹회와는 별도로 손문을 최고지도자로 추대하여 거정·유공·손무(孫武) 등이 이끌어가던 단체였다. 다른 회당과의 '공진(共進)' 즉 협력관계를 중시하는 단체로서, '18

성기'를 군기로 하고 있었다. 그들은 1909년에 일본에서 귀국한 손무 등에 의해 한구에 총기관부를 설치하고, 장장유역의 혁명조직과 연락을 갖고 있었다.

동맹회는 이 2개 조직과의 강력한 연대에 힘썼다. 1911년 2월에는 담인봉을 홍콩으로 파견하여 공진회의 거정·손무 등과 협의케 했으며, 운동자금으로 8백 원을 제공한 바 있었다. 그리하여 문학사와 공진회 등 2개 조직은 동맹회와의 협력 체제를 강화했다.

4월의 '황화의 싸움'에서 실패한 후 동맹회는 기의방침을 재검토했고, 3가지 안이 나왔다. 하나는 북방의 신군과 협력하여, 동북 3성의 후원 아래에 중앙에서 혁명을 일으키고, 행정의 심장부인 북경을 함락시킴으로써 전국에 호령하자는 것, 이는 상책(上策)이라 했다. 중책은 장강중류에 우선 정부를 수립하고 거기를 거점으로 해서 북상하자는 것이었다. 종래처럼 변방에서 기의를 하는 것은 하책이라 하여 좋지 않은 것으로 평가되었다.

토의결과 중책인 '장강유역 중점'이 채택되었고, 이에 따라 7월 31일에는 진기미·송교인·담인봉 등이 상해의 동맹회 중부총회를 결성했다. 그것은 호북·호남·안휘 3성 분회를 통괄하는 것이었다. 또 보로운동에서 민중운동의 선두에서 활약한 사천분회도 그때 설립된 것이다. 동맹회 중앙총회는 그 지방의 문학사·공진회 등과도 유대를 강화하고 기의를 위한 조직과 준비를 완결했다.

사천성에서 민중이 궐기했다는 소식이 전해지자 문학사와 공진회는 매일같이 회의를 열고 기의계획을 토의했다.

9월 12일에는 임시 총사령부를 조직할 것을 결의했고, 문학사의 장익무를 임시 총사령, 공진회의 손무를 참모장으로 선출하고, 기타 중요한 포스트에 대한 책임자도 결정지어 21일까지는 기의를 위한 구체적인 준비를 완료하기로 했다.

제6장 신해혁명(辛亥革命)

1. 혁명의 새벽을 알리는 일발의 총성

무창의 공정대가 반란

1911년 10월 10일 밤 7시, 무창공정 제8영(武昌工程第八營—공병 제8대대)의 점호는 끝났다. 병영에는 평소와 다른 야릇한 분위기가 감돌고 있었다. 그래서 평소보다 세밀한 점호를 했지만 별다른 이상은 발견되지 않았다. 점호가 끝난 다음 병사들은 각자의 침소에서 멋대로 뒹굴었다. 그때 병영의 2층에 있는 후대 2배(後隊二排—제2소대)의 배장 도계승(陶啓勝)이 호위병 8명을 데리고 나타났다. 그는 얼굴에 미소를 머금고 천천히 사방을 둘러보더니 누워 있는 김조룡(金兆龍)을 손짓해 불렀다.

김조룡은 혁명파에 가담해 있었다. 그는 언뜻 불안을 느꼈지만 도계승의 부드러운 표정을 보자 마음을 놓고 출입구까지 따라갔다. 혹시 배장이 '나도 혁명파에 넣어주지 않겠나?'하고 속삭일지도 모른다는 가벼운 기대감마저 가졌다.

그러나 바깥으로 나온 순간 도의 태도는 돌변했다. 김조룡의 양팔을 붙잡은 그는 뒤로 비틀면서 소리쳤다.

'너 이놈, 엉뚱한 놈이구나! 네가 혁명조반(革命造反)을 했다구!'

도는 호위병에게 김조룡의 결박을 명령했다. 뜻밖의 일에 병사들은 모두 자리에서 일어섰다.

도계승에게는 도계원(陶啓元)이라는 아우가 있었다. 그는 형과 같은 부대 제8영의 부분대장으로 형과는 달리 혁명파에 속해 있었다. 아우는 형과 싸우기를 피하려고 그날 형에게 혁명이 가까웠음을 전하고 속히 부대를 피해 나가라고 일러 주었다. 그런데 그 말을 들은 형은 노발대발 하면서 아우를 윽박질러 혁명파 멤버의 이름을 자백케 했다. 그 결과 김조룡이라는 이름이 아우의 입에서 튀어나온 것이다.

그런데 도계승의 명령에 복종해서 김조룡을 포박하려는 자는 하나도 없었다. 모두가 그들을 멀리 둘러싸 있으면서 묵묵히 지켜볼 뿐이었다. 마침내 김조룡은 두 팔이 꺾인 채 외쳤다.

'너희들은 왜 보고만 있어? 지금 해치우지 않고 언제 하자는 거야!'

혁명파의 동지 정정국(程定國)이 총을 거머쥐었다. 개머리판이 도계승의 머리를 내리쳤다. 핏방울이 사방으로 튀었다. 도계승은 비명을 지르며 복도로 도망쳤다.

그 순간 무창기의(武昌起義) 제1발의 총탄이 발사되었다. 정정국이 총을 정조준하여 도주하는 도계승에게 발사한 것이다. 총소리를 듣고 달려온 웅병곤(熊秉坤)이 복도에서 도계승과 맞부딪쳤다. 웅병곤은 자기 총의 방아쇠를 당겼다. 메마른 총소리가 밤의 공기를 찢었다. 웅의 탄환은 도계승의 허리께를 스치고 빗나갔다. 도계승은 아래층으로 구르듯이 도망쳤다.

이것이 혁명의 새벽을 알리는 최초의 총소리였다. 신해혁명의 막은 이렇게 장엄하게 열린 것이다.

신해혁명의 성공은 청조의 압정에 고생하던 중국민에게 빛과 희망을 주었다는 데에 그치는 것이 아니었다. 중화민국이라는 아시아 최초의 공화국의 탄생은 제국주의의 침략에 신음하는 아시아의 나라들, 아시아의 민족들에게 자유와 희망을 주는 것이었다.

중국의 전제(專制) 해독이 2백여 년에 걸쳐서 날로 심해갔음에도 불구하고, 일단 국민의 힘에 의해 그것이 타도되자, 국민이 궐기한 지 불과 수십 일 만에 10여 성을 광복하는, 유사 이래에 없는 신속한 성공을 거두었다. 제국주의 압박에 깊은 상처를 받던 아시아의 모든 국가와 민족은 그것을 직시하고 각성했다. 전제정치란 원래 타도할 수 있는 것이며, 민족은 독립자주를 달성할 수 있을 뿐 아니라, 어떠한 식민지의 질곡에서도 해방될 수 있다는 것을 깨달았다. 그래서 아시아 각국의 민족혁명운동은 하루가 다르게 왕성해졌으며, 반제국주의 물결도 점차 드높아졌다. 그것이야말로 중국국민혁명이 인류에 기여한 획기적인 공헌이었다.

'중추기의'의 실행계획 결정

무창기의의 발단은 9월 24일의 작전회의에서 시작된 것이었다.

혁명의 주축을 이루던 문학사와 공진회는 그날 오전 10시부터 공진회 기관부에 주요간부 60명이 회합하여 기의에 대한 실행계획을 협의했다. 거기서 기의는 중추(中秋—음력 8월 15일)가 되는 10월 6일에 결행키로 결정했다.

초기작전의 중점은 대포진지와 무기고를 점령하는 데 두어졌다.

—먼저 무창성 밖에 있는 전망이 좋은 제21혼성협(協—여단) 공정(工程—공병) 제11영에 방화하는 것을 신호로 일제히 봉기하여 성내의 사산(蛇山)·봉황산에 있는 대포진지 및 무기고를 탈취한다. 그와 동시에 대안에 있는 한구·한양(漢陽)에서도 제42표(標—연대)가 궐기, 병공창 등을 공격, 무한 3진(武漢三鎭)을 일거에 제압한다. 그에 호응하여 호남에서는 장사에서 초달봉(焦達峯) 등이 궐기한다.

각대의 지휘 책임자와 공격 분담도 상세하게 결정한 다음 오후 1

시에 산회했다.

이 계획은 1시간 후에 하마터면 탄로될 뻔하였다. 무창성 밖 남호(南湖)에 있는 포병 제8표의 일부 혁명동지가 취중에 대포를 끌어내어 공포 3발을 쏘아 기세를 올렸기 때문이다. 다행히 혁명계획은 폭로되지 않았고 대포를 쏜 3명이 군적에서 쫓겨난 것으로 마무리되었다.

공포사건 이후로 기의에 대한 소문이 널리 퍼졌다. 한구의 신문에는 '중추기의'라는 말이 보도되기조차 하였다.

기의가 임박했음을 깨달은 호광총독 단징(端澂)은 9월 30일 내각에 전문을 보냈다.

―호북의 신군은 사천의 보로폭동 진압을 위해 출동했기 때문에 병
력이 부족하다. 육군을 호북 수호를 위해 원군으로 보내주기 바란다.

10월 3일에는 군사회의를 소집했고, 항간에 떠도는 중추기의에 대한 경비체제를 강화했다. 주요도로의 경계, 주요관청 등의 경비를 위해 초비상을 걸기 시작했으며, 장강(양자강) 일대의 군함에 의한 순찰을 지시했다. 중추 전날인 10월 5일에는 모든 관민에게 금족령을 발했고, 무한 일대에는 특별경계령이 내려졌다.

거사 직전에 임시 총사령부 괴멸

한편, 혁명군의 준비도 늦어지고 있었다. 임시 총사령으로 지휘를 맡은 장익무는 소속부대인 제41표가 호남성 악양에 출병했기 때문에 부재중이었다. 상해로 권총을 사로 간 거정(居正)도 아직 돌아와 있지 않았다. 동맹회로부터 오기로 결정된 황흥·송교인도 아직 도착하지 않고 있었다.

청조의 계엄태세가 시시각각으로 강화되어 가는 중에 혁명군의 주요간부가 자리를 비운 상태에서 6일에 거사를 하는 것은 위험천

만한 일이었다. 할 수 없이 임시 사령부는 기의 날짜를 연기, 궐기 목표를 11일 전후로 잡기로 했으며, 9일에 다시 회의를 열어 모든 것을 결정키로 했다.

그런데 그 회의를 열던 날 뜻밖의 사고가 생겼다. 오전 10시경에 혁명군 참모장 손무는 한구의 러시아 조계에 있는 공진회 총기관부에서 폭탄제조에 열중하고 있었다. 그 폭탄은 독서 옆에 있는 '무창 모자점'에서 단징의 침실로 던져, 맨 먼저 그를 혁명의 제물로 삼음으로써 혁명군의 사기를 드높이자는 계획이었다. 손무가 화약을 섞고 있을 때, 혁명군 임시조직 총리 유공(劉公)의 아우 유동(劉同)이 거기에 나타났다. 공교롭게도 그가 피우던 담뱃불이 화약에 떨어져 인화, 화약은 굉음을 울리면서 폭파되었다. 이 사고로 손무는 얼굴에 중상을 입었다.

그런 소란으로 러시아 조계 경찰이 급습하여 유동을 비롯한 30여 명의 혁명지도자가 일망타진되는 비운을 당했다. 게다가 회원명부·군기·총기·혁명을 위해 준비해둔 '중화은행초표(中華銀行鈔票—지폐)'·기타 각종 문서(선언문) 등이 모조리 압수되고 말았다.

한편 강 건너 무창에서는 이날 이른 아침부터 억양에서 돌아온 임시총사령관 장익무를 맞은 청군 내부의 동지들이 모여서 기의에 대한 협의에 몰두해 있었다. 이날 회의가 끝나고 점심을 먹고 있을 때, 폭발사고에 대한 긴급소식이 전해졌다.

회의 참가자 전원은 새파랗게 질렸다. 명부가 차압된 이상, 이제는 혁명에 총궐기할 수밖에 없었다. '앉아서 죽느니보다는 일어서서 싸울 수밖에 없고, 이제는 혁명의 성공여부는 문제가 아니다'라는 것이 전원 일치된 의견이었다.

임시 총사령관 장익무는 다음과 같은 2종의 명령을 내렸다. 때는 9일 오후 5시였다.

<명령>

1. 본군은 오늘밤 12시에 거사하여 한족을 부흥하고 만족을 구축한다.

2. 본군은 전투·수비를 불문하고 규율을 엄수할 것이며, 동포나 외국인에 대해 위해를 주어서는 안 된다.

3. 마(馬)·보(步)·포(砲)·공(工)·치(輜—수공) 각 군은 중화문 밖의 포성을 신호로 다음의 임무를 수행한다.

(1) 공정 제8영은 초망대의 군계고(軍械庫—무기고)를 점령하라.

(2) 제29표 제2영은 보안문에서 총독서(總督署)를 향해 진격하라.

(중략).

<주의> 본군은 누구나 왼팔에 흰 완장을 둘러 혁명군임을 표시할 것.

임시 총사령관 장익무

<명령>

1. 남호의 포대는 금일(9일) 밤 12시를 기하여 발포하라. 그 포성을 신호로 성 내외 각 군은 일제히 행동을 개시할 것.

임시 총사령관 장익무

무창기의 최초의 희생

이 명령은 즉시 등사판으로 20매가 인쇄되고, 각 표·영의 대표에게 배포하기 위해 각 방면으로 전령이 출발했다. 그러나 한구의 폭발사고로 기의 계획을 탐지한 단징은 무한 3진의 성문을 폐쇄, 성내의 교통을 차단하고 철저한 검문을 실시했다. 산하 군대의 외출은 금지되고 휴가는 일절 취소되었다. 때문에 장익무의 명령서는 전달되지 못했다. 그런데도 임시 총사령부에서는 그것을 알지 못한 채 심야의 일제봉기를 기다렸다. 예정된 12시가 지났어도 무창에는 한 발의 포성도 울리지 않았다.

별안간 계단 아래에서 문을 난타하는 소리가 울렸다. 웅성거리는 음성과 함께 구두 소리가 들렸다. 유복기가 냉큼 폭탄을 손에 들고 계단을 내려가려는 순간이었다. 그때 문을 박차고 군경이 쏟아져 들어왔다. 유복기가 폭탄을 날렸지만, 계단 손잡이에 맞고 튕겨와서 폭발했다. 유복기는 그 자리에서 쓰러졌다.

장익무 등은 이웃집 지붕으로 탈출했지만 너무 많은 사람이 한꺼번에 올라갔기 때문에 차양이 무너져 내려앉아 포위 군경에게 일망타진되고 말았다. 기의를 앞둔 무창의 총사령부는 이렇게 괴멸되어 버린 것이다.

체포된 사람들은 경찰서에 압송되었다. 장익무 역시 경찰서까지 끌려갔지만, 그가 변발을 하고 있는데다가 풍채가 혁명가라기보다는 샌님 같아서 그를 지키던 경찰이 방심하는 틈을 타 도망쳐 나올 수 있었다. 그 길로 무창을 탈출하여 악양으로 도주했다.

그 밖의 무창성 내 아지트도 잇달아 군경의 급습을 받아 주요 간부 전원이 거의 체포되었다. 체포된 수는 32명이었다.

사태를 중시한 단징은 무창지사 진수병에게 명령하여 검거된 혁명파를 철야 신문케 했다. 그 결과 이튿날 아침 8시에는 팽초번(공진회)·유복기(문학사·동맹회)·양광승(보병 제30표) 등 3명이 본보기로 참수형을 당했다. 세 사람은 그들 앞에서 추호도 굴함이 없이, 저마다 만청(滿淸)정부를 규탄하며 동포에게 '혁명을 위해서 궐기하라'고 소리높이 외치다가 처형되었다. 무창 궐기 최초의 희생자들이었다.

봉기를 강행

10월 10일(1911년) 아침, 무창의 거리는 혁명파를 수색하는 군경들의 무리로 꽉 차 있었다. 10여 보 간격으로 경계병이 늘어선 삼엄한 거리에는 살기가 흐르고 있었다. 또한 각 영의 훈련은 일절 정지되고 있었다.

동지간의 연락은 거의 두절되었다. 경계병이 교체하는 틈을 타서, 또는 상점으로 물건을 사러 가는 체하면서 어쩌다가 동지들의 얼굴이나 훔쳐볼 따름이었다. 성 안과 성 밖의 연락도 모든 성문이 굳게 닫혀 있기 때문에 전혀 불가능했다.

각자 도주해서 겨우 목숨을 구한 간부들은 산지사방으로 흩어져 버렸고, 무기와 탄약은 모두 압수되었다. 혁명의 깃발로 사용하려던 18성기도 등옥린이 배에 감추고 도망친 것 이외에는 남아 있지 않았다.

무창 시내의 공정 제8영의 동지 웅병곤에게 임시 총사령부로부터 궐기 명령이 전달된 것은 10일 아침이었다. 전날 오후 5시에 장익무로부터 발령된 것으로 이미 때가 늦었다. 웅병곤은 동지들에게 은밀히 그것을 통지했고, 점심 식사가 끝난 후 회의를 열었다. 전날 밤부터의 수상한 긴장상태와 그들이 직접 목도한 동지들의 참수 등을 생각하면서 그들 중에는 얼굴이 새파랗게 질려 있는 자도 있었다. 그러나 명부가 이미 적의 손에 들어간 이상 멀지 않아 그들에게도 체포의 손길이 미칠 것은 뻔 한 일이었다. '죽음 속에서 삶을 찾자!'고 하는 웅변곤의 부르짖음에 모두의 의견이 일치했다.

작전순서는 이미 9월 24일의 회의에서 결정되어 있었다. 그러나 각 부대 간의 연락은 지리멸렬이었다. 특히 강력한 지원부대로 기대되던 성 밖의 포병대에 대한 동향이 전혀 알려져 있지 않았다. 그래서 뜻있는 자만이 궐기하자는 결사적인 출진이 되었다.

그들은 숨겨두었던 탄환을 분배했다. 1인당 2알밖에 돌아가지 않는 한심한 상태였다. 그렇게 적은 탄환 중에서 궐기를 알리는 신호를 위해 3발을 사용해야 했다.

궐기는 일단 오후 3시로 예정되었지만, 연락에 시간이 걸려 오후

7시 이후로 연기되었다. 그때까지 연락이 된 것은 제29표 2영 2배(소대)와 제30표 3영 1대(중대) 뿐이었다.

그러는 사이에 마침내 중국의 여명을 알리는 웅병곤의 총성이 울려 퍼졌던 것이다.

혁명군, 무기고를 탈취

소란에 놀란 대대장 완영발(阮榮發)이 부하를 데리고 달려왔다. 완영발은 허리에 총탄을 맞고 2층에서 굴러 떨어지던 도계승을 혁명파라고 착각하고 그를 사살해 버렸다. 그들은 2층을 향하여 총을 난사하면서 고함을 쳤다.

"너희들은 혁명당에게 속고 있는 것이다. 혁명당은 어제 벌써 도망쳐 버렸다. 쓸데없는 짓으로 목숨을 버리지 말라. 일가 구족이 죄인이 되는 것을 알라!"

혁명파는 2층에서 의자와 책상을 내던지며 응전, 최초의 전투가 시작되었다. 한 동지가 완영발을 권총으로 쓰러뜨려서 혈로를 열었다. 그들은 속속 아래층으로 내려왔다. 웅병곤이 피리를 불어 약 40명의 동지를 모아놓고, 이미 계획되었던 무기탈취를 위해 초망대의 무기고로 진격했다.

한편 무창성 밖 북방의 당각(塘角)에 있는 제21혼성협 제11영도 이때 궐기하고 있었다. 이붕승(李鵬昇)을 지도자로 하는 동지들이 오후 7시에 사료로 쓰는 건초더미에 불을 질러 봉화를 올렸다.

가까운 포병 제11영에 진압명령이 내렸지만, 병사들 사이에서는 기의에 참가하자는 소리가 높아져서 부대는 분열을 일으켰고, 일부가 혁명군에 가담했다. 이붕승은 약 1백 명의 동지를 지휘해서 성안으로 진군했다. 가장 가까운 무승문(武勝門)이 굳게 닫혀 있어서, 성 밖을 따라 동쪽으로 우회, 무기고에 가까운 통상문(通湘門)

쪽으로 달렸다.

성 안에서는 공정 제8영의 웅병곤 등과 호응하여 제29표의 채제민(蔡濟民)도 궐기했다. 그들은 거의 동시에 초망대의 무기고로 쇄도했다. 초망대를 지키던 청군 중에도 혁명에 호응하는 자가 잇달아 나타났고, 이에 힘입어 혁명파는 너무나도 쉽게 무기고를 장악했다.

초망대 무기고에는 신군의 남쪽 거점답게, ① 독일제 7.9mm 쌍구 모젤 1만여 정 ② 일본제 6.5mm 보병총 1만 5천 정 ③ 한양병공창 제조 6.5mm 단구총 수만 정 ④ 탄환·포탄 다량이 쌓여 있었다.

무기·탄약을 갖지 못하고 거의 맨주먹이나 다름없이 달려온 병사들은 졸지에 최신장비를 갖춘 부대로 탈바꿈했다. 그리고 거기에 모인 동지만 해도 이미 3백 명에 달해 있었다.

그들은 웅병곤을 대표 겸 대대장으로 추대하고 '호북혁명군'이라 칭하여 먼저 사산(蛇山)과 초망대에 포병진지를 구축키로 했다. 또한 성 밖의 남호에 있는 포병 제8표에 연락, 속히 성을 향하여 진공하도록 촉구했다. 그러나 '호북혁명군'에는 실력 있는 지휘관이 없었다. 웅병곤은 계급이 반장에 불과했다.

그때, 초망대의 경비 당직사관이던 좌대대관(左隊隊官) 오조린(吳兆麟)이 성벽에 숨어 있는 것이 발견되었다. 오조린은 일찍이 일지회 회원이었고, 부하로부터 두터운 신망을 받아온 장교였다. 혁명군 병사들은 오조린에게 '임시총지휘'를 맡아달라고 간청했다.

오조린은 일단 사퇴했다가, 규율의 엄수, 명령에 대한 절대복종 등 조건을 붙여 '임시총지휘'를 맡기로 하고, 다음과 같이 작전을 결정했다.

1. 초망대에 가까운 제30표 헌병영은 만주인에 의해 장악되고 있다. 그에 선제공격을 가해 격멸한다.

2. 아직 궐기하지 않은 다른 동지들에게 연락하여 궐기를 촉구한다.

3. 암호는 '홍한(興漢)'으로 정한다.

이러한 방침 아래 오후 8시 30분에 제1호 명령이 나왔고 공격이 개시되었다. 30분도 되지 못하는 사이에 혁명군은 벌써 헌병영의 점령에 성공했다. 형세를 관망하던 병사들이 속속 초망대로 달려와서 혁명군에 가담했다. 삽시간에 혁명군은 약 2천명으로 불어난 대부대가 되었다. 게다가 포병대도 곧 도착, 혁명군의 체제는 차츰 모습을 갖추어갔다.

총독, 전선에서 도망

청조는 그와 같은 상황을 제대로 파악하지 못하고 있었다.

독서와 제8진 사령부는 오후 9시(1911년 10월 10일)에 참모장 오조기(吳兆麒) 등 4명을 초망대로 파견하여 시찰케 했다. 오조기는 혁명군의 임시총지휘를 하고 있는 오조린의 형이었다. 오조기는 아우 오조린을 비호하기 위해서 정확한 상황을 청조 측에 보고하기는커녕 오히려 아우에게, 독서의 방위태세가 뒤늦어서 그곳에는 소수 부대밖에 없다는 것, 그리고 독서에 있는 기관총은 6정뿐이며 부품이 모두 손상되어 있기 때문에 사용할 수 없는 것들이라는 정보만 제공한 후, 자신은 행방을 감추어버렸다.

혁명군은 헌병영에 이어 보병 제30표를 돌파하고 오후 10시 30분에는 독서에 대한 총공격을 감행했다. 혁명군은 3대로 나뉘어, 제1로와 제2로는 무창 시가를 중앙에서 돌파, 제3로는 시가 남쪽 성벽을 따라 독서를 공격하기로 했다.

가장 완강하게 저항한 것은 보안문에 포진한 청군이었다. 제8진 통제(제8사단 사령부)의 장표가 직접 지휘에 나섰고, 보안문에는 '원대로 복귀하라'고 크게 써 붙인 권고문이 나붙었다. 그들과 대치한 혁명군은 제3로였다.

'너희들은 양심에 비추어 스스로 부끄러움은 느끼거든 즉시 원대로 복귀하라. 책임은 묻지 않겠다. 돌아오지 않는 자에 대해서는 옥석을 가리지 않고 토벌하겠다'

제3로는 장표의 반격으로 몇 번이나 격퇴당하면서도 2시간 남짓 고전한 끝에 마침내 웅병곤이 이끄는 40명의 결사대가 가까스로 보안문 위로 올라가 교두보를 확보, 보안문의 탈취에 성공했다. 그것으로 독서 공격의 길이 열린 셈이었다.

호광총독 단징은 그 무렵 청군에 전세가 불리하다고 판단, 은밀히 탈출을 꾀하고 있었다. 그는 몇몇 측근을 대동하고 독서의 뒷문인 문창문에서 성 밖으로 탈출, 장강에 대기 중이던 군함 '초예(楚豫)'로 갔다. 단징을 태운 '초예'는 대안의 한구로 도주하여, 한구 조계를 따라 장강에 정박 중이던 영국군함 뒤에 선체를 숨겼다.

단징은 일찍이 영국영사 헤이버드 코페와, 혁명군이 의거를 일으키는 경우에는 영국군함이 포격하여 청군을 돕겠다는 밀약을 체결해놓고 있었다. 그 밀약에 따라 단징은 영국군함의 협력을 요청했으나, 영국은 국제적인 분쟁으로 발전할 염려가 있다며 청조에 대한 협력을 거부했다.

완강하게 저항하던 장표도 단징이 도망쳤다는 사실을 알자 전의를 잃고, 선박으로 한구 북동쪽의 유가묘(柳珈廟)로 도주했다. 전투 도중 청군은 지휘자를 잃어버린 것이다. 그러나 독서를 방위하던 교련영(敎練營)은 최후까지 끈질긴 저항을 계속했다.

이때 눈부신 활약을 보인 것이 사산과 중화문에 포진해 있던 포병부대였다. 포병부대가 처음에는 어둠 속의 혼전에서 겨우 공포를 발사하며 혁명군의 사기를 돋구는 데 지나지 않았지만, 제2로 부대가 독서 부근의 상가에 불을 질러 독서의 건물이 불빛에 훤히 드러나 보이자 본격적인 실탄공격을 퍼부었다. 사산에서 독서까지는 서쪽으로 2천 2백m, 중화문에서는 서북으로 1천 8백m의 거리에 있었다. 3발째의 포탄이 벌써 독서에 명중, 청군은 허겁지겁 도주하기 시작했다.

혁명군 결사대가 독서건물에 방화하여, 불길이 밤하늘을 붉게 물들였다. 청군은 마침내 패주하기 시작했다.

청조의 말로를 장식이나 하듯이 거세게 타오르는 무창의 불꽃을 장강 대안의 '초예' 함상에서 바라본 단징은 북경으로 다음과 같은 전보를 쳤다.

—18일(양력으로는 10월 9일) 밤, 비적(혁명당)이 반란을 일으켜 이를 취조하던 중 비적 잔당이 공정영·치중영과 결탁, 19일 밤 8시에 돌연 작당하여 초망대의 무기고를 맹습, 영사에 방화하여 공격해왔음. 본관은 장표·철충·왕리강과 함께 독전 분투, 군경을 파견하여 수시로 배치를 파악함과 동시에 스스로 경찰대를 인솔하여 반격했음. 그러나 적은 각 방면에서 내습하여 다수에 이르렀고, 그 맹렬한 기세로 인해 부득이 후퇴하여 군함 '초예'를 타고 한구로 이동했음. 이를 토벌키 위해 이미 호남·하남의 순방대(巡防隊)에 대해 강력한 군대를 이끌고 호북으로 내원토록 전보로 요청했음.

무창기의에 관해 손문은 그의 저서 〈손문학설〉에서 다음과 같이 평했다.

'무창의 성공은 그야말로 뜻밖의 일이었다. 그 주된 원인은 단징이 도주한 데 있었다. 단징이 도주하지 않더라면 장표도 끝까지 버티었을 것이고, 그가 통솔력을 잃지 않더라면 질서도 흐트러지지 않았을 것이다. 당시 무창의 신군 중에서 혁명에 찬동한 자의 대부분은 보로운동 진압을 위해 사천에 파견되어 있었다. 무창에 머물러 있던 자는 단지 포병 및 공정영의 소수에 지나지 않았던 것이다. 그 소수가 혁명의 중추부가 파괴당한 위험을 감지하고 모험을 감행함으로써 공을 세웠던 것이다. 그때 그들은 거사의 성패는 염두에 없었다. 그들은 그처럼 <일격>으로써 성공을 거두리라고는 꿈에도 생각지 못했다. 하늘이 한(漢)을 도우사 호(胡―만족)를 멸망시킨 것이다'

혁명군, 무창을 완전제압

10월 11일 새벽까지는 무창시내의 사산 남쪽 주요지대가 완전히 혁명군의 수중에 들어갔고, 적의 저항거점은 사산의 북쪽에 있는 번서(蕃署)뿐이었다. 여세를 몰아 그곳을 공격한 혁명군은 포병의 지원을 얻어 간단히 그것을 공략해 버렸다.

무창시내의 청국 관리들은 모조리 도망쳤고, 모든 관공서는 혁명군의 손에 들어갔다. 하룻밤 사이에 무창의 광복이 달성된 것이다.

사산 서북단, 장강의 흐름에 내려다보는 황학루에는 혁명군의 18성기가 펄럭였다.

무창 성내의 전투에서 전사한 혁명군은 기홍균(紀鴻鈞)·왕세룡(王世龍) 등 10여 명으로 모두가 독서 공격 결사대 병사들이었다. 또한 부상자는 장붕정 등 20여 명에 불과했다. 이에 비해 청군의 전사자는 5백명을 넘었다.

성내는 격전의 하룻밤이 지나자 평정을 되찾았다. 사건이라면 만주병의 잔당인 제30표의 중대장이 군중을 선동하여 은화를 약탈하려던 일이 있었을 뿐이다. 그러나 혁명군에 의해서 모두 사살되어, 사건은 미연에 방지되었다. 전투가 끝난 다음 혁명군은 잔적소탕과 성내외의 경비를 위해 소수 병력을 배치했고, 성내 각지에 군인·학생을 파견하여 혁명의 취지를 호소하고 민심의 안정에 힘썼다.

새 총독에 여원홍 등장

손문이 지적한 바와 같이 무창의 혁명은 지도자도 없이 봉기했음에도 불구하고 성공을 거둔 것이다. 채제민 등 혁명군 간부들은 자의국에 모여 우선 군정부를 구성하려 했지만 도독이 될 만한 중량을 가진 인물이 없었다. 부득이 그들은 제21혼성협 협통(協統―여단장)인 여원홍(黎元洪)을 추대하기로 했다. 여원홍은 혁명파는 아니었다. 그러나 혁명군은 이제 겨우 무창을 제압했을 뿐으로, 청군의 반격에 대비하여 시급히 체제를 굳혀놓아야 할 필요에 쫓기고 있었다. 그래서 비록 혁명파는 아니라 해도 군민에게 신망이 두텁고 전군을 장악할 만한 인물로서 여원홍이 선출된 것이다.

여원홍은 그때 혁명군의 추격을 두려워하면서 초망대에 가까운 한 참모의 집에 숨어 있다가 곧 발각되었다. 혁명군은 임시 총지휘관 오조린으로 하여금 그를 영접케 하여 정오 무렵에 자의국으로 안내했다. 혁명군은 정렬하여 나팔을 불었고, 군중은 '도독이 오셨다!'고 환호성을 지르며 그를 영접했다. 그러나 여원홍은 군중의 환호에도 아랑곳없이 굳은 얼굴로 거기에 나타났다.

혁명군은 이미 '중화민국정부 호북군 도독'의 명의로 된 '안민포고(安民布告)'를 준비해놓고 있었다. 이 포고문은 동맹회가 만든 혁명방략에 기초하여 작성된 것이었다.

―군정부의 명령을 받들어 우리 국민에게 고함. 우리 의로운 군사가 이르는 곳에는 어떤 의심과 걱정도 필요치 않을 것이니…

혁명 간부 이익동(李翊東)이 그 사본을 가지고 여원홍의 서명을 받으러 갔다. 혁명군의 '수령'이 되는 것이 두려웠든지 여원홍은 '나 좀 살려주오'하면서 벌벌 떨었다.

그런 그의 태도에 화가 난 혁명군 한 사람이 여원홍에게 권총을 들이댔다. 하는 수 없이 그는 여원홍을 대신하여 '黎'자를 서명했다. 억지로 도독이 된 여원홍은 도무지 혁명에는 뜻이 없어 입을 꼭 다물고만 있었다. 그는 혁명군과 청조를 저울대에 올려놓고 어느 쪽이 무거운가를 재고 있었던 것이다. 얼마 후 혁명군이 풍부한 무기와 은화를 입수했음을 알고 비로소 그는 변발을 자르고 도독으로서의 활동을 시작했다.

그러나 어쩔 수 없는 비상조치였다고는 하지만, 비혁명파인 여원홍과 같은 자를 도독으로 선택한 것은 실수였다. 여원홍은 나중에 원세개와 손을 잡고 혁명세력에 대항했던 것이다.

여원홍의 태도를 본 혁명동지들은 채제민·오성한(吳醒漢) 등 15명으로써 '모략처(謀略處—기획 담당부서)'를 조직, 여원홍을 보좌하기로 했다. 오후 8시에 모략처는 역사적인 결의를 단행했다.

1. 자의국을 군정부로 한다.

2. 중국을 중화민국이라고 칭한다. 연호는 황제(黃帝) 기원 4609년으로 정한다.

3. 한구에 주재하는 각국 영사에 대해 군정부가 외국인 보호의 책임을 지겠음을 밝히는 바이며, 동시에 군정부를 교전단체로서 승인토록 요구한다.

'중화민국'은 이렇게 해서 출발했다.

혁명군의 손에 떨어진 무한3진

이와 때를 같이하여 대안의 한구·한양의 정세도 '기의'를 향해 줄달음치고 있었다.

무창을 탈출한 총독 단징은 영국의 원조를 받을 수 없음을 알자 '초예'를 타고 장강을 내려가서 상해로 향했다.

제8진 통제(統制—사령관) 장표는 한구 북동 유가묘로 도망친 다음 2가지 방안을 궁리했다.

1. 한구에 있는 제42표를 이끌고 장강 하류로 내려가서 우회하여, 심야에 무창으로 들어간다. 거기서 혁명에 참가하겠다고 위장 투항하여 속여서 성문을 열게 한 다음 단숨에 자의국을 탈취한다. 그리고 그때까지의 모든 책임은 여원홍에게 전가한다.

2. 장표가 죽었다는 거짓 소문을 퍼뜨려놓고 일본으로 도망친다.

장표는 어느 것을 취하면 좋을지 결단을 내리지 못하고 오직 증원군만 기다리고 있었다. 오후 3시에 호남으로부터 1영(1개 대대)의 원군이 유가묘에 도착했으나, 즉각 행동을 취하지 않고 우물쭈물하는 동안에 청조에서는 단징과 함께 모두 해임해버렸다.

한구·한양의 혁명파가 무창혁명의 성공을 알게 된 것은 11일 오후 4시 반경이었다. 청국은 무창과의 교통을 차단하고 무창혁명을 은폐하고 있었으나, 동지의 한 사람이 성 밖에 나붙은 〈안민포고〉를 읽고 즉시 장강을 건너가 그 소식을 알렸던 것이다. 그리하여 무창혁명의 열기는 한양·한구로 번졌다. 먼저 한구에서 오후 8시 30분을 기해 일제 봉기가 일어났다.

혁명군은 처음에 한양 병기창을 제압했고, 가까운 산마루에 대포 3문을 운반하여 아래로 내려다보이는 시내를 제압, 거의 전투를 벌일 필요도 없이 무혈혁명을 이룩했다.

혁명군은 한양 병기창에서 다량의 무기를 입수할 수가 있었다. 완성된 소총 8천여 정, 조립 중인 소총 9만여 정, 탄환 30여만 발, 완성 직전에 있는 화포 20여 문, 포탄 약 10만 발 등이었다. 이들 무기는 그 후 호남·사천 및 구강(九江)에서 커다란 위력을 발휘했다.

한구에서는 12일 새벽에 기의가 발생하여 아주 손쉽게 광복에 성공했다. 거기서는 폭도에 의한 약탈사건이 각처에서 발생, 방화에 의한 화재도 있었지만 무창에서 2백 명의 원군이 시내로 들어가서 치안을 회복시켰다.

무한3진(武漢三鎮)은 이렇게 하여 마침내 혁명군의 손에 들어갔
다

2. 각지에서 혁명에 호응

전국에 무창광복을 타전

봉기 2일 후인 10월 12일 오전 6시(1911년), 무창의 전화선이
모두 복구되자 군정부는 즉시 여원홍의 이름으로 전국에 전문을 보
내 무창 광복을 선포하고 각지에서 호응토록 호소했다.

—오늘 우리 한인은 지옥을 벗어나서 갱생의 때를 맞았고, 만노
의 헤아리지 못할 악업은 끝장났다. 지금 우리는 전국의 부모·형
제·자매를 대신하여 260년의 원수를 갚았고, 260년의 치욕을 설
욕했다. 전국의 영웅이여, 이때 궐기하지 아니하고 언제 일어설 것인
가! 즉시 분기하라!

그와 때를 같이하여 청조에 대해 공화국의 건립을 고하는 선언,
청국 내에 있는 한족 장병의 투항을 요구하는 포고문을 발표했으
며, 이어서 군정부는 호영(胡瑛) 등을 한구에 주재하는 각국 영사
에게 파견하여 '청조가 이전 각국과 체결한 조약은 모두 유효하다'
는 등의 7개조 대외방침을 선포하고 각국의 엄정중립을 요구했다.

무한 3진의 광복은 이미 청조의 권위가 시들고 있던 중국 전토의
결정적인 충격을 주었다.

광복의 선풍은 요원의 불길처럼 번져나갔다. 그 진원지가 된 호북
성에서는 경산(京山, 12일), 한천(漢川, 14일), 면양(沔陽, 17일), 의
창(宜昌, 18일) 등이 잇달아 광복되었고, 22일에는 호남성 장사, 섬

서성 서안(西安)까지 혁명이 확대되었다. 무창궐기에서 불과 한 달 사이에 15성이 광복, 군정부가 수립되었다.

장개석은 상해에 도착한 즉시로 진기미(陳其美)를 방문했다. 그는 이미 상해와 항주(杭州—절강성)에서 동시에 기의를 위한 준비에 몰두하고 있었다.

진기미로부터 장이 받은 지시는 즉시 항주로 들어가서 현지 동지와 합류하여 무창 봉기를 지도하라는 것이었다. 항주는 장의 고향 봉화현 계구진에서 130km 떨어진 지점에 있었다.

항주에서는 진기미의 지도로 작전이 이미 진행 중에 있었다. 기의 주력을 이루는 것은 신군 제81표와 82표에 속하는 혁명파였다. 양군은 모두가 항주성 밖에서 주둔하고 있었다. 그러나 혁명을 두려워하는 당국이 무기를 제한했기 때문에 병사 1인당 실탄 소유는 5발에도 미치지 못하는 실정이었다. 그에 비해 성내 기영(旗營)을 수비하는 만주병은 충분한 화력을 가지고 있었다. 무기고에도 많은 병사가 배치되어 있어서 그것을 서전에서 탈취하기는 어렵게 보였다. 군사력에 있어서는 반혁명 세력이 압도적으로 우세했다.

항주에 도착한 직후 장개석은 전황을 분석한 결과 기의를 대강 다음과 같이 하기로 결정했다.

1. 성내에 주둔하는 헌병사령부 동지인 동보훤(童保喧)가 임시 총지휘자가 되어 성문을 연다.

2. 항주 북방에 있는 제81표 및 마대(馬隊—기병대)·포대(포병대)는 주서(朱瑞)가 통솔하여 간산문(艮山門)에서 입성, 군계국과 기영을 공격한다.

3. 항주 남방에 있는 82표 및 공병대·수송대는 주승담(周承菼)이 통솔하여 봉산문에서 무서(撫署)를 공격한다.

4. 이상과 때를 같이하여 그 선봉이 되는 결사대를 편성, 장개석이

통솔한다. 결사대는 2대로 나누되, 남쪽 제82표의 선봉은 장개석·장백기(張伯岐)·동몽교(董夢蛟) 등이, 북쪽 제81표의 선봉은 왕금발(王金發)이 지휘한다.

진기미, 상해에서 궐기

이런 계획을 정한 다음 곧 상해로 돌아온 장개석은 이를 진기미에게 보고하고 군자금으로 은 3천 6백원을 받아 항주의 저보성(褚輔成)에게 보냈다.

상해에서 장이 해야 하는 일은 주로 결사대원의 모집이었는데, 순식간에 1백 명이 넘는 응모자가 모여들었다.

11월 3일 장은 그들을 인솔하여 항주로 돌아왔다. 일행 1백 여명은 분산 배치되었다.

그날 밤 늦게 항주에는 감격적인 뉴스가 전해왔다.

—상해에서 진기미가 궐기했다. 이제는 광복이 눈앞에 왔다.

상해·항주에서의 궐기는 혁명군 전체의 전국을 좌우하는 중대한 의미를 가지고 있었다. 무한이 광복한데 이어서 장사·서안·구강 등에서도 혁명군은 성공했다. 그러나 청군도 또한 전력을 다해 반격을 개시하고 있었다.

11월 1일에는 한구의 혁명군이 풍국장(馮國璋)의 청군에 패하여 한구를 빼앗기는 사태가 벌어졌다. 청군은 그 여세를 몰고 양자강을 따라 진격하여 단숨에 혁명군에 대한 소탕전으로 나올 우려가 있었다. 그렇게 되면 모처럼 무창에서 봉화를 올린 혁명의 불길이 또다시 꺼져버리고 만다. 상해·항주기의의 성공 여부는 중국혁명의 운명을 결정하는 것이었다. 따라서 절대로 실패는 용납될 수 없는 일이었다.

상해에서 궐기했다는 보도에 접한 장개석은 동지들을 모아놓고 심야긴급회의를 열었다. 그 결과 항주에서도 이튿날인 4일 심야를 기해 이미 예정되어 있는 방식에 따라 궐기하기로 결정했다.

임시사령부가 청태역(淸泰驛)에 설치되었다. 결사대는 15명을 1대로 해서 합계 5대를 편성했다. 지원자가 많기 때문에 무기가 부족하여, 1대당 10명이 권총을, 5명은 폭탄으로 무장했을 뿐이었다.

진기미(1878~1916): 진기미의 상해에서 궐기는 혁명군 전체의 활로를 여는 동력이 되었다.

항주로 향하는 결사대

출발하면서 장은 '혁명전의 승패는 병력에 의해서 결정되는 것이 아니며, 혁명군 1명의 힘은 적군 1백 명을 능가할 뿐 아니라, 혁명에는 반드시 시기가 있고 그 시기를 놓치면 천추에 한을 남기는 것'임을 훈시했다. 이어서 제82표 선봉이 될 3대에게 적의 향방을 알리고 임무를 주었으며, 상벌조례를 선고했다. 암호는 '독립'으로 정했다. 밤 1시 반이되자 실탄과 식량을 지급하였다.

제82표는 영지(營地)인 남성교(南星橋)를 출발, 항주로 향했다. 선두에는 결사대가 섰고, 질서정연한 대열로 전진했다. 결사대는 망강문(望江門)에서 성내로 돌입, 즉시 무서를 공격했다. 먼저 폭탄공격을 한 다음 주력부대가 정면에서 그에 호응하여 공격했다. 제82표의 대열이 그에 이어 전진했다. 폭탄이 지축을 울렸고, 불기둥이 하늘로 치솟았다. 무서를 지키던 위병은 그에 놀라 허겁지겁 도주해버렸다. 승패는 그 일전에서 이미 결정된 거나 마찬가지였다.

무서로 밀어닥친 결사대 중에는 윤예지(尹銳志)·윤유준(尹維俊) 자매와 같은 여성들도 있었다. 윤유준이 폭탄을 가지고 선두를 달리는 모습은 남성들도 무색해질 지경이었다. 독서의 위병들은 저항다운 저항을 해보지도 못했으며, 청군의 교련관이 꼭 한 번 기관총을 쏘았지만 곧 그들 동료 사병들에 의해 제지되었고, 그들은 전원이 항복했다.

결사대를 선두로 혁명군은 문짝을 닥치는 대로 걷어차며 청사로 뛰어들어 삽시에 무서대당(撫署大堂)을 점령해 버렸다.

한편, 북쪽 견교(筧橋)를 출발한 제81표 혁명군도 군계국으로 점령하여 새벽에는 혁명군이 시가지 전체를 거의 제압하고 있었다. 혁명군 각대는 군계국 부근에서 합류하여 기영을 목표로 삼았다. 이미 상가는 백기에 '환영'이라는 두 글자를 써 걸고 혁명군을 맞았다.

그렇지만 만인들로 구성된 기영은 격렬하게 저항하여 전투는 저녁까지도 그치지 않았다. 혁명군은 오후 4시부터 성황산에 포병진지를 구축하여 포격을 개시했다. 그러나 그들이 혁명군의 투항권고를 받아들인 것은 심야에 이르러서였다. 거기서 즉시 탕수잠을 도독으로 하여 군정부가 설립됨으로써 항주는 광복되었다.

민간인도 혁명에 참가

한편 상해에서는 진기미의 목숨을 건 활약으로 그 전날인 11월 4일(1911년)에 이미 광복이 되어 있었다. 진기미는 3일밤 혁명군의 주요목표인 강남 제조국을 공략함에 있어, 일단 공격을 멈추고 항복을 설득하기 위해서 무기를 휴대치 않고 제조국 안으로 돌입하는 모험을 감행했다. 그러나 위병은 진기미를 붙잡아 바깥 기둥에 사슬로 묶어놓고는 그들에게 겁을 주는 수단으로 써먹었다. 제조국 안에 있던 동지들이 그것을 발견, 담을 허물고 밖에 있는 혁명군을 끌어들임으로써 혁명군은 제조국을 점령하고 진기미를 구출했다.

상해혁명에서 특기할 것은 그것이 혁명파만의 궐기가 아니라, 민간인들이 '상단(商團)'을 만들어서 자발적으로 혁명에 참가한 점이다. 그 수는 5천 명에 이르렀다. 그들은 무기라고는 단도밖에 없는 집단이었지만 민중의 열의를 과시함으로써 광복을 위한 커다란 추진력이 되었다. 전직이 배우이던 하월산(夏月珊)은 그들 동료배우 수십 명과 함께 단도나 곤봉으로 무장하고 최선봉에 서서 제조국으로 돌입했다.

상해에서 선례를 남긴 그들 '상단'의 참여는 나중에 각지에서 학생군·여성 북벌대·소년사(少年社) 등 의용군의 발생을 유도하는 결과를 낳았다.

절강·상해의 잇단 광복은 전국민의 민심에 커다란 영향을 미쳤다. 항주가 위치한 절강성은 일찍이 혁명 활동이 활발한 곳으로서, 1907년 7월에는 '감호여협(鑑湖女協)'이라고 일컫던 여성혁명가 추근(秋瑾)이 기의에 실패하여, 추풍추우 수살인(秋風秋雨愁煞人—가을바람, 가을비도 사람의 마음을 우수에 젖어 죽도록 한다)이라는 사세(辭世)의 싯귀를 남기고 처형된 바 있어 그곳 인심에 깊은 감명을 남겼던 지역이다. 무창 봉기의 전년에는 변발을 자르는 운동이 절강성 전역에 퍼졌고 청조에서도 그에 대해서는 아무런 대책도 취할 수 없었다. 게다가 당시 상해는 이미 세계적인 요지가 되어 있어서, 언론기관도 발달했으며, 상해의 동향은 세계의 눈이 중국을 보는 중요한 기준이 되었다. 따라서 혁명군의 손에 상해가 떨어졌다는 소식이 각지에 전해지자 국외에서도 충격적인 뉴스가 되었다.

상해는 또 해군의 근거지이기도 했다. 상해의 광복에 따라 해군도 혁명에의 동참을 표명했다.

절강·상해에서의 성공은 혁명이 전국에 파급되는 결정적인 계기가 되었다. 항주혁명이 일단락된 다음, 장개석은 곧 상해로 돌아와서 진기미를 도와 혁명군의 재편성과 치안유지에 힘썼다.

상해 상단으로부터 4만원의 기부금이 들어와 그 돈으로 호군 제 5단(滬軍第五團—상해군 5연대)이 조직되었고, 단장에 장개석이 취임했다. 그것이 혁명군으로서 훈련을 받은 최초의 군대가 되었다.

중화민국이 성립된 후 그 연대는 정규군으로 편입되어 육군보병 제93단이 되었다. 그러나 장은 일본에 가서 다시 학업을 계속할 목적으로 그 지위를 장군(張群)에게 인계해 주었다.

3. 동북 3성에 대두한 장작림

장작림, 심양으로 진출

이 무렵 동북 3성(만주)에서는 어떤 일이 벌어지고 있었는가.

신해혁명으로 동요된 심양에서 한 군벌이 등장하고 있었다. 그가 바로 공갈과 폭탄을 무기로 동북 3성의 웅자(雄者)가 된 장작림(張作霖)이다.

무창기의에 대한 통지를 받고 맨 먼저 호응하려던 사람은 신군 제2혼성협통(여단장) 남천울(藍天蔚)과 봉천성 자의국 의장 오경렴(吳景濂) 등이었다. 당시 봉천성의 성도 심양은 중로순방(中路巡防—중부담당의 지방 경찰대)이 경비를 맡고 있었다. 그러나 일부가 북방 철령(鐵嶺)으로 나가 있었기 때문에 심양의 수비상태는 매우 허술했다. 심양의 가까운 곳에 있는 군대는 남천울이 이그는 제2혼성협 밖에 없었다. 따라서 심양을 점령하기란 그리 어려운 일이 아니었다.

동북 3성 총독 조이손(趙爾巽)은 그 점을 염려하여 후로순방(後路巡防)을 불러들이려 했다. 후로순방의 통령이 그의 심복이었기 때문이다. 그런데 그 명령은 전달되기도 전에 전로순방 통령인 장작

림에게 먼저 새어 들어갔
다. 장작림은 그때 후로순
방보다 더 북쪽, 심양에서
는 4백km나 떨어진 곳에
있었지만, 심양에 남아서
정보를 알려주는 심복부하

장학량(張學良), 장작림(張作霖) : 장작림이 관동군의 열
차 폭파로 조난되자 아들 장학량이 뒤를 이었다.

가 있었던 것이다. 장작림
은 이때야말로 자기가 동북의 중심지인 심양으로 진출할 절호의 기
회라고 생각했다. 그는 즉시 부대를 이끌고 기차편으로 심양에 갔
다. 1911년 10월 13일 밤이었다.

긴박한 정세 속에서 안절부절 못하던 총독 조이손에게 장작림은,
'시국이 위험한 중에 총독이 걱정되어 명령을 기다릴 겨를도 없이
급히 달려왔습니다.'하고, 자못 충성스러운 표정을 지어보였다. 어리
석은 총독은 그 말에 감격하여 이틀 후, 장작림에게 중로순방 통령
을 겸무케 했다. 그리하여 장작림은 우선 심양을 중심으로 한 군권
을 완전 장악하게 되었다.

압살당한 혁명파의 계획

10월 22일, 조이손은 심양에 각군 장령들을 모아놓고 시국에 어
떻게 대치할 것인가를 의논했다. 회의가 열리자 조이손이 먼저 '청
조를 옹호하여 국체를 견지하자'고 제안했다. 그러나 남천울 등이
총독의 제안을 정면 반대하고 나서 회의장은 무거운 공기가 감돌았
다. 그 침묵을 깨고 총독이 다시 말했다.

"나를 찬성하는 사람은 손을 드시오"

그러나 손을 드는 자는 아무도 없었다. 그때 장작림이 무언가를
양손에 싸들고 회의장에 나타났다. 폭탄이었다. 장작림은 폭탄을

두 손으로 치켜들면서 총독에게 찬성을 표시했다. 그런데도 찬의를 표하는 자는 한 사람도 없었다.

"당신들 누구도 이 자리에서 도망칠 수 없소. 모두 시체가 될 거요."

장작림의 묵직한 이 한마디의 협박에 끝까지 저항한 사람은 하나도 없었다.

11월 12일에 와서 이번에는 자의국장 오경렴이 회의를 소집했다. 그는 조이손을 총독으로 추대하고, '봉천국민보안회'를 만들어 독립을 선언하자고 제안했다. 그러나 조이손은 독립을 반대했고, 자기가 보안회 회장이 되는 것도 거부했다. 오경렴은 집요하게 달라붙었다. 그때 장작림의 권총이 불을 뿜었고 오경렴은 그 자리에서 그대로 쓰러졌다. '독립선언'에 대한 안건은 권총 소리 한 방으로 간단히 사라져버린 것이다. 그들은 겨우 청나라의 '황룡기'를 끌어내리고 '황색기'로 바꾸었을 뿐, '광복'도 '독립'도 아닌 어정쩡한 '봉천국민보안회'를 탄생시켰다. 조이손은 장작림의 '호위' 속에서 회장으로 취임했다. 그것을 계기로 길림성·흑룡강성에도 보안회가 생겼다. 청조에서 파견된 순무(巡撫)가 모두 회장에 취임했다.

혁명파는 일찍이 만주 독립운동을 추진중이던 장용(張榕)을 중심으로 봉천에서 '급진당'을 결성했지만, 장작림에 의해 장용이 살해됨으로써 상황은 간단히 끝나고 말았다.

경계 요하는 일본의 동향

한편 손문은 미국 서부에서 중부로 모금활동을 전개하는 중이었다. 10월 11일 저녁 콜로라도 주 덴버에 도착한 그는 호텔로 들어갔다. 그는 10일쯤 전에 홍콩에 있는 황흥으로부터 암호전보를 받았었다. 그러나 그것을 해독하는 암호 코드는 그의 짐 속에 꾸려져서 먼저 덴버로 가 있었다. 그래서 그곳 호텔에 도착하자마자 전문을 해독해보니, 군자금을 빨리 보내라는 내용이었다.

　—거정이 무창에서 홍콩으로 와서, 신군이 반드시 출동하리라고 보고해 왔음. 시급히 모금하여 송금하시기 바람.

　거정은 무창기의를 계획한 다음 권총을 사러 상해에 가 있었다. 그는 상해에서 편지로 홍콩에 있는 황흥에게 거사계획을 알리면서 자금조달과 아울러 황흥 자신도 무창으로 오도록 요청했던 것이다. 그런데 손문에게는 가진 돈이 없었다. 게다가 그는 몹시 지쳐 있었으므로 내일 아침에 전보를 쳐서, 궐기를 잠시 연기하라고 지시할 생각을 하면서 잠자리에 들었다. 이튿날 눈을 떠보니 오전 11시였다. 로비에서 조간신문을 사들고 와서 펼쳐본 그는 경악하고 말았다.

　—무창, 혁명군에게 점령!

　기사를 보는 순간 손문은 당장 귀국할 생각을 했다. 급히 서둘면 20일엔 중국 땅을 밟고 혁명에 참가할 수가 있다. 그러나 다음 순간 손문은 다시 생각해 보았다. 혁명의 불길이 이미 솟아오른 이상, 혁명은 중국의 동지들에게 맡겨두고, 자기는 외교면에서 진력하는 편이 좋으리라 생각한 것이다. 그는 즉시 황흥에게 전보를 쳐서 자기는 영국이나 프랑스로 가겠다는 의사를 전달했다.

　이 혁명에 열강 제국이 어떻게 반응할 것인가. 즉 청조를 옹호하느냐, 또는 혁명군에 이해를 보일 것이냐 하는 문제는 혁명의 성패에 관계되는 중대 문제였다. 게다가 치안유지를 구실로 중국 국내에 주둔하는 외국군이 출동하여 혁명을 간섭할지도 모를 일이었다.

　열강 제국 중에서 가장 경계를 요하는 것은 일본의 동향이었다. 일본의 일부 극소수 민간인들 중에는 중국혁명에 동정적이고 협력하는 사람도 있었지만, 일본정부는 손문을 추방한 것으로도 알 수 있듯이 청조 쪽에 서 있었다. 손문은 그것을 견제하기 위해서 일본과 동맹국 관계에 있는 영국을 설득하려 했다. 그때, 영국도 또한 일본의 동향을 지켜보면서 태도를 정하지 못하고 있었다. 영국이 혁명군 측에 선다면 일본도 국제적인 역학관계에서 혁명군을 방해하지는 못하리라고 믿었기 때문이다.

덴버에서 뉴욕으로 가던 10월 15일에는 시카고에서 '예축(預祝—前祝) 중화민국 성립대회'를 열었다. 그 무렵 미국 신문에도 빈번히 손문의 이름이 보도되기 시작했고, 공화제도에 의한 중국의 총통으로 선출되리라는 예측이 떠돌고 있었다. 그 대회에서 미국 신문 기자 10여 명이 몰려와 손문과의 회견을 요청했다. 그러나 손문은 그것을 피했다.

11월 2일, 손문은 뉴욕에서 '마우리타니아' 호로 런던으로 향했다.

세계 여론은 이미 혁명군 쪽으로 기울어져 있었다. 10월 21일자 <민립보(民立報—상해 발행의 동맹회 기관지)>는 유럽의 신문 논조를 소개했다. <타임즈>는 열강이 중국의 혁명에 간섭해서는 안 된다고 논평했다. 이외에도 주요 신문들의 견해를 다음과 같이 소개했다.

<데일리 메일>(영국)— '유럽인을 침해하지 않는 한 유럽이 중국의 혁명에 간섭해서는 안 된다'

<데일리 크로니클>(영국)— '태평천국의 난에서 청국 측에 붙었던 고든 장군과 같은 인물이 다시 나타나서는 안 된다. 학대받는 인민이 그들의 부패한 전제정치에 반항하는 것은 국가를 사랑하기 때문이다. 만청 정부의 야만적인 체제 아래에 있는 중국은 유럽인으로서도 도저히 묵과할 수 없는 존재다. 정의감을 가진 유럽인이라면 누구도 만청 정부의 주구가 될 수는 없는 일이다'

<데일리 텔레그램>(영국)― '중국인의 교육, 자치의 권리를 박탈하는 노쇠한 정부는 마땅히 소멸되어야 한다. 우리는 혁명당을 크게 환영한다. 도탄의 괴로움 속에서 나라를 건지려는 그들에게 누구나 인간으로서의 동정심을 갖지 않을 수 없을 것이다. 중국인은 어리석지도 않고, 무능한 사람들도 아니다. 며칠 사이에 중국에는 공화정체가 출현될 것이다'

　　<드 드바>(프랑스)― '세계 열강은 걸핏하면 중국에 간섭하는 짓을 되풀이해서는 안 된다. 간섭을 해서 중국이 분열된다면, 쌍방이 모두 좋은 결과를 얻지 못할 것이다'

　　런던에 도착한 손문은 호텔에서 여장을 풀자 그날 밤으로 즉시 친구 오경항(吳敬恒)의 집을 방문했는데 그는 집에 없었다. 손문은 오경환의 집에 편지를 남겨 그의 솔직한 기쁨을 표현했다.

　　'중국은 지금 당당한 대국민의 품격을 보여주고 있소. 세계의 열강도 우리에게 주목하고 있는 바이며, 우리 동포 모두가 기쁨에 넘쳐 잠도 자지 못할 지경이오. 금후 각 성이 일치단결해서 건설에 힘을 모은다면 우리 당이 주장하던 민권·민생의 목적은 곧 달성될 수 있을 것이오.'

　　손문이 영국정부와 교섭하는 목적의 하나는 차관문제였다. 청조는 그해 봄에 영국·프랑스·독일·미국 등 4개국 은행단과 2가지 차관을 체결하고 있었다. 하나는 통화개혁을 위한 1천만 파운드, 또 하나는 철도 국유화를 위한 6백만 파운드였다. 그 철도 국유화가 반청운동의 직접적인 원인이 되었고, 그것이 마침내 무창혁명으로 이어졌다는 것은 이미 말한 대로이다.

　　철도차관에 대해서는 이미 채권이 발행되었지만, 통화개혁의 차관은 아직 지불되지 않고 있었다. 손문의 의도는 그러한 차관을 현재의 상태 그대로 동결시키는 데 있었다. 그것은 청조에 대한 자금원을 봉쇄함과 동시에 멀지 않아서 탄생될 중화민국의 국익을 지키겠다는 2가지 의미를 갖고 있었다.

영국 외상, 원조중지를 약속

손문의 대영교섭에는 호모 리라는 미국인 군사학자가 대리인으로 활약했다. 1904년 미국에서 알게 된 이래, 그는 손문의 유력한 후원자였다. 호머 리는 군사관계의 저서로 유럽에서도 널리 알려진 사람일 뿐 아니라 일찍부터 일본의 아시아 침략을 예언했고, 미국이 방심하고 있다가는 일본에게 패배할 것이라고 주장했었다.

호머 리의 조력으로 손문은 영국 외상 그레이로부터 3가지 약속을 얻어내는 데 성공했다.

1. 청조에 대한 일체의 차관을 정지한다.

2. 일본이 청조에 원조하는 것을 제지한다.

3. 영령(英領) 각지에 발령된 손문 추방령을 취소하고, 손문이 자유롭게 귀국할 수 있도록 한다.

차관문제에 대해서는 영국의 북경주재 공사 존 조르단으로부터도 즉시 정지하는 것이 좋겠다는 의견이 전해져 있었다. 영국정부의 방침에 따라 4개국 은행단도 청조에 대한 차관정지에 동의했으며, 앞으로 새 정부가 수립되기를 기다려 교섭을 진행키로 했다. 청조에 대한 차관의 정지는 청국에 결정적인 일격이 되었다. 청조는 전비(戰費) 지출에 괴로움을 당하고 있었다. 양강총독(兩江總督─강소·안휘·강서) 장인준(張人駿)은 무창기의 3일 후에 유럽 각국으로부터 일단 5백만 냥을 차입했지만, 10일 남짓한 사이에 모조리 탕진하고, 다시 2백만 냥의 차관을 구하기 위해 뛰어다녀야 했다.

게다가 일본의 청국에 대한 원조 봉쇄는 그것이 일본에만 한정되는 것이 아니라, 세계열강의 혁명에 대한 간섭을 억제하는 국제적인 영향력을 발휘했다.

영국정부와 교섭을 마친 다음. 손문은 프랑스로 건너가서 당시의 수상 클레망소, 외상 삐숑과 접촉했다. 클레망소와는 이전부터 면식이 있었다. 또 삐숑은 일찍이 북경주재 공사를 지냈던 사람이었다. 중국 사정에 정통한 그는 일찍부터 동맹회를 '만청정부를 쓰러뜨릴 만한 힘을 가진 정당'이라고 평가하고 있었다.

프랑스의 여론은 두 갈래로 갈라져 있었다. 좌익은 손문을 환영했지만, 우파 중에는 '중국이 혁명에 성공하면 그들은 유럽에 대해서 황화(黃禍)가 될 것'이라는 중상적인 평론을 하는 자도 있었다. 이에 대해 손문은 기자회견에서 새로운 중국 독립의 존중과 국제사회에서의 평등을 호소하여 우파의 비판에 답했다.

"중화민국은 관화(官話—북경 표준어)를 전국 통일언어로 삼을 것이며, 그것으로써 국민이 각종 실업·과학을 연구할 수 있도록 하고, 새로운 공화국의 행정 출발점으로 삼는다. 물론 영어나 프랑스 어도 채택한다. 중화민국은 지금 국군을 훈련 중에 있으며, 민국을 조직해서 완전한 재무부를 만든다. 또한 신정부는 각국과의 통상에 더욱 세밀한 주의를 기울이고자 한다. 외국과의 통상에 더욱 주력하고 장해가 있다면 그것을 제거하겠다. 또한 서양 상인들만이 이익을 얻는 일이 없도록 관세규칙을 개정함에 있어서는 유럽측과 협의할 것이며, 결코 중국이나 채권국이 곤란에 빠지는 일이 없도록 하겠다"

이렇게 말한 손문은, 그가 영국·프랑스에서 얻은 성과를 파리에서 상해의 〈민립보(民立報)〉에 타전했다.

—각국의 중립 약속은 아주 공고하게 되었다. 그러나 내가 만난 요인들의 과반수는 중국의 내정을 잘 알고 있다고 볼 수 업산. 각 성이 차츰 독립해가고 있다고는 하지만 아직도 전도에 대해 그들은 의문을 갖고 있는 것 같다.

이 전문 속에서 그는 새로운 중국의 총통선출 문제에 대해서도 언급했다.

—듣는 바에 의하면 상해에서 임시정부 조직에 관한 회의가 있었다고 하며, 그 총통으로 여원홍이 추대되었다 하니 경하해 마지않는다. 여원홍이 총통직을 원세개에게 양보하겠다고 하는 의사를 표명했다는 설도 있는데, 그런 것은 아무래도 좋은 일이다. 합의에 따라서 총통을 정하고 하루빨리 나라의 기초를 공고하게 굳혀야 할 것이다. 청조시대의 권력투쟁에 대해서는 우리가 신물이 날 만큼 보아온 터이다. 앞으로의 중국사회는 상업·공업으로써 그 추진력을 삼을 것이며, 그것으로써 새중국의 새로운 국면을 전개해 나가야 한다. 정권이란 봉사의 정신을 모토로 삼아야 한다.

손문이 두려워한 바와 같이, 후일 중화민국을 위기에 몰아넣은 총통선출문제는 이미 그때 싹트고 있었다.

총통 인선문제에 대한 손문의 사고방식의 일단을 보여준 에피소드가 있다. 손문이 런던에 도착했을 때 중국에서 그에게 날아온 전보가 있었다. 수취인의 주소가 '손문, 런던'이라고만 되어 있어, 전보국에서는 그것을 어디로 배달하면 좋을지 알 수 없어 '전교(轉交)'라고 주서해서 청국공사관으로 배달했다. 청국공사관은 그 전보를 이전에 손문을 공사관에서 감금했을 때 손문의 친구였던 컨트리에게 전송했다.

손문은 그 전보를 훑어보더니 덤덤한 얼굴로 호주머니에 쑤셔 넣었다. 중국어를 알지 못하는 컨트리는 전보내용이 궁금해서 이튿날 손문에게 물어보았다.

'무슨 비밀전보인가?'

'날더러 총통이 되어달라는 것이군요.'

별로 반가운 표정도 아니었기 때문에 컨트리는 다시 한 번 물었다.

'그래, 총통에 취임하겠나?'

'글쎄요, 만약에 적당한 사람을 물색하지 못한다면 나라도 해야 겠지만…'

한구, 청군에 빼앗겨

손문이 외교절충에 힘쓰고 있던 중, 그를 대신하던 황흥이 홍콩에서 손문에게 전보를 쳐서 군자금조달을 부탁했다는 말은 앞에서도 한 바 있다. 그는 기의 직후인 10월 16일, 자카르타의 비타비아·미국 등지에 산재한 모든 혁명기관으로 자금조달을 호소하는 편지를 써 보냈다. 그리고 아내 서종막(徐宗漢)과 함께 홍콩을 출발, 10월 24일 상해에 도착했다. 그는 상해에 있던 송교인(宋敎仁)과 황흥에게, 남경에 머물러 있으면서 신군에게 공작하여 강남(江南—양자강 남부일대)을 다스려 달라고 진언했다. 그러나 그 무렵 한구의 혁명군은 청군의 강력한 반격전으로 격전을 치르고 있었다. 그래서 황흥은 동지들과 상의한 결과 송교인과 함께 최전선인 무창으로 나가서 혁명군을 지휘하기로 했다. 황흥 등은 계엄태세에 있는 청군의 눈을 속이기 위해 여의사 장죽군(張竹君)이 조직한 '무한전지 홍십자회 구상대(武漢戰地紅十字會救傷隊)' 속에 숨어들어서 출발했다. 서종막도 간호원으로 변장해서 함께 떠났다.

장강을 배를 타고 건너 무창에 도착한 날이 28일이었다. 무창에 포진한 혁명군과 한구에 진출한 청군이 양자강을 사이에 두고 포격전을 전개 중에 있었다. 호북 군정부는 강기슭의 한양문(漢陽門)에 군악대를 도열시켜놓고 황흥을 맞았다. 한양문에서 군정부까지의 거리에는 주민들이 폭죽을 터뜨리며 그를 환영했다.

그날 밤 회의에서는 한구에 병력을 증파해서 반격을 하기로 정하고 황흥을 혁명군 총사령관으로 추대했다. 반격전은 각 기관, 각 부대에서 차출한 정예병사와 전투의욕이 왕성한 학생 1천여 명으로 하고, 황흥의 이름을 취해 '황(黃)'이라고 쓴 커다란 군기를 만들기로 했다. 혁명군의 사기는 매우 높았다. 그러나 전국은 어려운 단계로 접어들고 있었다.

한편, 청군은 이미 18일에 제8진 통제(제8사단 사령관) 장표가 하남성에서 원군 약 2천명의 병력으로 반격에 나섰다. 북동방면에서 한구 탈환을 목표로 유가묘 정거장과 탁지부(度支部) 제지창 부근까지 진출해 왔다. 혁명군은 이틀간의 격투 끝에 간신히 청군을 격퇴할 수 있었다.

그러나 25일 청조는 제1군 총통에 풍국장, 제2군 총통에 단기서(段祺瑞)를 기용하여 반격전에 나섰다. 풍은 대군을 몰아 경한철도 연변으로 남하했다. 혁명군은 유가묘에서 그것을 요격하여 사투를 전개했다. 청군은 우세한 포화와, 군함 4척을 장강에 띄우고 맹렬한 포격을 퍼부었다. 그들의 압도적인 화력 앞에 혁명군은 마침내 유가묘를 그들에게 넘겨줄 수밖에 없었다.

황흥이 무창에서 도착한 28일, 전투는 한구시내 바로 북쪽을 달리는 경한철도 연변에서 벌어졌다. 청군의 압도적인 병력에 밀려 혁명군은 시시각각으로 후퇴를 거듭했다. 혁명군은 무창에서 거정·채제민·오조린 등을 파견하여 지휘를 맡게 했지만 어느 누구도 전국을 타개하지는 못했다. 30일에는 철로 북방을 모두 청군에게 제압당했고, 한수(漢水—襄河) 대안의 한양까지 청군의 포격에 직면하는 사태를 맞았다. 31일에는 청군이 한구 시가로 돌입을 기도했는데, 혁명군은 가까스로 그것을 막았다.

황흥은 그러한 열세 속에서 한구에 도착하여 총사령부를 설치했다. 그는 진지를 시찰하고 흐트러진 전열을 가다듬어 결사적인 항전을 시도할 생각이었다. 그러나 청군은 그보다 빨리 11월 1일 오전 6시를 기해서 총공격을 감행해왔다.

한구의 운명을 건 결전이었다. 황흥은 직접 결사대를 지휘했다. 그러나 중과부적이었다. 오전 10시에는 혁명군이 중포와 기관총의 난사를 받고 먼저 우익이 깨졌다. 청군은 시가지로 밀려들어와 불을 질렀다. 혁명군의 모든 방어선은 깨어지고 말았다. 오후 2시 황흥은 철퇴명령을 내리지 않을 수 없었다. 풍국장은 시가에 숨어 있는 혁명군의 소탕을 어렵다고 보고, 시가지를 온통 불태워버리려 했다. 불을 끄려던 시민은 청병에 의해 여지없이 사살되었다. 한구는 3일 동안이나 계속 불탔고 거리는 완전히 초토로 변했다.

그런데도 혁명군 병사들은 시가지의 서쪽 끝 교구(橋口)를 근거지로 이튿날까지 전투를 계속했다. 황흥은 2일 오후 6시에야 방위선을 한양으로 옮겼다. 쓰라린 패전이었다.

한구를 왜 적의 손에 빼앗겨야 했던가—11월 2일 밤에 한양을 거쳐 기선으로 무창에 돌아온 혁명군 총사령관 황흥은 그날 밤의 긴급회의에서 패인을 다음과 같이 분석했다.

① 혁명군에는 신병이 많아서 지휘가 어려운데다가 장교의 수준이 낮을 뿐 아니라, 선두에 나서서 지휘하지를 않았다. ② 혁명군 사병은 무한 부근에서 모병된 자가 많았기 때문에 야간에는 몰래 자기 집으로 돌아가는 자도 있어서 전투원의 감소를 초래했다. ③ 화력의 차이가 현저했다. 즉 혁명군은 기관총을 갖지 못했고 보병총뿐이었다. 포대도 산포뿐인데다가 포탄은 발사해도 작렬하지 않은 불발탄이 많았고, 청군의 관퇴포(管退砲—독일제 신식)에 비해 사정거리도 짧았다.

게다가 청군은 정예부대인 북양군이었다. 그들은 군기도 엄정했고, 장비나 사격술에 있어서도 혁명군을 능가했다. 다만 돌격전에서는 혁명군을 따르지 못했다. 혁명군이 '샤(殺)!'하는 돌격 소리만 들어도 겁을 먹고 도망쳤다. 혁명군의 믿음직스러운 점이란 오직 돌격 뿐이었다.

그러한 약체 혁명군에 대해서 원군이 달려간 것은 한구가 적에게 탈환된 11월 1일이었다. 즉 일본에 유학하고 있던 중국인 학생과 상해·남경 등지의 학생 약 3백 명이 달려온 것이다. 그들은 모두 변발을 잘라 혁명에 대한 늠름한 의기를 보였다.

4. 다시 등장한 원세개

모사 원세개의 책동

북경의 청조에 무창기의가 전해진 것은 10월 11일 오후 1시였다. 이튿날 청조는 무창에서 도망친 총독 단징을 파면함과 동시에 육군대신 음창(蔭昌)으로 하여금 양진(兩鎭—2개 사단)의 병을 이끌어 혁명군을 제압토록 조처함과 동시에 살진빙(薩鎭氷)은 해군을, 정윤화(程允和)에게는 장강수사(長江水師)를 이끌어 음창의 군사를 지원토록 했다. 여기서 청조는 패전의 책임을 오직 단징 한 사람에게 돌림으로써 군의 위신을 세우고, 아울러 철로 국유화를 담당한 우전부(郵傳部) 대신 성선회를 독직사건으로 몰아 해임했다. 그리고 그들의 잘못으로 민란이 발생한 것처럼 꾸며 민심을 수습하려 나섰다.

청조는 뒤이어 백성의 원한을 사는 고관들을 숙청하여 민심을 회복할 궁리를 하는 한편, 일찍이 파면했던 원세개를 다시 기용했다. 이것이 청조의 중대한 실수였다. 무창에서 혁명이 발생했다는 소식을 듣고 혼자서 빙그레 웃은 사나이가 바로 원세개였다. 그는 중국을 지배하려는 야망을 키우며 기회를 노리고 있던 인물이었다.

원세개는 1909년 1월, 그의 세력을 시기하는 섭정왕 재풍(載灃)에 의해 파면당한 후 하남성 창덕부(彰德府)의 한촌에 은거하고 있었다. 그런 처지에 있었으나 그가 군기대신(軍機大臣) 시절 육군 내부에 길러두었던 그의 세력은 아직 건재하고 있었다. 음창이 이끌고 남하한 부대도 과거에 원세개의 부하들이었다. 그들은 원에 의해 원격조종되고 있었다. 원은, 청조의 긴급명령을 받고 남하하는 음창의 군대 내부에 '만만주 등등간(漫漫走等等看—천천히 가서 찬찬히 살펴보라)'는 의미심장한 지시를 해놓고 있었다. 따라서 부대의 행동은 아주 완만했다고 한다.

　　위급한 국면을 맞은 청조는 결국 원세개에게 기대는 도리밖에 없었다. 청조는 일찍이 자기들이 몰아냈던 원세개에게 청군을 수습하여 혁명군을 격멸해달라고 간곡히 부탁했다. 그러나 선뜻 그에 응할 원세개는 아니었다. 그는 일찍이 청조가 자기를 파면할 때의 핑계였던 '발의 병'이 아직 낫지 않았다고 하면서 한사코 고사했다. 청조의 약점을 이용하여 최대한의 유리한 조건을 얻어내자는 속셈이었다.

　　그는 자기 심복을 이용하여 정부와 음창의 군대 사이에 왕래하는 전문을 모두 가로채서 멋대로 고치기까지 했다.

　　몸이 단 청조는 18일, 원세개를 호광총독에 기용키로 결정, 원세개에게 거듭 취임을 요청하는 전문을 보내는 한편, 내각총리는 부총리 서세창(徐世昌)을 그에게 파견하여 영접토록 했다.

'스스로의 죄를 시인하는 조칙'

　　그에 대해 원세개는 다음 6개 조항의 조건을 내세웠다.

　　1. 명년 내에 반드시 국회를 소집할 것.

　　2. 책임내각을 조직할 것.

3. 정부는 이번 기의 참가자에 대하여 관대한 태도를 취할 것.

4. 당(黨)의 결성 금지를 해제할 것.

5. 수륙 각 군의 지휘와 군대평성의 전권을 원세개에게 맡길 것.

6. 군비를 충분히 지출해줄 것.

이상의 1~4항은 입헌파와 혁명파를 회유하려는 수단이고, 5,6항은 원세개 자신이 군사권을 장악하기 위한 것이었다.

막다른 골목에 몰린 청조는 그러한 원세개의 제시조건을 거절할 수가 없었다. 그리하여 원세개를 당초에 예정했던 호광총독에서 흠차대신(欽差大臣─현지에 파견한 특명대신)으로 격상시키고, 청국의 육·해군 및 장강수사라는 모든 군권을 그에게 맡겼다.

10월 30일에는 청조가 선통황제의 이름으로 '스스로의 죄를 시인하는 조칙(詔勅)'을 발표했다. 그 내용은 선통황제가 제위에 오른 지 3년밖에 되지 않아, 정사에 어두웠던 탓으로 신하를 잘못 두어 정치를 그르치고, 특히 철로문제에서 잘못을 저질렀으며, 고관들이 사리사욕에 빠져 인민에게 피해가 막심했다는 자가비판으로 국민의 노여움을 풀어 보자는 것이었다.

연립내각의 좌절

10월 31일(1911년), 하남성 신양에 도착한 원세개는 음창으로부터 모든 군무를 인수했다.

그가 맨 처음에 시작한 일은 혁명파에 대한 회유공작이었다. 그가 최초로 겨냥한 인물은 혁명파의 호북 군정부 도독이 된 여원홍이었다. 앞에서도 말한 바와 같이 여원홍은 원래 혁명파가 아니었고, 다만 혁명파에 의해 억지로 혁명군의 사령관 노릇을 해야 했던 인물이었다. 그에 착안한 원세개는 여원홍을 설득해서 호북 혁명군정부를 단숨에 붕괴시키자는 수작이었다. 그는 청조의 신하로 다시 나오기 전에 이미 여원홍에게 은밀히 편지를 보내 청조와의 화해를 권한 일이 있었는데 답장은 받지 못했었다. 그는 다시 10월 29일, 심복 유승은에게 다음과 같은 편지를 쓰게 하여 그에게 보냈다.

원세개.(袁世凱 1859~1916): 특명대신으로 다시 등장한 모사 원세개.

'2차에 걸친 서신에 답장을 받지 못했으나 지금 조정에서는 다음과 같은 취지를 선포했다. ① 황실이 스스로 자기들의 죄를 인정하는 조칙을 발표했다. ② 입헌정치를 실행한다. ③ 정당결성 금지를 풀었다. ④ 황족은 국정에 관여하지 않는다—이상과 같은 일이 실현된다면 국정은 아직도 만회할 여지가 있다. 그러므로 하루속히 화평을 성사시키기 바란다. 일단 평화적인 해결을 한 후에 정부의 동향을 보아서 새로운 방법을 강구할 수도 있지 않겠는가'

이런 편지를 받은 혁명군 정부는 30일에 회의를 열었다. 손무·호영 등은 화평을 받아들이자고 주장했고, 주수열·범의협 등은 강력히 반대했다. 결국 화평제안은 거부되었다.

혁명군이 한구를 잃은 11월 1일, 청조에서는 내각총리와 황족의 국무대신들이 실정의 책임을 지고 사직했으며, 그에 대체해서 원세개가 총리대신으로 임명되었다. 그는 마침내 염원을 달성하여 전권을 손아귀에 넣은 것이다.

원세개는 또다시 유승은·채정간 등의 대표를 여원홍에게 보내 화평교섭을 벌이게 했다.

그러나 여원홍과 혁명파는 원세개가 대권을 장악하자 오히려 그를 더욱 신용하지 못할 인물로 보았다. 그들은 원세개를, '세상이 조용해지면 장차에 만족들을 몰아내고 자기가 황제가 되려는 야심을 품은 자'라고 보아, 그의 제안을 거부했다.

원세개는 11월 16일 내각을 조직했다. 민정대신에 조병균, 우정대신에 당소의 등 자기의 심복을 배치하고, 입헌파의 중진 장건(張謇)을 사법부 부대신으로 지명했다. 신내각은 원세개의 입헌파와 보황파의 '연립내각'임과 동시에 '반황족(反皇族) 내각'이기도 했다.

원세개는 신문지상에 그의 포부를 다음과 같이 말했다.

'나의 의도는, 청국 황제를 그대로 두고 군주입헌체제를 구축하려는 것이다. 그렇게 함으로써 종래의 만·한(滿漢)의 편견은 저절로 일소될 수 있다. 각 당의 애국자들도 각자의 정책을 지양하여 나를 돕기 바란다'

그러나 그 '연립계획'은 실패로 돌아가고 말았다.

법무 부대신으로 지명된 양계초는 오랜 망명생활을 일본에서 보낸 다음 11월 9일에 귀국했다. 그가 일본을 출발하기 전에는 '화원위혁(和袁慰革—원세개와 화친하며 혁명파를 무마한다), 핍만복한(逼滿服漢—만주족을 누르고 한족에 봉사한다)'라고 말하여 원세개에게 접근하는 듯이 보였지만, 귀국하자마자 태도를 바꾸어 부대신 취임을 거절했다. 또한 원세개에 대해, 전국인민 대표자대회를 열어서 정체(政體)문제를 결정하라고 요구했다. 또한 장건도 입각을 거절했다.그들은 모두 자파세력의 신장을 위해 원세개와 흥정하려 했던 것이나, 결과는 오히려 원세개에게 권력을 집중시켜 주는 꼴이 되고 말았다.

통일정부 수립에 진통

원세개는 한편으로 화평·정전을 내세우면서도 혁명군을 무력으로 압박하려 했다. 그는 압도적으로 우세한 병력을 한구에 집결시켜 놓고 한양(漢陽)에 대한 총공격을 단행했다. 혁명군도 즉각 반격에 나섰다. 그러나 곧 격퇴당해 27일에는 한양마저 빼앗기고 말았다. 장강을 사이에 두고 한구·한양을 모두 빼앗긴 결과 무창은 청군의 포화에 속수무책이었다. 그러나 이처럼 불리한 전황에도 불구하고 전국적인 혁명의 열기는 계속 고조되어가고 있었다.

혁명군은 전국적인 통일정부 조직에 나섰다. 이미 15성이 혁명에 성공하고 있었다. 그러나 통일정부가 없음으로 해서 각 성 사이에 연락이 없을 뿐 아니라 혁명의 진전을 지켜보는 열강제국과의 교섭에도 큰 불편을 겪고 있었다. 통일정부 수립의 움직임은 무창과 상해의 두 곳에서 병행하여 진행되고 있었다.

최초로 그것을 전국에 호소한 것은 무창의 혁명군 호북 군정부였다. 11월 7일 도독 여원홍은 이미 독립한 각 성의 대표에 대해 다음과 같은 전보를 쳤다.

'현재 대국적인 판도는 이미 결정되었다. 그러나 아직도 새 정부가 성립되지 않았기 때문에 세계 각국은 우리를 교전단체로 인정하지 않고 있다. 각 성이 각기 독립을 선언하고 있기 때문에 외국이 1국 속에 그렇게 수많은 교전단체를 승인할 까닭이 없는 것이다. 전국적인 영향이 그렇듯 막대함에 비추어 이를 어떻게 처리해야 좋을지 귀 군정부(貴軍政府)의 고견을 즉시 알려주기 바란다'

이 전보는 장강 중류의 전신선이 불통이었기 때문에 남부 각 성에까지 도달하지 못했다. 여원홍은 9일 다시 '연방국가 설립, 대외교섭을 위해 대표를 호북으로 파견하기 바람'이라고 타전했지만 그것도 즉시 실현되지 못했다.

그 후 상해를 중심으로 하는 통일정부 수립의 동향이 구체적인 양상을 보이기 시작했다. 11일 강소도독 정덕전(程德全)과 절강도독 탕수잠(湯壽潛)이 연명으로 상해도독 진기미에게 전보를 쳐서, 상해로 각 성 대표를 모아 '임시회의기관'을 설립할 것을 제안했다. 회의장소를 상해로 선택한 이유는 그곳이 교통상의 요지일 뿐 아니라, 세계열강의 이목이 집중되어 있는 곳이기 때문이다. 진기미는 그 제안에 따라 13일 각 성에 대표를 파견토록 요청했다. 15일에는 절강·강소·진강·복건·산동·호남·상해의 7대표가 참집, '각성 도독부 연합회'가 성립되었다. 이 연합회는 또 17일에 여원홍의 호북 군정부를 '중화민국 중앙정부'로 삼을 것을 결의했고, 중앙정부의 이름 아래 오정방(伍廷芳)·온종요(溫宗堯)를 전국 외교대표로서 열강과 교섭케 했다.

이런 결의를 얻은 여원홍은 20일, 정부조직을 위한 대표를 무창으로 파견토록 각 성에 요청했다. 상해에 모였던 대표들은 연락요원만을 남겨두고 무창으로 향했으며, 11월 30일 제1차 각 성 대표 집회가 열렸다. 그때 무창은 청군의 포화 속에 있었으므로 회의는 한구의 중립지대인 영국조계에서 열렸다. 모여든 대표는 강소·절강·산동·안휘·호남·복건·호북·광서·사천·직례(하북)·하남·귀주 등 12성이었다. 대표회의는 여원홍을 중앙 군정부 대도독으로 선출했으며 3일 후에는 '임시정부 조직대강'을 정했다. 대강은 임시 대총통·참의원·행정 각부의 3장 21조로 된 것이었다.

그에 의하면 임시 대총통은 각 도독부 대표에 의한 선거에서 선출되며 전국의 통치, 육·해군의 통솔, 선전(宣戰)·강화 및 조약체결 등의 권한을 갖게 된다. 그리고 참의원은 각 성 도독부에서 파견하는 참의원(각성에서 3명까지)으로 조직한다. 행정은 외교·내무·재정·군무·교통 등 5부로 구성되며, 임시 대총통은 미국의 대통령에 필적하는 권한이 주어진다.

그런 임시 대총통의 물망에 오른 사람이 누구였던가? 이는 뜻밖에도 원세개였다. 원세개라면 지금 혁명군과 교전상태에 있는 '적'이 아닌가. 그런데 어찌하여 혁명가의 집단에서 그들의 적에게 대권을 넘겨주자는 것일까? 그 배후에는 동맹회의 지도적 지위에 있던 왕조명(汪兆銘)[1]의 책략이 있었다. 왕조명은 그 전해(1910년)에 북경에서 청조의 섭정 순친왕 재풍을 폭살하려다가 체포되어 종신형에 처해졌다가 무창기의 후에 석방된 인물이었다. 왕은 그 후 북경에 머물러 있으면서 원세개에게 접근했다. 그리고 원세개의 장남 원극정과 의형제를 맺고, 원의 집에서 성대한 경축연회를 열었을 정도였다.

무창에 각 성 대표가 모인다는 소식을 들은 왕조명은 심복 주비황(동맹회)에게 편지를 휴대케 하여 무창으로 가게 했다. 그 편지에서 그는 '남북의 화의를 달성하여, 남북이 일치해서 청조황제의 퇴위를 요구하며 원세개를 임시 대총통으로 추대하자'고 제의한 것이다. 그 편지가 각 성 대표자들 앞에서 낭독되자 별안간 원세개를 업고 나서자는 의견이 장내를 지배하게 되었다. 논리는 이랬다.

청조는 이미 이름만 남아 있을 뿐, 실체는 멸망했다. 금후 '평화냐 전쟁이냐'하는 문제는 혁명군과 청조 사이의 문제가 아니고, 혁명군과 원세개 사이의 문제이다. 따라서 이는 만족과 한족간의 싸움이 아니라, 한족끼리의 싸움이므로, 더 이상의 유혈은 피해야 한다. 그러기 위해서는 원세개를 임시 대총통으로 추대하는 것이 가장 좋은 방법이라는 것이었다.

대표집회에서 이러한 주장이 지배적인 것이 되어 그들은 '원세개가 청조를 박차고 혁명진영으로 돌아올 때까지 대총통 자리는 비워둔 채 기다리자'고 결의했다.

얼마 후인 12월 2일 남경이 광복되었다. 무창(한구)의 대표들은 곧 회의를 열고, 임시정부의 소재지를 남경으로 옮김과 동시에 7일

---

1. **왕조명**(1885~1944) 왕정위(汪精衛)라고도 한다. 그는 후에 장개석 정부 아래서 부총통으로 있다가 중일전쟁 당시에는 '화평구국(和平救國)'이라는 명분 아래 일본 군부가 세운 중국 괴뢰정권(남경정부)의 수반이 되었다가 도쿄에서 사망했다. 일본군에 의한 독살설도 있다.

이내에 각 대표를 남경으로 소집, 그 대표가 10성 이상이 되면 즉시 임시 대총통 선거를 실시하기로 결의했다.

이 순간부터 신생 중화민국의 지도자 문제를 둘러싼 갈등이 노골화되기 시작했다.

화평교섭의 진전

여기서 또 하나의 문제가 일어나고 있었다.

무창에서 대표집회가 열리고 있는 동안 상해에 남은 진기미·정덕전·탕수잠 등이 무창과는 별개의 결의를 하고 있었던 것이다. 즉, 그들은 황흥을 대원수, 여원홍을 부원수로 선출했던 것이다. 여기서 대원수는 중화민국 임시정부를 수립하는 대권을 갖는다고 결정했으며, 그 결정은 즉시 각 성으로 타전되었다. 자연히 무창의 대표자 회의와의 사이에 마찰이 빚어졌다. 그러나 혼란은 손문이 귀국해서 임시 대총통이 될 때까지 계속되었다.

중화민국 '초대 원수'로는 손문이 가장 유력한 인물로 간주되어, 외국신문에서는 그렇게 보도되고 있었다. 상해의 대표자 회의를 제창한 강소소독 정덕전은 11월 14일 각 성에 대해 '손문에게 임시정부 조직을 위촉하면 어떻겠느냐'는 의향을 묻는 전보를 친 일도 있었다. 그 전문은 이런 것이었다.

'군정과 민정을 통일하기 위해 동남 각국의 정부가 연합하여 중산 (中山─손문) 선생의 귀국을 재촉하며, 선생으로 하여금 임시정부를 조직토록 부탁함이 어떻겠는가? 중산 선생은 혁명의 창도자이자 내외 인민이 함께 깊이 신뢰하는 인물인바, 임시정부를 조직함에 있어서는 선생 이외에 달리 적임자가 없다고 사료된다. 대국적 견지에서 귀하의 찬동을 바라는 바이며 시급히 회답 주시기를 바란다.'

각 성은 이 제안에 찬동의 뜻을 표명했다. 그 무렵 유럽에 체재하고 있던 손문이 그런 종류의 전보에 선뜻 마음이 내키지 않았다는 것은 이미 앞에서 말한 대로이다. 혁명파 중에는 손문에 대해 반대하는 사람도 있었다. 그들은 혁명에 대해서, '공로는 황흥이 으뜸이고, 재주는 송교인이, 덕망은 왕조명이 최고'라는 말을 유포하고 있었다. 그러한 혁명군 내부의 균열이 결국은 원세개에게 대권을 넘겨주게 되었고, 그것이 중국의 향방을 그르치는 결과를 낳았던 것이다.

그러한 혁명파의 동향에 회심의 미소를 머금고 원세개는 자기의 실력을 축적하는 한편 혁명군을 회유, 무마할 생각이었다.

당시의 양자강 이남은 모두가 혁명군의 세력권 안에 있었다. 원세개는 청국주재 영국공사 존 조르단을 사이에 두고서 혁명군과의 화의를 모색했다. 원세개와 조르단은 10여 년전에 서로 아는 사이였다. 일본의 조선침략에서 발단된 동학란 당시 원세개는 조선 문제를 담당하여 조선에 있었고, 조르단은 영국의 조선주재 영사였다. 그때 일본인에 의한 원세개 암살계획이 사전에 발각된 적이 있었다. 위험한 지경에서 원세개가 조르단에 의해 목숨을 건진 인연으로 두 사람은 친밀한 관계를 맺어 왔다.

원세개의 부탁을 받은 조르단은 한구주재 영국 총영사 허버트 고페에게 명하여 혁명군과 접촉케 했다.

12월 1일, 청군은 한양에서 무창을 향해 맹렬한 포격을 퍼부었다. 무청의 군정부 도독부는 그 포격으로 불탔고 여원홍은 성 밖으로 피신했다. 혁명군 사령부는 그에게 다시 성 안으로 돌아오도록 요청했지만 겁에 질린 그는 한사코 돌아오기를 거절했다.

오후 6시쯤에 영국 총영사 고페의 심부름으로 영국인 밴(민간인)이라는 사람이 찾아와서 정전조건을 제시했다. 손무·장익무·오조린 등은 여원홍이 부재중인데도 도독의 직인을 찍어 정전이 성립되었다. 정존 조건의 내용은 무한 3진 주변의 양군을 현상대로 동결하고, 영국해군이 그것을 감시한다는 것이었다. 기한은 12월 2일부터 3일간이었지만 원세개의 요청으로 그 후 2번을 연장되었다.

정전에 이어서 화평교섭이 이루어졌다. 혁명군 측에서는 오정방, 청조 측에서는 당소의가 각각 대표로 나왔다.

회의장소는 처음에는 한구로 지정되었지만 회의 결과를 주시하는 각국 영사들이 장소를 상해로 옮겨달라는 요청이 있어 최종적으로 상해의 영국조계로 결정되었다.

1차 교섭이 12월 18일 오후 2시에 열렸다. 혁명군 측의 오정방은 다음 4가지 조건을 제출했다.

1. 만청정부를 폐지한다.

2. 공화정부를 수립한다.

3. 청국황제에게 연봉을 지급하여 우대한다.

4. 늙고 가난한 만인(滿人)들을 후대하여 구제한다.

그러나 1차 교섭에서는 섬서·산서·호북·안휘·산동·강소·봉천의 7성에서 전면적으로 정전한다는 것만이 채택되었다.

20일에 다시 2차 교섭이 열렸다. 교섭의 최대문제는 '국체문제'였다. 즉, 오정방의 주장은 '청조를 폐지하고 공화정부를 수립한다'는 것이었다. 청조가 그에 응하지 않는다면 어떠한 교섭의 여지도 없다고 강경하게 나왔다. 그에 대해 당소의는 비교적 쉽게 양보해 주었다. 그는 청조의 존속을 고집하지 않고 국체문제도 장차 국민대회를 열어서 결정하자는 선까지 동의한 것이다. 당소의가 이렇게 양보한 배후에는 원세개의 속셈이 숨어 있었다.

원세개, 대총통을 꿈꾸다

원세개의 속셈은 어떤 것인가?

교섭이 시작되기 전 상해에 있던 그의 심복 당소의는 군주입헌파의 수령인 장건을 만났다. 그때 당소의는 장건에게, '장래에 원세개가 총통으로 선출된다면 청국황제를 퇴위시키는 등의 문제는 소멸될 것이다'라고 말함으로써 은근히 원세개가 청국황실을 그대로 유지할 뜻을 가진 듯이 비쳐 놓았다.

원세개는 이때, 혁명파의 무창 대표자회의에서 각 성 대표자들이 자기를 임시 대총통으로 거론한 적이 있으므로, 자기가 남북평화의 문제만 해결한다면 그것은 자연히 실현될 것으로 생각했다. 따라서 군주입헌파를 구슬러놓고, 또 다른 한편으로는 혁명파와의 평화교섭에 성공한다면 대총통 자리는 따논 당상이나 다름없다고 그는 계산하고 있었다.

그런 상황에서 1911년 12월 25일, 손문이 상해로 돌아왔다. 혁명파는 열광적으로 그를 환영했다. 당소의는 이 기회를 놓치지 않고 북경의 원세개에게 다음과 같이 보고했다.

'혁명군의 종지(宗旨)는 공화제도인바, 이미 공화의 물결은 막을 수 없다. 혁명군은 신식 비행기를 2대나 사들였으며, 또 손문은 많은 군자금과 유럽의 육해군 고문 수십 명을 대동하고 왔다. 손문에 대한 성망은 이곳에서 아주 높으며, 청조에 대한 외국의 차관도 손문의 설득에 의해 중지된 실정이다. 이제 화평이 깨지고 다시 전투가 개시된다면 청조는 재정적으로 파탄을 면치 못할 것이며, 인민의 괴로움과 열강의 중국 분할은 더욱 심해져서 청조의 존망이 위태롭게 된다. 그러므로 국회를 소집하여 군주제냐 공화제냐 하는 문제를 다수결로 결정함으로써 국면의 타개를 도모해야 할 것이다'

이 보고는 원세개의 부하인 당소의가 혁명파의 기세를 역이용해서 청조를 위협하려는 것이었다. 그 결과 청조는 어전회의를 열어서, 임시국회 소집방침을 결정하고 당소의에게 혁명군과의 화의를 진행시키도록 조치했다. 이는 원세개가 계획한 바이기도 했다.

3차교섭은 12월 29일에 열렸다. 그 석상에서 다음과 같은 조항에 합의가 이루어졌다.

1. 국민회의를 열어 국체문제를 결정한다. 다수결로 결정된 후 쌍방은 그 합의에 따라야 한다.

2. 국민회의가 국체를 결정하기 전에는 청조가 이미 차용키로 한 차관을 실시해서는 안 되며, 또한 새로운 차관을 도입해서도 안 된다.

그 후 이틀에 걸친 회의로 각 성 대표자의 숫자도 결정되고, 이듬해 1월 8일에는 상해에서 국민회의를 개최키로 내정되었다.

한편 혁명파는 그러한 화평교섭과는 별도로 12월 29일 남경에서 임시 대총통 선거를 실시했고, 여기서 손문이 중화민국 임시 대총통으로 선출되었다. 이미 '예약된' 것으로 알았던 대총통의 의자를 빼앗긴 원세개는 당소의에게 '월권행위'가 있었다는 구실을 내세워 화평교섭 결과에 대한 승인을 거부했다. 당소의도 이에 발분, 사표를 제출함으로써 지금까지 교섭해온 모든 것은 백지로 돌아가고 말았다.

귀국 길에 오른 손문

이런 일련의 사태들이 발생하기 전 유럽에서 외교절충에 골몰하던 손문에게로 시선을 돌려보자. 그는 프랑스를 경유해서 귀국길에 올라 12월 21일에는 홍콩에 도착했다.

혁명정부의 광동총독 호한민(胡漢民)이 요중개(廖仲愷)를 데리고 군함으로 항구까지 가서 손문을 영접했다.

대원수 자리를 가지고 황흥과 여원홍이 다투던 직후였고, 상해에서는 남북화평 교섭이 진행 중인 때였다.

호한민 등은 그러나 상해와 남경의 상황을 불안한 눈으로 바라

보고 있었다. 그래서 그는 광동을 잠정적인 수도로 정하여 손문을 잠시 광동에 머물러 있도록 설득할 생각이었다.

　'현재 막강한 병력을 쥐고 있는 원세개라는 자는 믿지 못할 사람입니다. 손문 선생이 비록 대총통으로 선출된다 하더라도 혁명파에는 원세개에 맞설 만한 병력이 없습니다. 그러므로 광동에 머물러 계시면서 병력을 준비하여 실력으로써 남북통일을 도모해야 합니다'

　그러나 손문은 광동에 머물러 있기를 거부했다. 그는 원세개를 이용해야 한다고 주장했다.

　'내가 광동에 몸을 피해 있으면 그것은 어려움을 피하고 안이함을 쫓는 자의 행동에 지나지 않을 것이오. 원세개라는 인물이 믿지 못할 인간이라는 것은 확실하오. 그러나 나는 오히려 그를 이용해서 260여 년이나 계속된 전제정치를 뒤엎는 일이 10만 대병을 쓰는 것보다 현명하다고 생각하오. 원세개가 자신의 개인적 욕망 때문에 만주조정을 계승하는 악정을 그대로 되풀이한다면, 그것은 원세개의 기초를 이루는 힘을 약화시키는 결과가 될 터이고, 그 결과로 그는 제물에 넘어져 버릴 것이오'

　이리하여 손문은 호한민과 함께 상해로 향했다.

손문, 대총통에 취임

　상해 도착은 12월 25일이었다. 가랑비가 내리는 항구에는 황흥·진기미·왕조명 등이 손문의 '개선'을 출영했다. 손문이 상해에 도착할 때의 상황을 12월 26일자 〈민립보〉는 다음과 같이 보도했다.

　'손문 선생은 12월 25일 오전, 항구에 도착했다. 항구에서의 환영 상황은 다음과 같다—손 선생은 홍콩 선으로 입항했는데, 상해군 도독부는 군함 건위(建威)에 참모 심규(沈虬)를 태워서 오송구까지 선생을 출영케 했다. 이때 명주실 같은 가랑비가 내려서 항구 일대는 안

개처럼 자욱했으며, 건위가 기폭을 높이 올렸을 때도 정박한 위치가 분명히 보이지 않을 정도였다.

손 선생은 미국인 호머 리 부처 등과 함께 입항하고 있었다.

손 선생이 상륙하자 황종앙(黃宗仰) 선생이 허든 화원으로 초대했다. 거기서 점심을 마친 후 오정방 외교총장이 선생을 자택으로 초대했고, 정치의 중요사항에 대해 협의했다. 거기에는 황흥 원수, 진기미·호한민 도독, 왕조명 등이 동석했다.

프랑스 조계의 공무국(工務局—행정기관)은 손 선생이 상해로 왔음을 크게 환영했으며, 때마침 크리스마스 휴가임에도 불구하고 경찰관 전원을 환영을 위해 파견했다.

상해 도독부는 미리 보창로(寶昌路) 408호에 선생의 주택을 마련해 두었는데, 프랑스 조계의 전력회사가 일요일(도착 전날)에 전선 설비를 완료해 놓고 있었다. 손선생은 오전방 자택을 나온 즉시로 그 주택으로 가셨는데, 마치 먼 여행에서 자택으로 돌아온 분처럼 보였다.

공무국은 손 선생의 주택에 특히 서양인 경찰관 1명과 월남인 경찰관 4명을 상주시키고, 비밀탐정 수명을 주야로 배치하여 순회 경호케 했다. 상해 도독부에서도 4명의 위병을 파견, 교대로 1명씩 입구를 경비케 조치하겠음을 요청했다. 중국국민당 지도자에 대한 이 같은 프랑스인의 존경심의 표시는 우리가 감사해야 할 일이다'

손문의 귀국을 고대하던 상해 사람들의 화제의 하나는, 손문이 어느 정도의 군자금을 가지고 왔느냐 하는 데 있었다. 전년부터 시작된 유럽과 미국 여행을 비롯하여, 무창기의 후에 다시 그가 유럽으로 향했다는 점으로 미루어, 내외의 신문들은 손문이 상당히 많은 자금을 가지고 귀국했으리라는 추측기사를 싣고 있었다. 그러나 신문기자들의 거리낌 없는 질문에 대한 손문의 답변은 지극히 명쾌했다.

'나에게는 가진 것이 한 푼도 없소. 내가 가지고 온 것은 혁명정신 뿐이오'

손문이 상해에 도착함과 동시에 대총통 인선문제는 급선회했다. 그가 도착한 이튿날에는 벌써 황흥·진기미·송교인 등이 손문을 임시 대총통으로 선출하자고 각 성 대표에게 제안하여 찬동을 얻었다. 지금까지 비록 조건부이기는 했지만, 원세개를 대총통으로 추대하겠다던 혁명파가 여기서 비로소 손문 추대로 의견일치를 보였던 것이다.

이튿날, 각 성 대표자 회의가 남경에서 열려 다음 3항을 의결했다.

1. 1월 1일부터 양력을 사용한다. 기의와 함께 사용했던 '황제기원(黃帝紀元)'을 '중화민국 기원'으로 바꾸며, 음력 11월 13일을 중화민국 1월 1일로 정한다.

2. 임시정부 조직대강의 규정을 유지하고 총통제를 채용한다.

3. 12월 29일(양력)에 임시 대총통 선거를 실시한다.

29일, 남경에서 열린 선거회에서 손문은 출석한 16성의 찬성을 얻어 중화민국 임시정부 초대 대총통에 당선되었고, 이듬해 1912년 1월 1일 오후 10시에 선서의 예를 거행하여 정식으로 대총통에 취임하였다.

중화민국은 이렇게 하며 탄생되었다.

5. 열강 6개국의 동향

서로 견제하는 열강

당시의 중국에 깊은 이해관계를 가진 나라는 중국과 국경을 접한 러시아와 같은 동양의 인방인 일본을 비롯하여 미국·영국·독일·프랑스 등 6개 열강이었다. 그들 6개국은 이제 새롭게 태어나려는 중국을 무대로 각기 야심을 품고 치열한 외교전을 전개하고 있었다. 신해혁명의 향방이, 그들이 중국에서 보유하고 있는 정치·경제적 이익에 어떠한 영향을 끼칠 것인가 하는 점이 최대의 관심사였다.

일본은 중국혁명동맹이 발족한 땅이고, 중국 혁명가들이 친교를 맺은 친지들이 많은 나라인 만큼 혁명파가 일본에 대해 걸었던 기대는 자못 큰 것이었다. 사실, 일본의 민간 지사들은 그들의 진의가 무엇이었던가는 별문제로 치고, 대체로 중국혁명에 대해 동정적인 태도를 취해왔다. 그러나 일본정부의 사고방식은 그와는 대조적으로 어디까지나 대륙침략이라는 기본정책을 배경으로 하는 것이었다. 일본은 중국이 혁명을 달성함으로써 안정된 공화국이 되기를 바라지 않았을 뿐더러, 중국이 혼란된 틈을 타서 자국의 세력신장에만 급급했다. 그리하여 일본은 청조를 원조하는 한편, 혁명파에게도 협력하는 체하는 책략적 외교를 전개했다.

미국은 그 무렵 다른 열강에 비해 중국 진출이 늦은 상태였던 만큼 중국의 영토보존이라는 대의명분을 내걸어 각국을 견제했고, 중국이 각국에 대해 문호개방·기회균등 정책을 채택해야 한다고 주장했다. 미국은 정부나 민간이 모두 혁명에 동정적 태도를 취했다. 그들은 오직 '엄정 중립'을 지킨다고 표방했지만, 중화민국의 승인에 대해서는 어느 나라보다도 빨랐다.

영국은 원래부터 혁명파에 동정적이었다. 그러나 혁명이 영국과 가장 관계 깊은 양자강 유역에서 발생했기 때문에 그들은 이해관계에 민감했고 '중립'을 표방하면서도 하루바삐 정국이 안정되기를 바라고 있었다. 영국과 라이벌 관계에 있던 것은 자기들과 동맹관계인 일본과 러시아였다. 이들 3국은 원세개에 대한 후원, 티베트 문제 등을 둘러싸고 사실과 모략을 뒤섞은 온갖 흥정을 벌이고 있었다.

프랑스는 처음부터 정부·민간이 모두 중국혁명에 대해 이해를 가지고 있었다. 중국혁명의 이상이 프랑스 공화정부의 이상과 일치하는 것임을 인정한 그들은 중국에 대한 내정간섭을 피하려는 태도를 취하다가 나중에는 원세개를 지지하는 쪽으로 돌아섰다. 또한 중화민국 승인에 있어서도 중국에 있는 그들의 권익을 주장하는 등 제국주의적 야심을 드러냈다.

독일은 처음에는 청조를 도우려고 무기를 공급하는 한편 독일군의 상륙을 책동했다. 산동성에 있는 권익을 보호하기 위해 청조를 지지한 것이다. 그러나 혁명의 진행에 따라 일본이 무력간섭을 하려는 징조가 보이자, 미국·영국과 보조를 맞추어 중국의 주권을 존중한다는 입장으로 돌아서서 일본의 동향을 견제했다.

러시아는 청국을 지지했을 뿐 혁명파와의 교섭은 없었다. 표면적으로는 열국과 보조를 맞추어 내정 불간섭주의를 취했지만, 본심은 중국이 강대한 근대국가가 되는 것을 방해하는 데 있었다. 중국이 혼란된 틈을 타서 그들은 동북 3성·외몽고·신강(新疆) 등을 둘러싼 중·노 양국의 '현안'을 유리하게 해결하려 했던 것이다. 그것은 후일 동북 3성에 있어서 일본과의 흥정, 외몽고·티베트 문제를 둘러싼 영국과의 흥정으로 발전한다.

무력개입을 꾀하는 독일

무창기의가 발생하던 밤(1911년 10월 10일), 무창에서 대안의 한구로 도망친 청조의 호광총독 단징은 한구의 각국 영사에게 부하를 보내 무창의 혁명군을 공격해 달라고 요청했다.

독일해군은 그것을 구실삼아 군함을 장강에 배치하고 언제든지 포격할 수 있는 채비를 갖추었다. 이를 본 혁명군 정부는 10월 12일 호영·하유송 등을 한구로 파견하여, 우방 제국에는 혁명군이 위해를 끼치지 않을 것이라고 통고하고 엄정중립을 요구했다.

당시 청국과 열국과의 사이에는 의화단사건 직후에 체결된 신축조약(辛丑條約—북경의정서, 1901년)이라는 것이 있어서 열강 중 어느 한나라가 멋대로 군사행동을 취하는 것을 금지하고 있었다. 그래서 단징의 청을 받은 독일영사는 열국에 대하여 영사단 회의를 제안했다. 각국의 양해를 얻어서 무력개입에 나설 생각이었던 것이다.

11월 13일, 영·불·독·노·일 5개국 영사단 회의가 열렸다. 회의에 임하는 각국 영사들은 중국에 대해 거의가 아무것도 아는 것이 없는 자들이었다.

회의에서 독일영사가 먼저 발언하여 무력개입을 주장했다.

'봉기한 자들은 의화단이오. 그들을 방치해두면 우리가 봉변을 당하게 될 거요'

의화단은 '부청멸양(扶淸滅洋—청국을 도와 서양인을 멸망시킴)'이라는 깃발 아래 기독교 교회에 불지르며, 서양 외교관을 살해하는 등 사건을 일으킨 외세배격 세력이었다. 혁명파를 의화단과 동일한 것으로 보게 한 것은 단징의 모략이었다.

그러나 그 회의에 참석한 프랑스 영사 유리스 라파엘 로는 일찍이 손문과 교제를 가졌던 사람으로 중국혁명의 목표가 무엇인가를 잘 이해하고 있었다.

로는 그 회의장에 오기 전에 혁명군 정부가 발표한 포고문 속에 임시 대총통으로서의 손문의 서명이 들어 있는 것을 알았다. 그래서 그는 즉시 반박했다.

"귀하의 말씀은 정확하지 못합니다. 우리가 입수한 정보에 의하면 무창의 포고문은 임시 대총통 손문의 이름으로 나와 있습니다. 손문은 나의 오랜 친구인데, 내가 그에게 들은 바로써 판단하건대 이 혁명은 중국의 공화정체를 주장하는 것으로서, 그만한 체제를 갖추고 있는 것입니다. 그러므로 의화단과 같은 존재로 보는 것은 부당합니다."

로는 손문이 취한 평소의 언행을 소개한 다음 다시 계속했다.

"손문이 이끄는 혁명당은 정치의 개혁을 목적으로 하며, 결코 목표가 없는 폭동적인 행위는 하지 않을 것입니다. 그것을 어찌 의화단과 동일시 할 수 있겠습니까. 따라서 우리는 함부로 무력간섭을 해서는 안 될 줄 압니다."

결국 5개국 영사들은 중립을 엄수하고 간섭하지 않기로 결정을 보았다. 영사단은 혁명군의 무한점령 상황을 시찰했다. 그 결과 혁명군이 각국 거류민의 생명과 재산에 대한 안전과 보호에 힘쓰고 있다는 것, 우편·전보·관세 등 국제조약을 전혀 침범하고 있지 않다는 점 등을 확인했다.

영사단은 혁명군을 '교전단체'로 승인함과 동시에 18일에는 정식으로 혁명에 대한 중립을 선언했다. 이 같은 중립선언은 청조의 음모를 분쇄하였을 뿐 아니라, 혁명의 동란을 이유로 외세가 중국을 침략하려는 야망을 봉쇄하는 효과를 갖는 것이었다. 그런데, 그러한 선언에도 불구하고 일본정부는 군사적 시위행동을 벌였다. 장강 하류에 군함 수척을 파견하여 혁명군의 동향을 감시했던 것이다. 무창 대안의 한양에 있는 대야철광(大冶鐵鑛)의 안전 확보를 위한다는 것이 그 구실이었다. 대야철광은 청일전쟁 후 급성장한 일본의 제철 업계가 원료를 확보하기 위해 자본을 투자한 광산이었다.

일본, 중국의 내란을 조장

일본의 군사행동은 열강의 심한 반발을 받았다. 그래서 일본은 저들의 군함 파견을 '일본 거류민을 보호하기 위한 조치'라고 변명했다. 무창기의를 전후해서 일본이 채택한 정책의 기본은 다음의 3가지로 요약되는 것이었다.

1. 통일된 중국의 출현을 바라지 않는다.

2. 중국이 민주공화국이 되는 것을 바라지 않는다.

3. 중국의 혼란을 틈타서 기득권을 확보함은 물론, 나아가서 더욱 많은 이권을 획득하며, 그것을 위해서는 무력간섭도 불사한다.

혁명군은 그러한 일본의 정책을 눈치채고 있었다. 10월 19일자 <민립보>는 <일본인에게 경고한다>는 제하의 사설에서 다음과 같은 논평을 실었다.

'호북의 혁명군이 궐기한 이래 각국은 모두 중립을 지키고 있다. 이는 혁명군이 이미 교전단체로서 세계에 공인되어 있기 때문이다. 그런데 유독 일본만 혁명군을 내란분자로 간주하면서 교전단체로서 인정하려고 하지 않는다. <오사카 매일신문>, <호지(報知) 신문> 등은 일본의 중국정책을, 조계보호라는 따위는 이미 소극적 수단이니 이제는 한걸음 더 나가서 적극적 수단을 취해야 한다고 주장하고 중국혁명을 도우라고는 결코 말하지 않는다. 그러나 우리 혁명군은 이미 조직을 가졌으며, 토지·인민을 가지고 있음을 일본은 인식해야 한다.

예전 일본 역사에서, 막부군(幕府軍)과 관군이 싸울 때 유럽의 몇몇 국가는 막부를 교전단체로서 인정했다. 그런데 일본인들은 어찌하여 그러한 역사적 사실마저 잊었다는 말인가. 일본이 고의로 궤변을 농하여 국제법에 어긋나는 행동으로 나온다면 거기에는 필시 무슨 곡절이 있을 것이다.

지금 우리 우방인 영국·미국 등은 모두가 현상에서 균형을 유지할 것을 주장하는 터이므로 그들이 연합해서 우리나라 내란에 간섭할 염려는 없다. 일본인은 금후 무엇으로써 천하에 변명을 하려는 것인가. 이는 과연 일본인으로서 현명한 일이 되겠는가.

　우리는 동주동종(同州同種)인 인방의 현명한 정치가들이 이 문제에 대해 깊고 원대한 안목을 갖기 바라는 바이다'

　일본정부의 무력간섭 방침은 맨 처음, 청조의 붕괴를 막기 위한 군사원조로 나타났다. 청조는 무창기의가 발생하자 육군대신 음창에게 2개 사단 3만 군사를 주어 경한철도를 따라 혁명군을 진압토록 명령했다. 그러나 그때는 이미 재정의 곤란을 겪고 있을 때여서 무기가 부족한 상태였다.

　음창은 이 문제를 일본정부와 협의해서 해결하려 했다. 그는 일본에 포탄 30만 발, 탄환 6천 4백만 발, 보병총 1만 6천정을 요청했다. 그러자 일본은 이에 적극적으로 응했다.

　일본으로서는 그것이 절호의 기회였다. 청조의 약점을 이용해서 값비싼 대가를 요구했다. 그 보상이란 동3성(만주)에 있어서의 일본의 지위를 존중하라는 요구였다.

　무기 공급에 시각을 다투던 청조는 일본의 요구가 무엇이건 그것을 고려할 여지가 없이 모조리 받아들였다. 일본의 요구는 그것으로 그치지 않았다. 일본은 혁명군도 지원하려는 속셈을 가지고 있었다. 혁명군에게 무기를 팔자고 주장한 것은 일본의 군부였다. 일본정부는 그에 대해 '묵인'이라는 형식으로 허용해 중국내부의 남북전쟁을 격화시켜 놓은 다음, 그것을 장기화함으로써 그 틈바구니에서 재미를 보자는 계략이었다.

　게다가 중국내전에서 어느 쪽이 승리하건 쌍방에게 미리 끈을 이어 두자는 속셈도 아울러 있었다. 혁명군에 대한 무기판매를 담당한 회사는, 청조에 대한 무기판매를 담당한 오쿠라 양행(大倉洋行)

과 미쓰이물산(三井物産)이었다.

일본이 중국의 청조와 혁명군에게 다 같이 팔아먹은 무기는 노일전쟁에서 쓰고 남은 것들이 대부분이었다. 거의 폐품에 가까운 그런 낡은 무기 중에는 발사가 제대로 되지 않는 것도 있었고 작렬되지 않는 포탄도 섞여 있었다. 일본은 그런 허접쓰레기 같은 것에 호되게 비싼 값을 붙여서 팔아먹으면서도 그것을 은혜라 하여 청조에게 이권을 요구했던 것이다.

청조에 무기원조를 제공한 또 하나의 나라는 독일이었다. 독일은 '보청반혁(保淸反革)'을 내걸면서 은밀히 독일장교들을 청군 작전에 협력시키고 있었다. 독일의 목적은 내전을 하루속히 종식시키는 데 있었다. 청조가 붕괴되고 중국이 군웅할거의 혼란에 빠진다면 러시아나 일본이 그 틈을 타서 중국에 영토적 이권을 취하리라 보고 그렇게 되면 중국에 대한 독일의 권익에 불리하다는 판단을 내린 것이다. 독일이 취한 태도는 불간섭주의라고는 할 수 없지만, 일본처럼 중국내란의 확대와 지속을 꾀하는 책략과는 근본적으로 달랐다.

외몽고를 노리는 러시아

노일전쟁의 패배에서 큰 타격을 입은 러시아는 아직 충분한 힘을 갖추지 못한 터이므로 중국혁명에 대해서는 다만 다른 열강과의 공동보조에 힘썼고, 내정불간섭 자세를 견지했다.

당시 러시아는 중국과의 교역량에 있어서 영국·일본·미국의 다음이었지만, 그 내용은 중국 산물의 수입에 비해 자국의 공업제품 수출량은 적었다. 때문에 러시아는 중국을 '시장'으로서 쟁탈하려는 야망을 갖고 있지는 않았다. 러시아가 노리는 것은 중국의 내부 혼란을 틈탄 동북 3성과 외몽고의 병합으로서, 그를 위한 공작이 착착 진행 중에 있었다. 따라서 러시아는 일본과 마찬가지로 중국의 전란이 언제까지나 지속되기를 바랐으며 강력한 통일국가의 출현을 원치 않고 있었다. 때문에 중국 내부에 '남—북', '혁명군—청국 조정' 또는 '혁명군—북양군벌' 따위, 형태야 무엇이건 요컨대 승패가 결정되지 않은 대립이 계속되기만 한다면 그보다 더 좋을 일이 없었다.

외몽고를 '독립'이라는 이름 아래 자국의 지배하에 두려는 러시아의 계획은 이미 그해(1911년) 여름부터 시작되고 있었다.

7월 10일에 러시아는 은밀히 외몽고의 왕공(王公)들을 선동하여 그들을 울란바토르에 모아놓고, 외몽고 독립을 원조해 달라는 결의를 하게 만들었다. 그러고는 외몽고 대표로 하여금 러시아의 수도 페테르스부르크로 가게 해서, 러시아가 외몽고의 독립을 승인하는 대신에 외몽고의 무역·철도·우편 전신·광업 등의 제반권리를 러시아에게 주기로 약속케 했다.

러시아의 외교수법은 아주 교묘했다. 터놓고 외몽고를 속국화하는 것은 열강과의 관계에서 마이너스가 된다고 본 그들은, 외몽고가 러시아의 원조를 받았다는 점을 내세워 외몽고에 대한 중국의 영향을 제거하는 것을 외교전술로 삼았다. 러시아는 청조가 외몽고에서 진척시키려는 행정개혁과 청군의 외몽고 증파 등을 중지하도록 청조를 강압했다. 러시아는 울란바토르에 8백 명의 군대를 진입시켰고 또 4천 명을 외몽고—러시아 경계에 배치, 압력을 가한 것이다.

그러한 정세 속에서 신해혁명이 발생한 것이다.

외몽고의 왕공들로서는 그야말로 독립을 위한 절호의 찬스였다. 청조가 혁명군에 정신을 빼앗긴 틈을 타서 11월 30일에 외몽고는 왕공회의를 열어서 '독립'을 결의했다. '독립'의 구실은, '외몽고가 원래 청조에 대해서 신속(臣屬)했던 것이지 중국에 신속된 것은 아니다. 그런데 지금 중국에서는 청조가 거의 제외된 상황이므로 따라서 중국은 외몽고와 아무런 관계도 없다'는 것이었다.

이튿날인 12월 1일, 외몽고는 독립을 선포했다. 동시에 다수의 러시아군, 외몽고 군이 청군의 방영(防營)에 침입하여 무기·탄약을 접수했다.

그러면서도 러시아는 여전히 외몽고 왕공들의 '독립'을 무시하는 듯한 태도를 취하는 한편, 12월 31일에는 청조에 대해 돌연히 외몽고에 관한 5개조를 요구해 왔다. 러시아는 자기들이 외몽고 문제에 직접 개입했다는 비난을 피하면서 실질적으로는 외몽고를 저들의 속방으로 만들려는 의도를 뚜렷이 드러냈다. 그들 요구는 다음과 같은 것이었다.

1. 중국은 외몽고에 관해서 울란바토르와 약정을 맺고 다음과 같이 성명한다. ① 외몽고 경내에 청군을 주둔시키지 않는다. ② 외몽고 경내로 이민을 보내지 않는다. ③ 외몽고의 내정에 간섭하지 않는다. 중국은 다만 외몽고에 대해서 관리권만을 가지며, 판사대신(辦事大臣)을 두고 몽고인을 관할한다.

2. 러시아는 외몽고에 대한 중국 주권을 승인하며 러시아·인도·몽고에서 다 같이 중국의 판사대신 관할 아래 두고, 중·노 양국의 몽고에 관한 교섭은 종래와 마찬가지로 청조와 러시아 사이에 협의한다.

3. 중국이 만일 장래 외몽고에 철도를 건설할 경우에는 러시아에 통지를 해야 한다. 동시에 중국은 러시아가 러시아의 국경으로부터 울란바토르에 이르는 철도부설권을 가졌음을 승인한다.

4. 중국이 장래 외몽고에서 개혁을 시행하려 할 경우에는 미리 러시아의 동의를 얻어야 한다.

5. 러시아는 몽고주재 영사 등에 명하여 몽고인이 중국에 대한 의무를 다하도록 협력케 한다.

그런데 이듬해인 1912년 2월 15일에는 '대황제'를 칭하는 챕슨

단파가 '대몽고(大蒙古)'를 선언하여 정부를 조직했다. 그러나 '대몽고'는 전적으로 러시아의 조종 아래에 있었다.

러시아는 외몽고의 독립을 기정사실로 하기 위해 일본·영국의 양해를 얻어내려고 획책했다. 일본에 대해서는 내몽고 동부를 일본의 세력 아래 두자는 묵계로써 지지를 얻었고, 영국과는 티베트 안에서의 영국의 행동 자유를 러시아가 승인하겠다는 조건으로 외몽고의 독립을 인정케 했다. 러시아는 그 후 중화민국을 승인함에 있어서 외몽고 독립의 승인을 거래조건으로 삼았다. 그러나 중화민국은 그것을 거부했다. 러시아가 중화민국을 승인한 것은 1913년 10월에 와서인데, 중화민국은 그때에도 외몽고 '독립'을 인정하지 않았다. 그 후 외몽고 문제는 중·소간의 해결과제로 그대로 남게 되었다.

영국의 실리외교

한편, 영국과 일본 사이에는 중국 내의 이익이 걸려 있는 외교전이 벌어지고 있었다. 그것은 청조는 물론, 다른 열강 제국까지 휩쓸려들게 된 격렬한 것이었다.

영국은 중국에 대해 최대의 이권 소유국인만큼 혁명에 대한 정보가 가장 빨랐고 그에 대한 대책도 가장 신속했다. 영국이 중국혁명을 어떻게 평가했든 그것과는 별도로 그들은 중국에 있어서의 그들의 경제적 손실을 최대한 막으려 했다. 10월 18일(1911년) 한구의 5개국 영사단이 '중립'을 선포했을 때도 영국은 혁명군을 '교전단체'로 승인하지 않았다. '중립포고'에서 '교전단체'라는 표현을 피했을 뿐 아니라, 영국외상 에드워드 그레이는 조르단에게 훈령하여, 혁명군이 '교전단체'로서의 지위를 가졌다는 사고방식은 사실과 맞지 않는다고 영국정부의 입장을 주지 시켰다. 영국은 혁명군을 '교전단체'로서 적극적으로 승인함으로써 받을 청조의 항의를 두려워했던 것이다.

그러나 그 반면 실제태도는 매우 탄력적인 것이어서, 무창의 혁명군 정부 도독 여원홍이 영국 측에 '교전단체'로서의 지위 승인 여부를 조회했을 때 그들은 부인하지 않는 태도를 취했다. 그리고 혁명군이 금지한 군수 관계 물자수송에 있어서도 각국은 그것을 정식으로 인정하려 하지 않았지만 영국만은 그것을 인정했다.

혁명군의 세력 하에 있는 영국인의 생명·재산을 지키겠다는 실리적인 이유에서 되도록 혁명군을 자극하지 않는다는 것이 영국의 태도였다.

열강 각국 사이의 조화를 목표로 하는 영국외교는 열국간의 마찰을 일으키지 않고, 그러면서 특정국의 독주를 견제하기 위해 중국에 대한 불간섭을 지향한 것이었다. 그래서 영국은 거류민 보호를 위한 미국의 군함파견, 프랑스 세력범위에 있는 운남성에 대한 개입계획 등을 저지하는 데 힘썼다. 영국은 또 무역상의 거점인 상해·남경의 안전에 대해서는 숫제 신경질적인 반응을 보였다. 한때는 영국이 미국·일본·독일·프랑스 등 각국 병사 1천 5백 명씩을 파견해서 '공동개입'을 하자는 협의를 구상했을 정도였다. 게다가 11월 4일 상해가 광복되자 영국의 상해총영사는 영국인으로 조직된 지원군에게 상해역의 점령을 명했다.

이때는 영국은 중국 쌍방의 어느 편에 가담할 의사는 전혀 없었고, 다만 영국자본이 투자된 기업, 조계 주변에 있는 영국인의 생명·재산을 보호하기 위해 청군과 혁명군의 군사수송을 다 같이 금지하는 데 목적이 있다고 누누이 강조했다.

영국과 일본의 외교 교섭은 열강과의 협조라는 테두리 안에서 전개되었다. 이들 양국 사이의 흥정은 혁명 직후의 파병문제를 비롯하

여 남북 화평문제 등등에 이르기까지의 모든 문제에 관련된 것으로서, 중화민국 발족 전후 열강의 동향에 초점을 맞춘 것이었다.

화북 파병에 영·일 이해 일치

영국과 일본 사이에서 최초로 협의대상이 된 것은 화북에 대한 파병문제였다. 10월 말 하북성 동북부에 주둔하던 청국 장군 장소증(張紹曾)이 혁명군에 호응하는 움직임을 보이자, 화북 일대의 일본 권익에 영향이 미칠까 우려하던 일본은 파병을 결심하고 영국과 그 문제를 협의한 결과 영국도 파병에 적극 호응했다. 그들의 출병목적은 다 같이 철도의 안전에 있었다. '북경에서 바다로 통하는 교통로를 확보하기 위해 경진철로(京津鐵路) 연선을 지켜야 한다'는 데서 양국의 이해관계는 일단 일치된 것이다. 중국에 대한 간섭 기회를 노리고 있던 일본으로서 철도 방비라는 이유로 파병을 할 수 있다는 것은 그야말로 천재일우의 기회였다. 북경·천진에서 요동만을 끼고 산해관을 거쳐서 봉천에 이르는 경봉철로는 동북 3성의 내륙과 직결되는 간선이다. 동3성의 남부에 강대한 병력을 가진 일본은 내륙에 대한 병력수송의 필요가 생길 것을 예상하여 북경–천진–봉천 간의 경봉철로를 확보하고 싶었던 것이다.

일본의 태도가 예상을 훨씬 넘어서 나오는 것을 눈치 챈 영국은 여기서 오히려 당황하지 않을 수 없었다. 그리하여 영국외상 그레이는 태도를 바꾸어, 일본의 제안에 대해서는 '각국의 의견을 들어본 후에 결정하자'고 대답했다. 영국의 방침은 어디까지나 열국에 의한 공동방위이며, 그 범위도 산해관 이남으로 한정하자는 것이었다.

일본의 낌새를 보고 러시아도 가만히 있지 않았다. 러시아는 '일본의 독점적 행동을 결코 좌시하지 않겠다'고 영국에 통고했다. 러시아로부터 그런 통고를 받은 영국외상 그레이는 마침내 일본의 제안에 대해서 '현재까지는 아직 그럴 필요가 없다'고 거부해버렸다. 그러나 일본의 파병요구는 끈질기게 계속되었다. 일본은 산해관 이북을 일본이 단독으로 방위하는 데 대한 영국의 승인을 강경히 요구하고 나섰다. 그러는 동안에 미국·독일 등도 공동방위에 대한 참가를 신청해왔다. 결국 영국이 양보하여 산해관 이북은 일본과 러시아가 협의해서 단독방위하며, 산해관 이남은 영국이 분담해서 방위하기로 결정을 보았다.

영국이 당초 계획한 것은 영국·일본·프랑스의 3개국 연합이었지만 이듬해인 1912년 1월에 철도수비협정이 성립되었을 때는 미국·러시아·독일이 가입된 6개국으로 늘어났다. 그 협정에서 일본은 산해관-난주(灤州) 사이 내륙부 61km 지구의 할당을 획득했으며, 각국 주둔군 병력의 합계에 해당되는 599명의 수비병을 배치하는 데 성공했다.

원세개에 기대한 영국

여기서 열강은 원세개를 큰 세력으로 보고, 그를 자기 진영으로 끌어들이려는 공작에서 불꽃 튀기는 치열한 경쟁을 벌였다. 원세개가 은둔생활을 하면서도 여전히 청국군의 최강부대인 북양군에 막대한 영향력에 행사하고 있다는 것은 잘 알려진 사실이었다. 그는 중국의 혼란을 수습할 수 있는 유력한 후보자로 부각되었다. 영국을 비롯한 열강 제국은 원세개에 의해서 한시라도 빨리 사태가 진정되기를 기대했다. 사태가 언제까지나 계속된다는 것은 각국의 이익에 중대한 위협이 되기 때문이다. 게다가 또 원세개를 도움으로써 그가 성공한다면 그로부터 그만한 댓가가 돌아온다는 계산도 있었다. 그러나 일본의 경우는 그와는 조금 달랐다. 일본의 의도는 중국이 공화국이 되는 것을 방해하는 데 있었고, 원세개를 청조의 옹호자로서 이용하려는 것이었다. 천황제를 가지고 동양에 군림하려는 일본은 인국 중국이 천황제와 근본적으로 상반되는 공화제로 가는 것을 기필코 저지해야 한다는 정치적 이유도 가지고 있었다.

원세개와 가장 가까운 거리에 있는 나라는 영국이었다. 영국은 북경 주재 조르단 공사를 내세워 개인적으로도 친근한 원세개가 다시 등장하자 바로 적극적으로 그와 접촉하기 시작했다.

영국의 원세개 지지태도는 청조에 대한 차관공여문제에서도 나타났다. 앞서 미·영·독·불 등 4개국 은행단에 의한 철로차관이 정지된 청조는 군비지출에 곤란을 겪다 못해 새로운 차관을 간청했다. 그러나 조르단은 이미 혁명세례를 받은 청조는 비록 타도되지 않는다 해도 실권을 빼앗길 것이 분명한만큼 청조에게 차관을 주기보다는 차라리 그 자금을 확보해 두었다가 장차 원세개가 조직할 정부에 공여하는 편이 현명한 일이라고 본국정부에 건의했다. 영국정부가 조르단의 건의를 받아들여서 청조에 대한 새로운 차관을 거부하자 4개국 은행단도 그에 따랐다.

조르단은 또 정전과 화평교섭에도 발벗고 나섰다. 그는 11월 26일에 원세개와 회담, 혁명군과 정전에 들어가도록 설득하는 한편, 11월 29일에는 혁명군·청조 쌍방에 대해 '남북화평회담'을 열도록 정식으로 제의했다.

원세개를 안고도는 영국의 공작은 이렇게 착착 진행되었다.

일본, 입헌군주제를 획책

일본 역시 원세개에 대한 공작으로 바빴다. 1911년 11월 16일 원세개가 내각 총리대신으로 조각을 마치자, 일본정부는 2일 후에 바로 북경주재 일본공사에게 훈령하여 원세개를 방문케 했다. 일본공사는 '특히 일본정부의 밀명을 받고 왔다'고 전제하면서 원세개에게 입헌군주제에 대한 의견을 타진했다.

'이번에 각하가 총리로 나오심에 있어서는 반드시 확고한 계획을 가지고 나오셨을 줄 믿습니다. 그런데, 각하는 청조를 옹호하시려는 것입니까, 또는 다른 의견을 가지셨습니까? 각하의 흉중에 있는 말씀을 듣고 싶습니다. 일본은 각하의 의사를 존중하며, 극력 각하에게 협력코자 합니다'

이에 대해 원세개는, '나는 지금 청조에 칙명을 받은 총리대신인데 청조를 옹호하지 않는다는 말을 어떻게 할 수 있겠소'라고 답변했다.

일본정부는 그 답변을, 원세개가 입헌군주제의 채용을 승낙한 것이라고 해석했다. 그래서 일본정부는 12월 1일에 영국정부에 대해 중국의 입헌군주제를 수립하기 위한 협력을 요청했다. 그에 대해 영국의 회답은 '중국이 청조의 주권 아래에서 입헌군주제를 실시하는 것은 영국으로서도 크게 환영하는 바이다'고 했지만, 그러면서도 '중국의 내정에 간섭하는 것은 바람직한 일이 아니다'라고 덧붙였다. 영국의 실제 속셈은 일본은을 따돌려놓고, 원세개와 혁명파간의 화평공작을 진척시키는 데 있었던 것이다. 일본은 나중에 가서야 비로소 원세개—영국을 축으로 하는 화평공작의 진행에 당황하게 되었다.

중국의 국내정세는 혁명군에 유리하게 전개되어 가는 듯이 보였다. 그런 정세 속에서 화평공작이 그대로 진척된다면 아무리 원세개라 할지라도 혁명군에 양보할 수밖에 없을 것이고, 그 '양보' 속에는 일본이 가장 걱정하는 '국체문제', 즉 청조가 존속되느냐, 아니면 폐지되어 공화제가 되느냐 하는 문제가 있었다.

일본은 영국과 대항하기 위해 미국과 손을 잡으려 했다. 미국에 대해 일본은 '중국이 입헌군주제를 채택하는 데는 문제점이 많고,

중국민이 과연 공화제도를 운영할 수 있을지 어떨지도 의문이다. 그러나 청조에 통치능력이 없어졌다는 것도 이 시점에서 이미 분명해졌다. 그러므로 차제에 청조의 명목상의 중국통치를 다시 확립함과 아울러 한편으로는 국민의 권리를 존중하는 입헌군주제를 취해야 할 것이다'고 제의했다.

그러나 당시 미국은 일본이나 영국에 비해서 극동문제에 그다지 큰 이해관계가 없었으므로, 일본의 건의를 받아들임으로써 공연히 영국과 마찰을 일으킬 필요가 없었다. 미국은 일본의 제의를 거부했다.

그리하여 일본의 공작은 실패로 돌아갔고, 중국의 남북화평교섭은 국체문제를 국민회의에서 결정하기로 타결을 보았다.

제7장 청조의 최후

1. 남경으로 개선한 손문

전제에서 민주로

손문이 임시 대총통으로 선출된 것은 1911년 12월 29일이었다. 그날 남경에서 열린 선거회에서는 호북·호남·광동·절강 등 17성의 대표 45명이 참가했다. 절강성 대표 탕이화가 주석을 맡았다. 손문은 이때 상해에서 그 선거회의 향방을 조용히 지켜보고 있었다.

각 성이 각각 1표를 행사하는 선거에서 총 투표수 17표 중 손문은 16표(황흥이 1표)라는 압도적 지지로써 당선, 중화민국 임시정부의 초대 대총통으로 결성되었다. 상해에서 대총통으로 선출되었다는 통지를 받은 손문은 즉시 남경에 집합한 각 성 대표들에게 다음과 같은 메시지를 보냈다.

'중화의 광복은 모두가 우리 군민의 힘으로 이뤄진 것입니다. 이번에 문(文—손문)이 단신 귀국하여, 국가에 공이 없음에도 불구하고 대총통에 선출되었으니 어찌 그 대임을 두렵다고 아니할 수 있겠습니까. 그러나 지금 우리나라는 아직도 북방의 판도가 미정이며, 민국의 기초를 굳히는 데도 많은 어려움이 있는 터라, 모든 국민이 제각기 책임을 함께 나누어야 할 때입니다. 여러분이 문에게 이런 중대한 일을 맡긴 이상에는 문도 국민의 여망에 따라야 할 것이라고 생각하는 바입니다. 근일 중에 남경으로 가서 여러분이 맡기신 직책에 취임하겠습니다'

이와 동시에 각 성의 도독·군사령
관에게 타전한 전문 속에서 손문은
국가원수로서의 자기를 '공복(公僕)'
이라고 불렀다. 이는 국민을 신민이
라고 보는 전제(專制)를 타파하고 민
권주의로 이행하는 자세를 밝힌 것
이었다.

'…오늘의 대표선거에서 본인이 공
복의 대임을 받들게 되었으니, 이는
스스로의 역량을 돌아보건대 실로 황
송무지할 따름입니다…'

정원을 산책하는 서태후(중앙)과 근비(오른
쪽), 융우태후(왼쪽).청일전쟁 전인 1903년
(서태후 68세)에 촬영한 것이다.

그 후 기자회견에서 손문은 '각
종 개혁이 완수된 후에 중화민국 정
부는 각종 영사재판권(치외법권)을 취소하겠다'고 밝혔다. 중국이
오랜 세월에 걸친 열국의 지배를 탈피하여, 존엄성을 가진 독립국이
되어야 한다는 신념을 분명히 밝힌 것이다. 그리고 또 국체문제에
대해서는 '국회가 반드시 민주에 찬성할 것을 믿어 의심치 않는다'
고 말했다.

이어서 손문은 북경의 원세개에게 타전한 전문에서 '언제라도
귀하에게 대총통의 직위를 양보할 의사가 있다'고 약속했다. 손문은
원세개를 진정으로 믿지는 않았지만, 국가의 안정을 도모하기 위해
서 현실적인 방법을 고려한 나머지 그런 전문을 친 것이다. 전문의
내용은 다음과 같다.

'북경의 원 총리께, 동지들은 문이 임시정부 조직의 책임을 맡도록
요망하고 있습니다. 그 이유는, 동남 각 성에 통일된 기관이 없어서 제
반행동이 극히 곤란하기 때문이며, 임시정부를 조직하는 일이 생존을

위해 필요한 조건이 되고 있기 때문입니다. 문은 이런 일이 아주 중대한 문제를 안고 있다는 것을 충분히 알고 있습니다만 거절할 수도 없는 일인지라 잠시 대임을 맡기로 했습니다. 귀하는 일찍이 천하에 포부를 다할 것을 스스로 다짐한 터이요, 국민이 귀하에게 기대하는 바도 스스로 잘 알고 계시리라 믿거니와, 귀하의 현재의 지위를 가지고도 아직 귀하는 스스로 몸을 숨기고 있다는 비난을 면치 못할 것입니다. 그러므로 문은 비록 당면의 대임을 받아들인다고는 하지만, 언제라도 이 직책을 귀하게 이양할 생각입니다. 하루속히 대계(大計)를 정하시어 4억 인민의 갈망에 답하시도록 기대해 마지 않습니다. 손문'

이 전문이 후일 원세개의 야망을 부채질하는 결과가 된다.

손문, 임시 대총통에 취임

1912년 1월 1일 손문은 신생 중화민국 임시 대총통에 취임하기 위해 상해를 출발하여 임시정부가 설치될 남경으로 향했다. 동행자는 각 성 대표단의 임시의장으로서 절강성 대표인 탕이화, 부의장인 광동대표 왕총혜(王寵惠), 미국인 군사고문 호머 리 등 수십 인이었다.

이때 호령철로(滬寧鐵路─滬는 상해, 寧은 남경) 상해 역두에도 도독 진기미 등 새 정부 고관을 비롯, 상해에 주재하는 신정부 각 군대·단체 등이 총출동하여 일행을 배웅했다. 대총통의 얼굴을 한 번이라도 보겠다고 물밀 듯이 모여든 중국인과 외국인으로 입추의 여지도 없이 광장은 숨이 막힐 지경이었다.

'상인들은 모자를 벗고 열렬한 박수를 보냈으며 귀청을 찢는 환성이 역두에 메아리쳤다. 신정부의 깃발인 5색기는 너울거리며 하늘에서 춤추었고, 찻집이라는 찻집은 온통 손님으로 가득 차서 발도 들여놓을 수 없었다'

당시 상해에서 발행되던 〈민립보(1월 2일자)〉가 보도한 그때의 광경이다. 그러하 흥분은 손문의 일행을 태운 전용차의 진행과 함께 호령철로 연변으로 확산되었다.

'소주(蘇州)를 지나자 공화만세를 외치는 소리가 수십 리에 걸쳐서 들려왔다. 무석(無錫)에서는 수백 명의 남녀 학생이 열을 지어 "만세"를 환호했고, 손문은 그들 대표들과 악수했다. 상주(常州)·진강에서는 환영인파가 1만 명이 넘었다'

민중의 흥분은 호령철로의 연변에만 그치지 않았다. 복건성의 복주에서는 1만 명의 대군중이 제등행렬로써 손문의 대총통 취임을 축하했다. '중화민국 만세'의 함성은 손문이 가는 곳마다 울려 퍼졌다.

손문을 맞은 남경은 그날 촉촉히 가을비가 내렸고, 싸늘한 한풍이 불어대는 날씨였다. 그러나 그런 음산한 날씨와는 상관없이 환영의 열기가 시가지를 온통 뒤덮고 있었다. 그들은 오로지 손문을 기다리는 마음으로 들떠 있을 뿐이었다.

손문일행을 태운 전용차가 남경 북쪽에 있는 호령철로의 터미널 하관역에 도착한 것은 오후 5시였다. 예포가 울려 퍼졌고 군악이 연주되었다. 각 연대의 병사들은 일제히 '받들엇 총!'의 경례로 손문을 영접했다. 남경에 주재하는 각국 영사들도 빠짐없이 역으로 출영했다. 양자강에 정박중인 군함이 터뜨린 21발의 예포 소리가 은은히 메아리쳤다.

총통부는 남경 성내 구량강(舊兩江—강소·안휘·강서) 총독서에 두기로 정해져 있었다. 손문은 하관역에서 성원(城垣—시내)철로로 바꾸어 타고 꽃으로 장식된 전용차로 성내로 들어갔다. 시내에는 환영 아치가 높이 올랐고, 상가의 휘황한 전광장식 앞에는 군중이 운집해 있었다. 전용차는 오후 6시 15분에 총독서역에 도착했다.

그 역에서 총통부까지는 마차를 탔다. 남색 자수로 장식된 마차는 앞에 개선의 노래를 연주하는 기마군악대, 뒤로는 호위대를 거느린 채 행진했다.

손문이 황흥, 육해군 대표 서소정(徐紹楨)의 안내로 총통부로 들어가서 취임식에 임한 때는 오후 10시였다. 식에는 각 군단장과 각 부 사서과정(司署科長—局部課長) 이상의 관리들이 모두 참가했다. 이날 손문은 한손에 군모를 들었고, 갈색 군복 차림이었지만 견장이나 금수(金綬) 등은 하나도 붙이지 않았다.

남경 임시정부의 수립

손문은 전국민을 향하여 엄숙하게 선서했다.

"만족의 전제정부를 타도하고, 중화민국을 공고히 하며, 민생의 행복을 추구해야 하는 것은, 국민 누구나가 다 같이 바라는 국민의 의사이므로 본인은 이를 실행하겠다. 본인은 국가에 충성을 다하며 대중을 위하여 일할 생각이다. 전제정부는 이미 쓰러졌다. 국내의 변란이 가라앉고 민국이 세계에서 독립하여 열국의 공인을 얻게 되면 나는 임시 대총통의 직을 떠날 생각이다. 삼가 이것을 국민 앞에 선서한다"

선서가 끝나기를 기다리던 산서성 대표 경요월(景耀月)이 각 성 주석회의를 대표해서 '중화민국 임시 대총통인'이라고 새겨진 인감을 손문에게 수교했다. 손문은 취임선언서에 그 인감을 누르고 발표했다.

그 선언서 속에서 손문은, 내정에서 민족·영토·군정·내정·재정의 각 부문에 대한 통일의 중요성을 지적했고, 외교방침으로는 다음과 같은 것을 명시했다.

'임시정부가 수립된 이후에는 문명국으로서 지켜야 할 의무를 지키며, 그럼으로써 문명국으로서 누릴 권리를 향수할 것을 기대한다. 만청시대의 국치적인 조치와 함께 배외적인 심리도 또한 일소되어야 한다. 우리 우방들과의 친목을 증진하고, 평화주의로써 중국을 국제사회에서 중요 국가로 부각시킬 것이며, 세계로 하여금 대동(大同)으로 나아가게 해야 한다'

'대동'이란 공자의 <예기>에 명시되어 있듯이, 모든 인간이 번영을 누리며 영원한 평화가 약속된 세계로서, 중화민국이 자랑하는 세계일 뿐 아니라 자유를 사랑하는 세계의 인류들이 한결같이 바라는 이상세계이기도 하다. 중화민국 건국이념은 여기서 전 세계를 향해 명시된 것이다.

선언이 발표된 후 손문은 국호를 '중화민국'이라고 정하는 영(令)을 냄과 동시에 이날, 1912년 1월 1일을 중화민국의 원년(元年) 1월 1일로 정했다.

아시아에서 최초의 민주공화국인 중화민국은 이렇게 탄생되었다. 30년래의 염원이 여기서 비로소 달성된 셈이다.

임시 대총통 취임식을 마친 손문은 즉시 임시정부 조직에 착수했다. 1월 2일에는 '중화민국 임시정부 조직 대강'을 수정하여 '부총통제도'를 신설했으며, 이튿날인 3일에는 각 성 대표가 여원홍을 부총통으로 선출했다.

이어서 각 성 대표의 동의를 얻어 각부의 총장·차장이 임명되었다. 9명의 총장 중에서 동맹회 회원은 육군총장 황흥, 외교총장 왕총혜, 교육총장 채원배(蔡元培) 등 3명뿐이었지만, 차장은 전언이 동맹회원이었다.

그밖에 총통부 비서장에는 호한민, 총통부 참모총장에 황흥(겸임)이 임명되었고, 총통부 직속으로 법제·공보·인주(印鑄)·계훈(稽勳)·전서(銓叙) 등 5국이 설치되어, 임시정부는 이로써 대체적인 형태를 갖추게 되었다.

임시헌법을 공포

중화민국 민치(民治)의 기초가 되는 참의원(입법기관)의 구성도 그에 병행해서 진행되었다. 참의원을 구성하는 의원은 앞서 제정된 임시정부 조직대강의 규정에 따라 각 성 도독부가 '법률과 정치에 정통하며 경험이 풍부한 자'를 선출키로 되어 있었다. 그것은 각 성에서 3명 이내로 뽑기로 규정된 것인데, 널리 민의를 국정에 반영시키기 위한 것으로서 청조의 압제 아래에서는 없었던 기구이다.

손문은 1월 3일, 참의원을 선출하여 남경에 파견토록 요청했다. 이윽고 1월 28일, 참의원은 정식으로 성립대회를 열어서 임시참의원을 구성했다. 이 대회에는 17성의 참의원 38명이 참가했다.

참의원의 최대임무는 '중화민국 임시약법(임시헌법)'의 심의였다. 2월 7일에는 그 기초위원회가 구성되었고, 1개월간의 토의를 거쳐 3월 11일에 공포되었다.

'중화민국은 중화인민이 이를 조직한다'(제1조), '중화민국 주권은 국민 전체에 속한다'(제2조)로 시작되는 이 임시약법은 주권재민·내각제도·국민기본권을 정한 것으로, 중화민국의 골격을 이루는 것이다.

그러나 이 '임시약법'도 겨우 1년 반 후에는 원세개에 의해 '파괴'되고 원세개의 독재를 위한 편법으로 바뀌는 비운에 처해졌다.

중화민국은 탄생되자마자 곧 열강 각국에 대한 대책을 서둘러야 했다. 열강은 손문의 새로운 외교정책이 그들의 이해관계에 중대한 영향을 끼칠 것을 두려워하면서 중화민국의 탄생을 지켜보고 있었다.

손문은 1월 5일 '대외선언'을 발표했다. 선언은 1906년에 제정된

'혁명방략' 중의 '대외선언'과 동일한 정신으로 일관된 것으로, 청조의 죄악을 들어 혁명의 목적을 밝혔고, 세계 각국과의 평등한 우호관계의 유지, 중화민국에 대한 국제적 승인을 요구한 것이었다.

이 선언을 발표한 직후, 화평교섭의 대표 오정방은 북경·천진에 주재하는 각국 공사·영사들에게 전문을 발송, 각국의 중립, 중국에 대한 불간섭을 엄수토록 요구함과 동시에 중화민국 안에 있는 외국인에 대한 보호를 확약했다.

임시정부로서 가장 중대한 문제는 원세개의 귀추였다. 남경에 중화민국정부가 생겼다고는 하지만, 북경에는 여전히 청조가 엄존해 있고, 원세개가 청국군을 지배하는 실력자로 버티고 있는 것이다.

남경과 북경 사이에는 앞에서도 말한 바와 같이 남북화평회담이 계속 되고 있었다. 그 회담에서 '국체문제는 국회를 열어 결정한다'고 되어 있고, 아직도 오정방과 원세개 사이에 교섭이 진행 중에 있었다.

손문의 목적은 통일에 있었다. 때문에 손문은 임시 대총통에 취임하기 전부터 원세개에게 전문을 보내 대총통의 지위를 원세개에게 양도할 용의가 있음을 밝힌 바 있었다. 대총통 자리를 둘러싸고 중국이 분열을 일으킬 위험을 피하기 위한 '양위'인 셈이다.

그에 대해 원세개는 이듬해 1월 2일에 '군주제도냐 공화제도냐 하는 문제는 국민의 공결사항(公決事項)이므로 내가 결정할 수 없는 일이다. 임시정부의 건에 대해서는 내가 알 바 아니다'라고 회답해 왔다.

손문은 즉시 원세개에게 전보를 쳐서 그를 설득했다.

'귀하의 힘으로 전쟁의 참화를 피하고 국민의 염원을 달성할 수 있으며, 청조도 물러나서 안락한 생활을 누릴 수 있다면 이는 일거수선(一擧數善)이 아닐 수 없다'

청제(淸帝)의 퇴위를 요구한 원세개

손문의 설득 전보에 대해 원세개는 1월 5일에 다음과 같은 항의 전문을 오정방에게 보내 왔다.

'듣건대 남경에서는 이미 정부를 조직하여 손문의 총통 취임의 날로써 만청 정부의 구축을 선언했다는데, 이는 국체문제를 국회에서 해결하기로 합의한 것에 분명히 위배되는 처사이다. 이번에 총통을 선거했음은 무슨 까닭인지 해명을 바란다. 만약에 국회가 군주입헌을 의결한다면 그 정부와 총통은 즉시 취소되는 것인지의 여부를 조속히 회신하기 바란다'

오정방은 이튿날 6일에 전보를 쳐서 반론을 제기했다.

'혁명군은 이미 10여 성을 광복했으므로 통일기관이 필요하다. 국민회의의결 이전에 민국이 임시정부를 조직하여 임시 대총통을 선거했음은 민국 내부의 조직문제이며 정치적인 통례이기도 하다. 만약에 귀하가 이를 비난한다면 나는 청국정부에게 다시 묻거니와, 지금 우리가 국민회의 결의 이전에 있다 한다면 어찌하여 청조는 소멸되지 않은 채 존속하고 있는 것인가. 만약 국회가 공화제도를 의결한다면 청국황제는 즉시 퇴위하는 것인지의 여부를 명확히 밝혀주기 바란다'

격동하는 정국을 무대로 가슴 속에서 독재정치에 대한 야심을 키우고 있던 원세개는 혁명정부에 대해서뿐만 아니라, 청조에 대해서도 마구 흔들어대는 공작을 게을리하지 않았다. 융유 황태후(隆裕皇太后)에 대해서는 혁명군 토벌을 주장하며, 군비를 대주지 않으면 사직하겠다고 위협하더니, 그달 16일에는 국무대신 연명으로 청조에 대해 '민의(民意)를 따르라'고 상주했다.

'…만약 내전이 장기화된다면 외국의 간섭을 면키 어려울 뿐 아니라 혁명군 또한 조정에 대해 더욱더 감정이 악화될 것입니다. 프랑스 혁

명의 역사에서도 분명하듯이 한시바삐 민의에 따른다면 루이 왕조의
자손들과 같은 유한을 미연에 방지할 수 있을 것입니다. 혁명군이 전
취하려는 정체는 결코 군주제가 아니고 공화제입니다. 그런데 우리 황
태후·폐하가 국민의 노여움 속에서 유망(流亡)의 몸이 되는 것을 어
찌 참을 수 있겠습니까. 그러므로 대세를 심사숙고하시어 민심에 따르
시기를 바라옵니다'

이러한 상주를 전후해서 청조에 2통의 외국전보가 배달되었다.
그것은 러시아에 주재하는 청국공사 육징상으로부터 외국주재 공사
의 연명으로 보내온 것으로, 국제정세로 보아 이미 신뢰를 잃은 청
국황제는 퇴위함이 마땅하다는 내용이었다. 사실 그 전보도 원세개
가 은밀히 육징상을 시켜서 치게 한 것이었다. 청국황제는 가장 믿
었던 중신으로부터 이처럼 배반당해 이제는 결정적인 타격을 받은
셈이었다.

이때 청국의 마지막 황제인 7살의 선통제(宣統帝)는 융유태후의
치마폭에서 원세개로부터 퇴위를 강요받았던 것이다. 원세개가 청
국황제의 퇴위를 요구하던 광경을 선통제는 후일 그의 <나의 반생>
이라는 자서전에서 이렇게 회상하고 있다.

'최후의 날에 일어난 일은 나에게 깊은 인상을 주었다. 11월 28일
(1912년 1월 16일), 양심전(養心殿)의 동난각(東暖閣)에서 융유태
후는 방안 깊숙한 자리에 앉아서 연신 비단 손수건으로 눈물을 닦고
있었다. 그녀 앞의 붉은 융단 위에는 오동통하게 살찐 노인이 무릎을
꿇고 앉아 있었는데, 그는 얼굴이 온통 눈물로 뒤범벅이 되어 있었다.
나는 태후의 오른쪽에 앉아 있었지만, 두 어른들이 왜 울고 있는지 까
닭을 알 수 없었다. 그때 전내에는 우리 세 사람 이외에는 아무도 없
었고, 넓은 방안이 정적 속에 짓눌리는 듯한 기분이었다. 오동통한 노
인은 흐느끼면서 말했다. 그러나 그가 무엇을 말하는지 나는 이해할

수 없었다. 나중에 가서야 비로소 알게 된 일이지만, 그 노인이 바로 원세개라는 사람이었다. 나는 그때 처음으로 원세개라는 사람을 보았거니와, 그것은 또한 원세개가 태후를 마지막 알현하는 장면이기도 했다. 이때 원세개는 융유태후에게 직접 퇴위문제를 꺼냈던 것이다'

원세개의 암살미수사건이 발생한 것은 바로 그가 황제를 만나고 돌아가던 길목에서였다. 폭탄이 그의 쌍두마차에 작렬했다. 경호대장 등 4명이 사망하고 병사 12명과 통행인 2명이 부상했지만 그는 운좋게도 폭사를 모면했다. 폭탄을 던진 사람은 경진동맹회(京津同盟會)의 혁명당원 양우창(楊禹昌)·황지맹(黃之萌)·장선배(張先培) 등이었다. 그들은 모두 붙잡혀서 처형당했고, 원세개는 그 후로 신변을 경계하느라고 집안에 틀어박혀 있으면서, 청제의 퇴위를 둘러싼 몇 차례의 어전회의에도 출석하지 않았다.

2. 청조의 멸망

손문, 최종안을 제시

황제의 퇴위를 둘러싼 어전회의는 1월 17일(1912년)부터 매일같이 열렸다. 그 자리에서 공화제도가 불가피하다고 주장한 사람은 원세개에게 설득된 경친왕이었다. 이에 대해 부위(溥偉)·재택(載澤) 등 만일 귀족 그리고 몽고의 나왕(那王)·카라틴 왕 등은 군주제를 주장하여 좀처럼 합의에 이르지 못했다. 그러는 동안에 융유 황태후는 그저 눈물만 주룩주룩 흘릴 뿐이었고 한마디도 말도 하지 않았다. 22일까지 5회나 계속되던 회의는 아무런 결론도 얻지 못한 채 끝났다.

어전회의에서 격론이 벌어진 모양을 25일자 〈민립보(상해)〉는 다음과 같이 보도했다.

'19일 오후 회의에서 종사당(宗社黨―청조 황족)은 매우 격앙된 태도를 보였다. 그에 대해 경친왕은, 설사 군주제를 유지할 수 있다고 하더라도 황위를 영원히 보전할 수는 없다고 주장했다. 카라틴 왕은 끝내 군주제도를 고집했고, 만약 그의 의견이 받아들여지지 않는다면 몽고로 돌아가서 동부 몽고를 병합하여 중국에서 독립, 단연코 타인의 구속을 받지 않겠다고 선언했다. 그 말을 들은 경친왕은 화가 나서 회의장을 퇴장했다. 뒤에 남은 만인들 중에는 군주제도를 주장하는 사람들이 많았지만 경친왕이 자리에 없기 때문에 의결을 하지 못하고 산회했다.'

카라틴 왕이 어전회의에서 독립을 시사한 이면에는 일본군부에 의한 '제1차 만몽독립(滿蒙獨立) 운동'의 음모가 있었다. 그것은 카라틴 왕을 옹립하여 내몽고를 독립시키려는 계획으로서, 이미 그때는 실행단계에 들어가 있었던 것이다.

종사당은 19일에 비밀회의를 열고, 군주입헌제를 강요하는 서명을 귀족들로부터 모으기로 결정했다. 한밤중에 몰래 각 귀족의 집을 방문하여 군주입헌제에 찬성하는 서명을 강요했다. 그에 동의하는 도장을 찍어주지 않으면 밤을 새울 정도로 그들은 집요한 활동을 벌였다.

그러는 동안에 다시 암살사건이 발생했다. 1월 26일 종사당의 영수 양필(良弼)이 암살된 것이다. 암살자는 역시 경진동맹회의 주요 멤버인 팽가진이었다. 폭탄을 맞은 양필은 왼발에 부상을 입고 다리를 절단했지만 끝내 생명을 잃고 말았다. 폭탄을 던진 팽가진 역시 자기가 던진 폭탄의 파편을 맞고 사망했다. 양필은 종사당의 힘으로 혁명파에 접근하기 시작한 원세개를 제거하려던 참에 폭탄세례를 받은 것이다. 양필은 숨지는 순간에 '내가 죽으면 이제 청조는 마지막이구나'라고 중얼거렸다.

청조를 옹호하는 선두에서 활약하던 양필이 죽자 왕후 귀족들은 공포에 떨었다. 그들은 앞을 다투어 재산을 외국은행에 도피시키고 천진·청도·대련 등지로 빠져나가 외국인의 보호 아래 들어갔다. 이로써 청조는 황실을 지킬 울타리를 완전히 상실하고 말았다.

이 무렵 임시정부는 화평교섭의 오정방–당소의 파이프를 통하여 원세개와의 사이에 황제 퇴위에 관한 구체적 조약을 상의하고 있었다. 1월 22일 손문은, 자신의 퇴임과 원세개의 대총통 취임을 위한 5개 조항의 최종안을 원세개에게 제시했다.

1. 원세개는 청국황제가 퇴위하였음을 북경주재 각국 공사에게 통고하여, 각국 정부에 전한다.

2. 동시에 원세개는 정견을 발표하고, 절대적으로 공화주의에 찬동해야 한다.

3. 손문은 외교관·영사단에 청국황제의 퇴위포고를 각각 본국정부에 통지한 다음에 즉시 사임한다.

4. 참의원은 원세개를 임시 대총통으로 선출한다.

5. 원세개는 임시 대총통으로 선임된 후, 참의원이 정한 헌법을 수호하고 권한을 받아들인다.

전권을 장악한 원세개

이 5개조를 받아들인 원세개는 자기가 직접 청국황제의 퇴위를 요구하지 않고, 다시금 책략을 부렸다. 즉 자기의 심복인 호광(호북·호남) 총독 단기서(段祺瑞)로 하여금 26일에 청군의 장군 42명의 연명을 받게 하여 청조에 '공화제'를 요청하는 상주를 올리게 한 것이다.

'죽음을 무릅쓰고 간청합니다. 유지(諭旨)를 내리시어 중외(中外)에 선포하시와 공화정체를 정하시옵고, 현재의 내각 및 국무대신 등에게 잠시 정부를 대표케 하시오며, 그로써 조약·국채 및 미결사항 등을 담당케 하시기 바랍니다. 나아가서 국회를 소집하고 공화정부를 조직하여, 중외인민(中外人民)을 위하여 다 함께 유신에 참여케 하시와, 인민생활의 안정을 기하고 조속히 국내질서를 회복케 하시옵기 바랍니다…'

전문 발송자가 나중에는 50명으로 불어났다. 군대를 지휘하는 장군들로부터 '무력시위'와도 같은 압력을 받은 청조로서, 이제 남은 길이라고는 퇴위하는 것밖에 없었다.

융유 황태후는 마침내 퇴위를 결심하여 귀족들의 반대를 눌렀고, 2월 3일에는 원세개에게 전권을 양도하여 임시정부와 퇴위 후의 청국황실의 처우문제를 협의케 했다.

청제의 퇴위 발표

임시정부와 원세개 사이의 협의에 따라 2월 11일(1912년)에는 다음과 같은 '우우 8조건(優遇八條件)'이 결정되었다.

1. 청국황제의 퇴위 후에도 그에 대한 존호를 폐지하지 않고, 중화민국은 청국황제를 '외국 군주에 대한 예(禮)'로써 대우한다.

2. 청국황제의 퇴위 후에는 세비 8백만 냥을 신화폐로 개정하여 4백만 원으로 고치고 중화민국에서 이를 지급한다.

3. 청국황제는 퇴위 후에도 당분간 궁전에서 거주하며, 후일 이화원(頤和園)으로 옮긴다. 시위인(侍衛人)들은 그대로 사용한다.

4. 청국황제가 퇴위한 후에도 종묘·능묘는 영원히 봉사(奉祀)하며, 중화민국이 파견하는 위병들이 충분히 보호한다.

5. 공사 중에 있는 덕종(德宗—光緒帝)의 숭릉(崇陵)은 예정대로 공사를 진행하며, 그 봉안전례(奉安典禮)는 옛 제도대로 하고, 모든

경비는 중화민국에서 지불한다.

6. 종전에 궁중에서 사용하던 각 집사 인원은 그대로 사용해도 무방하나 환관을 고용해서는 안 된다.

7. 청국황제가 퇴위한 후에도 그 원래의 사유재산은 중화민국이 특별히 보호한다.

8. 종래의 금위군은 중화민국 육군부에 편입되며, 인원·봉급은 종래대로 한다.

이밖에도 청국황족의 대우에 관한 4개 조건, 그리고 만(滿)·몽(蒙)·회(回)·장(藏) 각 족에 대한 대우 등에 7개 조건이 첨가되었다.

이튿날인 12일에 청조는 이 조건을 수정 없이 수락했다.

이날 원세개는 퇴위 조고(詔稿)를 정서하여 양심전으로 나가서 융유 황태후에게 올렸다. 황태후는 조고를 미처 다 읽기도 전에 눈물을 비오듯 쏟았다. 7세의 어린 황제 선통제(溥儀)는 황태후의 가슴에 얼굴을 묻고 대성통곡했다.

서세창이 조고에 옥새를 찍었다.

대신들은 융유 황태후를 위로했고, 시종들은 슬픔으로 넋을 잃은 황태후를 부축하여 퇴출했다.

퇴위의 조지(詔旨)는 곧 선포되었다.

'앞서 민군이 거사하자 각 성이 이에 향응, 구하(九夏)가 비등하여 생령(生靈)이 도탄에 빠졌기로 특히 원세개에 명하여 원(員)을 파견하여 민군의 대표와 더불어 대국(大局)을 토론, 국회의 개회와 정체의 공결(公決)을 의논하였는데도 2개월이 지나도록 아직 확실한 방책을 얻지 못했다. 남북이 이처럼 격리된 채로 세월이 계속되면 상인은 길에서 발을 멈추며, 선비는 헛되이 들녘의 이슬로 사라져갈 뿐이다. 국체의 결정이 1일 늦어지면 민생도 또한 1일의 안정을 더 얻지 못할 것이다.

이제 전국 심리는 공화로 기운바, 남중(南中)의 각 성은 일찍이 이미 그것을 제의했고, 북방의 제장(諸將) 역시 나중에 그에 주장을 같이했다. 인심의 향방에서 가히 천명을 알아야 할 터이니 여(予—융유 황태후)도 또한 어찌 일성(一姓—청국의 황실)의 존영을 위해서 조민(兆民)의 호오(好惡)를 물리치겠는가. 여기서 밖으로 외세를 관찰하고, 안으로 세정(世情)을 감안컨대 황제의 통치권을 전국에 돌려 공화입헌의 국체를 정하고자 한다.

원세개가 전권으로서 공화정부를 조직하여 민군과 통일방책을 협상한다면 인민은 안도하고 해내(海內)가 안정될 것이다. 즉 만·한·몽·회·장 5족이 완전히 영토를 합하여 일대 중화민국을 만드는 것이다. 여와 황제는 자리를 물러나 한가로움을 얻고, 세월에 우유(優游)하여 길이 국민의 예우를 받으면서 친히 지치(至治)의 성공을 보려는 것이니, 이 어찌 기쁘지 않겠는가'

세조(世祖) 순치제(順治帝)의 북경점령(1644년) 이래 267년을 이어온 청조는 이로써 종지부를 찍었다.

이 조칙의 원고는 사실 남군(南軍—임시정부측)에서 제출된 것으로 기초자는 장건이었다고 한다. 이것이 원세개에게 회부되자 원세개른 원문에 '원세개가 전권으로서 공화정부를 조직하여'라는 구절을 삽입했다고 한다. 그 한 구절로써 원래는 단순한 '퇴위선언'이었던 조서가 원세개에 대한 '양위'의 뜻을 내포한 것으로 둔갑해 버린 것이다. 후일 황제의 지위에 오르려던 원세개의 야심을 여기서도 엿볼 수 있다.

손문, 사표를 제출

청제의 퇴위로 통일이 된 신생 중화민국이 취할 다음 조치는 우선 수도를 어디로 정하느냐의 문제였다. 이미 임시정부는 손문을 임시 대총통으로 해서 남경에서 발족했지만, 손문의 뒤를 이을 원세개는 북경에 머물러 있으면서 남경으로 자리를 옮기려 하지 않았다. 쌍방이 수도문제에 대해 고집하는 데는 그럴 만한 이유가 있었다.

남경은 이미 혁명군에 의해서 광복된 땅이고, 혁명군의 지배하에 있다. 그러나 북경은 아직 광복되지 않은 곳이고, 원세개의 청군이 지배하고 있다. 전폭적으로 신뢰할 수 없는 원세개를 북경에 그대로 두면서 권력을 몽땅 맡기는 것은 위험하기 짝이 없는 노릇이다. 원세개는 청국 황제가 퇴위하기 전날, 남경의 손문에게 황제가 퇴위조서에 서명했다는 말을 전하면서 자기는 '동북의 정세가 아직 안정되어 있지 않기 때문에 북경에 머물러 있어야 한다'고 통고했다.

한편 청제 퇴위의 연락을 받은 손문은 일찍이 그가 약속한 대로 2월 13일 참의원에 사표를 제출했고, 후임으로 원세개를 추천했다. 이때 손문은 원세개가 앞으로 무슨 짓을 할지 염려되는 바도 있었으므로, 다음과 같은 3가지 조건을 제시했다.

1. 임시정부의 소재지는 남경으로 한다. 이는 각 성 대표가 의정한 것이므로 변경될 수 없다.

2. 손문이 사직한 후에 참의원이 새 총통을 선출하고, 새 총통이 스스로 남경으로 왔을 때를 기해 임시 대총통과 각 각료는 해직된다.

3. 임시정부의 약법은 참의원이 정한 것이므로 새 총통은 반드시 그것을 지켜야 한다. 시행된 모든 법률과 규칙은 참의원의 개정을 경유하지 않고서는 계속 유효하다.

이러한 조건은 후일 '도국(盜國)'의 야망에 불타던 원세개로부터 모조리 무시되어 버렸다.

이튿날 14일에 참의원은 손문의 사표를 받아들이면서 '임시정부를 북경에 설치한다'고 결의했다. 그랬다가 총통부가 그 결의는 손문의 뜻과는 다른 것임을 알고 참의원에 재심의를 요청했더니, 이튿날에 다시 결의하여 남경에 설치키로 하고 원세개를 제2대 중화민국임시 대총통으로 선출했다. 5일 후인 20일에는 여원홍이 부총통으로 재선되어, 원세개를 정상으로 하는 체제가 정비되었다.

3. 원세개의 대총통 취임

원세개의 폭동음모

원세개는 임시정부의 부름을 무시하고 남경으로 와서 취임하기를 거부했다. 2월 25일, 참의원에서 그가 대총통으로 선출된 바로 그날 원세개는 전국으로 전문을 보냈다. '북을 버리고 남을 가면 실로 예측하지 못할 혼란이 북에서 생길 것이다'라는 내용이었다. 그러나 손문은 원세개에게 거듭 남경으로 올라고 재촉하는 한편, 18일에는 원세개를 영접하기 위해 교육총장 채원배, 법제국장 송교인 등 8명을 북경으로 파견했다.

원세개는 그들 일행을 위해 성대한 환영회를 열었고, 겉으로는 남경으로 갈 듯한 태도를 보였다. 자기가 남경으로 갈 경우 북방을 담당할 사람의 인선을 시작했는가 하면, 경한철로로 일단 한구로 가서 거기서 여원홍 부총통을 만난 후 배를 타고 남경으로 간다는 일정까지 확정했다.

그러나 사실은 그때 원세개는 남경행을 거절할 구실을 만들기 위한 음모를 꾸미고 있었다. 29일 밤 그는 북경 제3진(鎭) 통제 조곤(曹錕)에게 밀령을 내려 북경에서 병변(兵變)을 일으키게 했던 것이다. 북경에서 치안유지에 문제가 생기면 원세개는 북경에 머물러 있어야 할 이유가 생기는 셈이다.

조곤은 원세개의 측근 중에서도 '조자룡(趙子龍—〈삼국지〉의 장수)'이라는 별명이 붙어 있을 정도로 충실한 부하였다.

그 조자룡의 수하군대로 하여금 북경시내의 동안문(東安門) 밖과 전문(前門) 밖 일대 상점에 불을 지르게 한 다음 불난 틈을 타서 토비들이 가세하게 했다.

북경시내는 일대 혼란에 빠졌고, 광란의 약탈은 밤을 새워 아침까지 계속되었다. 피해를 입은 상점들은 수천에 이르렀고, 약탈은 채원배 등 임시정부 특사들이 투숙한 숙박소에까지 미쳤다. 총을 가진 난병들이 문을 부수고 숙박소로 난입하여 의류와 서류가방을 탈취했고, 채원배 등은 미국인 친구의 집으로 탈출, 이튿날 미국 영사관원의 안내로 간신히 피신했다.

이 북변강변은 3월 2일에는 천진·보정(保定) 일대로 파급되었다. 외국선교사들 중에도 피해를 입은 자가 속출했다. 북경주재 외교단은 3일 원세개에게 항의하는 한편, 영국군 1천 명을 필두로 미국·프랑스·일본 3국이 각기 2백 명의 병사를 천진에서 북경으로 파견하고 4일에는 북경시내를 시위행진했다.

원세개는 1일 밤 북경시에 계엄령을 발포했지만, '각국 연합군이 북경에 모여 있어서 자칫하면 오해를 초래할 염려가 있다'는 구실로, 군대에 의한 진압책을 취하려 하지 않았다. 그뿐 아니라, 그는 은밀히 지방 각 성 도독·순무들에게 밀령을 내려 '원세개의 남하 취임 반대'의 전보를 치게 했다.

임시정부, 북경으로 이전

정세는 원세개가 의도한 대로 되었다. 채원배 등은 마침내 원세개의 남경행을 단념하고 손문에게 병변의 상태를 자세히 보고함과 아울러, 원세개가 북경에서 대총통에 취임하고 임시정부를 북경에 두는 것에 동의하도록 건의했다. 손문은 채원배의 건의를 받아들여, 그에 대한 승락을 참의원에 요청, 참의원은 원세개의 북경취임을 인정하고 '통일정부조직변법' 6항을 가결했다.

1. 참의원에서 전보로 원 대총통이 북경에서 취임하는 데 동의함을 알린다.

2. 원 대총통은 전보를 받은 다음 즉시 전보로써 선서한다.

3. 참의원은 선서전보를 받은 즉시로 원세개가 직책을 수락했음을 인정하는 답전을 하며, 전국에 그 사실을 통고한다.

4. 원 대총통은 취임 후 지명한 국무총리·각료의 명단을 전보로 참의원에 알리며, 그에 대한 동의를 요청한다.

5. 국무총리·각료는 취임한 직후 즉시 남경에서 임시정부를 인계하고 업무를 교체한다.

6. 손 대총통은 교체하는 날로 해직된다.

원세개는 그 '변법(辨法)'에 따라 8일 다음과 같은 서약문을 발표했다.

'…세개(世凱)는 전 능력을 경주하여 공화의 정신을 발양하며, 전제의 불합리를 일소하고, 삼가 헌법을 준수할 것이며, 국민의 소망에 따라 국가를 안전 공고한 지경에 재건하여 5대 민족이 다 함께 복리 번영의 길에 이르기를 깊이 소원하는 바이며, 이러한 염원을 스스로 실천하여 영원히 변치 않을 것입니다. 국회를 열어 제1기 대총통이 선출 되는대로 세개는 즉시 현직에서 물러날 것입니다. 여기에 삼가 동포에게 서약합니다'

13일 원세개는 당소의를 국무총리로 임명했다. 당은 손문과 각료 인선을 협의한 다음 참의원에 각료명단을 제출했다

참의원은 외교부장 육징상, 내무총장 조병균(趙秉鈞), 육군총장 단기서 등 10부의 총장안(案) 중에서 교통총장 양여호(梁如浩)를

제외하고는 전원에 대해 동의했다. 이튿날 원세개는 교통총장을 당소의하게 겸임시킴으로써 정식으로 각부 총장을 임명, 당소의 내각을 성립시켰다. 각료 중에서 동맹회 회원은 왕총혜(사법총장)·채원배(교육총장)·송교인(농림총장)·진기미(상공총장) 등 4명이었다. 4월 1일 손문은 참의원에서 퇴임식을 거행하고, 3일에는 참의원에서 임시정부를 북경으로 이동할 것을 결의했다. 이로써 원세개는 마침내 중화민국의 대권을 손에 쥐었다.

그러나 전보로써 선서를 하는 따위의 '변법' 그 자체가 가당찮은 노릇이었다. 원세개는 선서 소리가 채 가시기도 전에 벌써 나라를 훔치는 야망을 이루려고 암약을 벌이기 시작했다.

손문은 다만 국가를 구원하고 나라를 바로 세우려는 일념에 불타 있으면서, 스스로 사리를 추구하려는 생각은 조금도 없었다. 그래서 신해혁명이 일단 성공하자 정권을 미련 없이 원세개에게 양도했다. 그럼에도 불구하고 원세개는 나라를 훔치고 민국을 위험에 직면케 했다. 민국이 진정 그들이 바라는 자유로운 의사와 역량을 펴보지도 못한 채 중국은 군벌이 할거하는 땅이 되고 말았다.

손문의 사회개혁

손문의 임시 대총통 재직은 겨우 3개월에 지나지 않았지만, 그동안 그는 새로운 중화민국에 걸맞는 사회개혁을 잇달아 단행했다. 그것은 '낡은 것'을 제거하고 근대국가, 나아가서는 대동사회(大同社會)의 건설을 목표로 하는 것이었다.

그 하나는 평등한 인권의 확립이었다. 즉 여성에게 참정권을 주었고 인신매매를 금했으며, 일체의 사회적·신분적 차별을 제거했다.

당시 복건·광동 양성에 있던 '단민(蛋民)', 절강성의 '타민(惰民)', 하남성의 '개호(丐戶)' 등 사회적으로 차별받던 계층들과 '저자(豬仔―돼지새끼)'라고 불리면서 외국으로 노예처럼 팔려나가던 노동자들이 있었다. 손문은 그런 사람들에 대한 차별이나 인신매매를 금지했다.

'국민의 천부인권은 모두가 평등한 것으로, 그러한 대의에 거역하는 자는 국민의 적이다'는 민권주의에 기초한 것이었다.

둘째는 만청시대로부터 내려온 악폐의 일소였다. 그는 구래의 악습을 배제함으로써 민심의 일신을 도모했다. 우선 관리에 대한 경칭을 개정했다. 청조시대의 관리는 그 관직의 높고 낮음에 따라서 '대인(大人)', '노야(老爺)' 등의 특수한 호칭이 있었고, 호칭이 잘못되면 크게 실례가 되었다. 손문은 그것을, '관리는 원래 국민의 공복이지 특수계급이 아니다'고 해서 배제했고, 그 후로는 다만 관직명으로 부르기로 고쳤다. 동시에 민간에 있어서도 '선생' 또는 '군(君)'으로 상호간에 호칭하기로 정했다. 그런 호칭은 정착되어 현재까지도 사용되고 있다.

아편도 엄중히 금지되었다. 아편은 1백 년 이상이나 중국인의 몸과 마음을 좀먹어온 것이었다.

청국의 유산인 변발도 금지되었다. 변발은 남성의 머리 주위를 칼로 밀어버리고 상부의 머리카락만을 길러서 땋아 내린 것인데, 청조에 대한 복종의 징표로서 강제되었던 것이다. 이미 혁명이 진행되던 당시부터 변발을 잘라내는 운동이 전개되었지만, 청조의 세력 아래 있던 화북 등지에서는 아직도 변발이 성행하고 있었기 때문에 법으로 그것을 금지했던 것이다.

중국 여성을 1천 년이나 괴롭혀오던 전족도 금지했다. 전족은 어린 시절부터 여자의 발에 천을 감아서 발이 크지 못하게 하는 풍속이다. 3월 11일(1912년)에 발표된 금지령에서 그는 이렇게 말했다.

"전족은 발을 망치며, 혈액의 순환을 막는 것이므로 그 피해는 당사

자에게만 그치지 아니하고, 나아가서는 자손에게까지 미치게 된다. 이는 생리학에서 이미 밝혀진 바이다. 그뿐 아니라 전족은 동작을 부자유스럽게 하므로 여성은 집안에만 틀어박혀 있으면서 교육을 받을 수도 없고, 세상일에 어두워지게 마련이다. 그러한 여성이 어떻게 생계를 꾸려나갈 수 있겠으며, 남들과 더불어서 사회생활을 영위할 수 있겠는가. 전족의 악습을 즉시 제거하여 그로써 국가의 기초를 닦아야 한다"

독일과의 마찰

이러한 내정개혁과 함께 손문에게는 새로운 중화민국의 대외적 시련이 기다리고 있었다.

손문은 일찍이 청조가 열강 제국과의 사이에 체결한 불평등조약을 개정하고, 조계 등 치외법권을 철폐하여 열강과 대등한 국가적 지위를 회복할 것을 꿈꾸었으나, 1월 5일에 발표한 '대외선언'에서는 청조가 체결한 조약이나 부채(차관)를 만기에 이르기까지는 존속시킬 것을 보장했다. 청조가 아무리 부패·타락했다고는 하지만, 그것을 일관된 역사적인 '무거운 짐'으로서 임시정부가 계승할 것임을 밝힌 것이다. 청조의 수치를 임시정부가 그대로 계승해야 한다는 것은 커다란 부담이었다.

1월말 벌써 독일과의 사이에서 마찰이 발생했다. 독일은 1898년의 중·독조약으로 청도(靑島—산동성의 군항)를 조차했고, 그 주위 약 58㎢의 지역을 독일병의 감독 아래에 두는 비무장지대로 하기로 약정되어 있었다.

1월 말 그 비무장지대 안에 있는 즉묵(卽墨)이 동맹회에 의해 광복되었을 때 독일은 130명으로 된 기병대를 즉묵으로 파견하면서, 조약을 내세워 무장병의 철퇴를 요구함과 동시에 청도에서 청국의 순무 호정추(胡廷樞)에게 타전하여 즉묵의 상황을 알려주었다.

청조는 그 소식을 듣고 4백 명의 청군을 파견, 즉묵을 기습공격한 결과 30명이 넘는 혁명파가 죽었고, 인근 촌락이 모두 불타버렸다. 현지의 혁명군은 임시정부에게 독일과의 교섭을 요청했으나 임시정부로서는 '조약'이 존재하는 이상 어떻게 해볼 수가 없었다. 손문은 부득이 즉묵으로부터 철수를 명했다. 혁명군으로서는 실로 통탄할 일이었다.

2월 29일에는 또 네덜란드와 분쟁이 발생했다. 이날, 당시의 네덜란드 령이던 자바 섬의 수라바야에서 화교들이 중화민국의 수립을 축하하는 축전을 벌였다. 5색기를 들고 폭죽을 울리며 축하하는 회장에 돌연 네덜란드 경찰이 난입, 군중에게 발포하여 3명을 사살하고 10여 명의 부상자를 냈으며 1백여 명을 체포해갔다.

화교들은 그에 항의하여 시내의 상점을 철시하고 스트라이크에 들어 갔다. 그에 대해 네덜란드 정부는 군대를 출동시켜 강제로 상점 문을 열게 한 다음 4백 명 이상의 화교를 대량 체포하는 사태를 빚었다. 수라바야의 화교들은 북경 및 남경의 임시정부와 상해의 화교연합회에 타전하여 보호를 요청했다. 이에 대해 임시정부 외교부는 전보로 북경의 원세개에게 네덜란드의 북경주재 공사와 교섭토록 요청함과 동시에, 네덜란드 주재 중국대사 유경인(劉鏡人)이 네덜란드 정부와 교섭토록 명했다.

그 결과 네덜란드 정부는 ① 화교를 살상한 네덜란드 인을 처벌한다, ② 사망한 화교는 네덜란드 정부가 정중한 장례로써 매장하며, 그 가족에게 구제금을 지급한다, ③ 부상한 화교는 네덜란드 정부가 치료를 책임진다, ④ 손실된 재산을 배상한다, ⑤ 화교를 네덜란드 인과 동등하게 대우한다는 등의 조건을 받아들였다.

청조시대에는 이와 같은 화교보호라는 것은 전해 생각지도 못하던 일이었다. 중화민국으로서는 민국정부 수립 후의 최초의 외교적 '쾌거'였다.

4. 노·일의 야욕

영·일의 대립

일본은 중화민국의 탄생에 커다란 관심을 가지고 있었다. 중국의 혼란을 틈타서 영토적·경제적인 지배를 노리고 있었기 때문이다.

일본은 겉으로 원세개에게 반대하는 체하면서 혁명측에 대해 차관을 주겠다고 제의했다. 그들이 첫째로 노린 것은 중국의 해운·철광·철도 등으로, 주로 영국의 세력범위인 양자강 유역에 있는 기간산업이었다. 일본의 그러한 차관계획은 경제적인 지배 목적뿐 아니라 원세개-영국의 라인에 대항해 보자는 정치적 목적도 곁들어 있었다.

혁명당의 주요간부들에게는 각각, 이른바 대륙낭인(大陸浪人)이라고 하는, 일본의 대륙지배에 앞장선 특수한 민간인들이 붙어 있었다. 그들 중에는 일본의 군벌·재벌 등과 통해 있는 자들이 많았다. 그들은 황흥·송교인, 나아가서는 손문에게까지 어떤 영향을 주고 있었다. 그들의 암약으로 한때는 중국해운에 대한 일본차관이 들어올 뻔한 적도 있었지만, 영국의 항의를 비롯하여 혁명군 내부에서도 그 차관이 중국해운을 일본에게 팔아먹는 결과가 된다는 반대의견이 대두되어 결국은 좌절되고 말았다.

두 번째로 일본이 중화민국에 대해 차관공세를 편 것은 철광산에 대한 것이었다. 한야평 매철창광(漢冶萍煤鐵廠鑛)은 철광·석탄·제철을 통합한 중국의 대표적 기업으로 청조 당시의 사장은 성선회(盛宣懷—당시의 郵傳大臣)이었다. 그는 차관 촉진론자였다. 한야평공사는 1902년 이래 일본으로부터 총액 450만 원에 이르는 차관을 받아들였고, 그 차관의 댓가로 일본의 야하타(八幡) 제철소는 50년에 걸쳐 저렴한 가격으로 선철과 철광을 공급받기로 약정되어 있었다. 그러다가 중국에 신해혁명이 일어나자 일본은 이 기회에 더욱더 안정된 원료공급을 도모하여 한야평공사를 중·일 합작회사로 만들 것을 획책했다.

당시 한야평공사와 일본 사이에는 1천 2백만 원에 이르는 새로운 차관 교섭이 진행 중에 있었다. 그러나 성선회는 사천성에서 발생한 보로운동(保路運動)에 대한 대책에 정신이 없어 교섭이 연기되고 있던 중에 무창기의가 일어났다. 그 공사는 혁명군의 손에 들어갔고 성선회 자신도 우전부 대신 자리에서 쫓겨남과 동시에 일본으로 도망쳤다.

일본은 여기서 이권을 유지하기 위해서 한야평공사를 중·일 합작으로 만들 야심에 불탔다. 1911년 12월 25일 손문이 상해로 귀국한 직후 벌써 일본의 미쓰이 물산 상해지점장 후지세(藤瀨)는 손문을 방문하여 한야평공사의 중·일 합작계획을 제안했다. 그러나 일본의 조건이 너무나도 탐욕스러운 것이어서 나중에 손문의 임시정부에 의해 거부되고 말았다.

제3의 차관교섭은 1912년 1월에 오쿠라 양행(大倉洋行)이 호항용철로(滬杭甬鐵路 : 상해-항주-영파)를 담보로 소절철로공사(蘇浙鐵路公司)에 3백만 엔을 대여한 차관이다. 이 차관은 오쿠라 양행이 혁명군에게 무기를 매각한다는 조건으로 1월 27일 계약이 성립되었다.

일본이 이처럼 혁명군에게 차관을 제공하려고 안간힘을 쓴 배경에는 혁명 후에도 영국이 계속 혁명정부를 상대로 해서 중국에서 세력을 유지하려는 데 대해 일본의 우려가 있었기 때문이다.

일본은 당초 원세개를 이용해서 중국을 청조의 입헌군주국으로 만들려고 획책했으나 그에 실패한 반면, 원세개와 영국과의 관계는 날로 긴밀해져 갔다. 그런 중 영·미·독·불 4개국 은행단의 중국에 대한 차관교섭이 표면화되었고, 일본은 거기서 따돌림을 받았기 때문에 몹시 초조했던 것이다.

혁명군에 대한 일본의 '원조'는 그처럼 영국을 비롯한 열강 각국의 경제적 이해의 대립에서 생겨난 것이지만, 동시에 중국 내의 정치세력을 대립시켜서 중국의 통일을 방해하려는 데도 그 목적이 있었다. 중국 혁명파들도 물론 일본의 저의를 모르는 바는 아니었다. 그러나 혁명파가 부분적으로 일본의 차관을 받아들이려 한 데는 그만한 이유가 있었다. 즉, 혁명군의 재정상태가 말할 수 없는 지경에 있었던 것이다. 혁명군이 당초 생각했던 재정수단은 각성 군정부의 관세수입이었다. 그러나 영국을 비롯한 열강은 관세를 청조가 외채의 담보로서 열국에 제공한 것이라는 구실로 혁명군이 그에 손을 대지 못하게 막았다. 그것은 혁명군에 대한 사실상의 경제봉쇄나 다름없었다. 그들 열강은 혁명군의 재원을 단절함으로써 외국의 차관을 받아들이지 않을 수 없게끔 압력을 가했던 것이다.

이 무렵 손문의 고뇌는 한 통의 편지 속에 생생히 담겨 있다. 한야평공사를 저당으로 하는 차관에 대해서 장건이 절대로 반대한다는 뜻을 밝히는 편지를 손문에게 보냈을 때 손문이 쓴 답장이다.

'차관이 좋지 않다는 당신의 의견에는 나도 동감이다. 그러나 우리 재정이 아무리 어려워도 민군에 대한 보급을 해줄 책임이 우리에게는 있다. 보급이 두절된다면 아마 민군은 붕괴될 것이다. 우리는 지금 추운 겨울날 옷을 벗어서 전당포에 잡혀야 할 처지로서, 다른 방법은 전혀 없는 상태에 있다…'

동북 3성을 노리는 노·일

신해혁명에 이은 중화민국의 탄생은 청일전쟁·노일전쟁 이래로 일본이 품어온 동북 3성(만주)에 대한 영토적 야심을 달성할 절호의 기회였다.

무창기의 직후인 1911년 10월 17일, 벌써 일본은 러시아에 대해 동북 3성에 대한 노·일 양국의 공동이익을 지키기 위한 협력관계를 유지하자고 제안했다. 이는 혁명에 의해 동북 3성에 뻗친 그들의 세력에 변경이 생길 것을 염려한 때문이었다.

그러한 노·일 양국의 방침은 국경주변의 군당국에게 신속히 전해졌다. 12월에는 동북 현지에서 노·일 양국대표가 회담을 가졌다. 회담에서 러시아 군 관계자는 이번 기회를 놓치지 말고 즉각 군사행동에 나서자는 적극론을 펴기도 했다. 이러한 노·일 양국의 동향에 대해 미국은 이를 견제하고 나섰다. 당시 〈뉴욕 타임즈〉는 이에 대해 다음과 같이 논평했다.

'청국 북방을 분할하려는 노·일협정의 존재는 이제 의심할 여지가 없다. 일본은 남만주와 여순을 영유하고, 러시아는 몽고 횡단철로를 부설하여 발해만을 확보하고 그들의 오랜 숙원인 부동항을 갖게 될 것이다'

또, 12월 4일자 뉴욕의 〈트리뷴〉지는 〈차이나 프레스〉지의 북경발 기사를 게재했다.

'북경 및 극동에 있어 일본의 행동은 어느 나라의 행동보다도 더 큰 주목을 끌고 있다. 일본의 계획 중에서 특히 흥미를 끄는 것은 청조가 동북으로 도망쳐서 일본의 보호를 받지 않겠는가 하는 점이다. 만약 그렇게 된다면 일본으로서는 큰 요행이며, 청조로서도 그들의 고토로 되돌아가 안전을 누리게 된다. 중국 혁명군은 일본과의 충돌을 두려워하여 동북으로 도망친 청조를 뒤쫓지 않을 것이며, 다만 본토의

회복에 만족할 것이다. 그렇게 되면 동북은 제2의 조선이 되지 않겠는 가…'

이 기사는 이른바 '제1차 만·몽 독립운동'을 간파한 것이었고, 또한 일본의 무력을 배경으로 한 강인한 대륙정책을 예견한 것이기도 했다. 후일의 '9·18사변(만주사변, 1931년 9월 18일)'을 비롯한 중일전쟁 및 제2차 대전은 <트리뷴>지의 예상이 그대로 적중된 것이었다.

노일전쟁 후의 '노·일강화조약(1905년)'과 그 위력을 업고 일본이 청국에 강요하여 체결한 '동3성 사의선후 협약(東三省事宜善後協約)'에 의해 일본은 동북 남부에서 막대한 '특수권익'을 가지고 있었다. 당시 중국의 동북지구에는 일본인이 7만 9천명이나 거주하고 있었다. 동북 남부지방에서의 무역과 광산사업은 일본의 미쓰이물산이 거의 독점하고 있었으며, 요동의 수송사업도 일본의 남만주철도주식회사에 의해 독점되고 있었다.

한편 러시아는 노일전쟁의 패배, 국내 혁명운동 등으로 전제체제가 약화되었기 때문에 일본과의 충돌을 피하고 당분간 외몽고 방면에 힘을 집중키로 하고 있었다.

동북 3성에 있어서 노·일 양국은 다 같이 상대를 경계하면서 권익의 분배, 기득권의 상호방위에 의해 세력균형을 도모했다.

1912년 1월 중화민국이 남경에서 정식으로 발족하자 그것을 기다리기라도 했다는 듯이 일본은 '혁명군이 북벌을 시작한다'고 떠들면서 '동북 남부의 이익옹호와 남만주와 북경을 연결하는 관외철도(關外鐵道)의 보전'을 구실로 단독 출병을 꾀했다. 그 출병에는 러시아도 동의했다. 그러나 그것은 미국·독일의 반발을 사는 결과를 초래했다.

미국·독일 양국은 열국 중에서 가장 중국 진출이 늦은 나라로서, 노·일·영·불 각국에 대한 견제에 힘쓰고 있었다. 미국과 독일이 일본의 출병에 강한 반발을 보이자 그것은 또 러시아와 일본의 결속을 더욱 강화시키는 결과를 초래했다.

1907년 일본은 러시아와 밀약을 체결, 동북 3성의 동쪽 절반(동경 122도 이동)에 노·일간의 세력 분계선을 만들고, 또한 외몽고에 대해서는 러시아가 특수권익을 갖는다는 협정을 맺었다. 남의 나라 영토를 가지고 저희들끼리 멋대로 갈라먹자는 식이었다.

그러나 동북 3성의 서쪽 절반과 내몽고에 대해서는 노·일간에 명확한 약정이 없었다. 그런 상황에서 혹시라도 열강이 '중국의 문호 개방'을 요구하고 노·일 양국의 동북 3성 독점에 개입할 경우에 대비하여 노·일 양국은 하루속히 자기들의 세력범위를 확정지을 필요가 있었다. 그러한 미확정 '세력범위'를 둘러싸고 양국이 분쟁을 일으키면 서로가 불리하기 때문이다. 그래서 그해 7월 8일에는 양국 간에 다시 밀약을 맺었다. 그 내용은 분계선을 더욱 서쪽으로 연장하여 동북 3성 전역에 걸쳐서 남북으로 분할하며, 내몽고도 동서로 분할하는 것이었다. 내몽고의 분계선은 북경이 위치하는 동경 116도 27분이 그대로 적용되었다. 이렇게 해서 어처구니없게도 그들은 남의 땅을 나누어먹는 밀약을 맺었던 것이다.

열강, 신정부 승인을 미끼로

열강 제국은 중화민국의 승인문제를 중국에 있어서의 자기들의 권익 획득을 위한 흥정거리로 삼았다.

1912년 1월 17일, 중화민국 임시 외교총장 왕총혜는 영국과 미국에 대해 중화민국의 승인을 요청했고, 19일에는 영국에 대해 '청국황제의 퇴위와 함께 즉시 승인해달라'고 요청했다. 그러나 열국의 태도는 유동적이었다. 중국의 국회와 정부가 모두 아직 '임시'라는 구실을 들어 적극적인 태도를 보이지 않았다.

1912년 2월 13일, 북경에서 각국 외교단 회의가 열리자 일본과 러시아는 열국의 중화민국 임시정부 승인 문제에 강경한 반대의견을 발표했다. 그러나 이튿날 러시아는 일본에 대해 승인문제를 협의하자고 제의했다. 러시아는 일본과 이해관계가 일치하므로 그들끼리 힘을 모아 다른 열강에 대항하자는 것이었다. 그러나 일본은 그런 행동으로 다른 열국과의 마찰이 심화될 것을 우려하여 그 제의를 거부했다.

2월 21일 일본은 '열국과의 공동승인' 방침을 정하고 미국·영국·러시아 3국을 상대로 의견을 타진했다. 일본이 각국에 제시한 승인조건은 다음과 같다.

1. 외국 각국이 중국에서 향유하는 일체의 권리·특권·의무의 면제 등을 조약에 명시된 것뿐만 아니라, 종래 관례적으로 인정되던 것까지 포함해서 신정부가 그것을 계승함을 정식으로 확인케 할 것.

2. 신정부의 승인문제 및 승인에 이르기까지의 기간 중 각국의 행동은 완전히 보조를 같이할 것.

이에 대해 열국은 '원칙적인 찬성'을 밝혔다. 그러나 처음에는 찬성했던 러시아가 갑자기 태도를 바꾸어 '노·일 양국만의 특수이익을 별도로 요구하자'고 거듭 조건을 붙이고 나섰다. 러시아는 '승인'의 교환조건으로 '외몽고의 독립' 등을 중화민국에 강요하고, 그들의 기득권을 확대할 속셈이었던 것이다.

그러한 상황 속에서 원세개가 임시대총통으로서 전권을 장악했고, 폭정을 마음대로 하기 시작했기 때문에 정국은 더욱 큰 갈등을 겪어야 했으며, 열강은 제각기 야심을 숨긴 채 일단 승인문제를 보류하게 되었다.

그런 가운데 중화민국 승인을 위해 앞장선 나라가 있었다. 그것

은 미국이었다. 태평양을 사이에 두고 자기들과 똑같은 '공화국'
이 탄생한데 대해서 미국시민들과 국회는 처음부터 호의적이었다.
1913년 5월 2일 윌슨 대통령은 중화민국을 정식으로 승인했고, 그
뒤를 멕시코·쿠바가 따랐다. 브라질과 페루는 이미 미국의 동향을
감지하여 미국보다 한발 앞서 승인했었다. 사태가 이렇게 되고 보니
영국·러시아 등 열강도 그에 따르지 않을 수 없었다.

일본의 침략외교

그런 열강과는 달리 일본만은 원세개에 대해서 여전히 '승인'을
미끼로 이권탈취를 위한 침략외교를 진행시키고 있었다.

그 하나는 조선−동북 3성간을 통과하는 화물에 대한 관세경감
(1913년 5월 조인)이었고, 다른 하나는 만몽5로 부설문제(1913년
10월 조인)였다. 특히 후자는 동북 3성에서 후일에까지 분쟁의 씨
를 남긴 것으로서, 일본은 그것을 중화민국 승인 직전까지 흥정물
로 삼았다.

관세경감 문제의 무대가 된 것은 봉천과 안동을 잇는 '안봉철로
(安奉鐵路)'였다. 이 철로는 노일전쟁 때 군수품을 수송하기 위해
일본이 가설한 경편철도(輕便鐵道)로서, 포츠머드 조약(노·일간의
조약, 1905년)에 의해 남만주철도와 함께 일본이 그 관리권을 쥐
고 있었다. 그러던 일본은 선로를 개량한다는 구실 아래 그것을 광
궤(廣軌)로 개조하는 공사에 착수했다. 그것을 남만주철도와 잇고,
나아가서는 조선의 압록강에 철교를 부설하여 조선과 만주를 철도
로 잇자는 계획이었다.

그러한 광궤개조 공사는 청국과 일본 사이에 체결된 '만주선후
협약(1905년)'에 위반되는 처사였다. '선후협약'은 포츠머드 조약을
추인하고 남만주철도의 특권을 러시아에서 일본으로의 이양을 인

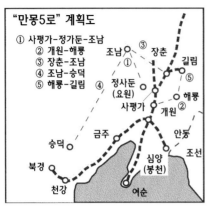

"만몽5로" 계획도
① 사평가-정가둔-조남
② 개원-해룡
③ 장춘-조남
④ 조남-승덕
⑤ 해룡-길림

정하고는 있었지만, 안봉철로에 관해서는 개량공사만 인정했을 뿐, 일본이 그것을 일방적으로 광궤로 고치는 것은 허용하지 않고 있었다.

그런데도 일본은 일방적으로 공사를 강행했고 1911년에는 압록강의 철교도 완성, 그해 11월 1일부터 조선의 신의주와 중국의 안동을 잇는 철도운행을 개시했다. 그에 따라 조선 철도와 남만주 철도가 직결되었고, 동북 3성은 이미 일본에 병합된 조선과 이어지게 되었다. 여기서 일본이 꺼내놓은 것이 동북 3성과 조선 사이의 수출입 관세경감 요구였다. 그리하여 5월 29일 일본의 압력에 눌린 원세개는 마침내 이 요구를 받아들이고 만 것이다.

다음으로 일본이 원세개에게 강요한 것이 이른바 만몽5로(滿蒙五路) 문제였다.

이것은 관세경감 문제와 마찬가지로 원세개의 야망으로 야기된 내정의 불안과 혼란을 이용하는 한편, 중화민국의 승인이라는 미끼를 사용하여 중국에게 양보를 강요한 것이다.

'만몽5로'는 동북 3성에 일본의 자금에 의한 5개의 철도망 부설을 한다는 것으로, 다음의 다섯 가지가 계획되었다.

① 사평가(四平街)-정가둔(鄭家屯)-조남(洮南) (300km)

② 개원(開原)-해룡(海龍) (190km)

③ 장춘-조남(洮南) (280km)

④ 조남-승덕(承德) (750km)

⑤ 해룡-길림 (170km)

이러한 철도는 말할 나위도 없이 경제·군사침략을 위한 선행투자로서 계획된 것이었다.

1913년 10월 5일, 외교총장 손보기(孫寶琦)와 일본공사 사이에서 '만몽철도차관 대강'이라는 공문이 교환되었다. 내용은 다음과 같은 것이었다.

1. 중화민국 정부는 일본국 자본가의 자금을 차입하여 아래의 철도 부설을 승낙함.

① 사평가를 기점으로 하여 정가둔을 경유, 조남부에 이르는 선.

② 개원을 기점으로 하여 해룡부에 이르는 선.

③ 장춘의 길장철도 정거장을 기점으로 남만주철도를 관통하여 조남부에 이르는 선.

이상의 각 철도는 남만철도 및 경봉철도와 연결되는 것이며, 그 변법(辨法)은 별도로 정함.

2. 전기의 차관 변법세목은 포신철도(浦信鐵道) 차관의 합동정본(合同定本)을 기준으로 하며 중국정부는 조속히 일본자본가와 협정한다.

3. 중국정부가 장래 조남부성-승덕부성 및 해룡부-길림성 사이의 철도를 부설하는 경우, 외국자금의 차용을 요할 때는 우선 일본자본가와 상의해야 한다.

이 차관대강은 일본의 동북 3성 및 내몽고 방면으로의 세력신장을 보증하는 최초의 공문서가 되고 말았다.

러시아, 외몽고를 장악

일본이 이렇게 나오고 있을 때 러시아는 무슨 짓을 하고 있었는가? 러시아가 외몽고의 왕공(王公)들을 사주하여 '대몽고국(大蒙古國)'을 '독립'시킨 것은 1911년 12월 1일이었다. 중화민국은 당연히 외몽고를 포기할 의사가 없었고, 외몽고의 '독립'은 현재까지 인정하지 않고 있다.

1912년 1월, 중화민국이 성립되자 손문은 임시대총통으로서 몽고의 왕공들에게 타전하여, 중화민국을 구성하는 5족(漢·滿·蒙·回·藏)이 서로 흩어져서는 안 된다고 호소했다. 원세개도 4월 22일, 몽고를 5족의 하나로 평등하게 대우할 것이며, 내정부(內政部)가 관할할 것이라고 통고했다. 게다가 8월에는 원세개가 또 '내몽고 대황제'라고 칭하는 제8대 쳅슨단파에게 '독립을 취소하라'고 권고한 데 이어 사절을 파견하여 직접 담판을 꾀하였다. 그러나 울란바토르에서는 '그 문제는 러시아 공사와 협의하기 바란다'는 답전을 최후로 일체의 담판을 거부했다.

러시아는 그들의 괴뢰정권인 '대몽고국'과의 사이에 '노·몽협약' 및 '상무전조(常務專條)'를 체결하여 최대한의 특권을 누렸다. 노·몽협약은 '러시아 정부가 몽고의 자치조직과 국민군 편성을 원조하며, 중국병의 몽고 입경, 중국인의 몽고 이민을 막아준다'는 것이고, 또 '상무전조'는 러시아 인의 몽고에서의 자유로운 권리규정으로서 ① 거주와 이동 ② 토지의 조차·구입 ③ 공장건설 ④ 농지개간 ⑤ 교량 및 도하장(渡河場)의 건설과 통행인으로부터의 통행료 징수 ⑥ 우체업무의 설립과 숙역(宿驛)의 이용 ⑦ 광업·삼림·어업의 경영 ⑧ 수입세의 면제 ⑨ 러시아 은행의 설립과 러시아인·몽고인·중국인 사이에서 분쟁이 발생했을 때의 영사재판권 등의 보장을 내용으로 하는 것이었다.

1912년 1월 30일, 외교총장 육징상은 러시아에 '노·몽협약'의 해소를 요구했지만 러시아는 강경히 거부했을 뿐더러 중화민국에 대한 승인문제에 연결, '협약'의 승인을 강요했다. 상호간에 30여 회의 회담을 거친 후, 중국은 러시아의 요구를 대폭적으로 받아들인 협정초안을 중의원에서 통과시켰으나 참의원에서는 이를 거부했다.

그러자 러시아는 거기에 또 네 가지 새 조건을 추가해 왔다. 여기서 이른바 5개조의 성명과 4개조의 부대조건이 협의되었다. 원세개는 그 협의 결과가 지극히 중요한 외교문서임에도 불구하고 그것이 '조약'이 아니라는 구실로 국회의 심의도 받지 않은 채 경질된 외상 손보기에 서명토록 했다.

그 성명은 다음과 같은 것이었다.

① 러시아는 중국의 외몽고에 있어서의 종주권을 승인한다. ② 중국은 외몽고의 자치권을 승인한다. ③ 중국은 외몽고에 있어서, 몽고인이 자치적으로 자국의 내정을 행하고, 상공업에 관한 일체 문제를 스스로 처리할 권리를 승인하며, 그러한 상황에 간섭하지 않을 것을 약속한다. 따라서 중국은 외몽고에 군대를 파견하거나 관원을 주재시키거나 또는 식민을 하는 일은 없을 것이며… (이하 생략)

오랜 교섭 끝에 중화민국이 회복한 것은 '종주권'이라는 단어 하나뿐이었다.

> ▶ 중화민국에서는 현재에도 외몽고를 '몽고지방'이라는 명칭으로 호칭하며 중국영토로 보고 있다.

원세개의 매국 정책

영토침략의 대상에서 또 하나 중요한 지역으로는 티벳 지방이 있다. 거기서는 영국이 주역이고 러시아는 조역 구실을 하고 있었다. 영국은 티벳을 인도에 접한 군사적·통상적인 요지로 보고 있었다.

1904년에 영국은 3천 병력을 티벳에 파견하여 무력으로 그곳을 제압했다. 한편 러시아도 신강·티셉 지구의 러시아 화를 도모, 은밀히 13대 다라이 라마와 접촉하여 영국이 파병했을 때 다라이를 러시아로 도망시키려고 공작하고 있었다.

이때 청조는 티벳의 동향에는 전혀 관심을 보이지 않았고, 티벳을 냉대했기 때문에 다라이 라마는 처음에는 러시아로, 그리고 나중에는 영국으로 기울어갔다.

1908년에 청조는 변병방비를 강화한다는 명분으로 북양신군(北洋新軍)을 티벳으로 투입하려 했다. 그러자 영국인의 선동을 받은 다라이 라마는 청국에 반발하여 오히려 사천성으로 그들의 병력을 침입시켰다. 청조는 무력으로 그를 진압, 1909년에 라사를 점령했고, 다라이 라마는 청조로부터 칭호를 박탈당함과 동시에 인도로 도망쳤다.

그런데 신해혁명으로 인해 청조의 힘이 약화된 것을 기화로 영국은 다시 티벳을 선동하여 사천으로 침입하게 했다.

1912년 4월 원세개는 '티벳은 중국의 영토'라고 선언하고, 사천 도독을 정장 총사령(征藏總司令)으로 임명, 다시 무력진압에 나섰다.

이때 영국은 공공연하게 간섭하고 나섰다. 영국은 중화민국에 대해 티벳의 내정불간섭·행정권의 행사포기 등 5항을 요구하면서 아주 노골적으로 중화민국의 승인문제와 그 5항목의 교환을 요구했다.

여기서 영국과 러시아 사이에 '티벳'과 '외몽고'에서 상호간의 행동 자유를 인정하자는 흥정이 이뤄졌다. 영국은 1913년 10월에 중화민국을 승인했다. 중화민국은 그 후에도 영국 및 티벳 대표와 외교교섭을 벌였지만 최종 조인에 이르지 못하고 오늘날까지 현안으로 남아 있다.

일본·러시아·영국 등 3국은 동북(일본)·외몽고(러시아)·티벳(영국)을 둘러싸고 서로 흥정하면서 무력을 배경으로 중국에 대해 외교적 포위진을 쳤던 것이다. 원세개는 그들 열강의 비위를 맞추기에 급급하여 신생 중화민국 국토를 침략자들에게 팔아넘겼다. 중국 4

억 인민의 힘으로 민국의 힘을 단결시켰더라면 외세가 감히 중국을
넘보지 못했을 터인데 왜 그는 그렇게 하지를 못했던가? 그 이유는
오직 하나, 그가 중화민국의 장래를 저버리고 오직 개인적인 정권욕
에 눈이 어두워 국력을 약화시켰기 때문이다. 그것이 중국의 장래
에 커다란 화근을 남기게 되었다.

3

중화민국의 시련

제8장 원세개의 야망

1. 당소의 내각의 퇴진극

내각붕괴의 음모

손문으로부터 임시대총통직을 물려받은 원세개가 그의 권력을 강화하기 위해 취한 최초의 모략은 내각의 경질이었다. 중화민국의 임시약법(임시헌법)은 대총통의 독재를 막기 위해 대총통이 발하는 명령에는 국무총리의 부서(副署)를 받아야 한다는 규정을 두고 있었다. 그러나 원세개는 그것을 모조리 무시해 버렸다. 그는 임시정부를 북경으로 옮긴 반년 사이에 내각을 3번이나 바꾸었다. 원세개가 대총통에 취임할 당시의 내각은 당소의 내각이었다. 당은 원래 원세개의 심복으로서 남북평화회담 때는 북방대표를 맡을 만큼 원세개의 신임을 받던 사람이었다. 그러나 그는 남북평화 회담을 하면서 동맹회의 이념을 자세히 알고부터는 크게 감명 받아 동맹회에 가맹했던 것이다.

당소의의 조각방침은 이상적인 공화정부의 수립에 있었다. 그러나 당소의 내각은 발족 때부터 각료들 사이에 의견 일치가 이루어지지 못했고 불안정했다. 내무총장 조병균은 당소의와 사사건건 의견을 달리했다. 사고방식에 있어서도 보수와 진보라는 커다란 간격이 있었다. 조병균은 각료회의에 출석하려고도 하지 않으면서 '지금은 국내 질서를 바로잡는 일이 급한 만큼 각의에 나가서 함부로 무슨 말을 하는 것은 오히려 좋지 않다'는 등 엉뚱한 말을 지껄이는

가 하면, 교통총장 시조기도 신병치료를 이유로 천진으로 가서 장기 결석을 계속하고 있었다. 재정총장 웅희령(熊希齡)은 각의에 출석은 하지만 매사에 당소의와 충돌만 하고 있는 형편이었다.

그런 모든 일은 원세개의 조종에 의한 것이었다. 원의 독재를 견제하려는 당소의에 대한 압력인 셈이다. 원이 마침내 중요한 결정에 있어 임시약법에 규정된 국무총리의 부서를 무시하고 독단적인 행위로 나오자 당소의는 분개하여 총리직을 사퇴하고 말았다. 농림총장 송교인을 비롯한 진기미·채원배·왕총혜 등 동맹회에 속하는 4명의 각료들도 당소의와 행동을 같이했다.

동맹회, 혁명기관에서 공개조직으로

당소의 내각이 원에 의해 와해된 후, 후임내각을 둘러싸고 중국동맹회와 그 반대세력 사이에서는 치열한 경쟁이 벌어졌다. 동맹회가 내각의 의사통일을 위해 단독내각을 주장한 데 대해 반대세력의 결집체인 공화당은 초연(超然—초당파)를 주장했다. 이러한 다툼을 뒤에서 조종한 자도 역시 원세개였다.

여기서 당시의 정당 동향을 살펴보기로 하자.

신해혁명 이후 한때는 백 개가 넘는 정당이 결성되었지만 그중 최대의 정당은 신해혁명을 주도해온 중국동맹회였다. 동맹회는 혁명의 성공과 동시에 일본의 도쿄에서 상해로 본부를 옮겼다가 다시 남경 임시정부의 성립과 함께 남경으로 옮겼다.

혁명 실행기관으로서의 비밀조직인 '중국혁명동맹회'로부터 국정 참여를 위한 공개조직인 '중국동맹회'로 탈바꿈한 것이 1912년 3월 3일이었다. 남경에서 열린 조직대회는 회원 4, 5천명이 참집하는 일대 성황을 이루었고, 전원일치로 손문을 총리에, 황흥·여원홍을 협리(協理), 호한민·송교인·장계(張繼)·전동(田桐)을 간사로 선출했다. 그 중에서 여원홍은 곧 동지를 배반하고 원세개의 추정세력으로 돌아섰다.

동맹회가 내건 정강은 ① 중화민국을 공고히 한다, ② 민생주의를 실행한다는 2가지를 근본으로 하는 것이었다. 그러나 '혁명군이 일어나면 혁명당이 사라진다'는 말이 있듯이, 동맹회가 공개적인 정당이 되면서부터 혁명정신이 퇴화되기 시작했다.

어용내각 등장

동맹회에 버금가는 정당으로는 통일당과 통일공화당이 있었다. 통일당은 장병린(章炳麟)이 이끄는 중화민국연합회와 장건이 이끄는 강절 예비입헌공회(江浙預備立憲公會)가 통합된 것으로서, 남경 임시정부에서는 동맹회에 버금가는 세력을 가진 정당이었다. 민권의 발전을 주장하는 동맹회에 비해서 통일당은 국권(國權)을 제1로 삼는 등, 동맹회와는 대립되는 성격을 가지고 있었다.

통일공화당은 운남도독 채악, 광서 부도독 왕지상(王芝祥) 등이 결성한 것으로, 그들 당원 대부분이 원래는 동맹회원이었다.

그밖에 '공화건설 토론회', '민사' 등 한때는 1백을 넘는 당파가 우후죽순처럼 결성되고 있었다. 그중에서 반동맹회파가 모여서 결성한 것이 공화당이었다. 이에 참가한 것은 통일당·민사·국민협진회·민국공회 그리고 예전에 보황당원이었던 서근(徐勤)이 이끌고 있는 국민당(후일 생긴 국민당 및 현재의 국민당과는 다른 것) 등이었다. 거기서 이사장으로 선출된 자는 그 직전까지 동맹회 협리(協理)라는 요직에 있던 여원홍이었다. 여원홍은 원래 혁명파도 아니며, 이미 동맹회를 이탈하고 있었다. 이사에는 장건·장병린·장덕전 등의 이름이 올라 있었다. 그들이 내건 정책은 국가권력의 강화를 내세운 국가주의였고, 당원은 입헌파·관료이거나 정당에서 탈퇴한 자들이었다. 그들은 결국 구세력의 집합체로서 원세개의 '어용정당'이 되어 정쟁의 이용물로 등장한 것이었다.

공화당은 당소의의 후계자로 당 내각의 외교총장이던 육징상을 내세웠다. 육은 외국에서 오래 거주한 경력도 있고 외교에도 꽤 능숙한 사람이었지만, 참의원의 시정연설에서 시종 '자기소개'에만 급급한 나머지 시정방침에 대해서는 한마디도 언급하지 않은 것이 문제되어, 그가 제출한 여섯 각료의 동의안이 부결되는 창피를 맛보았다. 육징상의 사임문제에 대해 참의원들이 격론을 벌이는 동안, 원세개는 각 성과 군부 등을 동원하여 참의원을 협박하는 한편, 북경 시내에 있는 어용단체를 이용해서 전단을 살포하는 등의 수법으로 마치 쿠데타 직전 같은 험악한 공기를 조성하여 참의원을 굴복시켰다. 원은 자기 말을 고분고분 들어줄 육징상을 총리로 앉혀놓고 싶었던 것이다. 그러나 그것은 원의 오산이었다. 사태의 심각성을 본 겁 많은 육징상은 스스로 칭병하여 병원에 입원하더니 한 달도 못되어 물러나고 말았다.

'육징상 내각'이 쓰러졌다고는 하지만 동맹회로서는 거기서 커다란 상처를 입었다. '책임내각'을 주장하는 동맹회의 반대에도 불구하고 동맹회 회원이 3명이나 회를 배반하고 육징상 내각에 입각했기 때문이다. 그리하여 동맹회는 방침을 바꾸어, '소이(小異)를 버리고 대동(大同)을 취한다'는 방침에 따라 다른 정당을 규합하여 하나의 큰 정당을 구성하기로 했다. 그 결과 8월(1912년)에는 통일공화당·국민공진회·국민공당·공화실진회 등 4당을 합병, '국민당'을 탄생시켰다. 이사장에는 손문, 이사에는 황흥·송교인·왕총혜 등 이전의 동맹회 회원들이 취임했다.

국민당의 성립으로 임시참의원의 세력은 60석이라는 과반수가 되어 이제는 원세개가 함부로 넘보지 못하게 되었지만, 그 대신 당초의 혁명정신은 희석될 수밖에 없었다. 예를 들면 '민족주의'는 '종족동화(種族同化)에의 매진'으로, '민권주의'는 '평민정치'로, '민생주의'는 '민생정책의 채용'으로 각각 변질되어 손문의 '삼민주의'는 모습을 감추어버린 것이다. 이것이 마침내 2차혁명이 실패로 돌아간 소이가 되고 만다.

손문, 원세개와 회담

손문은 임시 대총통을 사임한 다음 상해·무창·광동 등 중남부를 돌며 유세행각을 하고 있었다. 이때 참의원에서 국민당 의석이 과반수에 이르자 원세개는 몇 번이나 손문에게 사람을 보내 회견을 요청했다.

손문이 원의 초청으로 북경에 도착한 것은 8월 24일이었다. 원은 금빛 찬란한 쌍두마차로 손문을 영빈관으로 모시는 등 최대의 환대로써 그를 맞았다. 북경시민들도 시가지를 온통 국기로 메우면서 손문의 북경 입성을 열렬히 환영했다.

손문과 원세개의 대면은 이것이 최초였다. 손문은 북경에서 약 1개월 체재하면서 원세개와 13회에 걸친 회담을 벌였다. 회담목적 중의 하나는 후계내각의 총리지명 문제였다. 원세개가 바라던 것은 국무총리 대리로 있던 조병균의 총리 승격이었다. 그는 순문에게 의향을 물었다. 손문은 당초 황흥을 천거했으나 황흥이 거절했다. 이어서 송교인을 추천했지만, 철저한 '내각책임제론자'인 송교인을 원세개가 좋아했을 까닭이 없었고, 또 송교인 역시 원세개 밑에서 총리 노릇할 생각이 없노라고 거절했다.

결국 원세개가 추천하는 조병균을 총리로 하되, '조병균 내각'은 총리와 각료 전원이 국민당에 입당한다는 조건으로 손문은 그것을 받아들였다. 그렇게 해서 형식상으로는 '1당 책임내각'이 성립된 셈이었다. 그러나 이것은 원세개의 간계에 의한 완전한 '형식'에 지나지 않았고, 사실상은 원의 개인적인 심복에 불과한 내각이었다. 뿐만 아니라 총리를 비롯한 각료들의 국민당 입당은 오히려 당을 어지럽히는 결과만 자아냈다.

2. 피로 물들인 독재정권

정적 제거에 착수

북경에서 열린 손문·원세개·황흥의 3자회담에서는 중화민국의 내정방침이라고도 할 수 있는 '8대정강'이 정해졌다. 그 내용은 ① 통일제도를 채용한다, ② 시비선악(是非善惡)의 공도(公道)를 견지하고 민속(民俗)을 바로잡는다, ③ 무비(武備)를 단속하며 육·해군의 인재를 양성한다, ④ 문호를 개방하여 외자들 도입하고 철도 및 광산을 개발하며, 제철소를 건설하여 국민생활의 향상을 도모한다는 등 추상적인 것이었으나, 그 8대 정강에 손문·황흥 그리고 여원홍의 동의를 덧붙임으로써 원세개는 정치적 실권을 장악하는 발판을 굳히는 결과가 되었다.

그런데, 한 손에 정권을 쥔 원세개가 다른 한 손에는 피묻은 칼을 숨겨놓고 있었다. 독재체제를 굳히기 위해 정적의 암살에 착수한 것이다.

첫 희생자는 호북성 군무사(軍務司) 부장(副長)인 장진무(張振武)였다. 그는 무창기의 때 손무(孫武)·장익무(蔣翊武)와 더불어 '3무(三武)'의 한 사람으로 불리던 혁명가로서, 호북성 군부 안에서 커다란 영향력을 가진 인물이었다. 그런데 그는 같은 호북군을 지반으로 하는 여원홍과 의견이 대립하여 사이가 좋지 않았다. 그래서 여원홍은 장진무를 실각시킬 기회를 노리고 있었다.

1912년 8월 8일, 무창의 호북군 제1진 병사들이 그들의 봉급에 제대로 지급되지 않은 데 불만을 품고 반란을 일으킨 사건이 발생했다. 여원홍은 군사를 파견하여 그 반란을 진압하고, 반란의 주모자를 장진무라고 원세개에게 보고하여 처벌을 요청했다.

원세개는 여원홍의 보고를 받자마자 사건 진상을 조사하지도 않은 채 기습적으로 그의 처형을 명령했다. 그 명령서에는 육군총장 단기서(段祺瑞)도 부서를 했다.

그러나 반란이 발생한 8일에 장진무는 몽고 변경에 대한 조사 문제를 원세개와 협의하기 위해 북경에 있었다. 그때 거기에는 13명의 장교와 30여 명의 수행원이 함께 있었으므로 반란 당일 그가 무창에 없었다는 것은 너무나도 분명한 사실이었다.

15일 밤, 방유(方維)와 함께 북경에서 연행된 장진무는 사건이 순전히 날조된 것이라고 항변했지만, 육군총장의 냉소가 있었을 뿐, 재판도 못 받고 새벽 1시에 총살형을 당하고 말았다. 이러한 소식을 듣고 손무·등옥린(藤玉麟)·시공구(時功玖) 등이 군정 집행처로 달려온 것이 새벽 3시, 때는 이미 늦었다. 그들은 재판도 없이 장군을 총살한 것에 대해 군정집행처장에게 따졌으나, 처장은 다만 원세개의 명령서를 보여 주었을 뿐이다.

손무 일행은 대총통부로 가서 원세개를 면회했다. 원세개는 그들에게 이렇게 말했다.

'이번 사건은 나도 퍽 유감스럽게 생각한다. 그러나 사건 경과를 보면 여러분도 알 수 있겠지만 나도 여원홍 부총통의 전문을 받고 일을 처리했을 뿐이다. 나로서는 장진무의 생명을 구할 수가 없었다'

교활한 원세개는 자기가 사형명령을 내린 사실에 대해서는 시치미를 떼고 교묘한 언사로 책임을 여원홍에게 전가했다.

참의원에서는 20여 명의 의원이 장진무의 죄상에 대한 확실한 증거를 요구하는 질문장을 제출했으나, 원세개는 장진무의 반란죄가 크다고 답변했을 뿐 아무런 증거도 제시하지 않았다.

20일에는 민간인들이 궐기했다. 오경항(吳敬恒)·왕지상(王芝祥)·채원배(蔡元培) 등 17명의 발기로 '법률유지회'를 결성, 1천 명의 집회를 열어 장진무의 무죄와, 재판도 없이 처형된 것을 규탄, '민국을 지키기 위해서는 먼저 법률을 지켜야 한다. 대총통이 재판도 없이 긴급명령으로 살인을 할 수 있다면 전국민의 생명은 언제나 위기에 처해 있게 된다'고 호소했다.

그런 다음 참의원에서는 이 사건을 둘러싸고 정부 자체를 탄핵해야 한다는 의견과, 육군총장 단기서와 국무총리 육징상을 탄핵해야 한다는 의견으로 맞서서 분규를 거듭했다. 이처럼 참의원의 보조가 맞지 않는 바람에 사건의 추궁은 흐지부지 되어 버렸고, 결과적으로 원세개만 기쁘게 만들었다.

이 사건에 뒤이은 우덕곤(于德坤)의 참살사건은 더욱 악질적인 것이었다. 우덕곤에게는 무슨 혐의를 씌운 것도 아니고 단순히 그가 국민당원이라는 것만으로 죽여 버렸던 것이다.

우덕곤이 국민당 총무부 간사로서 당본부의 명을 받고 귀주성 지부를 조직하러 가던 9월 29일, 귀주성의 옥병현(玉屛縣)에서 그곳에 주둔한 귀주군에게 체포되었다. 그는 국민당의 위임장을 꺼내 보이며 신문을 밝혔지만 그것이 오히려 화근이 되었다. 그는 귀주군 군무사장(軍務司長)에 의해 참살 당했고, 3일 동안 성문에 효수되었다. 귀주도독 당계요는 국민당 본부에 우덕곤이 호남성에서 강도에게 피습 당해 절명했다고 거짓 전보를 쳤다.

이 두 가지 모살사건 후에 원세개는 11월 26일 각 성의 도독·민정장(民政長)에게 '혁명분자를 엄벌하라'는 명령을 내렸다. 이는 혁명을 주장하는 자를 모두 '국민의 공적'으로 규정, '즉시 법으로써 엄벌에 처하여 폭도들의 간담을 서늘하게 하라'는 내용이었다. 이제 원세개는 정면으로 혁명파의 탄압에 나선 것이다.

국민당, 총선에서 압승

이런 정세 속에서 이듬해 1913년 2월에 중화민국 최초의 국회의원 선거가 실시되었다. 국회는 미국을 모방하여 2원제로 하며, 중의원(衆議院)은 인구 80만 명에 1명, 참의원(參議院)은 지역별로 선출키로 되었다.

선거 결과는 원세개의 탄압에도 불구하고 국민당의 압승으로 끝났다. 중의원은 596석에서 국민당이 269석, 공화당이 120석, 통일당이 18석, 민주당이 16석이었다. 참의원에서도 274석 중에서 국민당이 123석, 공화당은 55석, 민주당 8석, 통일당이 6석이었다.

일이 이렇게 되고 보니 원세개로서는 당황하지 않을 수 없었다. 그는 심복부하인 양탁(楊度)에게 이렇게 말했다.

'국민당이 폭력으로 정권을 탈취하려고 한다면 두려울 것이 없다.

두려운 것은 그들이 합법적 수단으로 정권을 획득하려는 데 있다…'

국민당 압승의 주역은 송교인(宋敎仁)이었다. 그는 북경을 비롯하여 남경·상해·호북·호남 각지를 유세, 원세개의 독재와 무능을 격렬하게 공격했다.

선거가 끝난 다음에도 호남에서 무한·남경을 거쳐 상해에 이르는 유세 행각에서 원세개를 집요하게 공격하는 한편, '책임내각제를 실시하고, 국무총리를 중의원에서 선출해야 한다'고 정당내각을 주장, 세론을 일으켰다.

송교인의 그러한 주장은 민중을 매혹시켰으며, 마침내 국민당의 압승을 가져왔던 것이다. 원세개로서는 그의 행동력·구변·인망 등 모든 것이 두려움의 대상이 아닐 수 없었다.

송교인, 역두에서 피격

원세개가 당초 생각한 것은 매수공작이었다. 원세개는 상해·한구·남경 등 교통의 요지에 사람을 파견하여, 지방에서 당선된 의원들이 북경으로 상경할 적에 여관비와 교통비를 대주는 한편, 그들이 북경에 도착한 즉시로 팔대호동(八大胡同—북경의 화류계)이나 기방(妓房)·요리점 등으로 초대하여 금력에 의해 의원들을 자기네 편으로 끌어들이려 했다.

그는 또한 동일한 수법으로 송교인까지 매수하려 했다. 원세개는 사인만 하면 얼마든지 자유롭게 돈을 쓸 수 있는 은행 수표장을 송교인에게 보냈다. 송교인이 그것을 깨끗이 거절하자 원세개는 이제 최후의 수단만이 남아 있다고 생각했다.

송교인 암살사건은 3월 20일에 발생했다. 장소는 호령철도의 상해역이었다.

송교인은 10여 명의 의원 당선자들과 함께 북경에서 원세개와 선거 후의 제반문제를 협의하기 위해 상해역을 출발하려던 참이었다. 오후 10시 40분 송교인은 황흥·요중개(廖仲愷) 등 동지들의 배웅을 받으며 개찰구에서 역원에게 기차표를 내미는 순간 총성이 울렸다.

송교인이 배를 누르며 비틀거리다가 쓰러지는 순간에 다시 2발의 총성이 울렸다. 1발은 황흥을, 다른 1발은 요중개의 몸을 스치고 날아갔다. 곧이어 검은 군복차림의 키 작은 사나이가 황급히 인파를 헤치고 도망갔다.

황흥 등이 황급히 송교인을 자동차에 실어서 호령병원으로 달려갔다. 응급수술로 복부를 관통하려다가 멈춘 탄환을 꺼냈으나 용태는 급속히 악화되었다. 이튿날 오후 1시부터 다시 개복수술로 찢어진 창자를 봉합했지만 용태는 호전되지 않았다.

송교인은 병실에 누워서도 의식만은 또렷했다.

'남북의 화해를 위해 북경으로 가서 대동단결하여 외환에 대비하려 했는데 이런 일을 당하다니…'

또 그는 머리맡의 황흥과 우우임에게 이렇게 당부하기도 했다.

'남북화해의 내 참뜻이 오해받는 일 없도록 해주오. 그것마저 암살 당해선 곤란하오'

두 번째의 수술 후 송교인은 가끔씩 의식을 잃더니 이윽고 숨을 거두고 말았다. 22일 오전 4시 47분―. 얼굴에는 아무 표정도 없었으나 크게 뜬 눈에는 약간의 눈물이 어려 있었다.

임종을 지켜본 황흥과 우우임은 사체 위에 엎드려 흐느꼈다. 진기미는 가슴을 치며 외쳤다.

'모든 것이 허무하다. 일체가 허무야!'

송교인―. 호남 출신, 33세의 한창때였다.

역사에 남기기 위해 그의 동지들은 송교인을 정장(正裝)시켜서 사진을 찍었다. 국민당의 대들보라고도 할 만한 인물인 송교인의 암살사건은 전국에 커다란 파문을 일으켰다.

손문은 그때 일본에 있었다. 전국 철로전권(全國鐵路全權―철도계획의 전권)으로서 일본의 철도를 시찰하며 일본 수상 가쓰라와 회담하기 위해서였다. 손문이 송교인의 암살 비보를 들은 것은 나가사키(長崎)에서였다.

그는 즉시 북경의 국민당 본부와 상해의 국민당 교통부에 타전, 당원이 힘을 합쳐서 사건의 배경을 철저히 추궁하도록 지시하고 즉시 귀로에 올랐다.

3월 25일(1913년) 상해에 도착한 그는 황흥·진기미·거정 등을 불러모으고 앞으로의 일에 대한 대책을 협의했다.

　한편, 원세개는 사건이 발생한 이튿날 북경에서 위문전보를 송교인 앞으로 보내왔다.

　'상해 송교인 선생. 로이터 통신에 의하면 귀하가 폭도에게 피습되어 부상을 입으셨다 하니 놀랍기 그지 없습니다. …많은 사람의 눈이 지켜보는 장소에서 그와 같은 암살을 꾀하는 자가 있다 하니 법치국가에서 이 무슨 해괴망칙한 일입니까. 원컨대 하늘이 도우셔서 하루바삐 회복하시기를 바랍니다'

　이 전문 속에서 원세개는 강서도독의 민정당(民政長) 등에게 현상금을 걸고 범인을 체포하도록 명령했다고 밝혔다. 실로 어처구니 없게도 뻔뻔스러운 짓이었다.

　송교인은 원세개에 있어서 최대의 정적이었다. 따라서 많은 사람들, 특히 국민당 관계자들은 원세개가 사건의 배후인물일 것이라고 추정하고 있었다.

　그에 대해 원세개는 오히려 암살이 국민당 내부의 분쟁에서 빚어진 것이라고 선전하고 있었다. 자기 범행을 국민당에게 뒤집어 씌우려는 수작이었다.

드러난 사건의 전모

　사건의 진상은 생각보다 빨리 드러나고 있었다.

　3월 23일, 상해의 골동품상 왕아발(王阿發)이 상해조계의 경찰에 다음과 같은 정보를 제공했다.

　'10일 전에 나는 응기승이라는 사람의 집에 고서화를 팔러 갔다. 그때 나는 그 사람에게서 살인청부를 권유받은 일이 있다. 그 사람은 사진1매를 보여주면서 그 사나이를 암살하면 1천 원을 주겠다고 나에게 말했다. 나늘 그런 끔찍한 일을 할 수 없는 성품인지라 그 권유를 응락하지 않았다. 내가 그 사진을 처음 보았을 때에는 그 인물이 누구인지 알지 못했는데, 오늘 신문에 게재된 사진을 보고 비로소 그게 송 선생인 것을 알았다'

이런 정보에 따라 상해경찰은 그날 밤에 어떤 창녀의 집에서 응기승을 체포했고, 또 응기승의 하수인으로서 직접 저격을 한 무사영(武士英)이라는 22세의 사나이를 체포했다. 무사영은 송교인이 어떤 인물인지 알지도 못했고, 단순히 돈을 위해서 범행을 했다고 자백했다. 응기승의 집에서는 암살에서 사용한 5연발 권총 외에도 놀랍게도 많은 증거품이 발견되었다. 그것은 국무총리 조병균과 내무부 비서 홍술조가 응기승과 교환한 암살계획의 전보와 암호 코드·편지 등이었다. 그에 의하면 송교인에 대한 암살지령은 이미 1월 14일에 나와 있었다. 그리고 송교인이 암살되기까지의 각종 지령과 응기승이 송교인을 저격, 절명시켰다는 보고전문까지가 해독되어 세상에 밝혀지고 말았다.

증거물은 53건이나 되었다. 강소도독 정덕전과 민정당 응덕굉(應德閎)은 그 모든 것을 발표하여, 암살사건의 진상을 전국민에게 알려버렸다. 국민의 여론은 들끓었다.

정덕전은 이 사건을 중대시하고 특별법정을 설치하여 심리하자고 건의했다. 그러나 원세개는 진상이 법정에서 폭로될 것을 두려워하여, 사법총장 허세영에게 특별법정을 허가하지 말도록 지시했다.

재판은 상해 지방재판소에서 열렸지만 공정한 진상 규명은 아예 기대할 수 없었고, 하수인 무사영은 재판이 시작되기 전에 감옥에서 변시체로 발견되었다.

또 그 후 배후에 있던 홍술조라는 자는 북경으로 도망쳐서 청도의 독일조계로 은신해 버리는 등, 사건의 열쇠를 쥔 자들이 없어져버린 다음 무의미한 재판이라는 것을 열었다.

송교인측에서는 홍술조·조병균 등의 소환을 요구했고, 재판소는 그에 응해 그들에게 소환장을 발송했다. 그때 원세개는 북경에서 아무런 근거도 없는 암살미수 사건을 날조했다. 원세개의 밀령을 받은 한 여자로 하여금, '황흥의 명령으로 원세개를 북경에서 암살할 계획이었다'고 허위를 자수하게 만든 것이다.

북경의 군정집법처(군법회의)는 그 사건을 북경 지방재판소에서 다루었고, 황흥에게 소환장을 발했다. 상해와 북경에서 같은 시기에 쌍방의 '거물'을 소집하는 사태를 만들어냄으로써 혼란을 일으키자는 데 그 목적이 있었던 것이다.

3. 높아가는 원세개 타도의 소리

독재의 돈줄이 된 차관

암살음모의 꾀를 잡혀 궁지에 몰린 원세개는, 자신에 대한 암살음모사건을 날조하는 한편, 일본·영국 등과 비밀 교섭을 벌여, 열강의 압력으로 송교인 암살사건을 흐지부지 뭉개버릴 계획을 세웠다. 그리하여 사건의 배후인물인 국무총리 조병균이 스스로 북경 주재 영국 공사관과 일본 공사관을 방문하여 부탁을 했지만, 중국문제에 개입하여 이권을 모두 막는 데 혈안이 된 그들도 거기까지는 차마 손을 댈 수 없었는지 그것을 거절했다.

그러나 재판은 원세개가 계획한 대로 미궁 속을 빠져드는 방향으로 진행되어 갔다. 홍술조·조병균 등은 재판소의 소환을 무시하고 출정하지 않았다. 주범 응기승은 탈옥하여 청도로 도망쳤다가, 어리석게도 원세개에게 암살 보상금을 청구했다가 그 자신이 암살당함으로써 영구히 입을 다물고 말았다. 또 재판이 면제된 국무총리 조병균은 직례도독으로 부임했는데 채 1년도 되지 않아 급사했다. 그 역시 원세개가 입을 막을 목적으로 독살했다고 한다.

이와 같은 송교인 암살사건과 더불어 제2차 혁명의 배경이 된 것에 '선후차관(善後借款)'이라는 것이 있었다. 원세개의 차관은 혁명파를 강압하고 자기의 독재정권을 확립하기 위한 돈줄이었다. 즉 그는 차관을 순전히 개인적 야욕만을 위해 유용하고 있었다. 그에게 차관을 제공하는 나라들은 그의 약점을 너무나도 훤히 알고 있었기 때문에 그 기회를 노려서 중국의 이권을 헐값으로 마구 집어삼키려 들었다. 만주·몽고를 일본·러시아가 집어삼키려는 것도 바로 원세개의 그러한 약점을 잘 알고 있었기 때문이다.

원세개가 4개국(영·미·독·불) 은행단에게 최초로 요청한 차관 7백만 냥은 그와 대립관계에 있던 남경정부에 대해 긴급융자를 하기 위한 것이었다. 이는 그 돈으로 혁명군에게 퇴직금을 주어서 군대를 해산시킴과 동시에 금력으로써 자기를 과시하고, 남쪽 세력을 북쪽으로 끌어가기 위한 정치적 목적을 가진 것이었다. 4개국 은행단은 즉시 그의 요청에 응했다. 그러자 원세개는 또 염세(鹽稅)를 담보로 총액 6천만 파운드의 차관을 4개국 은행단에 요청하는 한편, 교섭타결에 앞서서 전도금을 요구하는 등, 철면피한 그의 정치적 야욕을 드러내는 작태를 서슴지 않았다. 그러나 4개국 은행단은 '앞으로 중국이 필요로 하는 대부금은 4개국 은행단이 우선적으로 공급할 권리를 보유한다. 중국이 만일 다른 곳에서 차관을 하겠다면 그 차관조건이 4개국 은행단의 조건보다 유리한 것이어서는 안 된다…'는 따위, 실로 어처구니없는 조건을 내세웠다. 이는 원세개가 무엇 때문에 그처럼 몸이 달았는가를 알고 있는 4개국 은행단의 횡포가 아닐 수 없었다. 만약 그것을 받아들인다면 나라를 팔아먹는 것이나 다름없는 일인데도 원세개는 즉각 그것을 승인했다.

그뿐이 아니었다. 4개국 은행단은 원세개에게 '중화민국의 매월 예산은 외국 고문관이 그것을 검사, 승인함으로써 지출되며, 군대의 해산에는 외국 무관이 입회하고, 병사로부터 무기를 회수하는 건마다 수표 1매씩을 지출하여 은행에서 현금과 교환한다'는 등, 중국을 마치 '금치산자' 취급을 하는 조건을 제시했는데도 원세개는 그에 반대하는 국무총리 당소의를 따돌려가면서까지 그것을 받아들였다.

독점체제를 굳힌 4개국 은행단이 가장 걱정한 것은 중국에 대해 커다란 야욕을 품고 있는 일본과 러시아가 앞으로 어떻게 나오겠느냐는 문제였다. 그래서 그들은 일본과 러시아를 그들 진영으로 끌어들여서 6개국 은행단을 편성할 것을 구상하고 양국에 대한 공작을 벌였다. 4개국에게 따돌림을 받던 노·일 양국으로서는 환영할 만한 일이었다. 그러나 그들은 은행단에 가입함으로써 만주·몽고에서 그들이 획득한 특수권익이 훼손될 것을 우려한 나머지, 쌍방간의 교섭이 한때 결렬되기도 했다. 그러나 결국 4개국이 양보하여, '차관은 노·일 양국의 특수권익을 침범해서는 안 된다'는 노·일 양국의 성명을 4개국이 사실상 받아들임으로서 6개국 은행단이 성립되기에 이르렀다.

총액 7천 4백만 파운드, 지불기간 5년으로 하는 6개국 은행단의 차관은 모두 중국의 염세를 담보로 하는 것이었다. 이는 곧 세관 또는 기타의 기관을 모두 100% 열국의 관리체제하에 두자는 것이었다. 이에 대해 원세개 정부가 약간의 저항을 보이기는 했다. 그러나 은행단은 연리 5%나 되는 차관의 '담보 보전'이라는 이유로 염업(鹽業)에 대한 검사와 회계심사를 은행단에게 맡겨야 한다는 조건을 양보하려 하지 않았다. 그러나 미국만은 예외로 그러한 조건이 중국의 독립을 침해하는 것이라고 하면서 은행단으로부터 탈퇴해버렸다.

미국의 탈퇴는 남은 5개국에게 커다란 충격을 주었다. 게다가 유럽에서는 때마침 1차 대전이 발발 직전에 있어, 5개국은 하루바삐 차관문제를 매듭지어야 할 입장이었다. 이것이 원세개에게 약간 유리한 형세인 것처럼 보였다. 그런데 이런 시기에 그는 송교인 암살사건을 저질러버렸던 것이다. 원세개에 대한 항의가 전국에 들끓자 그는 그것을 탄압하기 위한 군자금이 급했다. 원세개는 차관을 무조건 받아들이기로 결심했다.

원세개, 독단으로 조인

이때 손문은 원세개에게 그런 차관을 받아들이지 말도록 요구함과 아울러 관계국 외국공관을 방문, 그러한 차관에 조인을 강요한다면 중국에서 관련은행에 대한 보이콧 운동이 일어날 것이라고 경고했다. 또 참의원의 의장·부의장도 원세개 및 은행단에게 항의했다.

그러나 4월 26일 비등하는 반대를 무릅쓰고 조인은 강행되었다. 조인식장은 항의하는 의원들과 민중들에 의해 포위되었다. 조인을 마친 국무총리·재정부 총장 등은 민중들 몰래 뒷문으로 도망치는 사태를 빚기도 했다.

중국 전역에서는 원세개를 토벌하라는 소리가 급속히 높아졌다.

송교인 암살사건으로 일본에서 급거 귀국한 손문은 조인과 동시에 원세개 타도를 위해 거병할 것을 주장했지만, 황흥 등은 신중론을 폈다. 중화민국이 이미 성립된 이상, 군사적 대립을 피하고 법에 의한 냉정한 해결을 도모하자는 것이었다. 실제 문제로서 원세개의 강력한 군대에 대항할 만한 군사력도 부족했다.

손문이 가장 염려한 것은 원세개가 차관으로 입수한 자금으로 그의 군사독재체제를 회복하고, 자기 권력을 굳히기 위해 혁명파를 탄압하는 무력행동으로 나오지 않겠느냐는 점이었다. 사실 황흥이 지적한 바에 의하면, 송교인 사건의 배후에는 차관이 성립된 후에 범인들에게 거액의 보수를 주겠다는 밀약이 되어 있었다고 한다. 중화민국을 팔아먹는 것과도 같은 조건으로 얻어 들이는 차관이 국내의 반대파를 말살하는 데 쓰일 것임은 너무나 분명했다.

손문은 5월 2일, 런던의 친지 컨트리에게 <외국정부와 인민에게 고하는 글>이라는 것을 발송, 그것을 각국 정부에 공개하여 외국의 압력으로 원세개의 자금원이 봉쇄되도록 해달라고 요청했다. 그 속에서 손문은 원세개가 차관을 자금으로 해서 전쟁을 일으키려 하고 있음을 호소했다.

5개국 은행단은 당초부터 그러한 반대운동이 벌어질 것을 염려하고 있었다. 파리에 있는 5개국 은행단 본부에서는 4월 27일의 조인 당일에 북경에 대표를 파견하여 지불의 잠정보류를 지시했다.

국민당 세력이 강한 중국 남부를 중심으로 그들 은행에 대한 보이콧 운동이 일어나서 큰 타격을 입을까 두려워했기 때문이다. 손문은 은행단의 그러한 반응에 고무되어 다시 각지의 당원을 소집, 군사적 궐기를 상의했다.

그러나 황흥 등은 군사적 행동에 소극적인 태도를 보여서 일이 되지 않고 있었다. 그 동안에 시간이 흘러, 차관은 마침내 그대로 실시되어 막대한 군자금이 원세개의 손으로 흘러 들어갔다.

양파, 무장을 서두르다

이때 원세개 타도의 선봉에 나선 사람이 안휘성 도독 백문울(柏文蔚)이었다. 그는 차관이 조인된 이튿날 당장 원세개에게 '정부의 차관이 의원의 결의를 거치지 않고 조인되었음은 입헌국가에서 있을 수 없는 일이다'라고 항의전보를 친 사람이었다.

그 후 그는 은밀히 상해의 진기미(陳其美) 집으로 손문을 방문, 안휘성의 정세를 보고하면서 안휘성에서 거병을 하자고 제안했다.

손문은 백문울의 결심에는 동감이었지만 안휘성에서 최초로 군사행위를 일으키는 것에는 반대했다. 안휘성은 혁명파의 거점인 남경에 서쪽으로 접해 있지만, 북으로 강소성·산동성을 거쳐서 북경과 직접 이어진다. 즉, 원세개의 세력권과 직접 접해 있는 것이다. 그런 만큼 안휘성에서 궐기하는 것은 원세개의 대군에게 조기진압될 우려가 있기 때문이다.

손문은 원세개와 직접 대치되는 안휘성을 피했다. 원세개군으로서는 보급이 어렵고 혁명파의 세력이 강한 남방의 각 성에서 먼저 거병했다가, 원세개의 군대가 진압을 위해 그쪽으로 출동한 틈을 타서 안휘성이 봉기하여 그의 측면을 치는 것이 좋으리라고 생각했다. 그래서 백문울에게는 때를 기다리라고 설득해놓고 광동도독 호한민, 호남도독 담연개(譚延闓)로 하여금 조속히 궐기하도록 독촉했다. 그러나 그들이 준비하는 데 시간을 잡아먹는 바람에 시기를 놓치고 말았다.

손문은 또, 군사면에서의 작전과 병행해서 외교수단에 의해 열강에게 차관공여를 중지토록 요청함으로써 원세개에 대한 원조를 감소시킴과 동시에 혁명군에 대한 원조를 늘리려고 마음먹었다. 그러나 손문은 여기서 원세개에게 패배당하고 있었다. 일본에 친구가 많은 그는 우선 일본을 설득하려고 결심하여 스스로 일본을 방문할 계획이었는데, 동지들의 만류로 미처 실행에 옮기지 못하고 있었다. 그때 원세개가 선수를 쳐서 그의 부하 손보기(孫寶琦)를 일본에 파견, 일본정부가 혁명당을 지지하지 않도록 공작을 해놓고 있었던 것이다.

원세개는 5개국 차관단이 자기에게 차관을 제공해 준 것을 자기 정권에 대한 사실상의 승인으로 간주했다. 거기서 큰 자신을 얻은 그는 차관으로 생긴 막대한 자금의 힘을 빌어 반대세력을 분쇄할 계획을 세웠다. 우선 그는 거액의 돈을 풀어 국회의원을 매수하기 시작했다. 4월 24일 공화·민주·통일의 3당을 합병해서 '진보당'이 결성되었다. 진보당은 여원홍을 이사장으로 하는 원세개의 '어용정당'이었다. 원세개는 그것을 자기 마음대로 조종하면서 더욱더 강압적 자세로 나왔다. 그러한 정치적 압박과 함께 그는 군사면에서도 차관을 유용해서 무기·탄약·식량 등을 비축하기에 바빴고, 그의 군사력은 점차 장강(양자강) 유역까지 확장되어 갔다.

제9장 2차혁명의 불길

1. 무력탄압에 나선 원세개

다시 총을 손에

원세개는 혁명운동의 숨통을 눌러버릴 목적으로 먼저 황흥의 육군상장(陸軍上將―대장) 계급을 박탈했고, 이어서 혁명파의 도독 이열균(李烈鈞―강서), 호한민(胡漢民―광동), 백문울(栢文蔚―안휘) 등을 실각시켰다. 그들에게는 모두 거액의 돈을 주어 매수할 생각이었으나 그것이 뜻대로 되지 않자 최후의 수단으로 관직에서 파면하거나 변경으로 추방한 것이다.

안휘성은 반원(反袁)의 소리가 아주 높은 급진적인 지방인만큼 백문울 파면에 대한 지방민의 노여움은 격렬했다. 폭탄과 권총을 입수한 청년들은 전쟁준비에 바빴다.

원세개는 그곳 사장(師長) 호만태를 10만냥으로 매수하여, 자기가 새로 임명한 도독 손다삼(孫多森)을 매수된 군대의 호위 아래 성도(省都) 안경(安慶)에 입성시켰다.

그러한 정세 속에서 7월 12일 마침내 강서성 호구(湖口)에서 이열균이 궐기했고, 15일에는 황흥이 남경에서 거병했다. 상해에서도 진기미가 상해 토원군(討袁軍) 총사령에 추대되었고, 7월 18일에는 독립을 선언했다.

상해 혁명군은 먼저 상해제조국(上海製造局)을 점령해야 한다고 생각했다. 상해제조국이란 중국에서 손꼽히는 무기제조창이었다. 혁명군은 진과부(陳果夫)에게 명하여 매가롱(梅家弄)에 있는 한 병원을 본부로 하여 선발대를 조직했다. 모여든 투사의 수는 약 2백 명으로 무기는 대부분이 권총이었다.

신해혁명의 성패가 무창의 초망대 병기고의 공방전에 걸려 있었듯이 제2차 혁명전의 성패도 상해제조국 공방전의 승패에 달려 있었다. 그것을 점령하여 무기를 입수할 수 있다면 거기서 힘을 얻어 원세개 토벌의 체제가 본격적으로 이루어질 수 있기 때문이다.

그러나 원세개도 또한 상해제조국의 중요성을 모르고 있을 리가 없었다. 그는 상해제조국의 후면이 황포강(黃浦江)에 면해 있다는 점에 착안해서, 해군 총사령 이정신(李鼎新)에게 막대한 돈을 주어 그를 매수했다.

게다가 원세개는 5월 28일(1913년) 은밀히 서기문(徐企文)에게 명하여, 상해제조국을 거짓으로 공격하게 한 다음, 그것을 구실로 정여성(鄭汝成)으로 하여금 해군부대를 이끌고 상해로 진입하게 하여 상해제조국을 수비케 했다. 자기 쪽에서 사건을 꾸며서 선수를 치는 것은 원세개가 북경병변(北京兵變, 1912년 2월) 이래로 써 먹던 동일한 수법이다. 원세개는 자기에게 반항할 듯한 혐의가 있는 부대는 철저히 조사하여 사전에 무기를 회수했고, 황포강에는 군함 해주(海籌)를 띄워놓고 완벽한 경계태세를 펴고 있었다.

실패로 끝난 봉기

그런데 토원군은 갑작스런 거병이었기 때문에 병사도 장비도 열세를 면치 못했다.

토원군은 7월 18일 유영건(鈕永建)이 부대와 합류하여 남쪽으로 내려가서 상해 남부 용화(龍華)일대를 제압했다. 22일 밤에 토원군은 드디어 총공격을 결행했다.

61단과 37단 등 상해에 주둔하는 각 부대와 포대가 혁명군에 가담, 수천 명이 제조국을 포위하여 맹렬한 공격을 퍼부었다. 그러나 토원군으로서는 해군이 원세개 측에 가담해 있다는 것이 결정적인 타격이었다. 해군의 포격을 받은 토원군은 포격과 함께 적군 보병의 반격을 받고 대포 18문을 잃었으며, 귀중한 탄환 170여 상자를 상실하는 손해를 입고 패퇴했다.

정여성

토원군 총사령부는 상해제조국에서 가까운 남시(南市)에 설치되어 있었는데, 원세개의 장군 정여성은 남시의 민간인 전투조직·상단(商團)에 대하여 진기미를 거기서 내쫓지 않는다면 시가지를 온통 폐허로 만들어버리겠다고 협박했다. 진기미는 남시를 전화에서 구출하기 위해 총사령부를 북쪽으로 후퇴시켰다.

진기미는 육군 93단과 접촉하여 혁명군에 참가하도록 교섭했다. 그러나 93단 단장 진기울에게는 이미 원세개의 손이 닿아 있어서 부대 전원을 혁명군에 끌어들일 수는 없었다. 그는 각 부대에 토원의 대의를 전했다. 그리하여 그중 1영(대대)이 혁명군에 호응해왔다.

혁명군은 재차 남북쪽으로부터 제조국에 공격을 가하는 동시에 북방으로부터는 유영건의 부대가 공격을 시도했다. 한때는 격전을 벌여 백병전을 전개했다. 그때 해군의 탐조등이 혁명군을 비춰대면서 맹렬한 포격을 가해왔다. 혁명군은 해군 탐조등을 난사하여 그것을 깨뜨리는 등 분전을 거듭했지만 혁명군 대대장 장소량의 전사를 비롯하여 사상자가 속출하는 비참한 상황이었다.

상인과 적십자, 그리고 조계의 외국인들이 원세개에게 가담했다. 정여성의 통고를 받은 상인들이 진기미의 퇴거를 요구하는 한편 외국인의 개입을 요청했다.

갑북(閘北)의 호주회관에 집결한 토원군은 영국군에 의해 무장이 해제되었다. 진기미는 상해 북방 20km 지점인 오송(吳淞)·보산(寶山)을 거점으로 저항했으나, 증원군을 얻은 원세개의 군대에 의해서 속속 격파 당했고, 8월 13일 무장봉기는 완전히 실패로 끝나고 말았다.

손문, 다시 망명의 길에

상해의 토원군이 뼈아픈 패배를 맛본 때를 전후해서 각지에서 봉기한 토원군들도 압도적으로 우세한 원세개의 군에 의해 연파당하고 있었다. 광동에서도, 안휘성의 안경에서도, 또 강서성에서도 혁명군은 계속 패배했다. 남경에서는 원세개의 철로 봉쇄작전으로 보급로가 끊긴 황흥의 군대가 9월 1일 마지막으로 패배함으로써 혁명군은 완전히 궤멸되고 말았다. 그러나 시커먼 먹구름이 중화민국을 온통 뒤덮고 있던 이 시기야말로 혁명파의 조직을 철저하게 개조하는 기회가 되기도 했다.

당시 중국에는 제제사상(帝制思想)과 봉건의식이 뿌리깊이 남아 있어서 손문의 삼민주의를 이해할 만한 사회적 기반이 별로 없었다. 때문에 청조(淸朝)를 몰아내기 위해 혁명당에 가담했던 사람들 중에는, 원세개가 북양군벌을 인수하여 큰 세력을 과시하자 원세개의 진영으로 넘어가고도 그런 행동을 별로 부끄럽게 여기지 않은 자들이 많았던 것이다. 그러나 여기서 손문은 조금도 실망하지 않았다. 원세개가 마침내는 민국을 버리고 스스로 황제를 자칭하는 날이 올 것을 예견한 그는 역적 원세개를 반드시 타도하고 민국을 수호하겠다는 결의를 굳혔다. 상해궐기가 실패한 후 손문은 대만을 경유하여 일본으로 향했다. 8월 9일 오전 7시 손문을 태운 배가 일본 고베(神戶)에 도착했을 때는 원세개가 이미 일본정부에 손문의 체포를 요구하고 있던 중이어서 배가 항구에 도착하자 경찰관이 먼저 선내를 수색하기 시작했다. 그러나 선장은 민첩하게 손문을 선장실 깊숙이 숨겨놓고 경찰관을 따돌렸다. 그런 다음 일본의 민간인 지사 도야마 미쓰루(頭山滿)가 보낸 가와자키 조선(川崎造船)의 사장 마쓰카타(松方)와 손문의 친구이자 해운업자인 미카미(三上)의 협력으로 그날 밤 야음을 타서 거룻배를 옮겨타고 '가와자키 조선소' 구내로 갔다. 거기서 안벽(岸壁)을 기어올라서 상륙, 밀입국에 성공하였으며, 고베의 스와 온천에 있는 마쓰카타의 별장으로 숨어들었다. 손문은 그 집에서 며칠을 지낸 다음 나중에 망명한 호한민·요중개 등과 만났다. 그 동안에 일본인 이누가이(犬養—정치가. 전 수상)와 도야마 등이 수상 야마모토(山本)와 교섭한 결과 일본정부가 손문의 일본체류를 '묵인'하기로 하는데 성공했다. 이리하여 손문은 고베에서 도쿄로 갈 수 있게 되었다.

원세개, 염원의 대총통에

이 무렵 원세개의 폭정은 날로 가혹해지고 있었다. 그의 반대세력인 국민당에 대해서는 매수·체포·암살 등 갖은 수단을 다 동원하여 탄압했다. 원세개에 대한 비판세력으로 알려진 중의원 의원 오한지(伍漢持)가 천진에서 암살되고, 서수균(徐秀鈞)도 구강(九江)에서 피살되었으며, 국민당 참의원 의원 정상겸(丁象謙) 등 8명도 체포되었다.

이윽고 원세개는 자기가 정식 대총통으로 취임할 생각으로 참의원에 대총통 선출투표를 시키려 했지만 참의원이 말을 듣지 않자, 의원들을 원내에 감금하고 '공민단(公民團)'이라는 어용단체 수천 명을 동원하여 참의원을 포위케 했다. '공민단'은 '공민이 원하는 대총통(원세개)을 선출하지 않는다면 의원들을 한걸음도 밖으로 나오지 못하게 하겠다'고 위협을 가했다. 그런 속에서 아침 8시부터 밤 10시까지 대총통 선출투표가 진행되었지만 2차 투표까지 정족수에 미달하였고, 3차에 가서야 가까스로 원세개가 당선되었다.

이렇게 어거지로 대총통이 된 원세개는 손문·진기미·장계·이열균·백문울 등에게 체포령을 내려 전국에 수배했으며, 국민당을 강제로 해산시킨 데 이어, 국민당 당적을 가졌던 국회의원 430명 등의 자격을 박탈함으로써 국회는 기능을 상실하여 폐쇄되고 말았다.

이듬해 1914년 원세개는 각 성의 도독들이 국회의 해산을 요구한다는 구실로 참의원과 중의원을 정식으로 해산시킨 다음, 약법회의(約法會議—헌법제정 회의)라는 것을 설치하여, 약 40일간의 토의를 거쳐 '신약법(新約法)'을 제정했다. 이는 종래의 2원제를 폐지하고 단원제인 입법원을 두는 것이었는데, 대총통에게 소집권, 해산권, 법률·예산안 제출권 등의 광범한 권한을 부여하는 헌법으로 원세개를 마치 황제처럼 만든 것이었다.

손문과 장개석의 만남

이에 손문은 다시 새로운 혁명당을 조직, 그 명칭을 '중화혁명당'이라 했다. 그는 신해혁명 이래 2차 혁명의 패배에 이르기까지의 과정을 반성함과 동시에 ① 지도자에 대한 복종 ② 엄격한 조직 ③ 당내 불순분자의 배제—등 3원칙을 기본이념으로 삼았다.

제2차 혁명에 패하여 일본에 망명한 진기미·거정(居正) 등이 속속 손문에게 합류해왔다. 그들의 생활은 지극히 곤궁했지만 사기는 날로 높아갔다. 손문은 매일같이 그들과 협의를 거듭하여 중화혁명당의 총장(總章—규약)과 입당 서약서를 스스로 기초했다.

중화혁명당은 9월 27일, 절강성 출신 왕통(王統) 등 5명의 입당자를 시초로 일본과 상해에서 입당자가 잇달았다. 손문은 또 동남아시아의 화교들과 긴밀한 연락을 취했다. 이리하여 다시 토원(討袁)의 불길이 타오르기 시작한 것이다. 장개석은 그때 상해에 있었는데 중국 본토 거주자로서는 최초의 입당자였고 서약번호는 102호였다.

당시 입당 서약서를 소개하면 다음과 같다.

'입서약인(立誓約人) 장지청(蔣志淸—장개석의 學名)은 중국을 위망(危亡)에서 구하기 위해 자기의 신명·자유·권리를 희생하며 손문 선생에 복종하여 혁명을 다시 일으키고, 민권·민생주의를 달성함에 분투하며, 5권헌법을 창제하여 정치를 수명(修明)하고, 민생으로 하여금 이(利)를 즐기게 하고 국가의 기틀을 공고히 하며, 세계평화의 유지를 원하며, 특히 충심으로 삼가 다음을 선서한다.

1. 종지(宗旨)를 실행한다.

2. 명령에 복종한다.

3. 직무에 진충한다.

4. 비밀을 엄수한다.

5. 생사를 같이할 것을 맹세한다.

이상을 엄수하고 죽음에 이르기까지 변치 아니할 것이며, 만약에 두 마음을 가진다면 극형을 감수한다.'

입당 후에 곧 일본으로 건너간 장개석은 도쿄에서 처음으로 손문을 단독으로 만날 기회를 가졌다.

1913년 12월의 일이었다.

손문으로부터 그는 금후의 토원활동 계획을 비롯, 젊은 혁명가가 가져야 하는 정신 등등에 대하여 많은 계도를 받았다.

중화혁명당의 조직을 굳힌 손문은 1914년 2월, 도쿄에서 '정법학교(政法學校)'를 설립하여 혁명가의 자질향상과 혁명세력의 저변 확대에 힘썼으며, 또 군사교육을 위하여 황흥을 중심으로 하는 '호연려(浩然廬)'라는 교육기관을 세우게 했다.

손문은 또 혁명파의 선전활동을 강화할 목적으로 그해에 잡지 <민국(民國)>을 창간했다. 모든 준비를 마친 7월 8일에는 비밀결사로서의 성립대회를 가졌다. 성립대회에는 약 3백 명이 참집하여 손문을 총리로 추대했다. 여기서 손문은 다음과 같이 연설했다.

'장래에 중화민국이 어떻게 하여 세계 속에서 자립할 것인가의 문제를 여러분과 함께 생각해 보아야겠다.

장래의 세계전쟁은 황색인종과 백색인종의 싸움이 될 줄 안다. 따라서 우리는 단순히 중국이나 일본 등 한 나라만의 문제가 아닌 동아(東亞) 전체의 평화를 도모해야 한다. 우리 민국의 시대적 요구는 제3혁명이 발생할 경우, 우리는 일치 협력하여 성심성의 동일보조로써 국가 백년대계를 염두에 두고 노력해야 한다. 그러나 모든 일은 때를 기다려야 하는 것이고, 공연히 공을 다투는 데 급급해서는 안 된다. 경거망동함이 없이 은인자중하면서 노력하자…'

이 성립대회에서 손문은 39개조로 된 '중화혁명당 총장'을 밝혔다. 그 내용은 ① 우리 당은 민권·민생주의를 실행함을 종지(宗旨)로 한다, ② 우리 당은 전제정치를 배제하고 완전한 민국을 건설함을 목적으로 한다, ③ 혁명군이 기의(起義)하는 날로부터 헌법이 반포되는 날까지를 혁명의 시기로 정하고 그 시기에 있어서의 일체의 군(軍)·국가의 책임을 우리 당원이 진다—는 등의 것이었다.

2차 혁명의 준비

8월 23일에 중화혁명당 총본부는 엄격한 당내 규율을 보전하기 위해서 당원의 자유행동을 규제하는 4개 항목을 결정했다.

1. 개인의 자유의사로써 행동하거나, 다른 단체의 집회에 참가해서는 안 된다.

2. 외부의 영향을 받고 당에 반하는 행위를 해서는 안 된다.

3. 개인의 명의로써 당의 주의에 위반되는 언론을 발표해서는 안 된다.

4. 당의 주의에 위반되는 언론·행동으로써 당의 동지를 선동·유혹해서는 안 된다.

이러한 결정이 당원에게 통지된 것은 바로 혁명이 준비단계에 들어갔음을 뜻하는 것이었다.

9월 1일에 손문은 '중화혁명당 선언문'을 발표했다.

'우리 당은 송교인 암살사건·선후차관에 대응하여 제2혁명을 일으켰으나 불행히도 정신의 해이로 잇단 패주를 맛보았고, 부상삼도(扶桑三島—일본)가 망명객의 중심자가 되었다. 이제 우리 중화혁명당원은 일치단결하여 3차 혁명에 나서자.

혁명이 성공하고 헌법을 공포하여 국가의 기초가 확고해질 때까지 우리 당원은 일체의 책임을 져야 한다. 현재 유럽 전역에는 전운이 감돌고 있어서 (제1차 세계대전은 이미 이해 7월에 시작되어 있었다) 각국이 모두 자기 나라에 정신이 팔려 있을 뿐, 우리나라에 저들의 힘을 미치게 할 여유가 없다. 그리고 세계의 금융기관도 역시 어지러워져서 원적(袁賊—원세개)의 자원도 고갈되었다. 이제야말로 우리 당이 분투노력하여 공을 세울 때이다'

다시 타오르는 상해의 횃불

굳은 결의로써 재발족한 '중화혁명당'이었지만 '철석 같은 결속'은 아니었다.

당시 손문의 호소에 따라 일본에서 중화혁명당의 조직에 참가한 자는 극소수의 간부들뿐이었다. 게다가 손문의 주의를 진정으로 이해하고, 혁명의 뜻이 무엇인가를 확실히 알면서 자기 일신을 희생하

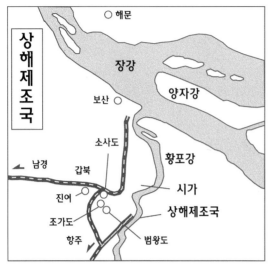

여 위대한 중국을 건설하
겠다는 사람은 그중에서도
오직 진기미·주집신(朱執
信) 등 몇몇 열사들에 지나
지 않았다.

중화혁명당의 내부 상황
은 그것이 성립된 후에도
아주 복잡했다. 동지들 사
이에서도 중상모략을 일삼
는 자가 있는가 하면, 서로
가 공격적인 태도를 취하여 대국적 국면을 살펴볼 줄을 몰랐고, 그
중에는 손문에 대해서마저도 모욕적인 언사를 하는 자도 있었다.
어떤 당원은 손문에 대해서 되지 못한 이유를 들어 특권을 강요하
기도 했고, 어떤 당원은 손문에게서 금전을 사취하여 물쓰듯이 낭
비한 자도 있었다.

장개석은 당시에 27세로서 동지들 중에서 후배에 속해 있었지만,
그가 보기에도 간부들 중에는 도저히 용서될 수 없는 행동을 하는
자가 적지 않았다. 그런데도 손문은 그들을 관대하게 대하고 있었
다.

장개석이 중화혁명당에 입당한 후 손문이 그에게 준 최초의 군사
적 과제는 상해에서 토원(討袁) 군사행동을 지휘하는 일이었다. 군
사행동 발동 시기는 1914년 초여름이 목표였다. 2차 혁명의 실패에
서 1년도 되지 못한 시기였다. 상해시내에는 아직도 당시의 열기가
가시지 않은 어수선한 분위기가 감돌고 있었다.

원세개는 혁명의 재발을 경계하여 해군 중장 정여성을 상해 진수
사(鎭守使)로 임명하여, 상해에서 오송구(吳淞口)까지를 엄중 경계

토록 했다.

작전계획은 2차 혁명의 실패를 거울삼아서 신중을 기한 결과 다음과 같은 작전분담을 결정하게 되었다.

제1로(사령 장개석)＝주력부대로서 담자만(潭子灣)·소사도(小沙渡)·조가도(曹家渡)·범왕도(梵王渡) 일대의 시가지를 공격한다.

제2로(사령 진영정)＝상해 시가지 서쪽 진여(眞茹) 방면을 담당하여 경찰을 습격한다.

제3로(사령 하원룡)＝철도·통신시설 파괴 등 유격행동. 특히 상해 북방의 장강(양자강)을 끼고, 남쪽 기슭의 보산(寶山)과 북쪽 기슭의 해문(海門)을 기습하여 해군의 움직임을 봉쇄한다.

그런데 이 계획은 공격 직전에 정여성 진영으로 새어나가고 말았다. 정여성은 혁명파의 일제검거를 명했다.

5월 30일 밤, 혁명파 동지 2명이 체포되어 처형되고, 병사의 명부, 진공약도 등이 압수된 데 이어 다수의 당원들이 속속 체포되었다. 장개석은 동지 장인걸의 집에 숨어서 집회를 계속했지만 마침내 수색의 손이 그곳에 뻗치는 찰나에 손문으로부터 부름을 받고 다시 일본으로 건너갔다.

2. 동북 3성과 세계대전

'화근의 땅' 동북 3성

상해봉기 계획이 실패하자 손문은 사태를 조속히 전개시키기는 어렵다고 보고, 장개석을 동북 3성으로 보냈다.

동북 3성은 원세개가 지배하는 북경에 가깝다는 지리적 요인도 있을 뿐 아니라, 지금까지 혁명운동이 거의 화남(華南) 각 성에서 이뤄졌기 때문에, 동북 3성은 말하자면 혁명의 '후진지역'이었고, 게다가 또 일본이 그곳을 침략 거점으로 삼아 남만주철도를 손에 넣은 지도 벌써 10년이나 되는 곳이었다.

손문의 명령을 받은 장개석은 그곳 정세를 살피기 위해 일본을 떠났다. 혁명을 성공으로 이끌기 위해서는 동북 3성에도 혁명세력을 심어야 할 필요가 있었다. 이미 진기미가 대련으로 가서 그 지방 동지들과 접촉하여 조직에 착수하고 있었다. 그러나 그곳에는 원세개의 주구들이 득실거릴 뿐 아니라, 일본의 세력이 혁명파를 괴롭히고 있었다. 그들과의 투쟁에서 몸도 마음도 지칠 대로 지친 진기미는 마침내 병을 얻어 쓰러지는 몸이 되고 말았다. 그래서 장개석은 손문의 명령으로 그를 대신하게 되었지만, 그곳 혁명세력은 상상 이상으로 힘을 쓰지 못하고 있었다.

장개석이 동북으로 떠날 때에 손문은 그에게 이렇게 말했다.

'우리들의 국민혁명운동은 일본인이 동북과 대만을 반환하고 조선의 독립을 보증하지 않는 한 정지될 수 없는 일이다. 자네는 이것을 일본의 장령(將領)들에게 똑똑히 인식시켜 주어야 한다.'

그 무렵 일본군벌은 혁명당을 방해하는 한편, 또 혁명당을 저희 편에 끌어들일 공작도 아울러 하고 있었다. 따라서 장이 3개월간을 여행하는 동안에는 일본 군인의 초대를 받은 일도 있었다. 연회석상에서 장이 손문의 말을 그대로 전했더니, 그를 초대한 일본인 연대장은 얼굴이 벌겋게 달아오르면서 노발대발하는 것이었다. 이튿날 그는 장에게 당장 동북에서 떠나라고 호통을 쳤다. 장개석은 자기나라의 강토에서 일본인으로부터 쫓겨나는 신세가 되었던 것이다.

장이 동북에 체재하는 동안 세계를 뒤흔드는 사건이 발생했다. 1차 대전이 발발한 것이다. 그 뉴스는 유럽에서 멀리 아시아 대륙을 넘어서 동북(만주)에까지 전해졌지만 상세한 내용은 알 수 없었다.

그러나 유럽 정세의 추이로 보아 전란의 확대는 불가피했고, 그 영향은 당연히 유럽 각국이 각축을 벌이고 있는 중국에 미칠 것이 뻔했다.

1914년 8월 2일, 장은 동북에서 일본에 있는 손문에게 세계대전에 대한 분석과 토원계획의 전개방식에 대해 편지를 썼다.

―유럽 전쟁이 1일 연장되면 원적(袁賊)의 외교세력은 그만큼 약화되며, 전쟁의 범위가 넓어지면 넓어질수록 우리 당의 외교적 승리는 전진할 것입니다. 그러나 전쟁이 유럽에서 확대될수록 일본이 더욱 기승을 부리면서 원세개와 더불어 음모를 꾸밀 것입니다.

과연 일본은 적극적으로 움직였다.

일본은 영·일 동맹을 이유로 세계대전에 참전했다. 그것은 참전을 구실로 중국대륙에서 독일의 이권을 빼앗고 일본의 세력을 확대하려는 데 그 목적이 있었다.

이에 대해 영국은 일본의 참전을 환영하기는커녕 경계의 빛을 보이면서, 자기들이 유럽 전쟁에 얽매여 있는 동안에 일본이 중국에서 더욱 기세를 부리려는 것을 극력 저지하려고 힘썼다.

독일에 대해 선전포고를 한 일본이 산동반도의 독일 조차지인 교주만·청도를 공격할 기미를 보이자, 독일은 교주만을 중국으로 반환해버릴 조치를 취하려 했다.

이에 대해 일본과 영국은 원세개가 만일 독일로부터 조차지의 반환을 수락한다면 그것은 중화민국의 중립에 위배된다는 엉뚱한 구실을 내세워 원세개를 협박하는 한편, 일본은 교주만에서 독일군에 대한 군사행동을 취하기 위해, 교제철로(膠濟鐵路)와 유현(濰縣) 일대에 주둔하는 중국군의 철수를 요구했다.

이는 마치 노일전쟁에서 중국의 영토인 만주가 노·일 양국의 전쟁터가 된 것처럼, 산동반도가 중국과는 아무런 관계도 없이 일본·

영국·독일의 분쟁지가 되어 버린 것이다.

대화(對華)21개조의 요구

산동성에서 제멋대로 전선을 확대한 일본군은 중국인에 대하여 온갖 악행을 자행하면서 식량·가축을 약탈하고 부녀자를 능욕하는 등 만행을 저질렀다. 독일군을 격파하여 의기양양한 그들은 중국 전토를 저들의 속국으로 만들 시기가 도래했다고 판단하고, 중화민국에 대해서 이른바 21개조의 특권을 요구했다.

그 대강을 열거하면 다음과 같다.

1. 산동문제에 관한 4개조—① 독일이 산동성에서 가졌던 특권, 즉 교주만과 교주철로 및 그 연선의 광산 체굴권을 일본에 양도한다. ② 산동성과 그 연안의 토지 또는 도서를 타국에 양도 또는 조차하지 않는다. ③ 연대(煙台) 또는 용구(龍口)에서 교제 철로에 접속하는 철도건설권을 일본이 갖는다. ④ 산동성의 주요도시를 일본에 개항한다.

2. 동북 3성 남부와 내몽고 동부에 관한 7개조—① 여순·대련만과 남만주 및 안봉(安奉)의 철로 조차권을 99년 연장한다. ② 남만주와 동몽고(東蒙古)에서의 일본인의 토지 소유권·조차권·거주권·왕래권·상공업경영에 관한 권리 및 광산의 채굴권 소유. ③ 해당지구에 일본인 재정·정치·군사·고문·교관을 초빙할 것. ④ 길장철도(吉長鐵道)의 관리·경영권 및 타국이 그 지역에 철도건설 또는 투자를 허가하지 않을 것. 그리고 한야평공사(漢冶萍公司)를 중·일 양국이 '합작'으로 경영하며, 부근 광산의 채굴권과 경영권을 일본인이 독점한다는 요구 등을 비롯하여, 중국 연안의 항만 및 도서의 독점을 요구했다. 뿐만 아니라 중국이 일본인을 정치·재정·군사 등의 고문으로 초빙하라는 등, 중국에 대한 국지적인 요구가 아닌 전국적인 요구를 강요하며, 심지어 중국경찰과 일본경찰의 '합작', 중국의 무기는 일본에

서 보급 받아야 하고, 병기창도 합작으로 운영해야 하며, 무창과 구강(九江) 사이, 남창과 항주 사이, 남창과 조주(潮州) 사이의 철도 건설권을 일본이 가져야 하며, 복건성 전역을 일본의 세력범위로 한다는 것이었다.

이는 곧 중국 전토를 일본에 예속시키고, 중국을 그들의 노예로 만들자는 것고 진배없는 내용으로, 조선을 병합할 때 써먹었던 수법과 흡사했다.

다만 다른 점이 있다면 일본의 중국에 대한 제국주의와 원세개의 제제(帝制) 야망이 결부되어 뒷거래가 이뤄지고 있었다는 점이다. 즉 일본은 원세개가 중국의 황제가 되는 것을 방조하여 중화민국을 원세개의 제국으로 만드는 것을 승인하는 대신 중국에 대한 침략적 21개조의 조약을 교환하자는 것이었다.

세계를 경악케 한 '21개조 요구'

일본의 중국에 대한 21개조 요구가 세상에 알려지자(당초에는 비밀 교섭), 중국 국민은 말할 나위도 없고, 영국·미국 등 세계 열강조차도 경악하고 말았다.

일본과 동맹을 맺고 있던 영국이 먼저 21개조 문제로 일본과 격렬한 외교전을 벌이면서 일본을 비난했다. 능청맞은 원세개는 일본의 요구를 받아들일 계획을 세우고 있으면서도 겉으로는 국민여론에 동조하는 듯한 태도를 보임으로써 짐짓 일본에 저항하는 척했다. 혁명진영의 황흥·이열균·백문울 같은 거물들도 '원세개가 일본과 싸우고 있는 동안에는 반원(反袁) 투쟁을 휴전하자. 우리는 <정치>에 앞서서 <국가>가 있어야 하며, 외침의 우려가 있을 때에는 모든 국내문제에 앞서서 서로 단결하여 이를 막아야 하지 않겠는가'하고 동지와 국민에게 호소하는 사태를 연출할 정도였다. 이야말로 원세개가 노리던 바였다. 그러자 휴전기간을 이용해서 원세개는 확고하게 자기 세력의 뿌리를 박으려 했기 때문이다.

그러나 손문은 속지 않았다. 그는 원세개의 매국 의도를 빤히 꿰뚫어 보고 있었다. 2차 혁명에 실패한 후 일본에서 중화혁명당을 조직한 손문은 1914년 10월 25일, 송경령(宋慶齡)과 도쿄에서 결혼식을 올렸고, 그 후에도 계속 일본에 체류하였다. 3월 10일(1915년), 중화혁명당 당무부장 거정에 명하여, 21개조와 원세개의 제제 의도가 결부되어 있음을 밝히는 통고를 내게 하고 당원들에게 토원(討袁)을 호소했다.

'이번 교섭은 원세개가 황제를 칭하여 그에 대한 일본의 승인을 요구하려는 데서 발단된 것이다. 일본정부는 원세개의 요구에 걸맞는 상당한 보수를 요구했던 것이고, 원세개도 그에 동의하여 21개조의 요구라는 것이 나왔다. 여기서 일본이 중국에 제시한 조건은 중국을 제2의 조선으로 만들자는 것으로, 원세개는 자신의 외교부·육군부에서마저도 21개조라는 매국적 조건에는 반대와 심한 반발을 겪고 있다. 원세개의 매국간계는 도중에서 누설되었기 때문에 세계를 놀라게 했고 국민을 격분시켰지만, 만약 누설되지 않았더라면 국민들이 알지도 못하는 사이에 벌써 이권을 일본에 팔아먹었을 것이다. 우리는 그와 같은 매국노를 제거하고 거간(居奸)을 일소하지 않고서는 외적의 모욕을 방지할 수 없는 것이다'

교섭 타결이 박두한 4월 9일에 손문은 다시 <중·일 교섭의 내막>이라는 제목의 통고문을 중화혁명당의 각 지부로 보내 원세개가 마침내 21개조의 요구를 수락할 것이라고 경고했다.

원세개는 최후까지 일본에게 저항하는 척하면서 몇 개 조항에 짐짓 반대도 해보이면서 영국과 러시아 등 열국의 눈치도 살폈다. 그리고 유럽에서 세계대전을 치르는 열강이 중국에 크게 신경을 쓰지 못할 것을 알자, 21개조의 요구조항을 약간만 고쳐달라고 일본에 요구한 다음 그들과 합의하여 그것을 수락하고 말았다.

원세개의 매국행동에 대해 일본인 거류민들은 환호성을 지르며 기뻐했다. 북경시내에서는 밤을 세워 일본인들이 술을 마시며 날뛰었고, 한구(漢口)에서는 '대일본제국 만세!'를 부르며 제등행렬까지 계획했다.

굴욕과 비분에 잠긴 중국 국민이 일본인의 그 따위 방자한 모욕을 견딜 수는 없었다. 한구에서는 제등행렬에 반대하는 학생들이 시내에서 데모를 벌였고, 상가에서는 일본에 항의하기 위해서 전등을 모두 꺼버렸다. 중국학생 데모대들은 일본인이 경영하는 상점을 파괴하고 도처에서 난투사건을 벌였다. 일본해군 수병들이 폭동진압을 이유로 상륙해왔다.

일본공사는 사태를 중대시하고 원세개에게 경공했다. 원세개는 그에 대해 정중히 사과하면서 6월 16일에는 '일본상품에 대한 보이콧 운동 및 혁명당의 선동에 대한 엄중단속'을 명령했다. 일본에 대해 굴복한 원세개는 이제 자기 나라 국민을 탄압함으로써 자기 위치를 보전하려고 나선 것이다. 여기서 중국 국민의 원세개에 대한 반항심과 반일감정은 하나가 되어 격앙되었고, 손문이 부르짖던 민주정치·민권정치의 의미가 무엇인가를 점차 깨달아가기 시작했다.

3. 혁명군의 군함탈취

혁명이냐 출세냐

원세개는 시종일관 2중 인격적 수법으로 그의 지위를 쌓은 인물이고 그것이 그의 철저한 정치철학이었다.

일본과의 21개조의 조약 조인 및 유럽에서의 세계대전 등의 기회를 타서 그는 자기가 황제가 될 기회를 잡았다고 생각하면서도 겉으로는 그렇지 않은 척했다. 원세개는 황제가 되겠다는 말을 자기 입으로는 결코 발설하지 않고, 여론을 그렇게 조작하려는 작전을 썼다. 그래서 그는 자기의 정치고문으로 있는 미국인 프랭크 굿노트라는 자로 하여금 '중국에는 군주제도가 알맞다'는 내용의 논문을 쓰게 하여 그것을 〈아시아 일보〉에 게재케 했다. 내용인즉, '프랑스혁명에서도, 미국의 건국에서도 공화제가 정착하기까지는 1백 년이라는 세월이 걸렸는데, 하물며 중국에 있어서는 역사·관습·경제 등 제반여건으로 보아서 공화제가 불가능하며 군주입헌제가 가장 알맞다'는 주장이었다.

이윽고 원세개는 제제운동(帝制運動)을 추진하기 위한 조직 '주안회(籌安會)'라는 단체를 만들었다. 그것은 원세개의 측근 어용학자들로 구성된 단체였지만 표면적으로는 학술단체를 표방했다. 그들이 비록 '군주·민주 국체 중 어느 것이 중국에 가장 적합한가를 순전히 학술적으로 연구한다.'고 했지만 군주입헌의 여론을 형성하기 위한 것임은 너무나도 뻔했다.

원세개는 이미 2년 전 대총통에 취임하던 당시부터 국민당을 해체했고, 국회를 해산했으며, 각 성의 의회도 강제수단으로써 해산시킴과 아울러 혁명세력을 추방해버렸기 때문에, 그가 황제가 되려는 야망에 대해 정면으로 대항할 세력이 전혀 없었다. 중앙의 고관들이나 지방의 장군들은 앞을 다투어 주안회에 입회하고 있었다. 이것은 당시의 중국의 2가지 커다란 조류를 대표하는 현상이었다. 즉 손문이 주창하는 삼민주의 아래에서의 민권운동으로 중국을 구제하자는 사상—중국을 얕보는 외세의 침략도 중국인민의 각성을 바탕으로 하는 거대한 힘이 아니고서는 막을 수 없는 것이며, 중국인민이 직접 참여하는 공화정체가 아니고서는 누적된 중국의 비정(秕政)을 지을 수가 없다는 입장이 그 하나였다. 다른 하나는 입신출세 하자면 원세개에 붙어야만 한다는 탐관오리들의 풍조가 곧 그것이다. 손문으로 대표되는 혁명사상과 원세개로 대표되는 출세주의 풍조 대결이었다.

중화혁명군 창설

손문의 일은 아주 바빠지고 있었다.

1914년 9월에 중화혁명당은 '혁명방략'을 제정하여 중화혁명군을 창설, 손문을 대원수로 추대함과 동시에 각 성에 사령장관을 두었다. 그리고 최초의 궐기 거점을 동북 3성에서 강소·절강으로 잡았지만, 그 지역의 탄압이 격심했기 때문에 혁명당원들은 일본을 작전기지로 정하고, 일본과 중국 사이를 빈번히 왕래했다.

장개석은 동북 3성에서 일본으로 돌아오자 곧 손문의 명을 받고 9월 3일 상해로 떠났다. 때는 마침 일본군이 산동에 상륙한 직후였고, 일본군은 그를 경계인물로 지목하여 한시도 감시의 눈을 떼지 않았다.

장이 귀국한 지 10여 일이 지난 밤이었다. 상해의 프랑스 조계에서 중화혁명당 당원 범홍선(范鴻仙)이 상해 기관부(機關部)에서 취침 중에 상해진수사 정여성이 보낸 자객의 손에 암살되는 사건이 발생했다. 범홍선은 손문의 명을 받고 상해봉기를 준비중에 있었다.

동시에 정여성은 그때까지 범홍선이 운동해오던 군대 내부의 혁명조직에 대해서도 일제검속을 단행하여 2백 명이 넘는 당원들이 처형, 체포되었고, 그 때문에 혁명군은 심각한 타격을 받았다. 11월 23일에는 하지기(夏之麒)가 지도하는 항주의 기관이 역시 정여성의 수색을 받고 30여 명이 피살 또는 체포되었다.

당초 절강성·강소성을 주요거점으로 해서 설정되었던 혁명계획은 진기미의 주장으로 운남·귀주 등 서남부 깊숙한 지방으로 그 거점이 변경되었다. 동남 각 성에는 너무나도 원세개의 세력이 강했던 것이다. 10월 중순 진기미는 변경된 작전계획을 가지고 일본에서 상해로 떠났다. 그러자 상해 동지들의 간청으로 봉기계획은 다시 상해로 옮겨졌다. 손문은 상해기의가 진기미의 지휘가 아니고서는 어렵다고 판단, 전보로 진기미에게 상해에 머물러 있으면서 혁명 활동을 통괄하라고 지시했다. 진기미는 '장강(양자강)을 제압하는 열쇠는 해군에 있다'고 강조해온 사람이었다. 그런데 해군은 원세개의 심복인 상해진수사 정여성의 예하에 있었고, 그는 10만의 정예부대를 거느리고 있었다.

손문으로서는 이제 시간을 지체할 여유가 없었다. 그가 만일 해군을 적으로 돌려놓고 싸운다면 승산이 없었다. 해상으로부터의 원조가 없으면 육상의 교통이 불편해지고, 육군의 사기가 떨어질 밖에 없다.

상해는 동남 각 성에서 제1의 요지이며, 장강 하구를 누르는 군사상의 요충일뿐더러 병기창도 그곳에 있었다. 상해를 일단 제압하지 않고서는 동남 각 성에서 혁명군이 작전을 벌일 수 없다. 그런데 여기서 가장 큰 장애물은 바로 정여성이라는 자였다. 정여성은 2차 혁명의 상해전투(1913년 7월) 때에 혁명군 진압의 공을 세운 이래로 원세개에게 중용되어 왔다. 그를 처치할 수만 있다면 해군과 상해의 문제를 한꺼번에 해결할 수 있었다.

손문은 원래 혁명 활동에서 암살행위에는 계속 반대해온 사람이었지만, 정여성의 간교한 수단으로 계속 피해를 입어온 혁명군으로서는 이제 더 이상 그를 방치해 둘 수가 없었다.

장렬! 정여성 암살

암살계획은 즉시 착수되었다.

암살을 위해서는 안성맞춤인 기회가 도래했다. 일본천황(大正)이 12월 10일에 즉위식의 갖게 되어 있었다. 이에 따라 상해진수사인 정은 일본영사관으로 경하방문을 하게 되어 있었던 것이다. 그의 행차가 바로 암살 기회로 결정되었다.

그날 정여성이 통과할 가능성이 있는 도로에 10여 명의 결사대가 배치되었다. 특히 공동조계로 통하는 외백도교(外白渡橋)는 일본영사관으로 가는 차량은 반드시 통과하는 지점이자, 도로가 굽어 있기 때문에 자동차는 속력을 늦추어야만 한다. 저격하기에 가장 좋은 지점이었다. 거기에 명사수인 왕명산(王明山)·왕효봉(王曉峯) 두 사람이 배치되었다.

진기미는 두 사람에게 권총 2정과 폭탄 2발을 건넸다.

그들 두 사람이 정여성을 저격한 후 살아서 돌아올 가망성은 전혀 없었다. 그러나 두 사람은 말없이 무기를 손에 받아들고는 미소를 머금었다.

그날 그들은 외백도교에서 약 1백m 떨어진 지점에서 대기하고 있었다. 오전 11시 마침내 정여성의 승용차가 나탔다. 신중한 정은 길을 우회하기도 하고, 선박을 사용하기도 하면서 혁명당원의 감시망을 뚫었고, 한구로(漢口路) 입구에 와서 다시 자동차를 탔던 것이다.

차가 교량 앞에 왔을 때 공교롭게도 엔진에 이상이 생겨서 속력이 떨어졌다. 하늘이 도운 것이었다. 망을 보던 감시원 혁명당원이 대례복으로 몸을 감싼 정여성이 자동차에 타고 있음을 확인하고 고함을 쳤다.

'저 자동차다!'

순간 왕명산이 몸을 날려 뛰어가서 폭탄을 던졌다. 첫 폭탄은 빗나갔다. 당황한 운전수가 자동차의 속력을 내려고 안간힘을 썼다. 왕명산은 더욱 가까이 가서 제2탄을 던졌다. 자동차 후부가 파괴되고 정여성은 자동차 안에서 기절했다. 그때 왕효봉이 날렵하게 자동차 위로 뛰어올라 권총을 쥔 손을 차장으로 밀어 넣어 정여성의 머리통에 10여 발을 쏘아댔다. 지근 거리에서 발사된 총탄을 정여성의 머리를 박살내어 거의 원형을 분간할 수 없을 정도로 만들어 버렸다.

사명을 완수한 두 사람은 달려온 유럽인 경관에게 체포되었다. 취조에 당하여 당당한 답변을 펼친 그들은 조용히 처형을 당했다.

'정여성은 원세개가 국민을 배반하는 일을 도왔다. 우리 국민을 위해 그 역적을 제거한 것이다. 국민을 배반한 자는 반드시 패망한다는 것을 천하에 드러내 보이기 위함이었다. 세상 사람들은 우리의 행위를 정당하다고 믿어줄 것이다'

혁명당원에 의한 가장 장렬한 암살극이었다.

수륙 양면작전을 계획

정여성의 암살은 원세개에게 커다란 충격을 주었다. 그는 몹시 당황하면서 후임 상해진수사로 양선덕(楊善德)을 임명했다.

양선덕은 겁이 많고 변변치 못한 인물이어서 정여성에 훨씬 미치지 못했다. 혁명당으로서는 그러한 인간이 등장한 것을 오히려 다행으로 여겼다. 군대 안에서도 벌써 양선덕에 반발하는 자들이 나타나기 시작했고, 그들은 '상해에서 혁명전투가 발생하면 우리도 혁명군에 따르겠다'고 나섰다.

그러나 원세개가 수륙 양면의 방위에서 포진하고 있는 상해를 제압하기 위해서는 세밀한 준비와 계획이 필요했다.

손문은 막료들과 더불어 신중한 검토를 거듭한 끝에 '송호기의
(松滬起義) 군사계획서'를 확정했다. 그것은 상해제조국을 공격의
최종목표로 하되, 먼저 해군함정을 탈취하여 혁명군의 거점으로 삼
는다는 내용이었다.

'해상의 적이 육상의 적군보다 더 강하다. 따라서 우리 혁명군은 해
군의 탈취에만 정신을 쏟다가 만일 그것이 달성되지 못하는 경우에도
대비해야 한다. 그리고 설사 군함을 탈취했다 하더라도 해군의 무기를
마음대로 사용하는 기술이 없다면 아무런 소용도 없다

그럴 때 육상의 적군이 먼저 대포를 쏘게 되면 고스란히 당할 수밖
에 없을 것이다. 따라서 군함의 점령은 육상전투와 동시에 실행되어야
한다. 그렇게 하면 군함 점령에서 불행한 결과가 생겼다고 하더라도
그것을 육지에서 보충할 수 있을 것이다'

대체로 이상과 같은 계획과 설명에 대해서 진기미도 동의했다. 후
일에 '조화기의(肇和起義)'라고 일컫는 기의는 그렇게 해서 이뤄진
것이다.

장강에는 해군의 정예인 '조화', '응서(應瑞)', '통제(通濟)' 등
군함이 정박하고 있었다. 진기미는 중화혁명당 간부인 양호(楊虎)
에게 명하여 우선 그 3척에 대해 설득공작을 펴게 했다. 양호는 손
문의 비서로도 활약했던 민첩한 인물이다.

'조화'의 함장 황명구(黃鳴球)가 진기미의 친지라는 점도 있어
서, 승무원의 대다수를 혁명군으로 끌어들이는 공작은 순조롭게 진
행되었다. '응서'와 '통제'의 승무원 사이에서도 혁명에 찬성하는 자
가 서서히 증가되어 가고 있었다.

한편, 육상에서도 군경에 대한 공작이 순조롭게 진행되고 있었
다.

거사일은 12월 중순(1915년)으로 정해졌다.

그러나 원세개도 결코 만만한 상대가 아니었다. 그는 '조화' 등 함정에 불온한 움직임이 보이자 곧 군함을 광동으로 이동하라는 명령을 내렸다. 혁명공작이 완성되기 전에 군함을 상해에서 멀리 떼어 놓자는 심산이었다.

'응서', '조화'의 2함이 광동으로 이동된다는 정보가 혁명군에 들어온 것은 12월 3일이었다. 혁명군은 황명구와 상의하여, 그달 5일에 각 함장들이 원세개 군대의 최고간부 살진빙(薩鎭冰)을 초대하여 연회를 여는 틈을 타서 거사하기로 결정하고 황명구를 해군 총사령으로 추대, 잠시 상해시내에 몸을 감추게 했다.

기의는 12월 5일 오후 4시로 앞당겼고, 손문은 사령관에 진기미, 해군 육전대 사령관에 양호를 각각 임명했다. 작전은 먼저 양호가 부대를 이끌고 '조화'를 점령, 거기에 해군 총사령부를 설치한다는 것이었다. 그리고 '조화'에서 상해제조국을 포격함과 동시에 별동대가 '응서', '통제'를 점령한다는 것이었다.

그 포격을 신호로 해서 육상에서는 상해제조국, 성내(城內) 및 갑북지구(閘北地區)의 군대와 경찰 속에 끼어 있는 동지들과 호응하여 경찰총국 · 전화국 · 전등창(電燈廠) · 경찰 제1구 · 공정총국(工程總局) 등을 분담해서 공격한다는 내용이다.

'조화'를 점거할 책임을 진 양호는 미리 작정한 대로 군함으로 옮겨타기 위한 작은 증기선을 샀다.

12월 5일 오후 3시에 양호는 해군 육전대의 동지들 30여 명을 거느리고 증기선에 몸을 실었다. 동지들은 제각기 권총과 폭탄을 숨긴 채 유람선을 탄 유람객처럼 꾸미고 있었다.

도중에 청천백일기를 게양했다. 그 깃발이 당시의 해군기와 비슷했기 때문에 함상에서는 고급 장관(將官)이 열병을 하러 오는 줄로 생각하고 갑판에 도열하여 환영할 채비를 차리고 있었다.

혁명군 해군 육전대 사령관 양호 등이 군함 '조화'와 접현(接舷)하자 미리 짜놓은 대로 '조화'의 승무원인 진가균(陳可鈞)이 함내의 동지들과 함께 호응하여 궐기했다. 감히 반항하는 자는 없었다. 양호는 아무런 저항도 받지 않고 '조화'로 옮겨 탔고 토원(討袁)의 취지를 선포했다. 함내의 수병들은 그에 찬동하는 환호성을 질렀다. 즉시 수병들에게 위문금이 전달되었고 곧 이어 포격준비로 들어갔다.

오후 6시가 지나자 상해 제조국을 향하여 포격이 개시되었다.

'조화'에 이어서 '응서', '통제'에 대한 탈취작전도 육전대 부대장 손상부(孫祥夫) 등에 의해서 아울러 진행되었다. 손상부는 부하 30여 명을 인솔하고 다른 증기선으로 양수포(楊樹浦)를 출발하여 먼저 '응서'를, 그리고 '통제'를 목표로 할 계획이었다. 그런데 손상부가 증기선에 타려고 하자 순경이 그것을 발견하고 달려왔다. 순경은 손상부에게 출항허가증의 제출을 요구했다. 그 허가증은 세관이 발행하는 것으로, 그것이 없으면 증기선을 운항할 수가 없다. 총망중에 사들인 증기선에 출항증이 있을 까닭이 없었다. 손상부 일행은 결국 출항을 하지 못했고, 그 때문에 '응서', '통제'의 탈취는 실패로 돌아가고 말았다.

육상에서는 박자명(薄子明)이 2백여 명의 동지를 이끌고 순경총국(巡警總局)으로 진격했고, 감균(闞鈞)·육학문(陸學文) 등이 전화국·경찰제1구·공정총국 등을 공격했다. 최대의 격전은 경찰 제1구·공정총국에 대한 공격에서 벌어졌다. 진기미는 거기를 점령하여 총사령부를 설치할 계획이었다. 육학문이 20여 명의 동지들을 이끌고 돌입하여 일단 점령에 성공했지만, 원세개의 군대가 돌연 대군을 투입하여 탈환전에 나서는 바람에 혁명군은 그들과 장렬한 싸움을 벌인 끝에 빙무제의 전사를 비롯하여 부대의 과반수가 사상당하는 희생을 치른 끝에 후퇴하고 말았다.

순경총국을 공격한 박자명 등도 격전을 치르다가 적군의 증원부대에 밀려 퇴각할 수밖에 없었고, 전화국 등을 공격했던 부대들도 한때는 적군을 패주시키다가도 대부분 반격을 지태하지 못하여 퇴각했다.

상해제조국 공격에서는 중대한 착오가 발생했다. '조화'는 양자강에서 상해제조국을 포격했다. 그러나 제조국의 적군은 도무지 반격해오지를 않았다. 그래서 '조화'의 양호는 제조국이 이미 혁명군의 손에 떨어진 것으로 알고 포격을 중지했다.

한편, 상해제조국 안에서는 잠입해 있던 당원들이 '조화'의 포성을 신호로 궐기하기로 되어 있었지만, 포성이 곧 중단되어 버렸기 때문에 그들은 '조화'의 점령이 실패로 돌아갔다고 착각하고 호응궐기를 연기하기로 결정했던 것이다.

육전에서 패한 다음 동지들은 프랑스 조계의 기관부로 돌아왔다. 그러나 그 기관부도 심야에 프랑스 경찰의 급습을 받았다. 동지들은 2층 창문으로 간신히 피신할 수가 있었다.

또다시 봉기에 실패

한편 '조화'를 점령한 동지들은 5일 밤에 '응서', '통제' 두 군함에 대하여 '기의에 찬동하느냐 찬동하지 않느냐'를 신호로써 문의했다. 그랬더니 두 군함에서는 '지금 협의 중에 있다. 아마도 찬동할 것 같으니까 포격을 하지 말아 달라'고 회답해 왔다. 그래서 '조화'의 동지들은 안심하고 기다리고 있었다. 그러나 그때 제조국에 있던 상해진수사 양선덕은 육해군 고관들을 모아놓고 대책을 협의했다. 원세개의 군사참모인 양성(楊晟)이 격침을 시켜도 좋으니까 '조화'를 공격해야 한다고 역설했다. 그리하여 가까이 있는 '응서', '통제’ 두 군함으로 ‘조화’에 공격을 가할 방침을 세웠다. 공격전에 뇌물작전이 취해졌다. 교통은해에서 거액의 현금이 ‘응서’, ‘통제’ 두 군함으로 운반되었다.

두 군함에는 혁명당의 동지들이 많아 함내에서 설득공작을 펼치고 있었다. 그런데 뇌물이 그곳에 도착하는 순간에 함내의 공기는 돌변했다. 현금에 눈이 멀어버린 일반장병들은 당장에 ‘조화’를 공격하자는 데 찬성했다.

이튿날인 12월 6일(1915년) 이른 아침에 ‘응서’, ‘통제’는 ‘조화’에 대해서 일제히 포하를 퍼부었다. ‘조화’ 함상의 동지들은 뜻밖의 사태에 놀랐다. 허겁지겁 반격에 나섰지만, 전투태세가 정비되지 않았기 때문에 명중률은 극히 나빴다. ‘조화’ 함상에는 사상자가 속출했다.

‘조화’는 일단 오송구로 도망치려 했다. 그러나 전동식 닻을 조작하지 못했기 때문에 배를 움직일 수가 없었다. 양호는 ‘조화’에 농성하여 최후까지 싸우기로 결심했다. 그러다가 ‘응서’에서 날아온 포탄이 보일러실에 명중하여 다시 많은 사상자를 내게 되자 주위 사람들의 권유를 받아들여 그는 마침내 부하에게 후퇴를 명령하고 자신도 포탄이 비오듯 하는 속에서 보트로 탈출했다.

총기관부를 탈출한 진기미는 여전히 시내에 잠복해 있었다. 이튿날인 12월 6일 아침, 그는 군함의 요란한 포성을 들었고, 거룻배 1척을 수배하여 ‘조화’로 향하던 중에 ‘조화’를 탈출한 양호와 만나서 자세한 소식을 듣게 되었다. 마침내 기의가 수포로 돌아간 것이 이로써 확실해 진 것이다.

황제를 꿈꾸는 원세개

혁명당에 대한 탄압에 성공하여 이제는 마음놓고 황제를 꿈꾸게 된 원세개의 일도 그리 쉽게 풀리지는 않았다. 원세개는 일본이 약속대로, 21개조와의 교환조건으로 제제(帝制)의 실현에 협력해 줄 것으로 믿었다. 그러나 일본의 원세개에 대한 약속은 다만 21개조를 그가 받아들이게 하기 위해 일시적으로 그를 구슬러 본 것에 불과했다. 또한 양탁(楊度) 등의 주안회(籌安會)가 기승을 부리는 것을 보자 일본은 오히려 원세개의 세력에 불안을 느끼고, 그가 황제가 되려는 것에 대해 제동을 거는 방향으로 나오기 시작했다.

원세개는 10월 18일 국체변경, 즉 제제를 획책하는 '국민대표대회 조직법'을 공포했다. 국민의 이름으로 원세개를 황제로 추대하겠다는 관제 국민대회를 획책한 것이다.

이에 대해 일본은 원세개의 황제 등극을 정식으로 저지할 방침을 세우고, 우선 영국과 공동으로 원세개 정부에 번의를 권고함과 동시에 러시아·프랑스·미국도 끌어들일 방침을 세웠다.

영국은 당초 제제를 지지할 방침이었지만, 중국대륙에서 점차 손문의 부르짖음이 대중화되어 가는 것을 보자 태도를 바꾸었다. 원세개가 만일 제제를 강행하면 커다란 혼란이 발생하여 마침내는 영국의 이권에 큰 위협이 올 것을 우려한 것이다. 이것이 영국으로 하여금 일본의 제제 저지방침에 동의하게 했다. 그와 동시에 러시아도 역시 일본에 동의했다.

10월 28일 오후, 일본·영국·러시아의 중국주재 공사들은 합동으로 원세개의 외교총장 육징상을 방문하여 다음과 같은 내용을 권고했다.

'중국의 제제복귀가 급속히 추진되고 있는데, 중국에는 지금 이에 반대하는 소리가 자못 높아가고 있는 현상이다. 만약 제제가 실행된다면 뜻밖의 사태가 발생할 위험이 크다고 본다. 중국에서 만일 불행한 사태가 발생된다면 그것은 중국과 관계를 가진 각국으로서도 매우 염려되는 일이다. 따라서 원세개 대총통은 현명한 조치를 취하여 제제의 실행을 잠시 연기함으로써 환란의 발생을 미연에 방지해 주기 바란다. 우리가 중국에 이 같은 권고를 하는 것은 결코 중국의 내정을 간섭하자는 뜻이 아니라, 다만 극동의 평화를 위해서이다'

이러한 권고의 대해 11월 1일 원세개 정부는 다음과 같이 회답했다.

—중국의 제제주장은 꽤 오래 전부터 있었던 일이지만 정부는 계속 이것을 거부해왔다. 그런데 최근에 와서 이 주장이 날로 강화되고 있기 때문에 만약 정부가 이를 강압한다면 커다란 문제가 발생될 것이다. 정부는 지금까지, 인민들의 국체변경을 위한 입법원에 대한 청원 등에 대하여 아직은 그 시기가 아니라고 언명해왔다. 그러나 중국의 약법(헌법)에 의하면, 주권은 국민 전체에 속해 있고, 국체문제에 대해서도 정부는 국민의 여론에 따르지 않을 수 없도록 되어 있다. 그리고 치안문제에 대해서도 각 성은, 민의에 따라 국체문제를 해결한다면 문제가 발생할 까닭이 없다고 말하고 있다.

원세개는 '민의에 따른다'는 대의명분을 내세워서 제제를 추진키로 결심하고 3국의 권고를 거부하는 태도로 나온 것이다.

원세개의 제제추진에 제동을 건 외국세력은 프랑스·이탈리아가 더 가담하여 5개국으로 늘어났다. 그들의 태도는 다만 제제추진이 자기 나라의 이권에 손상을 끼칠 것을 우려한 때문이었다. 미국만이 제제문제는 중국의 '내정문제'라 하여 불간섭주의를 취하고 있었다.

그러나 그들 외국세력도 내면적으로는 서로 이해관계가 일치하지 않았기 때문에 원세개를 자기편으로 끌어들이려는 경쟁도 역시 치열했다. 게다가 유럽에서는 여전히 격전이 벌어지고 있었으므로 원세개는 그들을 얕잡아보고 있었다.

원세개는 제제를 반대하는 외국과 끈질긴 외교적인 줄다리기를 벌여 오다가 12월 11일(1915년), 참정원으로 하여금 '국민대표회의'의 투표를 시켰다. 투표결과는 총 1천 9백 93표 중 반대는 1표도 없는 '만장일치'로써, '삼가 원세개 대총통을 중화제국의 황제로 추대하여, 국가최상이며 국가최고의 주권을 봉정(捧呈)한다'는 어마어마한 결의를 하게 했다.

원세개는 일단 이를 사양하는 형식을 취했다가, 그날 저녁에 국민대표자 회의가 다시 그것을 결의케 한 다음에야, 국민의 열성적인 요청을 거절할 수 없다며 '결의'를 받아 들였다. 바로 손문이 상해에서 '조화기의(肇和起義)'에 실패한 1주일 뒤의 일이었다.

일이 이렇게 되자 5개국 대표들은 원세개에게 더 이상 반대하지는 못하고, 다만 '장래의 일을 지켜보겠다'는 태도를 보였다.

원세개, 황제에 추대되다

원세개는 황제즉위 준비에 착수하여 엄청난 돈을 물쓰듯 했다. 그가 제제를 위해서 쓴 돈은 총 6천만 원에 달했다. 현재의 화폐단위로 따지자면 약 3억 달러에 이른다. 그 비용은 은행차용, 구국예금(救國預金)유용, 각종 세금, 아편 전매금 등에서 긁어모은 것이었다. 그리고 그 용도는 당초, 2천만 원은 대전(大典)에, 1천만 원은 등극을 위한 비용과 그의 심복들에 대한 위로금·작전비 등에 쓰일 예정이었다.

대전주비처(大典籌備處)가 최초로 착수한 일은 이전에 청국황제가 집무하던 대화전(大和殿)의 명칭을 고치고 '원제(袁帝)'의 위신에 맞도록 개축하는 일이었다. 전내의 둥근 기둥을 모두 기쁨을 상징하는 붉은빛으로 칠했고, 그중 8개의 큰 기둥에는 금박을 입혔으며, 천자의 상징인 용과 구름이 장식되었다. 온수식(溫水式) 난방장치를 했으며, 벽은 모두 유리로 덮여졌다. 개축비용은 모두 470만 원(약 2천 5백만 달러)에 달했다고 한다.

황제의 옥좌는 45만 달러가 소요된 호화로운 것이었고, 팔걸이·등배·커버·쿠션 등에는 빈틈없는 용의 조각과 자수가 놓여진 것이었다. '옥좌' 앞에는 용을 아로새긴 책상이 있고, 그 책상 앞에는 왕의 권위를 상징하는 3개의 고정(古鼎)과 고로(古爐)가 놓여졌다. 옥좌 뒤에도 용의 조각에 보석을 상감한 9폭 병풍이 둘러졌고, 병풍 좌우에는 해와 달을 본딴 부채가 걸렸다.

황제의 용포(龍袍)는 북경에서 가장 큰 복장점인 '서부상(瑞蚨祥)'에 특별 주문한 것으로, 금실에 용이 드러나 보이고 옷감 전체가 온통 주옥으로 찬연히 빛나고 있었다. 그런 용포는 제사용(祭祀用)이 50만 원, 즉위용이 20만 원으로 2벌을 만들었다.

그밖에도 주안회 관계의 운동비로 쓰인 돈이 막대했다. 전국에서 보내온 '제제청원'도 주안회가 1인당 5백 원에서 1천 원으로 매수한 것이었고, 청원 조작을 위해서 사용한 전보료만도 약 1백만 원이 사용되었다. 또한 여론을 조작하기 위해 신문을 매수하는 데 쓰인 돈이 약 30만원, 양탁을 비롯한 그의 심복들에게 뿌린 돈이 약 3백만 원이었다.

각종 식전이 행해지던 공자묘(孔子廟)가 청국시대에는 황색으로 통일되어 있었지만, 원세개는 '원조정(袁朝廷)'의 빛을 붉은색으로 지정하여, 융단에서 커튼에 이르기까지 모두 붉은 빛깔로 고쳤다.

'중화제국지새(中華帝國之璽)', '황제지보(皇帝之寶)'라는 인장도 새로 만들었는데, 그것은 4치각의 보옥으로, 옥새의 뒷면에는 '誕膺天命 歷祚無疆'(나면서부터 천명을 받들었으며 황제의 지위가 천지와 더불어 다함이 없다)는 뜻의 8자가 새겨졌다.

중화민국의 국기인 5색기에도 새로 붉은 태양을 그려넣었는데,

그것은 '5족(五族)이 1군(一君)을 우러러 받든다'는 뜻이었다. 원세개의 옆얼굴을 새긴 화폐도 주조되었으며, 그해 12월 31일에 원세개는 연호를 제정, 새해(1916년, 중화민국 5년)을 '홍헌원년(洪憲元年)'으로 고칠 것을 명했다.

그러나 원세개가 '중화제국 황제'로 추대된 것은 토원(討袁)의 불길에 기름일 끼얹는 것과 마찬가지의 결과가 되고 말았다.

제10장 원세개의 최후와 군벌의 할거

1. 전국을 휩쓴 토원(討袁)의 바람

'호국군'의 등장

국법을 짓밟고 '중화제국 황제'가 되려는 원세개에 대한 국민의 반란은 거셌고, 토원(討袁)의 움직임은 전국적으로 번져 나갔다.

토원의 최대 추진력이 된 것은 '호국군(護國軍)'이었다. 호국군은 원세개의 황제추대가 있은 후에 곧, 운남장군(雲南將軍―이전에는 운남도독)인 당계요(唐繼堯)가 채악(蔡鍔)·이열균(李烈鈞) 등과 함께 궐기하여 운남성의 독립을 선언함과 동시에 결성되었다. 이것이 도화선이 되어 귀주·사천·광서 등 중국의 서남부 각 성에서 토원활동이 일기 시작했다.

호국군의 중심인물 중 한 사람은 채악이었다. 채악은 신해혁명 때 신군(新軍)을 이끌고 운남성 전역을 해방시킨 사람으로, 그 후 운남도독이 되었으며 운남·귀주 양성에 큰 세력을 갖고 있었다. 채악의 세력을 위험하게 보았던 원세개는 채악을 북경으로 소환하여 연금상태에 둔 적이 있었다.

채악은 연금상태에 있으면서도 은밀히 운남과 연락을 취하고 있었다. 자기 후임인 운남장군 당계요가 과거에 자기 부하였던 관계로, 그는 암호전보로써 당계요에게 궐기준비를 지시하는 한편, 11월 11일 밤에 교묘하게 북경의 연금장소를 탈출했다. 이어서 그는 신병을 이유로 천진에 있는 일본인 병원에 입원해 있다가 거기서 일본인

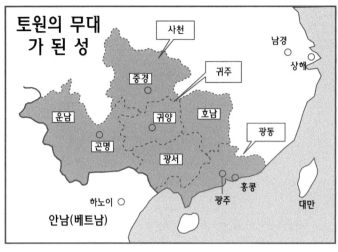

토원의 무대가 된 성

사천 / 남경 / 상해 / 중경 / 귀주 / 운남 / 귀양 / 호남 / 광동 / 곤명 / 광서 / 홍콩 / 하노이 / 광주 / 대만 / 안남(베트남)

을 가장, 일본으로 건너간 다음, 대만·홍콩·하노이를 거쳐서 12월 19일에야 간신히 운남성의 성도 곤명(昆明)에 도착했다.

곤명에는 2차혁명 때 활약하던 이열균이 그보다 한발 앞서 와 있었다. 손문의 명을 받고 그곳에 온 것이다.

채악·이열균의 도착으로 궐기의 체제는 완비되어 갔다. 그들은 운남장군 당계요의 명의로 원세개에게 전보를 쳤다. 제제의 즉각적인 취소와 그것을 획책한 측근인 양탁 등 13명의 처단을 요구하는 내용이었다. 24시간 이내에 만족할 만한 회답이 없으면 무력으로써 최종적인 해결에 나서겠다는 '최후통첩'이었다.

호국군은, ① 국민이 합심협력하여 공화국을 옹호하며, 제제를 영구히 저지한다, ② 중앙과 지방의 권한을 정하고, 각 성 민력(民力)의 자유로운 발전을 도모한다는 등의 슬로건을 내걸면서 각 성이 동시에 봉기할 것을 호소했다.

호국군은 3군으로 편성, 채악이 제1군 총사령이 되어 사천을 공략하고, 이열균이 제2군 총사령이 되어 광서를, 그리고 당계요가 제3군 총사령이 되어 운남을 지키기로 했다.

당황한 원세개는 중앙군의 군대로 운남 원정군을 조직했지만, 호국군의 세력은 날로 강화되어 갔다. 호국군이 기세를 떨치자 귀주·

광서·광동·호남 등 남서부의 각 성이 잇달아 독립을 선언, 전국적인 토원운동으로 세력이 확산되어 갔다.

원세개가 1919년의 새해를 맞은 것은 바로 그런 호국군의 공세를 받던 때였다. 원세개의 예정으로는 그날이 '홍헌원년(洪憲元年) 원월(元月) 원일(元日)'로서 숙원의 황제 자리에 즉위할 날이었던 것이다. 그러나 호국군의 활동은 중국을 보는 열강 각국에 '국내 불안정'이라는 인상을 주었다.

각국 공사들은 '국내의 통일이 아직 달성되어 있지 않다'고 하여 난색을 보였다. '원단(元旦)'에 거행될 예정이었던 즉위식은 그런 사정으로 인하여 2월로 연기되었다.

1월 중순, 더욱더 활발해진 호국군의 동정을 보고서 각국은 원세개에게 호국군에 대한 대책을 물었다. 그에 대해 원세개는 단시일 내로 그것을 진압할 자신이 있다고 회답했다. 그러나 현실적인 상황은 그렇게 쉽지 않아서 원세개의 마음은 날로 초조해갔다. 그러한 초조감에서 나온 것이 일본에 대한 특사파견이었다.

원세개, 일본과 암거래

일본이 원세개에게 제제를 연기하라고 권고하고는 있지만, 그들에게 중국에 대한 어떤 이권을 슬쩍 쥐어주면 자기를 도와주게 될 것으로 원세개는 생각했던 것이다. 때마침 일본에는 다이쇼(大正) 일황의 즉위식인 전년(1915년)에 있었는데, 그때 중국은 식전에 주일공사를 출석시켰을 뿐이었지만, 늦게나마 이제 즉위 경하를 구실로 하여 특사를 파견했던 것이다. 물론 특사파견의 진의는 정치적 흥정에 있었다.

중국은 여기서 일본과 극비로 암거래를 하자는 속셈이었다. 그러나 각국은 중·일 양국에 '밀약'이 있을 것으로 보고 그것을 캐내려고 신경을 곤두세우고 있었다.

그중에서도 가장 민첩한 활동을 보였던 중국주재 프랑스 공사 콘티가 마침내 그것을 사전 탐지하는 데 성공했다. 콘티는 원세개의 측근인물을 매수하여 그 비밀조약 원안을 빼내서 복사한 다음, 그것을 문서함에 몰래 다시 집어넣게 했던 것이다.

그런 다음 며칠 후에 콘티는 그것을 뉴욕의 신문에 폭로했다. 중·일간의 이간을 노린 것이다.

내용은 다음과 같았다.

<증여조건>

1. 길림·봉천 양성의 사법권을 일본에 양도한다.

2. 진포철도(철진-제남-서주-포구=남경) 북반부의 관할권을 일본에 양도한다.

3. 천진·산동 연해(沿海) 일대의 해안선을 일본에 양도한다.

4. 일본인 재정고문을 중국정부에 초빙한다.

5. 일본인 군사 교련관을 초청한다.

6. 중국의 병기창을 중·일 합작으로 경영한다.

<요구조건>

1. 제제를 승인한다.

2. 일본이 중국의 내란을 진압해 준다.

이러한 증여조건은 일본이 21개조의 요구로써도 다 하지 못한 부분이었는데, 이것이야말로 '매국'이라는 말 이외의 다른 말로는 표현할 수 없는 내용이었다. 그러나 '황제'가 되고 싶어서 눈이 먼 원세개는 이미 정상적인 정신상태가 아니었다.

이런 내용이 폭로되자 중국 국민이 분노에 떨었음은 물론이려니와, 세계 열국은 흥분하지 않을 수 없었다. 난처해진 것은 원세개만이 아니었다. 일본정부도 국제여론의 악화를 우려했다. 당초 일본은 중국특사를 친왕(親王)의 예절로써 맞아들이겠다고 까지 중국에 통고해 놓고 있었으며, 중국특사의 영접 날짜를 1916년 1월 24일 도쿄 역 도착으로 잡는 등 양국간에 이미 양해가 되어 있었던 것인데, 사태가 이렇게 되자 일본은 태도를 돌변하여, '일본천황이 피한여행(避寒旅行)을 떠나기 때문에 중국특사를 받아들일 수 없다'며 특사를 거절해버렸다. 그런데 원세개의 특사파견 문제의 실패는 여기서 그치는 것이 아니었다.

원세개의 약점이 이제 드러날 대로 드러나 버린 것을 본 일본군부가 이제는 원세개를 협박하여, 더욱 큰 이권을 중국에서 강탈하려고 덤벼든 것이다.

일본은, '비밀을 지키자던 약속을 너희들은 왜 누설시켰느냐'고 원세개에게 공격의 화살을 퍼부었다. 이제 와서는 원세개의 황제즉위를 적극적으로 방해하는 편이 일본의 외교상 유리하다고 판단하여 그의 즉위식을 연기하도록 강압하면서, 만약 원세개가 말을 듣지 않으면 일본은 출병을 하겠다고 위협하기까지 했다. 즉 비밀조약이 그대로 실현되었더라면 중국의 혁명세력인 호국군을 진압했을 일본군이 이제는 반대로 원세개를 치러 갈 판이었던 것이다. 원세개는 여기서 숨도 크게 쉬지 못하고, 2월 초순으로 예정된 즉위식을 더 연기하겠다고 회답했다.

사면초가의 원세개

운남성에서 발생한 호국군의 기의에 대한 열강 각국의 평가는 각각 달랐다.

겨우 3천 명에 지나지 않는 채악의 호국군에 비해 원세개의 장군 진환(陳宦)은 2개 사단과 3개 혼성여단을 거느리고 있어서 그 병력의 차이는 압도적이었다. 미국은 운남의 기의가 곧 평정될 것으로 보았고, 다른 나라들은 1차 대전에 바빠서 중국을 돌아다볼 겨를이 없었지만 그들도 대체로 원세개가 이길 것으로 보았다. 그러나 일본은 달랐다. 일본은 운남 기의로 말미암아 원세개의 내부가 크게 동요되고 있음을 정확히 알아내고 있었다.

원세개는 또 재정적으로도 괴로운 상태였다. 자기의 황제 즉위식 준비를 위하여 너무나도 많은 돈을 낭비해 버렸던 것이다. 그는 다시 외국차관을 얻어내려고 했지만 유럽은 전쟁 때문에 자기들의 전비 마련에도 급급한 상태였다. 돈을 꾸어 달랄 수 있는 상대국은 오직 미국뿐이었다. 그러나 미국은 그의 차관요청을 거절해 버렸다. 그는 할 수 없이 담배·술의 전매수입을 담보로 2천만 원의 국내 공채를 발행했지만 재정상의 파탄은 거의 파멸적 단계로 접어들고 있었다.

여기서 일본은 원세개에 대한 반대정책을 정식으로 채택했다. 그 목적은 '중국에서 우월한 일본의 세력을 확립하고, 중국국민으로 하여금 일본의 세력을 자각케 한다'는 것이었다. 그렇게 하는 데 원세개라는 존재는 유용한 것이 아니라 오히려 장애요소가 될 것이라는 판단에서였다.

그러나 일본은 직접 원세개를 타도하려고 나서지는 않았다. 일본은 호국군을 원조하여 그들의 환심을 사는 한편, 산동성에서 혁명운동을 지원하고, '제2차 만·몽(滿蒙) 독립운동'을 일으키게 하는 등 중국인의 에너지로 발생하는 운동을 교묘하게 조정하여 결정적인 시기에 그 과실을 따먹자는 수작이었다.

반기를 든 5장군

운남성에서 일어난 호국군의 공세는 서서히, 그러나 뿌리 깊게 각 성으로 스며들기 시작했다. 귀주성의 독립에 이어 3월 15일에는 광서성도 원세개로부터 등을 돌리고 독립을 선언했다. 게다가 광동성에서는 손문의 지시에 따라 주집신(朱執信)·진형명(陳炯明)이 2월 이래로 각지에서 계속 기의를 일으키고 있었다.

이처럼 원세개가 몰리기 시작하자 마침내 그의 심복들 중에서도 '반역'의 불길이 일기 시작했다. 3월 20일, 강소성의 풍국장(馮國璋)·장훈(張勳), 강서성의 이순(李純), 절강성의 주서(朱瑞), 산동성의 근운붕(靳雲鵬) 등 5장군이 연명으로 원세개에게 '조속히 제제를 취소하고 운남·귀주의 노여움을 진정시켜야 한다'는 내용의 비밀전보를 타전한 것이다. 이 5명의 장군이야말로 지금까지 원세개가 가장 믿던 부하였고, 국내를 장악하기 위해서 사용해온 자기 힘의 원천이었다. 그가 호국군을 섬멸하기 위해 사용할 유일한 공격력도 바로 그들의 군대였다. 그런데 이제 그들에게까지 배반당하고 나니 원세개도 최후의 결단을 내려야할 때가 온 것이다.

이튿날인 21일, 원세개는 정부요인들을 모아놓고 긴급회의를 열었다. 회의에는 일찍이 제제에 반대해온 서세창(徐世昌)·단기서·여원홍 등 정계의 거물들도 초대되었다. 그들을 초대할 때, 원세개는 친서를 휴대한 사람을 보내 정중히 맞아들였다.

회의 벽두에 원세개는 무거운 어조로 '즉시 제제를 취소하겠다'고 말했다. 출석자의 대부분이 그에 찬성했으나 몇몇 측근이 반대하고 나서자 그는 침통한 표정으로 5장군이 연명으로 보낸 전보문을 그들 앞에 내놓았다. 그것을 본 그의 측근들은 하나같이 침묵하고 있었다. 북양군벌의 주력인 5장군이 반대로 돌아선 이상 제제의 실현은 이미 불가능한 일이었다.

23일, 원세개는 정식으로 제제를 취소했다.

'작년 12월 12일에 승인한 제제안(帝制案)을 즉시 취소한다. 모든 죄과는 나에게 있다. 그러나 제제안은 취소한 이상, 앞으로도 여전히 지방에서 소란을 일으키는 자가 있다면 그 이유의 여하를 불문하고 나는 전국통치의 책임을 진 대총통으로서 그것을 좌시하지 않겠다.'

연호를 '홍헌'으로 고친 지 83일 만에 제제극(帝制劇)은 이렇게 막을 내렸다. 그러나 앞에서 말한 '선언'처럼 여전히 '대총통'으로서 권좌를 지키고 있던 그는 서세창을 국무경(國務卿)으로 임명하고 단기서를 참모총장으로 임용하는 등, 일부 제제 반대파를 영입하여 통치체제의 재기를 꾀했다. 그러나 계속 권좌에 버티고 앉아 있으려는 원세개에 대한 타도의 불길은 이것으로 가라앉지 않았다. 그 무렵 강소성을 활동무대로 하던 중화혁명당은 진기미의 지휘를 받으면서 여전히 혁명의 기회를 노리고 있었다.

진기미의 암살

전국 각지에서 반원(反袁)의 거병이 잇달고 있는 가운데 1916년 5월 초순, 손문은 상해로 돌아왔다. 1913년 8월, 2차 혁명의 실패로 부득이 일본으로 망명한 이래, 2년 9개월 만에 귀국한 것이다. 이때 손문을 수행한 사람 중에는 대계도(戴季陶)·요중개 등도 끼어 있었다.

손문의 상해 귀환으로 혁명군의 움직임은 더욱 활발해졌다. 5월 4일 산동성에서 궐기준비에 바쁘던 중화혁명군 동북군이 유현(濰縣)·주촌(周村) 등에서 거병했고, 9일에는 손문이 스스로 다음과 같은 토원선언을 발표했다.

'원세개는 오늘 이미 그의 길이 막혔는데도 아직도 사태를 관망하면서 자신의 잘못을 깨닫지 못하고 있다. 그것은 첫째 죽어도 변치 않을 그의 권력욕 때문이고, 둘째는 지금까지 혁명을 창도해온 사람들 중에 파벌이 존재하여 파당 사이에 분쟁이 그치지 아니하고 상호간에 시기와 다툼이 있기 때문에 전력을 다하여 적을 치지 못했음에 원인이 있다. 주의가 일치된 사람들, 동일한 목적을 가진 사람들이 애국정신으로 다시금 상호간에 제휴한다면 구적(仇敵)이 뜻을 펼치려는 요행은 감히 바라지 못할 것이다. 우리에게 있어 오늘은 마땅히 일치하여 나라를 구할 때일 뿐, 결코 군웅이 천하를 다툴 때가 아니다. 오직 무력으로써 흉적을 제거하고 약법(헌법)에 입각하여 사태의 해결을 도모해야 한다.'

상황은 이리하여 새로운 단계로 접어들었다.

한편, 원세개는 비열하기 짝이 없는 수단으로 혁명군에 보복을 감행했다. 5월 18일 진기미를 암살한 것이다. 원세개는 진기미가 일본 도쿄에 있을 때 자기 부하를 도쿄로 파견하여 금전으로 그를 유혹해 보았다.

'50만 원(현재의 화폐로 약 250만 달러)을 제공하겠으니 혁명운동에서 손을 떼고 유럽과 미국으로 상공업의 시찰이나 가시면 어떻겠소?'

진기미가 그따위 유혹에 넘어갈 위인이 아니었다. 그런데도 원세개는 끈질기게 진기미를 회유하려 했다. 진기미가 상해로 돌아오자 원세개는 다시 사람을 보내 이번에는 매수금액을 70만 원으로 올렸다. 진기미는 물론 그것을 일축했다. 이제는 자객을 보낼 차례였다. 상해 프랑스 조계에 있던 진기미의 주거와 혁명당 기관부 주변에는 원세개의 밀정이 우글거렸고, 인력거 차부에게까지 돈을 마구 뿌리면서 암살의 기회를 노렸다. 그러나 진기미에게는 항상 경호원이 따랐고, 자객이 덤벼들 틈이 없었다.

원세개는 마침내 혁명당원 이해추(李海秋)라는 자를 매수했다.

당시 혁명군이 자금난으로 심한 고통을 받고 있음을 착안한 원세개는 이해추에게 이런 각본을 주었다.

'홍풍매광공사(鴻豊煤礦公司)라는 탄광회사가 탄광을 저당으로 해서 일본인이 경영하는 중·일 실업공사로부터 돈을 빌려 쓰고 싶다는데, 진기미 선생이 소개하여 그 일이 성사되면 사례로 혁명군에게 4할을 제공하겠다.'

그 말을 꺼낸 이해추가 혁명당원이고 보니 진기미는 의심도 없이, 그런 용건으로 찾아오겠다는 객을 혁명당 재정부장인 오충신(吳忠信)과 함께 접견키로 했다.

탄광회사원 허국림(許國霖)이라는 자가 3명의 중국인과 일본인 2명을 대동하고 찾아왔다. 이때 중국인 2명이 별안간 권총을 난사했다. 진기미는 수발의 총탄을 머리에 맞고 즉사했다. 당년 40세—.

진기미는 과거에 혁명정부의 상공총장과 상해도독을 역임한 인물이었지만, 자신의 정력과 재산을 온통 혁명운동에 쏟아놓고 가버린 탓으로 그의 호주머니에는 돈이라고는 20원 밖에 없었다. 그래서 장래비용은 동지들이 걷어야만 했다.

혁명군의 손에 떨어진 산동성

진기미의 죽음으로 한 팔을 잃은 것과 다름없이 된 손문은 그 후 진기미에게 명하던 일을 장개석에게 명했다.

진기미가 사망한 얼마 후인 6월(1916년)에 접어들자 손문은 장에게 산동성으로 가서 중화혁명군 동북군에 참여하여 거정을 도우라고 명했다. 산동성은 바로 원세개의 아성인 북경이 있는 직례성(현재의 하북성)에 인접한 성이지만, 원세개의 반대세력이 은연중 뿌리를 내리고 있는 지역이었다.

중화혁명당이 산동을 혁명의 거점으로 삼고 본격적인 운동을 시작한 것은 1916년 3월부터였다. 손문이 거정을 중화혁명군 동북군 총사령으로 임명하여 산동성 청도(靑島)에 파견, 토원의 군사행동 을 일으키도록 명령한 것이다.

손문은 당시에 산동·직례·산서 등 각 성에 격문을 발송했다.

—우리 당은 계축전(癸丑戰—2차 혁명)에 실패한 이래, 하루의 휴식도 없이 국가건설에 노력해 왔다. 상해가 일어서자(조화함 기의 를 가리킴) 뒤이어 운남·귀주도 궐기했으며, 토원의 의기(義旗)를 높이 들고 공화(共和)를 보증하는 거사를 하였음은 다같이 경하해 마지않는 바이다. 그러나 의거가 운남·귀주 등 일부 지방에 국한되 고 있기 때문에 승패는 아직 예측을 불허하고 있다. 전쟁기간의 단 축을 도모하고, 성과를 배가하기 위해서는 원세개를 송두리째 뽑아 없애야 한다. 북방의 건아들과 산동의 호걸들이여, 이제 모두 일어 서서 적을 맞아 싸운다면 적은 당장 무너져 버릴 것이다.

중화혁명군 동북군의 공격은 5월 4일부터 개시되었다. 거정이 지 휘하는 주력부대는 그날 밤 1천여 명의 병력으로 유현을 공격했으 며, 동시에 박자명(薄子明)이 이끄는 제1지대 약 2백 명이 교제철로 의 기차를 타고 청도를 출발, 이튿날에는 기민하게 주촌(周村)을 제 압했다. 유현은 교제철로의 중간쯤에 위치한 요지로서, 당시 그곳에 주류한 원세개의 군대는 장수원(張樹元)을 사장(師長)으로 하는 제5사였다.

혁명군의 무기는 권총이 주화력이었다. 그런데도 제3지대장 여자 인(呂子人)이 이끄는 부대는 원세개의 정규군에게 과감한 돌격을 감행, 백병전을 벌인 끝에 적에게 막대한 손실을 주었다. 장수원의 군대는 중국은행의 은화 20여만 냥과 전보국의 기자재 등을 약탈 한 다음 병사에 불을 지르고 도망쳤다.

5월 26일, 중화혁명군 동북군은 지방민의 환영을 받으면서 유현

성에 입성했다. 그리고 유현을 제압하기 전인 5월 10일에는 유현전투 도중 진로를 바꾼 여자인의 부대가 유현 동남의 고밀(高密)을 점령했다.

중화혁명군은 승전의 여세를 몰아 대륙 내부로 진군, 5월 25일과 6월 4일 2차에 걸쳐 산동성 최대의 요지인 성도(省都) 제남(濟南)을 공격했으나 그것은 실패로 돌아갔다. 그러나 제남 등 서부를 제외한 산동성 전역이 마침내 혁명군의 손으로 들어왔다.

2. 원세개의 죽음

궁지에 몰린 원세개

원세개는 남방의 호국군과 산동의 혁명군의 협공에 의해 더욱더 궁지에 몰렸다.

5월 8일, 운남·귀주·광동·광서의 호국군은 연합해서 광동성의 조경(肇慶)에 사령부를 설치하고 원세개의 대총통 지위를 부정했다. 그에 앞서서 원세개는 그들에게 화친을 요청했다가 거절당했다. 그런 정세 속에서 원세개와 호국군 사이에 들어 쌍방의 조정에 나선 사람이 있었다. 바로 강소장군 풍국장[1]이었다. 풍국장에게는 거중조정의 활동을 통하여 장차에 자기가 제3세력을 확보하려는 야심이 있었던 것이다.

그는 서주(徐州)에 본거지를 가진 장군 장훈(張勳)과 안휘성장 예사충(倪嗣沖)의 협력을 얻어 5월 17일에는 중앙과, 아직 독립을

---

1. 풍국장(1859~1919) 화북성 출신. 단기서와 함께 북양군벌의 '3걸(傑)' 중 1인이다. 신해혁명 때 제1군 사령관, 2차 혁명 때는 강소장군으로서 혁명군 진압에 나섰고, 양자강 유역에 세력을 구축했다. 원세개가 죽은 후 부총통·대총통 대리에 취임. 직례파 군벌의 수령으로서 단기서와 쟁패, 군벌할거시대의 서막을 열었다.

선포하지 않은 17성의 대표 33명을 남경에 모아놓고 '남경회의'를 여는 데까지 성공을 보았다. 풍의 제안은 '원세개를 잠시 대총통으로 인정하되 되도록 빨리 국회를 열어서 새 대총통을 선출하자'는 것이었다. 그것은 호국군에 곧 원세개가 사직한다는 약속을 줌과 동시에 원세개는 잠시 그 자리에 그대로 있도록 '연명'의 기회를 주자는 것이었다.

풍은 원세개가 신뢰하는 군인이요, 원세개 밑에서 자란 인물이었다. 그는 자기의 제안이 회의에서 통과될 것을 확신하고 있었다. 그러나 풍의 그런 확신은 빗나가고 말았다. 산동성 대표가 먼저 원세개의 즉시 사직을 요구하고 나서자 다른 대표들도 잇달아 그에 찬동을 표명했고, 회의는 뜻밖의 방향으로 진전될 기미였다. 풍은 회의를 도중에서 걷어치우고 산회를 선언해 버렸다.

이에 놀란 원세개는 남경으로 자기의 호위군 3영(3개 대대)을 투입하여 무력으로 각 성 대표를 위협하면서 회의를 다시 열게 했다. 그 결과 그에 대한 '즉시 사임 요구'의 결의만은 뭉개버릴 수가 있었지만, 그러나 무엇 하나 뚜렷한 결의는 얻어내지 못했다.

그놈이 나를 죽였어!

그러한 우스꽝스러운 남경회의를 치른 직후인 5월 22일, 원세개에게는 또 하나의 치명적인 폭탄선언이 날아들었다. 그가 가장 신뢰하는 심복인 사천장군 진환(陳宦)으로부터 전보 1통을 받은 것이다.

—사천성은 원세개 개인과의 관계를 단절한다.

전보를 손에 받아든 원은 그만 졸도하고 말았다. 잠시 후 깨어난 그의 눈에서는 눈물이 비오듯했다.

5월 27일에 원세개는 마침내 병석에 드러눕는 신세가 되었다. 강철같은 사나이, 15명이나 첩을 거느렸으며, 취침 전에는 인삼·녹용술을 들며 날마다 밤마다 정력을 길렀다는 원세개도 결국 실의와 분노를 가누지 못하고 쓰러진 것이다. 6월 5일 밤, 권력욕의 화신 같던 원은 세상을 떠났다.

그는 마지막 숨을 거두면서

'타 하이러 워(他害了我—그놈이 나를 죽였어)!'

라고 중얼거렸는데, 누구를 가리켜서 '그놈'이라고 말했는지는 정확히 알 수가 없다.

원세개는 실로 탁월한 인물이요, 영걸이었다. 그러한 그가 어째서 이런 비참한 죽음을 맞아야 했을까. 그것은 그에게 '도덕'과 '역사'에 역행하는 '시대착오'를 범했기 때문이다. 그 두 가지 점에서 그는 손문과 극히 대조되는 인물이었다. 그러나 이 시점에서 손문의 길 역시 멀고 험난했다. 원세개가 죽은 후 그의 '도국(盜國)의 유산'은 전국에 할거하는 토비(土匪)들에게 인계되었고, 세계열강이 이리떼처럼 충혈된 눈을 번득이는 가운데 중국의 정치는 해체되었으며, 경제는 파탄되었고, 사회는 혼란의 극에 달했다. 도탄의 괴로움에 빠진 민중이 '삼민주의' 이상을 깨닫고 분기할 날은 아직도 아득하기만 했다.

3. 북양군벌의 분열

북양군벌의 계보들

원세개가 죽자(1916년 6월) 그가 통괄하던 북양군벌은 영수(領袖)들의 출신 성에 따라서 '직례파'와 '안휘파'로 나뉘어졌다. 이른바 군벌할거 시대가 도래한 것이다.

직례파에는 풍국장을 우두머리로 하는 조곤(曹錕)·로패부(吳佩孚)·손전방(孫傳芳) 등이 있었고, 그들은 미국과 영국을 배후세력으로 가지고 있었다.

안휘파는 단기서(段祺瑞)·서수쟁(徐樹錚)·예사충(倪嗣沖) 등으로 일본에 끈을 대고 있었다.

양파가 겉으로는 서로 협력체제를 취하는 듯했지만, 틈만 생기면 언제라도 상대파를 실각시키고 자기들이 원세개의 유산을 물려받을 양으로 호시탐탐 기회를 노리고 있었다.

그러는 한편, 북방에서는 또 그들과는 다른 신흥군벌이 형성되고 있었다. 동북을 지반으로 하는 장작림(張作霖)이라는 자로서, 이른바 '봉천파(奉天派)'다.

이들 직례·안휘·봉천 3파는 그 후 북양군벌의 패권을 다투게 된다. 그밖에 남부에는 또 운남의 당계요, 광서의 육영정(陸榮廷) 등이 할거하고 있었다. 당계요는 채악 등과 함께 호국군을 결성, 채악의 토원군에 3천 명의 병력을 공급해준 적이 있었지만, 그의 본심은 채악이 출정한 틈을 타서 자기 세력을 부식하자는 데 있었다. 광서의 육영정은 일단 독립한 다음 자기 지반의 확보에 힘썼지만, 원세개가 죽은 다음에는 은밀히 직례파와 통하여 광동에까지 자기 세력을 확대하려 했다.

그러한 정세 속에서 북경에서는 원세개가 죽은 다음날, 부총통인 여원홍이 원세개의 뒤를 이어 대총통에 취임했다.

여원홍은 신해혁명 당시 혁명군에 끌려 나와서 어쩔 수 없이 호북도독이 되었던 보잘 것 없는 인물로서, 그의 한 몸을 의지할 만한 군사력도 갖지 못했다. 그는 다만 단기서가 조종하는 꼭두각시로서 대총통이라는 자리에 앉은 데 불과했다. 원세개가 죽은 후 실질적으로 북양군벌의 안휘파를 이끌어 나가던 국무경 겸 육군총장 단기서는 군·정(軍政) 일체를 자기가 장악할 꿈을 가지고 있었다. 원세개의 노선을 그대로 답습할 계획이었던 그의 정책은 한마디로 1914년에 원세개가 제정한 신약법(새헌법)을 그대로 지켜나가는 것이었다. 신약법은 모든 권력을 대총통에게 집중시킨 것으로, 여원홍을 조종하여 제멋대로 권력을 행사하기에 편리했다.

단기서, 세력확장에 부심

손문이 경계한 것은 바로 그 점이었다. 손문은 여원홍에게 전보로 '민국 원년의 구약법(임시헌법)을 회복하고, 국회를 존중하며, 대총통은 국민의 공복이 되어 국민과 함께 국가건설에 진력해야 한다'고 촉구함과 동시에 구약법의 회복을 선언했다.

손문의 선언에 호응한 해군총사령 이정신(李鼎新)은 제1함대 사령관 임보역(林葆懌), 연습함대 사령관 증조린(曾兆麟) 등에게 호소하여 함선을 상해의 오송구로 집결시켰다. 6월 25일 오송구에 집결한 해군장병은 '정부가 민국 원년의 약법을 준수하여 국회를 개회하고 정식으로 내각을 성립시키지 않는다면 북경해군부의 명령을 받지 않겠다'는 '독립선언'을 발표했다.

중국해군은 3개 함대를 보유하고 있었다. 그중 제1함대가 주력이었다. 주력 제1함대가 단기서에게 반기를 들고 나섰다는 것은 단에게 커다란 타격이었다. 게다가 직례파인 풍국장이 해군의 '선언' 때문에 자기 지반인 상해가 동요될 것을 염려하여 단기서에게 문제의 조속 해결을 요청해왔다.

단은 정세가 자기에게 불리하다고 판단, 6월 29일에 대총통 여원홍의 이름으로, 구약법을 회복하여 국회를 소집한다는 명령을 내렸다. 1914년에 원세개에 의해 해산된 국회가 2년 만에 가까스로 부활된 것이다. 같은 날 여원홍은 구약법에 의거하여 단기서를 국무총리로 임명했는데 단은 육군총장도 겸임했다.

구약법이 회복되자 호국군도 호국군 군무원을 폐지했고, 독립을 선언했던 각 성들도 잇달아 독립을 취소했다. 그리하여 8월 1일에는 북경에서 국회가 정식으로 열리게 되어, 지방으로 흩어져 있던 국회의원들이 속속 북경으로 모여들었다.

여원홍은 국회에서 정식으로 대총통 선거를 마쳤고, 국회는 풍국장을 부총통으로 선출한 데 이어 곧 구약법을 회복시켰다. 그러나 단은 국회의 의사를 존중할 생각이 전혀 없었다. 그에게는 오직 개인적인 권력의 야심만이 있었고, 국회를 어떻게 처치해 버리느냐가 그의 관심사이자 과제였다.

단은 먼저 북양군벌을 재편성해서 '독군단(督軍團)'을 만들 계획이었다. 이 '독군'이란 각 성의 군사력을 장악하는 최고 지도자이다. 단은 그들을 자기가 장악함으로써 중국의 실권을 잡을 생각이었다. 그가 맨 처음에 손을 잡으려던 사람은 안휘성 독군 장훈(張勳)이었다. 장훈은 '복벽(復辟)' 즉, 청조(淸朝)를 부활해야 한다고 주장하는 자로서, 원세개가 죽은 직후에 서주(徐州)에 각 성 대표를 모아 놓고 '복벽운동'으로 일부 세력을 규합한 자이다. 단은 물론 '복벽' 따위에는 관심도 없었고 단지 장훈이 의도하는 '군사력 결집'을 이용하자는 속셈이었다. 그리하여 9월 21일 독군단의 '성구연합회(省

區聯合會)'라는 것을 조직했다. 그 조직에는 13성이 참가했지만, 내용은 '복벽화'와 '단기서 옹호파'의 합작으로 되어 있었다. 말하자면 양파가 동상이몽으로 출발한 것이다.

1차대전 참전문제에 휩쓸리다

군벌의 재편성으로 어수선한 중국의 정국에 또 하나의 파문을 일으킨 것은 1차대전에의 참전, 즉 독일에 대한 선전포고 문제였다.

1917년 1월 31일 독일정부가, 독일 잠수함은 영국·프랑스·이탈리아 연안에서 중립국 함선을 무차별 공격하겠다고 선언한 데서 발단하여, 2월 3일에는 미국이 독일에 대해 국교를 단절했다. 미국은 중국에 대해서도 동일한 조치를 취하라고 권고했다.

세계대전에서 시종 중립을 지키려는 중국에 대해 참전을 요구하는 국제적 움직임은 1915년 11월에도 있었다. 그때에는 영국·프랑스·러시아 3국이 주도적인 입장을 취했다. 그들 3국은 세계대전을 기화로 중국 및 아시아에서의 독일세력의 소탕을 기도했던 것이다. 그러나 그때는 일본의 강력한 반대로 참전안은 무산되고 말았다. 일본은 중국의 참전이 중국의 국제지위를 향상시키는 결과가 되고, 그것은 상대적으로 일본의 중국에 대한 발언권을 약화시킬 것이라고 생각해서 그런 태도를 취했던 것이다.

그런데 미국의 독일에 대한 국교단절과 중국에 대한 참전권고는 사태를 일변시켰다. 일본은 국제적인 고립을 당할 것을 우려하여 완전히 태도를 바꾸었을 뿐 아니라, 나아가서는 참전권고에 앞장섬으로써 스스로의 우위를 확보하고 중국에 대한 발언권을 강화하려는 정책으로 선회한 것이다.

그러나 당시 중국의 여론은 참전에 반대였다. 손문 역시 중립을 주장했다.

'이 전쟁은 유럽 사람들의 전쟁이지 중국과는 아무런 상관도 없다. 여기서 우리가 참전한다는 것, 즉 연합국 측에 가담한다는 것은 오히려 국내정치에 혼란을 가져올 뿐이다'

대총통 여원홍, 부총통 풍국장 그리고 외교총장 오정방도 참전에는 난색을 표명했다. 그런데 국무총리 단기서는 참전을 강력히 주장하고 나섰다. 그것은 무슨 까닭이었는가? 단은 참전을 미기로 일본으로부터 차관과 무기를 들여올 비밀약속을 받아놓고 있었으며, 그것으로 자파세력을 강화하고 마침내는 전국을 장악하려는 야망을 품고 있었기 때문이다.

여원홍이 참전에 반대하자 단은 사표를 내던지고, 천진으로 가버리는 등 협박극을 벌였다. 이에 난처해진 여원홍은 오히려 단에게 사과하는 촌극까지 연출한 일도 있었다.

단은 먼저 독일에 대한 국교 단절안을 국회에 제출하여 그것을 통과시키는 데까지는 성공했다. 그러나 나중에 참전안을 제출했지만 국회가 그것을 도저히 통과시킬 것 같지가 않았다. 단은 비상수단을 강구하고 나섰다. 그가 일찍이 준비해 두었던 '독군단'을 동원, 의회를 강압하자는 것이었다. 독군단도 당초에는 참전에 반대했지만, 참전이 자파세력의 확대를 위해서 필요하다는 단의 설명을 듣고서는 참전동의로 돌아섰다. 그들은 여원홍에게 강경한 자세로 참전의 선두에 서라고 협박했다.

5월 7일 참전안이 국회에 제출되었을 때, 단은 또 하나의 비상수단을 취했다. 원세개가 대총통 선거 때 써먹은 '공민당(公民團)'이라는 어용단체를 동원한 것이다. 국회를 둘러싼 약 3천 명의 공민단원들은 참전안을 통과시키라고 소란을 피우면서 '참전청원서'라는 것을 의원들에게 배포했다. 그리고 그것을 받지 않으려는 의원에게는 모조리 폭행을 가해 20여 명이 몰매를 맞는 해괴한 장면이 벌어졌다. 협박도 이런 꼴이 되어서는 오히려 역효과가 나올밖에 없었다. 국회는 심의를 중단했고, 내각의 각료들마저 모두 사표를 제출하는 등 정치적 혼란이 야기되었다. 그리하여 우습게도 내각에 남은 사람은 국무총리 겸 육군총장인 단기서 1명뿐이었다.

각료들이 모두 떠나버리고 자기 혼자 남아 있으면서도 단은 여전히 국회에 대해 참전안의 심의를 요구했다. 그러자 국회는 '내각이 국무총리 한 사람뿐인 상황에서 참의원이 그런 중대한 결의를 할 수 없으니 내각이 개편된 다음에야 가부간에 심의를 하겠다'고, 은근히 단의 사직을 요구했다. 단은 이에 대항하기 위해 독군단을 동원하여 여원홍에게 국회해산을 요구했다. 그러나 여는 오히려 단의 목을 자르는 편이 상책이라고 판단, 그를 파면하고 외교총장 오정방을 국무총리로 앉혔다. 그러나 그게 될 일이 아니었다. 군벌의 최대 거물인 단의 목을 자를 만한 실력이 여원홍에게는 없었으니까 말이다. 단은 즉시 안휘성장 예사충을 비롯하여 봉천독군 장작림, 산동독군 장회지, 하남독군 조주, 직례독군 조곤 등을 사주하여 중앙과의 관계를 단절한다는 통고를 하게 하고, 안휘·봉천·산동·하남 등 각 성에는 북경을 향해 진격할 태세를 갖추게 했다.

복벽파 장훈의 12일 천하

군사력을 갖지 못한 여는 여기사 안절부절 못하다가, 아직은 중앙으로부터의 이탈을 성언하지 않은 복벽파의 장훈에게 그의 영향력으로 사태를 수습해 주도록 호소했다.

그런데 이것이 또 탈이었다.

장훈은 이런 기회야말로 '복벽'을 실현할 호기로 보았던 것이다. 그는 3천 명의 병력을 이끌고 북경으로 들어와, 사태의 수습은커녕 도리어 '3일 이내에 국회를 해산하라'고 협박했다. 이에 놀란 여는 할 수 없이 국회를 해산해 버렸다. 모처럼 열렸던 국회는 이처럼 군벌들의 발에 짓밟혀 사라져 버렸던 것이다.

북경에 들어온 장훈은 여원홍에게 ① 청국 황제의 우대조건을 헌법에 삽입할 것, ② 공자의 가르침을 국교로 삼을 것, ③ 변발의 군대를 20영(대대)으로 조정함을 인정할 것 등을 요구했다.

장훈은 고궁의 양심전(養心殿)으로 폐제(廢帝) 부의(溥儀)와 4명의 전왕비를 방문, 땅에 꿇어 엎드려, 당시 겨우 12세의 폐제에게 '대청(大淸)을 회복하여 혼란된 정국을 수습해 주옵소서.'하고 왕정복구를 요청했다. 아무것도 모르는 어린 폐제는 고개를 끄덕거렸다.

장훈은 즉시 북경성문을 열고 변발한 병사를 입성시켜 요소에 배치하는 한편, 전보국을 폐쇄하여 외부와의 연락을 끊었다.

7월 1일 장훈은 만청조정의 복장으로 강유위(康有爲)·왕사진(王士珍) 등과 만청의 유신 수십 명을 이끌고 고궁으로 들어가 폐제 부의를 받들어 부드러운 융단에 머리를 조아렸다. 이윽고 강유위가 낭독하는 복위조서의 낭독이 끝나자 그는 만세삼창을 했다. 이로써 복벽은 달성된 셈이었다.

그러나 이 같은 복벽극(復辟劇)은 장훈의 오산에서 발작된 희극임이 곧 증명되었다. 그는 일찍이 서주에서 복벽대회를 열었을 때 단기서·풍국장 등 군벌 거물들이 대표를 파견해 주었으므로 그들이 응당 '복벽'에 찬성해 줄 것이라고 생각했던 것이다. 그러나 그것은 장의 세력을 이용해 보자는 그들의 계략이었을 뿐으로, 그가 정작 '복벽'을 실현해 놓고 보니, 그들은 그에 맹렬히 반대했다. 세계 열강들도 그에게 냉담했다. 일본은 일지기 그의 복벽운동을 지지하는 듯한 태도를 취하다가 제반정세가 그에게 불리하게 돌아가자 돌변하여 오히려 장을 실각시킬 궁리만을 하고 있었다. 여기서 어정쩡한 입장에 선 대총통 여원홍은 천진으로 밀사를 파견, 그가 내쫓았

산동반도 진출에 나선 일본군의 병참(1914년 9월 하순 청도에서)

던 단기서를 다시 국무총리로 임명함과 동시에 장훈의 토벌을 요청
해 놓고, 자기는 일신의 안전을 위하여 일본대사관으로 피신했다.

단은 풍국장과 연명으로 장훈을 규탄한 다음, 이번에는 정식으로
장훈 토벌에 착수했다.

복벽파의 장훈이 이끄는 변발병이란 규율도 없고 훈련도 제대로
안된 오합지졸이었던 만큼 단의 군대와 감히 맞설 상대가 못되었다.
단은 단번에 그들을 무찌르고 북경에 입성, 국무총리로 복직했다.
이로써 복벽의 희극은 불과 12일로 막을 내렸고, 여원홍은 이번 사
건의 책임을 지고 사임했다.

4. 일본의 산동반도 출병

중국을 둘러싼 열국의 뒷거래

연합국 측의 공사회의(公使會議)에서 결의한 바에 따라 프랑스
공사는 7월 14일(1917년), 북경에 입경한 단기서에게 조속히 독일
및 오스트리아에 대해 선전을 포고하도록 촉구하면서, 이에 응한다

면 연합국은 중국을 원조하겠다고 약속했다. 단기서는 물론 그것을 쾌락했다.

여기서 일본은 세계의 대세가 중국의 참전을 요구하는 것으로 기울어 버린 것을 간파하고, 오히려 일본이 참전요구에 앞장을 섬으로써 큰 영향력을 행사하면서 중국의 산동성에서 독일이 확보한 각종 권익을 자기들이 가로챌 야심을 실행에 옮겼다.

일본은 영국에 대해 '일본이 중국의 참전을 승인하는 교환조건으로 산동에 있는 모든 독일의 권익을 일본이 인계하며, 또 일본이 이미 점령한 적도(赤道) 이북의 남양제도를 일본이 접수하는 것을 보장하라'고 요구하고, 이어서 프랑스·러시아·이탈리아에도 똑같은 제안을 해서 3월 말에는 각국의 동의를 얻었다. 그들 열국은 독일과의 전쟁에 전력을 쏟고 있었기 때문에 일본의 요구를 거절할 겨를이 없었다.

단기서는 중국의 땅을 놓고 열국들이 이같이 뒷거래를 하고 있다는 것을 알지도 못하고, 오직 참전의 미끼로 일본이 주겠다는 무기와 차관으로 자기가 중국을 통일할 꿈만 꾸고 있었다. 일본을 배경으로 해서 중국의 패권을 잡으려는 단기서와, 중국을 자기 손아귀에 넣고 마음대로 주무를 수 있는 괴뢰정권을 만들려는 일본의 야심은 상호간에 완전히 일치했다. 원세개의 유산을 물려받은 단기서에 의해 중국의 앞날에는 다시 먹구름이 드리워지기 시작했다.

단의 교섭상대는 민간인인 니시하라(西原)라는 자였다. 니시하라는 당시 일본수상 데라우치(寺內)의 밀명을 받고 온 자였다.

중국에 대한 차관은 1913년의 5개국 은행단(영·독·불·노·일)의 규약에 의해 각국이 단독으로 정치차관을 제공하지 못하도록 되어 있기 때문에, 그것을 교묘하게 피하기 위해 니시하라라는 민간인을 내세운 것이다. 니시하라는 개인 자격으로, 5개 은행단의 일본대표인 '요코하마 정금은행'을 이용하지 않고, 조선은행·대만은행·일본흥업은행으로 된 3개 은행으로 특수은행단을 조직하여 차관을 성립시켰다. 단기서가 이들과 체결한 이른바 '니시하라 차관'은 8건으로 1억 4천 5백만 엔에 이르렀고, 후일 그것은 '매국차관'이라는 이름으로 국제적인 비난의 표적이 되었다. 니시하라 차관의 제1호는 1917년 1월 5백만 원의 교통은행 차관으로서 조인되었다.

매국적인 차관도입

단기서가 정권을 잡은 후, 차관의 대상은 전신을 비롯하여 철도 등으로 확대되어 계속 구체화되어 갔다.

'제2차 교통은행 차관'=1917년 9월 28일 조인. 담보는 교통은행이 소유하는 중국 국고채권 2천 5백만원. 교환조건은 ① 교통은행에 일본인 고문을 둔다, ② 교통은행이 차후에 외국으로부터 차관을 받아들일 때에는 일본 특수은행단을 우선한다는 등이었다.

교통은행은 태환권(兌換券) 발행이 인정된 은행으로 중국의 국고(國庫)와 관계가 깊은 금융기관이다. 이러한 차관으로 일본은 중국의 재정에 깊숙이 파고 들어갔다.

단기서는 여기서 일본의 중국침략에 징검다리 역할을 할 차관을 받는데 바빴다.

'유선전선 차관'=2천만 엔. 담보는 중국이 보유한 전국의 유선전선에 관한 일체의 재산과 그 수입.

교환조건은 ① 전신사업에 대한 일본인 기사의 우선 초청, ② 전신사업용 재료의 일본으로부터의 우선 구입 등이다. 즉 당시 개발도상에 있던 '전신'이라는 주요사업을 일본이 독점해 버린 것이다.

'길회철로(吉會鐵路) 예비차관'=1천만 엔. 길회철로(계획선)는 길림에서 동북지방을 횡단하여 도문강(두만강)을 건너 조선의 회령에서 조선의 철도와 연결된다.

이 철도가 완성되면 중국의 동북남부 요지인 길림·봉천 양성의 길회철로−남만주철도−안봉철도라는 일본의 철도망에 '포위'되어 동북의 안전이 위협받을 것임은 분명했다. 길회철로는 일본이 청조 말기부터 중·일 양국 자금으로 부설하자고 집요하게 요구하던 것이다. 청조가 일본 세력을 막기 위해 건설을 '무기연기' 해온 것이었다.

단기서는 이처럼 청조마저 거부하던 '일본의 침략철도' 부설을 용인한 것이다.

니시하라 차관은 또 금광과 삼림까지를 노렸다.

'금광·삼림차관'=3천만 엔. 담보는 길림·흑룡강성(동북)의 국유 삼림과 금광.

교환조건은 ① 금광·삼림행정의 통일을 위해 중앙정부 직할의 채금국(採金局)·삼림국을 설치한다, ② 채금국·삼림국이 다액의 자금을 필요로 하는 경우에는 일본에서 차용하거나 또는 중·일 합작사업으로 한다, ③ 채금국·삼림국에 일본인 기사를 초빙한다는 등이었다.

길림·흑룡강성의 금광이나 삼림은 국유·사유의 구별이 명확하지 않았다. 때문에 사유 삼림·광산가지 여기에 침해될 우려가 있었기 때문에 지방 사람들은 이에 맹렬히 반대했으나, 단기서는 그것을 강행하고 말았다.

'만몽 4철로(滿蒙四鐵路) 예비차관'=2천만 엔. 담보는 4철로의 재산 및 수입.

4철로란 ① 개원(開原)−해룡(海龍)−길림성 ② 장춘(長春)−조남선(洮南線) ③ 조남−열하선(熱河線) ④ 조남−열하의 1지점에서 적당한 항구에 이르는 선(노선은 조사 후에 결정)이다.

이로써 동부 내몽고에 이르는 '동맥'을 일본에게 넘겨주고, 일본의 군사적·경제적 진출을 용이하게 했다.

'참전차관'=2천만 엔. '참전'이라는 명목에 의한 중·일 군사원조이다. 단기서는 이것으로 3개 사단과 4개 독립여단으로 된 신식장비를 갖춘 군대를 조직했지만, 세계대전을 위한 군대가 아니라 단의 사병으로서 군내 군벌과의 내전에 투입되었다.

이 차관을 얻어 들이면서 단은 일본에 대해 매국과도 같은 이른바 '산동밀약'을 맺었는데 그 내용은 다음과 같다.

1. 교제철로 연선의 일본군은 제남에 1개 부대를 잔류하는 외에 청도에 병력을 집중시킨다.

2. 교제철로 경비는 중국정부가 순경대를 조직하여 그 임무를 맡는다.

3. 순경대의 경비(經費)는 교제철로에서 부담한다.

4. 순경대 본부와 주요한 역 및 순경대 양성소에는 일본인을 초청하여 고용한다.

5. 교제철로의 직원은 중국인을 채용한다.

6. 교제철로는 중·일 양국의 합작으로 경영한다.

7. 시행중의 민정(民政)은 철폐한다.

이 밀약으로써 일본이 얻을 이익은 독일의 유산을 훨씬 넘는 것이다. 일본의 '엔 외교(円外交)'는 '니시하라 차관'에 그치는 것이 아니었다. 단기서는 2년 사이에 3억 엔의 차관을 마구 들여왔고, 그때마다 중국의 이권은 아낌없이 일본으로 넘어갔다. 그것은 원세개마저도 거부해 오던 철두철미한 매국적 행위였다. 게다가 단은 일본으로부터 38식 보병총 12만 5천 정, 기관총 372정, 산포 318문, 야포 202문과 막대한 총포 탄약을 마구 사들였다. 그는 이로써 자기를 반대하는 모든 군벌과 혁명세력을 분쇄할 수 있을 것이라고 만

족해했다. 한편 일본은 이처럼 중국에 무기를 공급함으로써 중국의
군사력을 원격조종하려는 속셈이었다.

제11장 호법전쟁(護法戰爭)

1. 중화민국 군정부 수립

혁명세력의 새로운 결집

삼민주의라는 커다란 이상을 가지고 중국의 새역사를 펼치려던 손문의 앞에는 청조나 원세개 같은 벅찬 장애물이 사라진 후에도 단기서를 비롯한 북양군벌 무리들이 권세를 위해서는 매국도 사양치 않겠다는 어마어마한 반역을 일삼고 있었다. 그러한 무리들의 아래에서 깊이 잠들어 있는 중국인민의 잠을 깨우기에는 아직도 요원했다.

손문은 〈중국혁명사〉라는 그의 저술 속에서 단기서와의 싸움을 다음과 같이 토로하고 있다.

'민국 6년(1917년) 가을에 나는 함대를 이끌고 남방의 광주(廣州)로 갔다. 국회가 비상회의를 열고 나를 대원수로 임명했다. 그래서 나는 호법(護法―헌법옹호)의 깃발을 들고 나섰다. 서남(西南)의 장사(將士)들 중에는 반대의견을 가진 자도 있었지만, 표면상으로는 호법의 명분을 받들었으며 드러나게 반기를 들지는 않았다. 서남(손문)과 북방(단기서)의 싸움은 순전한 호법과 비법(非法)의 싸움이었다'

손문이 주집신·장병린·진형명(陳炯明) 등과 함께 군함 '응서', '해침'을 이끌고 상해에서 광주의 황포에 도착한 것은 7월 17일(1917년)이었다. 장훈의 '복벽'이 실패로 끝난 직후였다.

손문은 이틀 후인 19일에 전국 국회의원들에게 전보로 '광동에 모여서 비상회의를 열 것'을 호소했다.

손문의 호소에 응해 해군 총사령 정벽광(程璧光)이 단기서의 정부에 결별을 선언하고, 제1함대 사령인 임보택을 동반, 휘하 함대를 이끌고 상해에서 광동을 향해 남하했다. 남하한 함대는 순양함 3척, 포함 6척, 보조함 4척으로 편성되어 있었다. 당소의·왕조명도 그에 동행했다.

해군이 손문에게 가담했다는 사실은 호법파의 강력한 원군이 되었다. 국회의원들도 속속 손문의 호소에 응해 모였다. 8월 18일, 손문은 황포공원으로 약 120명의 국회의원을 초청하여 연회를 열었다. 그 석상에서 의원들의 총의로 광주에 새로운 정부를 세우기로 결의했다. 인원수는 법적 인원수에 미달되었지만 단기서의 매국적 횡포 앞에 중화민국은 비상사태를 맞고 있는 실정인만큼 역시 비상조치로써 대응할 밖에 없는 사태였던 것이다.

국회 비상회의가 25일과 31일, 광동 성의회에서 열렸고, 13조로 된 '중화민국 군정부 조직대강'이 결정되었다. '중화민국 군정부'는 반란을 평정하고, 임시약법에 따라 중화민국을 회복하기 위한 새로운 혁명정부였다.

군정부의 책임을 지기 위해 육·해군 대원수 1명과 원수 2명을 두기로 하고, 손문을 대원수로, 당계요·육영정이 각각 원수로 선출되었다.

손문은 황포공원에서 행해진 수인례(授印禮)에서 육·해군 대원수의 인(印)을 받으면서 다음과 같은 요지로 자기의 결의를 피력했다.

'…나는 전력을 다하여 간흉을 제거하고 약법을 회복하며, 민국 원년에 다하지 못한 대업을 완성함으로써 지난 수년간에 공을 이루지 못한 부끄러움을 씻고자 한다. 나는 모든 책임이 내 한몸에 있음을 알

북·벌 작전계획도

북경

산서

섬서

하남

사천

호북

남경

장강

중경

무창

상해

호남

장사

강서

절강

귀주

복건

운남

광서

광주

대만

광동

■ 는 군정부군 세력권

고 있다. 이 결심을 바꾸는 일은 결코 없을 것이다'

9월 10일, 손문은 각부 총장(장관)을 임명하여 군정부의 인선을 완료했다. 외교총장에 오정방, 교통총장에 호한민, 육군총장에 장개유, 해군총장에 정벽광 등이었다. 그밖에도 비서장에 장병린, 참군장(參軍長)에 허숭지, 참모총장에 이열균 등이 임명되었다.

혁명완수를 지향하는 세력은 이렇게 해서 다시 결집되었다. 중화민국 군정부는 손문의 지도 아래, 단기서·풍국장 등 북양군벌의 거대한 야욕에 대결하여 중화민국을 통일하기 위한 거점을 얻은 것이다.

'북벌 작전계획'

광주에 군정부가 수립되고 손문이 대원수에 취임(1917년 9월)함으로써 '호법전쟁'은 마침내 터지고 말았다.

북경정부의 국무총리 단기서는 군정부를 무력으로 진압코자 개전준비를 착착 진행시키는 한편 작전의 중점을 호남성과 사천성에 두었다.

8월 초순에 단은 이미 그의 심복부하인 부량좌(傅良佐—육군부차장)를 호남독군으로 임명했으며, 북양군의 군대를 속속 악양(岳陽) 방면으로 남하시키는 동시에 사천성에는 오광신(吳光新)을 장강(長江) 총사령겸 사천사판사(四川査辦使)로 임명, 진공태세를 완비했다. 단은 일본에서 제공받은 거액의 차관으로 군비를 충족시킨 터에 무력대결에는 절대적인 자신감을 갖고 있었다.

이에 대해 손문의 군정부는 육영정이 광동성과 광서성을, 당계요가 귀주성과 운남성을 지반으로 가지고는 있었지만, 내부적인 보조가 맞지 않아서 북방군에 비해 출발이 뒤늦어 있었다. 강력한 군사력을 배경으로 하는 북경정부를 타도하기 위해서는 전국적으로 장기적인 전략이 있어야만 했다.

이러한 상황에서 전국의 정세를 전망하면서 작성된 것이 9월 20일 손문이 제출한 '북벌 작전계획'이었다. 그것은 혁명전을 개시한 이래 손문이 세운 최초이자 최대의 작전계획으로, 대체로 다음과 같은 내용이었다.

—북경정부는 내분 때문에 대량의 병력동원이 불가능한 상태이다. 그러므로 군정부가 전면작전을 감행한다면 11월 말까지는 남경을 함락시킬 수 있다.

이러한 근거에 따라 그는 적군병력의 실태를 다음과 같이 분석했다.

—북경정부에 소속된 군대는 30만 명 이상이나, 실제 동원 가능한 병력은 풍국장·단기서의 2파 세력을 합해도 6만 정도에 지나지 않는다. 게다가 북방군은 수만 많을 뿐이지 단기서를 위해 목숨을 걸고 남방을 침범할만한 자는 극히 적다.

사실 북방의 정치정세를 지극히 불안정했다. 국무총리 단기서와 대리 대총통 풍국장이라는 양거두가 '출병문제'를 놓고 대립하고 있었다. 단은 급전론자였으나 풍은 남북의 타협을 주장했다. 그는 전란이 자기의 지반인 남경 주변에 미칠 것을 우려했기 때문이다. 게다가 북방 각지에서도 내몽고나 산서·산동·하남성 등지에서 독립운동이나 소란이 그칠 사이가 없었기 때문에 그곳 군대를 남방으로 이동시킬 수도 없는 형편이었다. 따라서 단기서가 동원할 수 있는 병력은 실제로 7개 사단이 고작이었다.

최초 공격목표는 북경

이에 대해 손문의 군정부측은 광동·광서·운남·귀주·사천·호남으로 된 10개 사단 이상의 동원이 가능했다. 손문은 이렇게 말했다.

'우리 군대의 총수는 적군을 훨씬 상회하고 있다. 각 사단의 결원 인원수로서 2할을 빼낸다 하더라도 적군보다는 3분의 1이 더 많다. 실력을 비교해 본대도, 전투장비가 적군에 미치지 못하는 점을 제외한다면 다른 점, 예컨대 보급력·병력·마필(馬匹)의 전투력에 있어서는 적군과 큰 차이가 없다. 오히려 남하한 적군에게는 지형과 기후에 익숙하지 못한 불리함이 있으므로 승산은 우리 쪽에 있다. 적군은 작전에서 병력을 무한 이남으로 집중시킬 것이다. 그들의 주력을 사천성·호남성으로 보내기 위해, 또는 서쪽이나 남쪽으로 이동시키기 위해서도 그 지방을 통과하는 것이 가장 쉽기 때문이다'

그리고 풍국장의 군대는 모두가 남경 주변으로 향할 테니까 북방군이 남경 방위에 집중시킬 수 있는 병력은 7개 사단에 달할 것으로 보았다. 따라서 남경공략에는 군정부도 모든 병력을 집중시키도록 운용해야만 한다고 손문은 말했다.

작전은 2기로 나눈다.

제1기―중앙군은 광동·광서에서 장사(長沙―호남성의 성도)로 진격하고, 호남 전역에 대한 숙청을 담당하며, 그 후 좌익군이 사천성을 해결하고, 동쪽으로 내려와서 호북으로 들어오는 것을 기다려 함께 무창을 공격한다. 좌익군은 사천을 해결한 다음 지대를 파견하여 사천성 북방을 방비케 한다. 이는 섬서성·산서성의 적군을 견제함과 동시에 제2작전의 북벌에 있어서 본대와 호응하여 섬서·산서의 2성에 진격하기 위해서이다. 좌익군의 주력은 여세를 빌어 동쪽으로 내려와서 중앙군과 함께 무창을 공격한다. 우익군과 해군은 합동작전을 전개하여 함께 복건·절강성을 공격하고, 이어서 오송·상해를 점령한다. 그리고 중앙군이 좌익군과 함께 무창을 점령한 다음 남경에서 합류하여 장강 상류 및 하류 지역의 적군을 소탕한다. 해군과 우익군이 오송·상해를 점령했을 때는 즉시 오송을 근거지로 해서 장강 입구를 봉쇄하고, 하류의 적함을 소탕하며 상류의 육군 작전을 원호한다. 각 군이 남경에서 합류한 시점에서 전군이 총력으로 남경성을 공격함과 동시에 장강의 적군함대를 수색, 포착하여, 제2작전에 대비한 제해권을 장악한다.

제2기―제1기 작전이 성공한 시기를 11월 하순으로 잡는다. 이때는 마침 동영(冬營―겨울철의 휴식) 시기에 해당하므로 장강 이북을 '동영'의 땅으로 정하여 보급물자를 비축해놓고 병원(兵員)과 마필을 보충하며, 장비를 정비하고 병사들을 휴식케 한다. 이 기간은 2개월 이상 계속될 것이므로 2차 작전행동이 시작되는 것은 내년 3월이 될 것이다. 이때 각 군의 진군방향은 중앙군이 진포(津浦―천진―浦口)

철로로 북진하고 좌익군이 경한(京漢—북경-한구)철로로 북진하며, 우익군은 바다를 전진하여 요서지구(遼西地區—요령성)에 상륙한다. 3군은 각각의 코스를 따라서 병진하는 것이지만, 좌익군의 지대(사천성 북부에 남은 지대)는 사천성 북부에서 섬서성·산서성을 향해서 진군하여 적군의 우익부를 습격, 본군을 원호한다. 그런 다음에 각군이 북경에서 합류하여 총공격의 최종준비를 한다.

2. 호법전쟁의 발발

군정부군의 내분

군정부군과 북경정부군이 접하는 호남성의 정세는 긴박하게 움직이고 있었다. 단기서는 심복 부량좌를 새로운 독군으로 두고 주력군을 투입하여 방비를 서둘렀다.

9월 18일(1917년), 북경정부에 속하는 호남육군 제1사단 제2여단장 임수매(林修梅)와 영릉(零陵—호남 남부의 주)의 진수사 유건번(劉建蕃)이 단에게 반기를 들고 '약법 존중'을 선언했다. 이것을 계기로 단기서는 9월 29일에 광복 군정부 대원수인 손문과 비상 국회의장 오경렴의 체포를 선언하고 무력행사로 나왔다.

광동 군정부는 이때까지도 아직 군의 체제가 잡혀 있지 않았다. 광동 군정부 안에도 역시 군벌이 존재하여, 그들은 제각기 야심이 있어서 손문의 지휘에 일사분란하게 따르지 않았다. 그러한 상황 속에서 작전계획은 재검토될 수밖에 없었다. 그 결과 10월 1일에 손문이 다시 제출한 것이 '복건·절강성에 대한 단독작전계획'이었다. 이 계획서는 약 1천 5백 자의 것으로 당시의 정세변화에 기민하게 대처하여 남군의 주요 작전지를 동남의 복건·절강성에 한정하자는 내용이었다. 운남성·광동성의 군대는 그에 충당하고, 적의 주력이 있는 호남성 방면은 당분간 수세를 지키며, 장강 하구인 상해를 노리는 것이었다.

'먼저 해군을 주력으로 하여 동해안 일대의 복건·절강성으로 향하여 북방군을 일소한다. 오송·상해의 적군을 격퇴하여 오송을 해군기지로 하며, 장강의 문호를 봉쇄하면 동남지역에 있어서 우리 세력의 강화·안정을 도모하는 것은 어려운 일이 아니다. 만약 서남(호남 방면)의 전황이 아군에 유리하게 전개된다면 그에 호응해서 장강의 연안에 진군, 장강 상하 유역의 적군을 소탕하고 그것으로써 제2차 작전에서의 북벌의 기본을 삼는다…'

호남성 남부는 지세가 험준하여 지키기는 쉽지만 공격하기는 어렵다. 게다가 후방의 보급에 관해서는 아군이 유리하다. 그러므로 그 방면에는 운남군 1개 사단만을 투입하여 운남성 남부의 형양(衡陽)에 방어선을 치고, 지구전으로 끌고가서 시간을 번다. 그러는 동안에 상해를 빼앗을 수도 있으며, 형세는 일변한다. 후방에 위험을 느낀 호남의 적군은 동요될 것이고, 아군은 쉽게 반격으로 나설 수가 있을 것이다.

그러나 손문의 이런 작전계획은 결국 사용될 겨를이 없었다.

10월 6일 이우문(李右文)이 이끄는 호남육군 제1사단이 형양의 북동 40km 지점에 진출하여 군정부군과 최초로 전투를 벌였다. 이튿날 손문은 단기서·양계초 등에 대한 토벌령을 선언하고 전쟁상태로 돌입했다. 서전에서는 북방군의 여단장 2명이 군정부에 귀순했으며, 이우문은 단신 도주하는 등 유리하게 전개되었다. 군정부는 정잠(程潛)을 호남 총사령으로, 담호명(譚浩明)을 광동·광서 연합군 총사령으로 임명하여 원군을 보냈다. 그러나 북방군도 또한 예사충의 군대를 증원해 보냈다.

격전을 벌인 끝에 한때는 우세한 북방군에 밀려 형양을 빼앗기기도 했지만 11월에 들어서면서부터 반격으로 나가서, 14일에는 성도 장사를 빼앗았고, 사천성에서도 북경정부에 속한 사천군 제5사단장 응극무(熊克武)가 군정부 쪽으로 귀순하여 간단히 북방군을 격파했다.

북방군이 불리해지자 직례성의 조곤, 호북성의 왕점원(王占元), 강서성의 진광원(陳光遠), 강소성의 이순(李純) 등 4명의 독군들이 북경으로 전문을 보내 단기서에게 광동정부와의 화평교섭을 요구했다. 손문은 전국에 보낸 전문에서, 약법을 회복하고 구(舊)국회를 다시 여는 것이 화평의 최소 조건이라고 성명했다.

군정부가 비록 호남·사천에서 승리는 거두었지만, 군정부 내부의 곤란한 문제는 해소되지 않고 있었다. 원수로 선임된 당계요·육영정이 도무지 움직여 주지를 않았다. 두 사람 모두 자파의 세력확대만을 꿈꾸는 군벌로서, 혁명이념에서 뭉친 사람들이 아니라 오직 북방의 단기서에 대항하기 위한 방법으로 혁명파와 손잡았을 뿐이었기 때문이다.

손문은 대원수로 추대를 받고 있으면서도 자기가 마음대로 부릴 수 있는 군대는 하나도 갖지 못했다. 군정부의 거점인 광동에서 군정을 쥐고 있는 육영정은 손문의 지휘에 따르려 하지 않았다. 그래서 손문은 군정부의 중핵이 될 만한 육군을 스스로 창설하려 했지만 육영정이 그것을 방해했다.

손문은 가까스로 광동성장 주경란(朱慶瀾)의 경위군 20영(대대)을 광동에 주둔시키지 않는다는 조건으로 자기의 직할 호법군으로 만들었다. 해군도 역시 손문의 뜻대로는 되지 않았다.

1918년 1월, 광동독군 막영신(莫榮新)이라는 자가 죄없는 군인과 민간인 60여 명을 총살한 사건이 발생했다. 이에 손문은 해군에 명해 그를 토벌토록 지시했으나, 해군총장 정벽광은 지시에 따르지 않았다. 그래서 손문 자신이 군함 2척을 지휘하여 막영신의 독서(督署)를 포격, 겨우 막영신으로 하여금 사죄케 하는 사태마저 빚었다. 게다가 육군과 해군의 사이가 좋지 않아서, 2월에는 정벽광이 육영정·막영신 등의 일파로부터 암살당하는 사건이 발생했다. 정벽광이 해군의 힘을 배경으로 광동성장의 지위를 요구한 것이 원인이었다.

이 같은 상황 속에서 겨우 직할군대를 갖게 된 손문은 20영으로 된 원민월군(援閩粤軍—福建援助·廣東軍)을 조직하여, 12월 2일 진형명을 총사령으로 임명하고 단기서파 복건독군 이후기를 토벌케 했다.

등갱(鄧鏗)을 참모장 겸 제1사단장, 허숭지를 지대사령으로 하는 10영을 편성, 복건성의 용암(龍岩)·장주(漳州)·정주(汀州)를 잇달아 공략했다. 그리하여 호법전쟁의 중심은 복건성의 맘부로 옮겨졌다.

전국(戰局)을 결정지은 복건작전

내부갈등으로 고민하는 것은 손문의 군정부만이 아니었다.

북방부에서도 주전파인 국무총리 단기서와 화전파의 핵심인물인 대리대총통 풍국장이 날카롭게 대립하고 있었다. 단기서는 호남·사천에서의 패전에 책임을 지고 일단 사표를 제출했고, 후임 국무총리는 화평에의 왕사진(王士珍)이 임명되었지만 단기서의 '무력해결'이라는 의지에는 변함이 없었다.

12월 3일, 주전파 안휘독군 예사충, 산동독군 장희지, 직례독군 조곤 등이 천진에서 '독군단 회의'를 열고 풍국장에게 '토벌령'을 내리도록 강요했다. 독군단의 압력을 받은 풍은 18일 단기서를 참전

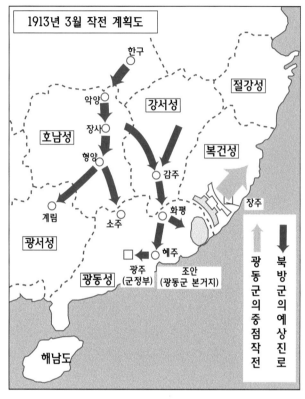

1913년 3월 작전 계획도

한구

악양

절강성

장사

강서성

호남성

형양

복건성

감주

계림

소주

화평

장주

광서성

혜주

북방군의예상진로

광동군의중점작전

광주
(군정부)

조안
(광동군 본거지)

광동성

해남도

사무를 처리하는 참전독판(參戰督辦)으로 임명하지 않을 수 없었다. 이로써 사표를 제출한 지 1개월도 되지 못하는 사이에 단은 다시 군의 실권을 장악한 셈이었다.

그러나 한편으로 풍은 광동 군정부의 육영정·당계요에게 밀사를 파견하여 은밀히 화평공작을 추진하고 있었다. 게다가 북방 화평파의 강소독군 이순 등장강 유역의 3독군이 다시 화평을 주장함에 힘입어 풍은 12월 25일 정식으로 정전선언을 발표했다.

그러나 호법군의 공격은 계속되고 있었다. 호남방면에서는 이듬해 1월 23일 호남·광서가 연합한 호법군이 북군의 유일한 호남성 거점인 악양으로의 진공을 개시했다. 악양 주둔의 북방군은 모두 풍의 화평파에 속한 부대들로서 처음부터 전의가 없었다. 그들은 시가지에 불을 지르고는 도망쳐버렸다. 4일 후에 악양은 호법군의 수중에 들어왔다.

악양 함락은 단기서 등 주전파를 자극했다. 그들은 평화공작의 정치적 실패를 들어 풍국장을 공격하면서 주전파인 봉천군벌 장작림을 직례성으로 끌어들여 풍을 협박했다. 풍은 그에 굴복하여 호남에 증원부대를 파견함과 아울러 단기서를 3번째로 국무총리에 임명했다.

새로 호남에 파견한 증원군은 북양군의 정예부대였다. 조곤의 부하인 오패부가 인솔하는 부대가 3월 17일 악양 탈환을 시발로 하여, 4월 23일까지 장사·형양을 잇달아 함락, 호남을 제압했다.

단기서는 이제야 무력통일이 실현될 것으로 보고 득의만면했다. 그러나 오패부는 거기서 별안간 진군을 멈추었다.

'호남독군'이라는 감투가 자기에게 올 줄 알았던 그는 그것이 자기에게 주어지지 않고, 별다른 전공도 세우지 못한 장경요라는 자에게 돌아가 버린 데 대한 반발이었다. 전선은 다시 교착상태에 들어갔다.

한편, 복건방면의 전선은 광동성과의 성경에서 1백km쯤 진입한 지점에서 소강상태에 빠져 있었다. 후방에 있는 육영정 계통의 군벌이 전선으로 가는 보급을 방해했기 때문에 활발한 작전을 수행할 수 없었던 것이다. 이러한 교착상태를 타개하기 위해 손문은 장개석을 복건작전에 참여시켰다. 3월 2일에 상해를 출발한 장은 5일 광동에 도착, 손문을 만나서 전황을 검토했다. 때는 마침 호남 방면에서는 오패부가 지휘하는 북군의 반격이 개시되기 직전이다. 복건으로 부임하기 전 장은 호남·복건 두 방면에 대한 금후의 작전을 대강 다음과 같이 구상했다.

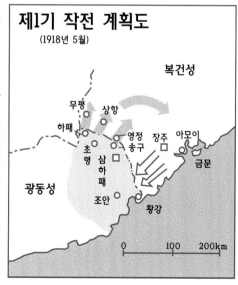

제1기 작전 계획도
(1918년 5월)

복건성

무평
상항
하패
초령
삼하패
영정
송구
장주
아모이
금문
광동성
조안
황강

0   100   200km

―북방군은 형양을 공격함과 동시에 강서성 방면에서 광동성을 노릴 것이다. 그리고 그에 호응해서 현재의 복건성에서 광동군(진형명의 군정부 직할군)과 대치중인 북방군의 세력이 강화될 것이다. 광동성의 화평·혜주방면으로 북방군이 침공해온다면 조안(潮安)에 본거지를 둔 광동군은 배후로부터 적의 공격을 받아서 고립하게 된다. 그리고 군정부의 본거지인 광주도 위기에 빠진다. 그러므로 광동군은 전면의 적인 복건의 북방군에 총공격을 감행, 그것을 타파해야만 한다.

3월 15일, 광동군 총사령부 작전과 주임에 취임한 장은 즉시 현지로 달려가서 황강·조안·심하패·송구·초령 등 전선을 시찰했다.

그러는 동안에 북방군에게 호남을 탈취당하고, 해남도(海南島)를 거점으로 광동에 침입하려던 용제광의 북방군은 격파되었다. 바야흐로 복건 결전이 승패를 좌우하는 열쇠가 되고 있었다.

4월 11일 복건성 공격을 위한 회의가 열렸다. 회의에서 사령부를 산두(汕頭)에서 삼하패로 옮기기로 결정하고 공격준비에 들어갔다.

공격명령이 나온 것은 5월 9일이었다. 총사령인 진형명이 중앙을, 허숭지가 좌익을, 참모장 등갱이 우익을 지휘하여 성경(省境)을 따라 병력을 폭넓게 전개하는 포진이었다.

10일, 허숭지의 부대는 복건군의 제1여단을 격파하여 무평·하패를 빼앗았고, 또 24일에는 상항을 함락시키는 등 서전을 장식했다. 그러나 이때 후방 광주에서는 광서·운남·귀주군을 장악하는 육영정·당계요 등의 음모로 군정부의 존재가 위태로워질 만한 비상사태가 발생했다.

손문, 대원수 취임

최전선에서 광주정부군이 분전하고 있을 무렵 광동의 비상국회에서는 군정부의 조직개혁이라는 명분으로 손문을 축출할 움직임이 일어나고 있었다. 주동인물은 옛 국민당에서 분열한 이른바 '정학회(政學會)'의 정객 잠춘훤(岑春煊)이었다.

그는 청조 말에 청조의 대신과 양광(兩廣—광동·광서) 총독을 역임한 자로서, 청조의 중신이었으나, 원세개와 대립해 있었기 때문에 2차혁명 이후에 혁명진영으로 달라붙은 경력을 가진 자였다.

광주의 비상국회 내부에서 잠춘훤의 정학회 계열 의원은 소수파에 지나지 않았지만, 군대를 지배하는 육영정·당계요등과 결탁하여 국회 안에서 세력 확장을 도모하고 있었다. 육영정·당계요는 중화민국 군정부 수립에 즈음하여 군정부의 원수로 선임되었는데도 대원수인 손문을 따르지 않고, 원수에 취임하는 것조차 거부해오고 있었을 뿐 아니라 북경의 풍국장과 은밀히 통하여 남북화평을 꾀하기조차 했다. 호남전투가 군정부에 불리하게 전개되던 4월 하순(1918년), 당계요는 서남의 각 성에 전보를 쳐서 군정부를 '군무원' 또는 '묵무원'으로의 개편을 제안했다. 그 제안은 광동 군정부를 하나의 독립된 정부의 위치에서 북경정부에 예속된 것으로 격하시키자는 것으로, 북경의 풍국장을 그대로 대리 대총통으로 인정하고, 광동에서는 잠춘훤이 국무총리가 되게 하자는 내용이었다. 그러자면 손문이라는 존재가 그들의 방해가 되니까, 손문에게는 '외교담당'이라는 꼬리표를 붙여서 세계 각국을 돌아다니게 하는 '추방'의 방법까지 연구해 놓았다.

5월 4일의 국회 비상회의는 4표라는 아슬아슬한 표차로 '군정부 개조안'을 가결했다.

손문은 그날 즉시로 국회 비상회의에 대해 육·해군 대원수직의 사임을 표명함과 동시에 다음과 같은 요지의 성명을 발표했다.

'돌이켜보건대 우리나라의 대환(大患)은 모두가 군웅(軍雄)의 패권투쟁에서 야기된 것이었다. 그런 의미에서 보자면 남쪽도 북쪽도 다를 바 없이 추잡한 존재들이다. 그들이 입으로는 '호법'을 말하면서도 법률과 민의를 따를 생각이 아예 없었다. 즉, 군정부가 성립된 뒤에도 요직에 선임된 자가 그 직책에 취임하지 않았고, 비상국회를 존중할 의사조차 갖지 않았었다. 이처럼 내부통일을 보전할 수 없는 상태에서는 군정부는 우방의 승인을 얻지도 못할 것이다. 개인의 거취는 작은 일이나 국가의 존망이야말로 대의(大義)이다. 나는 국가에 대해서 충성을 다해왔다. 그러나 이제 그 임무도 끝나려 하고 있다…'

5월 20일, 국회 비상회의는 총재 선거회를 열고 손문·당소의·오정방·당계요·임보택·육영정·잠춘훤 등 7명을 총재로 선출했다. 그러나 손문은 이미 실의의 몸을 일본상선 소류마루(蘇州丸)에 싣고 광주를 떠나고 있었다.

일본의 데라우치 내각은 여전히 북방의 북경정부 단기서를 원조하고 있었다. 그러나 그 원조는 물론 단기서를 이용해서 중국으로부터 이권을 빼내자는 속셈에 지나지 않았다.

손문은 1917년 2월 그의 〈중국 존망문제〉라고 제하는 논문에서 다음과 같이 말했다.

'중국은 오늘의 우방을 일본과 미국에서 구할밖에 없다. 중국과 일본의 관계는 존망안위(存亡安危)가 함께 얽혀 있다. 따라서 양국이 백년의 안태를 도모하기 위해서는 서로가 추호도 허물없는 관계를 수립해야만 한다. 그리고 미국은 중국과 지리적으로 멀리 떨어져 있다. 따라서 그 지세로 보아서도 중국을 침략할 까닭이 없으며, 진정한 우방이 될 수 있다. 더구나 양국은 다같은 〈민국〉인 까닭에 〈의(義)〉로써 서로 도와야 한다.

중국이 발전할 가망이 없는 나라라면 모르지만, 적어도 그 기회만 생긴다면 무궁한 발전이 가능한 나라인만큼 미국과 일본은 중국에 힘을 빌려주어야 한다. 특히 일본은 동문동종(同文同種)의 나라이며 중국을 도울 만한 많은 힘을 가지고 있다. 양국이 서로 조화를 이루어야만 중국은 비로소 행복할 수 있고, 양국이 모두 안태를 누릴 수 있으며 세계의 문화도 번영할 수가 있다.

그런데 지금 일본의 정치가가 하고 있는 짓은 불행하게도 중국국민의 신용을 얻지 못하고 있다. 국제문제가 일어날 때마다 중국국민은 일본의 〈친선〉에는 야심이 있다고 생각하고 있다.

현재 중국에는 〈민국〉이 성립되어 있는데 구파(舊派)의 군인들은 무력으로써 이를 전복시키려 하고 있으며, 그 때문에 변란이 그칠 날이 없다. 이때야말로 일본은 〈정의〉의 한편을 원조하여 혁신을 도와야 한다. 그로써 중국국민은 비로소 일본의 성의를 양해하고 친선의 열매도 맺을 수 있을 것이다.

북양의 군인(단기서 등)은 지금 무력으로써 악법을 파기하고, 국회를 파괴하여 우세를 자랑하는 듯이 보이지만, 그러한 통일이 오래 지속될 리가 없다. 일본이 그들 군벌을 돕는다면 중국의 민심을 얻지 못할 것이다…'

일본에 대한 충고이자 경고였다.

그러나 일본수상 데라우치는 손문의 간절한 소망을 무시하고, 북경의 단기서와 손잡고 중국에 대한 침략의 길을 걸어갔다. 그들은 단기서와 '중·일 공동방적(中日共同防敵) 군사협정'이라는 밀약을 맺고는 시베리아 출병을 단행했다. 결국 일본은 이 출병으로 동북 북부(북만주)까지 그들의 손아귀에 넣게 되었다.

일본, 시베리아에 출병

1917년 러시아 혁명(10월 혁명)에 의해서 러시아에 소비에트 정권이 수립되자, 일본은 혁명이 시베리아에서 중국 동북(만주) 북부로 파급되고 그것이 또 만주의 남부나 조선 등, 일본의 세력권에까지 영향을 미칠 것을 두려워했다. 특히 소비에트 새 정권이 독일과 휴전조약을 체결함에 따라 독일세력을 아시아에서 추방하려는 일본의 계획은 심각한 차질을 빚게 되었다.

이렇게 되자 일본은 북경정부의 단기서에게 러시아의 소비에트 정권에 대한 중·일 양국의 군사협정 체결을 요구했다. 북경정부 안에는 그러한 군사협정이, 산동성에서 이미 전례가 있듯이 결국은 일본의 침략을 가져오는 것이라고 그에 반대하는 소리가 높았다. 그러나 일본으로부터 차관과 무기를 들여오는 데 혈안이었던 단기서는 그러한 반대를 모조리 묵살했다. 그리하여 그해 5월 16일에는 협정이 체결되었다. 내용은 다음과 같은 것이었다.

1. 군사행동 구역 내에서의 일본군대에 대해서 중국의 지방관리는 협력에 진력한다.

2. 양국이 협동해서 중국국경 외에 군대를 파견하고, 직원을 상호 파견하며, 운수·통신의 편의제공, 무기·군수품의 상호공급 및 지도(地圖)와 정보를 교환한다.

이 협정을 배경으로 일본은 시베리아 출병을 선언했다.

여기서 단기서의 중국군은 흑룡강·바이칼 방면의 작전에서 '협정'에 따라 1천 5백 명을 출병시켰다. 그들은 우습게도 일본군 사령관의 지휘 하에 편입되어야 했고, 그것이 마침내는 중동철로(中東鐵路) 등 러시아가 소유했던 이권을 일본에게 넘겨주는 결과를 빚어냈다. 또한 동북(만주) 북부를 일본의 시베리아 작전의 '후방기지'로 제공하여 동북 3성을 온통 일본에게 헌납한 꼴이 되고 말았다.

꺼져버린 호법정신

국내의 북방군과의 전투는 여전히 일진일퇴를 거듭하고 있었다.

1918년 6월 25일, 결막염에 걸린 손문은 일본에서 상해로 귀국했다. 27일에 그는 수신인을 〈산두의 진형명 총사령 및 장개석에게〉라고 하여 다음과 같은 전문을 보냈다.

'장회지(張懷芝—북경정부의 광동공격 총사령)가 대군을 이끌고 이미 강서에 도착했다고 하니, 그가 광동을 공격할 우려가 있으며, 북병(北兵) 2천이 해로로 산두에 상륙하여 용계(龍溪)를 원조하리라고 한다. 이후기(李厚基)의 복건 병력도 날로 증가하고 있다. 상황은 이미 지극히 위험한 상태에 있다. 여기서 우리가 모험을 무릅쓰고 진공한다면 살수가 있을 것이고, 모험을 하지 않는다면 우리는 앉아서 괴로운 궁지에 몰리게 된다. 공격으로써 스스로를 지키며, 진격으로써 사기를 진작한다면 우리에게 호응하는 자가 많을 것이고, 기적적인 효과가 반드시 생겨 날 것이다'

그러나 이 같은 손문의 간절한 호소는 배반당하고 있었다. 잠춘훤이 7월 5일에 다시 군정부의 개편을 선언한 것이다. 개편의 의도는 북방군벌과의 화평에 있었다. 호법정신은 마침내 광동에서 사라지고 말았다.

이 무렵 광동군 정부와 북경정부는 '화평'을 에워싸고 내외로 그렇게 흔들리고 있었다. 화평문제가 갑자기 대두된 것은 일본의 정세 때문이었다. 즉, 이때 일본은 '데라우치 내각'이 퇴진하고 '평민내각(平民內閣)'이라는 이름을 얻은 '하라(原) 내각'이 성립됨에 따라 종래의 단기서에 대한 차관이 중지되고, 그에 대한 원조정책이 전환된 것이다.

한편 북경에서는 또 서세창이 대총통에 당선되고, 단기서는 국회의원 선거를 위한 매수공작이 탄로되어 전국적인 비난을 받게 됨으로써 총리의 지위를 상실하고 말았다. 단기서가 중앙무대에서 사라진 북경에는 갑자기 화평 기운이 높아졌다.

광동에서도 잠춘훤 등에 의해 화평을 받아들일 태세였고 세계 열강도 또한 화평공작에 착수했다. 서세창은 11월 16일, 각군에 전투정지를 명령했고, 광동정부도 영국의 권유를 받고 휴전명령을 발했다.

3. 5·4운동의 불길

천안문 광장에서 시위

중국의 새 시대를 열자는 손문의 이상이 결국은 남북 군벌들의 야합으로 벽에 부딪쳐버린 시점에서 북경에서는 커다란 소용돌이를 일으키는 사건이 벌어졌다. 이른바 '5·4운동'이다.

1차 대전이 독일의 패배로 막을 내리고 파리에서 강화회의가 열린 것은 1919년 1월 18일부터였다. 중국은 이 회의에 52명으로 된 남북통일 대표단을 파견했다. 전권대표로는 외교총장 육징상을 비롯하여 주미공사 고유군(顧維鈞)·왕정정(王正廷)·시조기(施肇基)·위신조(魏宸組) 등이 선임되었다. 그들 중 육징상은 '21개조 요구' 등 일본에 대한 매국외교의 당사자였지만, 그 밖의 사람은 거의가 신진 외교관들이었고, 그들에게는 중국국민의 민의존중·국권보호라는 명확한 의식도 있었다.

강화회의에서 중국은 다음과 같은 요구사항을 내놓았다.

1. 1차대전 이전의 독일이 산동성에서 가졌던 일체의 권리를 중국에 직접 반환해야 하며 일본에 계승시켜서는 안 된다.

2. 1915년의 '21개조 요구'에 근거한 중·일간의 조약은 전부 또는 일부를 취소한다.

3. 영사재판권·관세협정·군경의 주둔 및 조차지·조계·세력범위 등

외국이 중국에서 소유하던 일체의 특수권익을 취소한다.

중국은 전승국의 일원으로서 이 강화회의에서 국제적으로 평등한 지위와 완전 독립을 획득하려 했다. 그러나 이러한 중국의 요구는 거의가 열강 제국들에 의해 완전히 무시되고 말았다. 그중에서도 최대의 쟁점이 된 것은 산동문제였다. 일본은 산동의 독일권익에 대해서 무조건 양도를 요구하면서 일보도 양보할 수 없다는 입장을 취했다. 중국대표와 일본대표가 팽팽히 맞서서 일본이 궁지에 몰리자 그들은 최후수단을 취했다. 그들이 북경정부 및 열국과 맺은 밀약을 폭로해버림으로써 그들 주장의 정당성을 고사하자는 것이었다.

그것은 첫째 단기서가 일본과 체결한 '산동문제 교환공문'(1918년)이었다. 북경정부는 거기서 산동성의 독일권익을 일본에게 계승케 하는데 '기꺼이 동의한다.'고 말했던 것이다.

이어서 4월 22일 일본은 영국·프랑스·이탈리아 등과 체결한 밀약(1917년)을 폭로했다. 태평양 이남의 도서들을 영국이 계승한다는 것을 교환조건으로 해서 일본은 산동성의 권익을 취득한다는 내용이었다. 그러자 영국과 프랑스는 어쩔 수 없이 일본의 중국에 대한 요구를 지지하는 태도로 돌아섰고, 4월 30일에는 일본의 요구를 전면적으로 받아들인다는 조약안이 결정되었다. 즉 일본은 독일이 산동서에서 갖던 특권(교주만 지역·철도·광산 및 해저전신에 관한)을 전부 양도받게 된 것이다.

중국이 전승국이 되어서 처음으로 국제무대에 서게 된 파리의 국제회의를 주시하고 있던 차에, 회의 결과가 이런 꼴이 되어버렸으니 국민의 분노는 절정에 달했다. 그 분노는 조여림(교통총장)·육종여(전 주일공사)·장종상(주일공사)의 3인이 맨 먼저 뒤집어써야 했다. 그들 3명은 '매국노'라는 이름으로 격렬하게 규탄되었다. 조여림과 육종여는 단기서를 위해 '니시하라 차관'에 협력한 자들이며, 장종상은 '기꺼이 동의한다.'라는 공문을 기초한 장본인이었다.

여기서 '5·4운동'이 폭발했다.

5월 4일(1919년), 북경 천안문 광장에는 1만 명이 넘는 학생들이 운집했다. 학생들은 저마다 '파리 강화조약 조인 반대', '안으로 국적을 제거하고 밖으로 강권에 저항하라'고 외치면서 조여림의 집을 습격, 불을 질렀고 장종상을 구타했다.

북경정부는 학생 32명을 체포하고 데모를 진압하려 했지만 오히려 그것은 불에 기름을 끼얹는 결과가 되고 말았다. 운동의 열기는 전국으로 번져갔다. 각 학교 학생들은 맹휴를 선언했고, 대총통 서세창에게 공개서한을 보내 조여림·육종여·장종상의 면직을 요구했다. 뿐만 아니라 일본상품 불매운동이 전개되었고, 6월에는 상해·천진 등에서 대규모 파업이 벌어졌다. 북경정부는 결국 이 압력에 굴복하여 체포한 학생을 석방한 데 이어 '매국 3인'을 파면했다.

6월 28일, 베르사이유 궁전에서 대독 강화조약(베르사이유 조약)이 조인될 때, 중국대표는 단호히 조인을 거부했다. 그것은 중국 외교사상 획기적인 일이었다. 중국의 주권은 국민의 것이며, 이제는 강권이나 압박에 굴복하지 않겠다는 것을 내외에 과시한 것이다.

산동문제는 중국의 민심을 결정적으로 '항일(抗日)'로 돌아서게 했다.

손문은 이 무렵 일본 신문기자와의 회견에서 일본에 대해 격렬한 비난을 퍼부었다.

'미국과 영국은 그들이 중국에서 빼앗은 성시(城市)를 모두 주인에게 돌려주었다. 그런데 일본만이 어찌하여, 그리고 산동만이 어찌하여 그러지 아니하는가. 중국에는 일찍 <돼지새끼 팔기>라는 말이 있었다. 마카오에서 수십만의 중국인 노동자들이 노예처럼, 아니 돼지새끼

처럼 외국인에게 팔려갔던 것이다. 그런데 지금 일본은 중국 그 자체
를 마치 돼지새끼처럼 열강에 팔아넘기고 또 그 돼지의 고기를 잘라
자기 것으로 만들고 있다. 일본은 입으로는 형제국이라고 하면서 그
렇게 부도덕한 짓을 하고 있다. 일본은 중국인의 뼈 속까지 우려먹고
있는 것이다'

중국국민당의 발족

광동을 떠나서 상해로 간 손문은 새 국가를 재건할 노력을 계속
했다. 그가 첫째로 착수한 것은 당 조직의 개혁이었다.

10월 10일(1919년) 손문은 중화혁명당을 '중국국민당'으로 개
편할 것을 선포했다. 손문이 만든 최초의 혁명조직으로서 1894년
하와이에서 탄생된 '흥중회'는 나중에 '동맹회'(1905년), '국민당'
(1912년), 그리고 '중화혁명당'(1914년) 등등의 시련과 곡절을 거
듭하여 이제 '중국국민당'으로 성장한 것이다. '중국국민당'은 현재
에 이르기까지 자유중국을 지도하는 중심 정당이다.

파리 강화회의가 한창일 무렵부터 중국에서는 건국의 지표로서
'폐독재병(廢督裁兵)'의 소리가 높아지고 있었는데, 이는 중국에서
거듭되는 내란의 원인이 독군 등으로 대표되는 군벌에 있다고 보고,
국내의 안정을 도모하기 위해서는 독군제도를 폐지하고 병제(兵制)
를 재정비해야 한다는 주장이었다. 즉, 군대는 모두가 국가의 군으
로서 군에 대한 통제는 국회의 결의를 거쳐 육군부가 관장해야 한
다는 것이다.

손문의 이상을 가로막고, 손문을 제거하려는 세력이 역시 그러한
군벌들이었고, 그들 군벌은 민심을 얻기 위해 손문의 노선에 편승
했다가도 자기들의 이해문제가 얽히면 거침없이 손문을 배반하면서
도 부끄러워하지 않았다. 그리고 군벌의 역사와 전통은 너무나도 뿌

리 깊은 데 비해, 손문이 부르짖는 '삼민주의의 이상'이 중국국민에게 먹혀들기에는 너무나도 어려운 환경이었다. 그런데 이제 파리의 강화회의라는 국제무대를 겪고 5·4운동이라는 거대한 소용돌이를 경험한 중국은 차츰 의식수준을 높여가고 있었고, 손문이라는 존재가 대중의 의식 속에 뚜렷이 부각되어 가는 듯했다.

1920년 4월 2일, 광주에서 열린 비상회의는 군정부를 폐지하고 새로이 정식정부를 수립키로 결의했다. 그리하여 7일에는 중화민국정부의 조직대강을 결의했고, 220여 명의 출석의석 중에서 213표라는 압도적 지지로 손문을 비상 대총통으로 선출했다. 정세는 광주를 중심으로 하여 급속한 변화를 일으키고 있었다. 비상 대총통 손문 아래에서 새로운 태세를 갖춘 혁명군은 이제 막 전국통일을 위해 '북벌'을 시작하려는 참이었다.

이러한 결정적인 시기에 또다시 중대한 장애가 발생되고 있었다. 바로 진형명(陳炯明)의 반란이었다.

4. 진형명의 반란

단기서의 실각

이 무렵(1920년 7월) 북방에서는 최대의 실력자로 보이던 안휘파의 단기서에 대해 직례파의 조곤·오패부 등이 대항하여 '안직전쟁(安直戰爭)'이 발발하고 있었다. 그런데 단기서를 지원하던 일본 등 열강들이 이 전쟁에 중립을 표명하고, 봉천군벌 장작림이 직례파에 붙어버린 탓으로 단기서는 여지없이 패퇴하고 말았다.

손문이 비상 대총통이 되자 진형명은 육군부장 겸 내무부장에 임명되어 광동에서 군·정의 실권을 장악했다. 그런데 그는 구태의연한 군벌의 버릇을 드러내기 시작했다. 자기의 군사력을 가지고 중앙 정부를 해체해버릴 야심을 품었던 것이다. 그는 '호법정신'을 단지 자신의 권력 확대에 이용했을 뿐, 정작 자기가 권력을 쥐게 되자 그 것을 오히려 자기 욕망을 가로막는 방해물로 밖에 여기지 않았다. 그는 정부의 중앙기관에 압력을 가하기 시작했다. 곧 그것을 해체시 키는 수단으로 우선 경제적인 압박을 가하기 시작한 것이다. 세수 (稅收)를 자기 주머니에 넣어버린 그는 매월 15만 원의 경비가 소 용되는 중앙기관에 10만 원만을 공급했다.

그리고 1921년 10월, 국회에서 북벌안을 통과시켰는데도 그는 그것을 거부했다.

손문은 그에게 '광동군이 광동에 돌아와 있음은 1개 성의 땅을 회복하기 위한 것이 아니고, 중원을 평정하는 큰 책임을 가진 것이 다'라고 타일렀지만 그는 꼼짝도 하지 않았다. 최후로 손문은 그에 게 이렇게 제안했다.

'우리는 북벌에서 승리를 하건 실패를 하건 다시 돌아오지 않고 광 동을 그대에게 맡길 터이니, 우리가 하려는 일을 방해하지 말아주기 바란다. 그리고 식량과 무기만을 보급하라'

진형명은 매월 군사비로 50만원을 제공할 것을 승낙했다. 그러나 손문이 계림(桂林)의 대본영에 있는 반년 동안에 진형명은 좁쌀 한 톨도 내놓지 않았고, 탄약 한 알도 제공한 적이 없었다.

장개석은 고향에서 계림으로 가는 도중에 진형명을 방문하여 그 의 속셈이 무엇인가를 캐보았다. 그는 여기서 실로 놀라운 대답을 했다

'민국 2년(1913년)의 제2차 혁명에서 손문은 호한민과 나에게 원 세개에 대해서 출병을 하도록 요구했다. 그때의 출병에서 손해를 본 것은 나뿐이었다. 만약 당시부터 내가 원세개에 반대하지 않고 현재처

럼 광동에 머물러 있었더라면 아무 걱정 없는 세월을 보냈을 것이 아
닌가. 그런데 자네는 무엇 때문에 손문의 뒤만 따르고 있는가?'

그 말을 들은 장개석은 화가 난다기보다는 앞날이 캄캄해졌다.

장개석이 광서성 계림의 대본영에 도착한 이튿날인 1월 19일
(1922년)에는 손문을 비롯한 참모총장 이열균, 군장 허숭지 등과
구체적인 북벌작전 계획을 협의, 검토했다. 그것은 다음과 같은 것이
었다.

1. 사천성의 군을 동원하여 서북을 평정하고, 제1의 근거지로서 섬
서성에서 직례성으로 나온다.

2. 3개 사단은 호북에서 경한철로(북경-한구)로 진격한다.

3. 광동의 3개 사단은 동남을 평정하고, 남경에서 진포철로(천진-포
구)로 전진한다.

4. 기타의 6개 여단은 해상에서 발해만의 진황도(秦皇島)에 상륙한
다.

이 무렵의 국내 정세는 북벌에 유리하게 전개되고 있었다. 북방
군벌의 봉천파인 장작림을 배경으로 국무총리 자리에 앉아 있는 양
사이(梁士詒)와 직례파의 군벌 오패부 사이에 분열이 생겨서 쌍방
사이는 전쟁 직전에 있었던 것이다.

북벌계획은 그러한 북방의 혼란에 편승해서 먼저 직례파의 조
곤·오패부를 공격하려는 것이었다. 그렇게 되면 직례파는 북으로부
터는 봉천파, 그리고 남으로부터는 북벌군을 만나게 되어 안팎으로
공격을 받게 된다.

북벌명령은 2월 3일에 떨어졌다. 손문은 이열규네게 강서(江西)
의 공격을, 그리고 허숭지에게 호남출격을 명했다. 그런데 이게 무슨
일인가. 광주에 있는 진형명이 이미 북벌군의 공격목표인 오패부와
내통이 되어 있었던 것이다. 진형명은 노골적으로 북벌 방해에 나섰

다.

진형명은 3월 21일에 자객을 밀파하여 광동
군 참모장 겸 제1사장인 등갱(鄧鏗)을 암살했
다. 등갱은 광구(廣九) 철로의 대사두(大沙頭)
역에서 습격을 당해, 복부에 관통상을 입고 이
틀 후 사망했다. 그는 북벌자금을 모으는 데 헌
신한 사람으로, 그의 사망은 북벌군에게 막대
한 타격이었다. 계림의 대본영은 그 때문에 식

진형명

량마저도 보급하지 못하는 궁지에 빠졌다. 손문은 호남 공격을 단
념하고 대본영을 광동 북부의 소관(韶關)으로 옮겨 강서성으로 진
격하기로 했다.

강서성 공격으로 중점을 옮긴 북벌군은 5만 병력을 집결시켜 공
격명령을 기다리고 있었다. 손문은 5월 6일 소관에 도착하여 전 장
병에게 북벌의 서사(誓師—훈시)를 행했고, 11일부터 강서성으로
의 진공이 시작되었다.

북벌군은 건남(虔南)·용남(龍南)·남안(南安)·신풍(信豊)·남강
(南康)·숭의(崇義) 등을 잇달아 공략했고, 6월 30일에는 강서의
요지 감주(贛
州)를 함락시켰
다.

북벌군의 북
진으로 후방에
공백이 생긴 틈
을 타서 진형명
은 마침내 반란
을 일으켜 광주

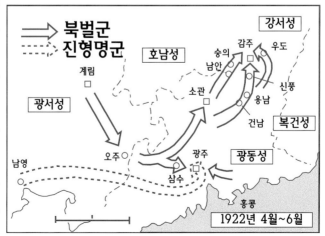

주변의 요새를 점령했다. 북군의 오패부·진광원 등과 내통하여 손문을 남북에서 협공하려는 것이다.

반란군, 손문을 습격

손문은 이때 진형명을 설득하려고 6월 1일(1922년), 스스로 광주로 갔다. 그는 한 사람의 호위병도 대동하지 않았다. 그러나 혜주에 군사를 집결해놓은 진형명은 손문을 만나려 하지도 않았다.

그보다 앞서 북방에서는 4월 28일, 봉천파인 장작림과 직례파가 북경에서 충돌하여 봉천파가 패하고 직례파가 압승했다. 이로 인해 장작림의 보호를 받던 대총통 서세창이 쫓겨나고, 오패부의 후원을 얻은 여원홍이 다시 북경정부의 대총통 자리에 앉았다. 오패부와 내통하던 진형명으로서는 그야말로 반란을 일으킬 절호의 기회였던 것이다.

진형명이 실력행사를 개시한 것은 6월 16일 오전 2시였다. 그는 광주 근교의 백운산·관음산에 주둔해 있던 반란군에게 관음산의 총독부에 있는 손문을 습격하라고 명령했다. 그것이 이른바 '영풍함 사건(永豊艦事件)'의 발단이다.

손문은 그때 총통부에서 잠자고 있었다. 진형명에게 반란의 움직임이 있다는 것은 전날 밤에 이미 알려져 있었다. 그러나 손문은 아직도 진형명을 그렇게까지 타락한 자라고는 생각하지 않고 있었다.

'영풍함 사건'의 양상을 장개석의 저서 <손 대총통 광주몽난기(廣州蒙難記)>에서 인용해 보자.

―6월 15일 밤에 어떤 장교가 전화로 '오늘밤 광동군(진형명의 군대)이 무엄한 행동으로 나올 염려가 있으니 총통께서는 총통부를 떠나서 계시는 것이 좋겠다.'고 보고해 왔다. 그러나 총통은 그것을 공연한 흑색선전이라고 하여 믿으려 하지 않았다. 16일 0시에 비서와 참

사관이 잇달아 총통부에 나타나더니 '오늘밤의 정세가 아주 험악하다'고 보고했다. 그런데도 총통은 이렇게 말했다.

'진형명은 좋지 못한 인간이지만, 그런 짓까지는 하지 않을 것이다. 그리고 그의 부하들도 인간의 도리를 모르는 사람은 아닐 터이니 그런 악행에 가담이야 하겠는가.'

그러면서 총통은 자기 방으로 들어가서 그대로 잠들어버렸다.

오전 2시쯤이었다. 광동군은 군영을 몰래 빠져나온 어떤 장교가 다음과 같은 보고를 해왔다. '광동군' 군영에서는 지금 밤참(야식)을 마치고 2시에 출동키로 결정했다. 총통을 살해한 자에게는 상금 20만원을 주며, 성공한 후에는 병사들에게 '대방가 3일(大放假三日—원뜻은 '3간의 휴가' 라는 말이지만 광동군의 은어로는 '마음대로 약탈을 해도 좋다' 는 뜻이다)'을 주기로 했다. 그런 말을 듣고도 손문은 아직 그것을 믿으려 하지 않았다. 사방에서 밤의 정적을 깨뜨리는 군호 소리가 났고 그 소리가 점점 가까워지자 비로소 손문은 광동군의 출격을 인정하고 호위대에게 방위태세를 취하도록 명령했다. 이때는 이미 새벽 3시였다.

손문은 반란군을 평정하는 것이 자기의 책임이니까 죽든 살든 총통부를 빠져나가지 않겠다고 버티었지만, 측근들이 떠밀다시피해서 밖으로 나왔다. 이미 모든 도로가 차단되어 있었다. 일행은 보초의 수하를 몇 번이나 돌파하여 해군사령부 쪽으로 향했다.

재정청(財政廳) 앞에 당도했을 때에 동쪽에서 행진해오는 반란군 대대와 마주쳤다. 그러자 손문은 혼자서 반란군 속으로 잠입해 들어갔다. 너무나도 침착한 거동이었기 때문에 반란군은 손문을 자기들의 한패로 오인하여 '수하'도 하지 않았다. 영한(永漢)의 큰 길 출구까지 와서 비로소 총통은 위험을 빠져나와 긴 뚝 위로 갔다. 그리고 거기서 무사히 해주(海珠)의 해군 총사령부에 도착했다. 해군사령 온수덕(溫樹德)과 함께 군함 초예(楚豫)에 탄 손문은 각 함장들을 소집하여 반란을 평정할 방략을 정했다.

반란군은 아직도 손문이 총통부 안에 있는 줄 알았다. 새벽 3시에 총공격을 개시한 그들이 정오가 조금 지나자 속사포를 쏘아댔다. 총통부 위쪽의 다리에는 석유를 뿌려서 불을 질렀다. 퇴로를 차단한 것이다. 50명의 호위병은 대군을 상대로 분전했지만, 오후에는 탄환이 바닥나버렸다. 그래서 할 수없이 그들은 손을 들었다. 총통부는 물론이고 광주는 모두가 적군의 수중에 들어가고 말았다. 믿을 것은 오직 해군뿐이었다.

손문은 군함을 모두 황포로 집결시켜 수상에서 광주의 반란군을 공격할 준비를 갖춤과 동시에, 광주에서 멀리 북방 2백km 지점에 널려 있는 북벌군에게 즉시 회군하여 반란군을 진압하라고 명령했다.

고립무원의 손문

17일 아침(1922년 6월)에 외교부장 오정방, 위수총사령 위방평이 손문을 찾아 가가스로 군함 초예로 달려왔다. 손문은 위방평에게 육상부대를 대사두(大沙頭)에 집결시켜 해군과 호응, 광주를 탈환하도록 명령했고, 오정방은 광주로 돌아가서 각국 영사관으로 하여금 중립을 엄수토록 요청케 했다.

그날 오후 해상에서 반란군에 대한 포격이 개시되었다. 손문이 이끄는 8척의 군함이 황포에서 차왜포대(車歪砲臺)를 거쳐 백아담(白鵝潭)으로 향했고, 대사두·백운산 등 반란군 거점에 포격을 가해 반란군 수백 명이 사상되었다. 그러나 육상부대가 움직이지 못했기 때문에 반란을 진압하지는 못했다.

이때 영파(寧波)에 있던 장개석은 긴급전문을 받고 현장으로 달려갔다. 강서성에서 싸우고 있던 이열균·허숭지 등 북벌군도 급보에 접하여 진형명 토벌을 위해 광주로 되돌아올 채비를 차렸다. 진형명이 그보다 앞서 북벌군 대본영이 있는 소관을 이미 장악하고 요격 태세를 취하고 있었기 때문에 북벌군은 쉽게 남하할 수가 없었다.

손문은 군함 '초예'보다 훨씬 큰 '영풍'으로 옮겨 타고, 황포를 근거지로 군함 10척을 모아 해주에서 광주를 제압할 태세를 굳혔다. 광주를 비롯한 주강(珠江)의 북쪽 기슭에 있는 포대들은 진형명의 수중에 있었지만, 남안 일대 및 장주요새(長州要塞)는 손문의 지휘 아래 있었다.

그로부터 42일 동안 반란군의 집중포화가 계속되는 가운데 불덩이처럼 더운 군함 속에서 손문과 장개석은 공방전을 계속하는 혁명군인으로서의 엄청난 시련을 겪게 되었다.

해군의 체제가 굳어지고, 육상에서도 북벌군이 남하해온다는 소식을 들은 진형명은 손문에게 화해를 제의해왔다. 그러나 손문은 그것을 거절했다.

진형명은 입으로는 화평을 지껄이면서도 한편으로는 돈으로 해군을 매수하려는 공작에 여념이 없었고, 그것은 차츰 성공을 거두어가고 있었다. 3천 톤 내지 4천 톤급의 순양함이 3척이나 반란군 쪽으로 넘어가 버렸고, 손문에게는 1천 톤 이하의 소형 함정밖에 남지 않는 비참한 상태를 맞아야 했다. 손문은 함대를 장주요새의 후방인 신조촌(新造村)으로 옮겨서 반란군의 봉쇄를 피할 계책을 세웠다. 신조촌으로 가는 길은 수심이 얕아서 군함의 통과가 불가능하다는 것이 정설이었지만, 손문은 전투 중에 수심측량을 명하여 수심 5m의 활로를 개척했다.

7월 9일 오후 1시, 어주포대의 반란군 부대가 강을 건너 장주요새로 공격해왔다. 치열한 전투가 벌어졌다. 반란군은 많은 사상자를

냈다. 그런데 해군 육전대의 손상부(孫祥夫)가 돌연 백기를 들고 반란군에 투항해 버린데다가 총구를 반대쪽으로 돌렸기 때문에 장주 요새는 실함되고 말았다.

포화 속의 탈출

주강 하류가 어주포대와 장주요새로 봉쇄되었으니 혈로를 찾기 위해서는 상류의 차왜포대를 격파하고 백아담 방면으로 탈출할 수밖에 없었다. 차왜포대의 반란군측은 지형이 아주 유리하고 대포도 많기 때문에 함대가 거기를 통과하기는 아주 어렵다고 진언한 함장도 있었지만 손문은 죽음 속에서 삶을 찾는 지혜를 함장에게 누누이 훈계했다.

7월 10일 함대는 닻을 올렸다. 예상한 대로 최대의 격전이 벌어졌다. 손문은 함교에 서서 함대를 지휘했다.

그날 오전 2시에 손문은 영풍·초예·예장·광옥·보벽 등 군함을 해심강(海心江)에서 삼산강(三山江) 나루로 이동하도록 명령했다. 새벽에 차왜포대의 반란군에게 발포하도록 함대에 명령했다. 반란군은 즉시 요격해왔다. 함대는 반란군의 차왜포대가 빈틈없이 빽빽이 배치되어 있는 것을 보고 진퇴를 결정하지 못하고 있었다.

손문은 '민국의 존망이 이 일전에 있다. 오늘의 싸움은 오직 전진이 있을 뿐이고, 후퇴는 일보도 용서하지 않겠다.'고 선언했다. 9시 30분에는 솔선해서 손문의 기함 '영풍'을 전진시켰다. 그것을 본 다른 군함들도 그를 뒤따르며 즉시 차왜포대에 맹렬한 포격을 퍼부었다. 반란군 포대만이 아니었다. 포대에 가까운 양쪽 기슭에는 2개 대대 이상의 야포가 포열을 가다듬은 채 기다리고 있었다.

'영풍'은 십자포화 속을 전진해갔다. 손문은 비 오듯 쏟아지는 적탄을 무릅쓰고 의연히 서 있었다. 위험하니까 함실로 들어가도록 권했지만 그는 미동도 하지 않았다.

영풍호는 직격탄을 6발이나 맞았다. 그때마다 배는 커다랗게 흔들렸다. 장개석은 조타실로 자리를 옮겨서 전투를 지휘했다. 장개석에게는 일각이 천추 같았다. 20분이 걸려야만 착탄수역을 통과할 수 있다고 계산했는데 장개석이 보니 그의 시계가 꼭 20분을 지나 있었다. 위기를 벗어난 것이다.

사상자가 너무 많기 때문에 그대로 성하(省河)의 백아담으로 들어갔다. 후속함대도 경미하기는 하지만 하나같이 손상을 입고 있었다. 백아담에 정박하고 있던 영풍함에 영국인이 나타났다. 당시의 선박 정박지점의 지정권은 모두가 해관세무사가 가지고 있었던 것이다. 영국인은 손문에게 '영풍함이 백아담에 정박하는 것을 금한다.'고 전했다. 진형명의 사주를 받았던 것이다.

손문은 화가 나서 그에게 말했다.

'백아담은 중국의 영토이고, 나는 중국혁명의 지도자이다. 나는 중국에서 행동할 자유가 있고, 내가 군함을 정박시키고자 하는 곳이라면 어디든지 정박시킬 권리가 있다. 그런데 왜 내가 그대의 간섭을 받겠는가. 나는 온몸이 <담력>으로 뭉쳐 있다. 천하에 나를 협박할 자가 있을 줄 아느냐'

영국인 세무사는 그 말을 듣더니 슬그머니 사라져버렸다.

'전신담력(全身膽力)'이라는 말은 손문이 늘 하는 말이다. 그는 항용 이렇게 말했다.

'우리는 적을 두려워해서는 안 된다. 우리가 적을 두려워하면 우리는 반드시 적에게 정복당한다. 혁명가란 항상 일관해서 아무것도 두려워하지 않는 정신으로 분투해야 한다. 그렇게 하면 싸워서 이기지 못할 상대는 없는 것이고, 공격해서 함락시키지 못할 것은 아무것도 없다'

백아담으로 자리를 옮긴 후에도 혁명군은 줄곧 반군의 공격을 받았고 식량과 식수가 아주 부족한데다가 날마다 찌는 듯한 더위로 장병들의 사기는 침체되어 있었다.

강 위에서 고립되어 있는 상태가 지루하게도 오래 계속되고 있었다. 강서성에서 달려올 북벌군만이 그들의 유일한 희망이었다. 그러나 북벌군도 광동 북부에서 진형명의 군대와 맞서 고전을 겪고 있었다. 7월 26일에는 소관의 결전에서 패한 북벌군이 남웅으로 퇴각했고, 광동군 제2군은 광서방면으로 철수해야만 했다.

손문, 상해로 탈출

8월 9일, 진형명의 영풍함 습격계획이 밀고자에 의해서 알려졌다. 그 계획이란 영풍함의 장병들을 매수한 다음 영풍함을 집중 공격한다는 것이었다. 즉 손문 한 사람을 죽이자는 것이 유일한 목적이었던 것이다. 그와 동시에 다른 군함에도 이미 매수의 손길이 뻗쳐져 있었다. 군함으로 하여금 광주시 사면(沙面)에 있는 외국인 조계를 고의로 포격케 해놓고 그것으로써 외국인의 간섭을 불러들여 손문의 함대가 백야담에 정박할 수 없도록 하자는 비열한 계획도 진행 중에 있었다.

같은 날, 광주로 진격하려던 북벌군이 진형명의 군대에 패하여 철퇴를 시작했다는 소식도 들어왔다. 이로써 원군이 오리라는 희망은 완전히 좌절된 것이다. 그 소식에 접한 손문은 각 함장들을 소집하여 회의를 열었다. 출석자의 의견은 한결같이, 안팎으로 적을 맞게 된 지금은 전국이 지극히 위험하여 총통이 성하(省河)를 지킬 수 없게 되었다는 것이었다. 그러므로 총통은 잠시 광동을 떠나서 상해로 가야 한다고 그들은 입을 모았다.

손문은 결국 그날로 광동을 떠난다는 것을 각국 영사들에게 통

보했다. 영국영사가
영국 포함 '마한'호로
손문을 홍콩까지 호
송해 가겠다고 자청
했다.

　출발에 즈음해서
손문은 함대장병들에
게 1개월분의 특별수
당을 지급한 후 오후
3시 45분에 막료들
을 데리고 영국함에
몸을 실었다.

　장개석은 이때도
손문의 곁을 떠나지
않고 있었다. 선상에
선 정열적으로 토역
계획(討逆計劃)이 논
의되고 있었다. 어느

영풍호 사건의 주무대가 되었던 영풍호. 손문은 이 전함 속에서 진형명의 반란군과 생사를 건 55일간의 격전을 치렀다. 이 전함은 뒤에 중산(손문의 호)함으로 개명되었고, 이른바 중산함 사건에 관련되기도 한다.

덧 밤이 깊고 새벽이 가까워졌다.

　손문은 벌떡 몸을 일으키면서 장개석에게 이렇게 말했다.

　'나는 이제 여생이 10년도 없다는 것을 알고 있네. 자네는 아직도
50년은 더 살 수 있을 테니까, 주의(主義)를 위해서 분투하고 자중해
주기 바라네'

　장은 이렇게 대꾸했다.

　'저도 이제 36세가 됩니다.'

　'우리 당의 혁명은 이렇게 커다란 재난을 당하고 있네. 그런데도 우

리는 목숨을 잃지는 않았어. 앞으로도 생명을 빼앗기는 사태는 발생하지 않겠지. 그러나 자네가 선두에 서서 쉬지 않고 앞으로 50년을 분투해도 혁명을 성취하기 위해서는 시간이 모자랄 줄 아네'

10일 새벽에 그들은 소련 여객선으로 바꾸어 타고 14일 오전에 상해에 도착했다. 상해의 항구 안벽에는 수천 명의 인파가 출영을 나와 있었다. 손문은 진형명 반란군에게 완전 포위된 채로 55일을 밤낮으로 싸웠고, 그의 분투정신은 중국 국민 모두에게 커다란 감명을 주었던 것이다.

진형명에 패하여 일단 강서성으로 퇴각했던 허숭지 등 부대가 9월 말, 연평(延平)에 주둔하던 북양군의 왕영천(王永泉)과 손을 잡고 복건성으로 진군하여 10월 12일에는 마침내 복주(福州)를 제압했다.

손문은 복건에 있던 북벌군을 '동로 토적군(東路討賊軍)'으로 개편하여 허숭지를 총사령으로 임명했다. 이때 장개석은 손문의 명령으로 그의 참모장에 취임했다.

복주에 견고한 기지를 확립한 것은 혁명의 진전을 위하여 중요한 구실을 하는 결과가 도이었다. 태세를 재정비한 동로 토적군은 12월 19일, 천주(泉州)를 함락시킨 것을 비롯하여 복건성을 정복했고, 광주를 향해 진격했다. 한편 광서에서는 유진환 등이 혁명군에 가담하여 서로 토적군이 편성되었다. 서로 토적군은 12월 말 광동·광서성의 성경에 가까운 오주(梧州)를 제압했고 광동성을 향해 진공을 시작했다.

진형명, 혜주로 도주

해가 바뀐 1923년 정월 초하룻날 손문은 '중국국민당 선언'을 발표하여, '호법(護法)과 비법(非法)의 싸움에서 최후의 승리를 거둘 때까지 결코 전진을 그치지 않겠다'고 결의를 밝혔다.

서로 토적군의 진공에는 호응해 오는 자가 많았다. 9일에는 조경 (肇慶), 10일에는 삼수(三水)를 점령하는 등 토적군은 파죽지세로 진격했다.

그 결과 진형명은 마침내 광주를 버리고 그의 옛 터전인 혜주(惠州)로 도망칠 밖에 없었다. 토적군은 그날 밤 광주시내로 입성했고, 즉시 상해에 있는 손문에게 '대원수로 복귀'할 것을 청했다. 전해 6월 16일 이래로 꼭 7개월 만에 혁명 근거지를 진형명의 반란군으로 부터 탈환하여 수복을 성취한 것이다.

손문은 2월 21일(1923년) 대원수로서 8개월 만에 광주로 들어 갔고, 3월 2일에는 대본영을 발족시켰다. 그러나 군벌들의 음모는 여전히 그치지 않았다.

4월 16일에는 광서군의 심홍영(沈鴻英)이 서강과 북강 일대에서 반란을 일으켜 광주로 쳐들어올 기세였다. 심홍영은 원래 군정부 시절에 손문을 축출하려던 잠춘훤과 가까운 자였는데 북방의 군벌 오패부와도 통하던 사이였다. 그는 광주가 회복된 직후인 1월 26일에 쿠데타를 획책하여 광동성장 호한민을 암살하려다 미수에 그치고 실패한 적이 있었다. 그러나 그가 사죄하는 것을 보고 손문은 그의 죄를 용서해 주었고, 다만 강서의 조경(肇慶)을 좌천시키는 데 그쳐, 그 이상 문제 삼지 않았던 것이다. 그런 관대한 처분을 받은 자가 다시 반란을 일으켜 광주 교외의 백운산까지 밀고 왔다.

운남·광동·광서의 연합군이 반란군 진압을 위해 동원되었고, 5월 9일에는 소관에 이르는 북강(北江) 일대가 혁명군 수중으로 들어왔으며, 심홍영은 서강방면으로 패주했다.

그런데, 동시에 이번에는 진형명이 다시 반란을 일으켜 공격해왔다. 그의 배후에는 북방군벌 오패부가 있었다.

동강 유역에서는 9일 용문을 점령한 그들이 석룡(石龍)을 공격했고, 동쪽에서 광주를 노려보고 있었다. 게다가 광동성 동부에서는 매현(梅縣)·조주(潮州)·산두가 실함되었다.

5월 20일 혁명군은 진형명의 거점인 혜주에 대해 총공격을 개시했지만, 진형명의 교묘한 우회작전으로 오히려 부대의 배후가 위협을 받게 되어 부대는 심한 동요를 일으키고 있었다.

독전을 위해 손문이 스스로 진두에 나섰다. 손문이 전선으로 가는 도중에 석룡을 저만큼 두고 병사들의 무리가 도망쳐오고 있었다. 그들은 제각기 '벌써 석룡도 적의 손에 들어갔습니다.'하고 외치며 겁에 질려 있었다. 하지만 그렇게는 판단되지 않았다. 병사들이 공연한 뜬소문에 겁을 먹고 있을 것으로 짐작되었다.

손문은 즉시 계책을 꾸몄다. 그는 당장 2백 명으로 된 경위대를 조직해 '반란군은 괴멸되었다'고 큰소리로 외치게 하며 자기가 그들의 선두에 섰다. 그것을 본 병사들의 퇴각은 일시에 멈추어졌다. 별안간 사기를 되찾은 그들은 반격의 대열에 뛰어들었다. 그런 신속한 변화에는 손문 자신도 놀란 듯했다.

광주에서 손문은 대원수라는 직위에 있으면서도 크고 작은 군벌들의 반란에 몹시도 시달리고 있었다. 혁명을 일으키는 데는 힘이 있어야 하고, 그 힘의 원천은 군사력이다. 그러나 군벌의 사병(私兵)은 오히려 혁명에 방해가 된다는 사실을 손문은 뼈저리게 느끼고 있었다. 혁명은 오직 혁명정신에 의해서 통솔되는 것이라야 하며, 그렇게 통솔된 강력한 직할군이 필요하다는 것을 통감했다. 그러한 의지 견고한 군대를 양성하기 위해서는 사관학교를 설립해야 한다고 그는 생각했다. 그래서 그는 우선 소련의 군사제도가 무엇보다도 참고가 되리라고 생각했다. 손문은 이 업무를 장개석에게 맡겼다. 장은 그의 명을 받들어 소련 시찰여행을 떠나게 되었다.

국민당 개편대회

손문이 내외의 새로운 정세에 대응하기 위해 국민당의 개편을 결심한 것은 전해의 진형명 반란이 원인이었다. 호한민·등택여·임삼·요중개 등 9명을 임시 중앙집행위원으로 정하고 본격적인 개편을 단행한 결과, 1923년 11월에는 '주의와 조직과 훈련이 완비된 정치단체'로 만들기 위한 당의 개편선언이 발표되었다. 그로써 당조직은 위로부터 아래로 성당두(省黨部), 현시당부(縣市黨部), 구당부(區黨部), 구분부(區分部)로 정비되고, 당원의 등록도 엄격해졌으며, 선전기관이 통일되었다.

1924년 1월 20일, 중국국민당은 제1회 전국대회를 광주 광동고등사범학교에서 열었다. 대회에는 해외대표도 포함해서 모두 165명이 참가했다.

손문은 개회사에서 이렇게 말했다.

'이번에 국민당을 개편한 이유는 2가지가 있습니다. 하나는 당을 구체적인 역량을 가진 정당으로 만들자는 것입니다. 그리고 둘째 이유는 정당의 힘으로써 국가를 개조하자는 데 있습니다. …정당에서 가장 중요한 문제는 당원 각위의 정신이 하나로 결집되어야 한다는 것입니다. 정신이 결집되려면 당원 각위가 첫째로 자신의 자유를 희생해야 하며, 둘째로는 능력을 다하여 헌신할 필요가 있습니다.'

회의에서는 갖가지 안건이 많았지만 그중에서도 국민정부 조직안이 가장 중요했다. 당시 북쪽에서는 노골적인 국회의원 매수에 의한 이른바 '회선(賄選―뇌물로써 선거에 당선)'의 결과, 조곤이 대총통에 당선되어(1923년 10월), 이른바 '회선헌법(賄選憲法)'을 공포, 대외적으로 정통정부임을 주장했다.

'우리도 정식정부를 발족시켜 북방과의 관계를 이탈했음을 명시합시다. 우리들의 혁명행동이 반란행위가 아니고 정치행위라는 것을 인정시키기 위해서 말입니다. 우리 당은 이미 몇몇 성과 거대한 인구를 포괄하고 있을뿐더러 건국의 역량도 충분합니다. 우리 당의 개편과 함께 국가건설을 위해서 대원수부(大元帥府)를 국민정부로 바꿉시다'

이러한 손문의 주장은 중화민국 국민정부 창립(1925년 7월)의 첫 외침이 되었다.

대회는 10일간 계속되었다.

역사에 기록되는 대회선언이 채택된 것은 1월 23일 오후였다. 선언은 개편된 국민당의 사상을 요약한 것으로 당의 정신적 기반이 되었다. 주요내용은 다음과 같다.

'국민당의 주의는 손문이 제창하는 삼민주의이다. 이 주의를 기본으로 해서 세운 정강만이 나라를 구하는 길이다.

1. 국민당의 민족주의는 2가지 의미를 갖는다. 즉 중국민족이 스스로 해방을 구한다는 것과, 중국 국내의 각 민족이 다같이 평등하게 된다는 것이다.

2. 국민당의 민권주의는 간접민권 이외에도 직접민권이 있다. 즉, 국민은 선거권만이 아니고 입법권·복결권(複決權—법 개정 등의 권리)·파관권(罷官權—관리를 파면시키는 권리) 등을 갖는다.

3. 국민당의 민생주의는 지권(地權)의 평균과 자본의 절약이라는 2가지이다. 토지권이 소수에 의해 조종되는 것을 방지하기 위해서 국가는 토지가격에 따라 세금을 징수하며, 필요한 경우에는 매수한다.

독점적 사업, 대규모 사업은 국가가 경영 관리한다.

우리의 정강은 전력을 다하여 관철해야 할 것이지만, 길은 멀고 일은 크다.

<대외정책> 1. 일체의 불평등조약, 예컨대 외국인 조차지·영사재판권·외국인 관세관리권 및 외국이 중국영토 안에서 행사하는 일체의

정치적 권력으로 중국의 주권을 침해하는 것은 모두 취소하고, 새로 쌍방이 주권을 존중하는 조약을 체결한다.

2. 스스로 일체의 특권을 포기하고, 중국의 주권을 침해하는 조약을 폐지하기를 바라는 나라만을 중국은 최혜국으로 임명한다. (3~6항 생략)

<대내정책> 1. 중앙과 지방의 권한에 관해서는 균권주의(均權主義)를 취한다.

2. 각 성 인민은 스스로 성헌법(省憲法)을 제정하고, 스스로 성장을 선거할 수 있다. (3~15항 생략)'

이 대회의 결정에 따라 중앙당부가 성립되었다. 조직은 비서처·조직부·선전부·공인부(工人部) 등 1처 9부였고, 손문이 총리가 되어 일체를 통괄했다.

황포군관학교 창설

중국국민당 1차대회에서 특기할 일은 '연소용공(連蘇容共) 정책'이 채택된 점이다. 이로 인해 중앙집행위원(24명) 중에는 이대교(李大釗), 중앙집행위원 후보(17명) 중에는 모택동(毛澤東)·장국도(張國燾) 등 중국공산당원들의 이름이 끼게 되었다. 이른바 '제1차 국공합작'이었다.

또 한 가지 특기할 일은 황포군관학교(사관학교)의 창설이다. 이는 뒷날 전국 통일을 성취한 국민혁명군의 모태라고 할 수 있는 것이다.

손문은 중국의 내정과 세계의 조류를 깊이 성찰한 결과 국민당의 전면적인 개편을 단행했다. 국민당이 혁명에 대한 책임을 지고 군벌의 타도와 제국주의 침략의 구축, 불평등조약의 전면 폐기 그리고 중국의 통일과 건설을 위해서는 혁명의 무력을 육성할 필요를 절실하게 느꼈다. 이러한 필요성에 따라 설립된 것이 황포군관학교였다.

1월 24일(1924년), 손문은 장개석을 육군군관학교 설립준비위원장에 임명했다. 그리하여 황포의 예전 광동육군학교와 광동해군학교 자리를 새로운 군관학교 교사로 지정, 학생을 모집했다. 제1기 학생의 정원은 324명이었다. 그 내역은 동북 3성·열하(熱河)·차하르에서 50명, 기타 14개 성에서 168명, 각 군(各軍)에서 75명, 당에 공헌한 인사의 자제 20명이었다.

당시 각 성에는 군벌이 할거하고 있었기 때문에 공개적으로 학생을 모집할 수는 없었다. 그래서 제1회 전국대표대회에 출석한 각 성 대표들에게 은밀히 부탁해서 혁명정 정열에 넘치는 청년들을 소개받아 시험을 치르게 했다. 모두 3천 명이 응모했다. 수험생의 3분의 1은 중학 또는 전문학교 졸업생이었다. 학생모집이 비밀리 이뤄졌다고는 하지만 결국 소문이 새어나가는 바람에 각 성 군벌들은 자기 성에서 군관학교 입학생이 나오지 않도록 엄중히 감시했다. 귀주성의 독군 주서성이라는 자는 청년이 성계(省界)를 한걸음도 나가지 못하도록 통행금지령까지 내렸다.

그해 5월 3일 손문은 장개석을 육군군관학교 교장(광동군 총사령부 참모장을 역임)으로 임명했다.

교직진용이 모두 갖추어지자 학교 문을 열었다. 요중개가 군관학교 주재 중국국민당 대표로 취임했고, 교련부 주임에는 이제침(李濟琛), 교수부 주임에는 왕백령(王栢齡), 정치부 주임에는 재계도(載季陶), 총교관에 하응흠(何應欽) 등이 임명되었고, 관리·군수·군의의 각부 책임자도 결정되었다. 이들 임원 중에는 섭검영(葉劍英—교수부 부주임), 주은래(周恩來—정치부 부주임) 등 공산당원들도 포함되어 있었다.

군관학교의 목적은 국가의 장래를 짊어질 간부를 가장 빠른 기간 내에 육성하는 데 있었다. 그러기 위해서는 우선 군사면의 교육이 시급하지만 그에 못지않게 중요한 것은 정신무장이었다. 즉, 철저한 혁명정신을 기르는 일이었다. 그것을 위해서는 정치교육이 중요한 부분을 점한다.

왕조명·호한민·소원충(邵元冲)이 정치교관에 취임, 삼민주의와 중국국민당 당사(黨史) 등의 수업을 담당했고, 국제정세 및 국내사회의 현상을 인식시키는 데 힘썼다.

발족 당시의 군관학교는 모든 면에서 가시덤불 길을 걸어야 했다. 주변에는 진형명·홍조린·등본은 등 적군이 에워싸고 있었고, 혁명군 내부에도 양희민(운남군)·유진환(광서군) 등 군벌이 권력의 횡포를 부리고 있는 실정이어서 광동의 재정은 그들의 손아귀에 있었다. 그들 안팎의 군벌들은 예외 없이 군관학교를 적대시했고, 군관학교가 재정적으로 질식해서 망하기를 바라는 자들이었다.

가장 곤란한 문제는 총을 어떻게 입수하느냐는 것이었다. 당시 광주에서는 병기창에서 총을 제조했지만 그 실권은 운남·광서 군벌들이 가지고 있기 때문에, 생산된 총기는 모조리 그들의 손으로만 들어가는 형편이었다. 5월 초순에 신입생이 군관학교에 입교할 즈음에는 총기가 학생 수의 절반에도 미치지 못하는 220정 뿐이었다. 탄환은 한 발도 없었다. 하다 못해서 손문이 병기창장 마초준(馬超俊)에게 부탁해서 제조된 총을 몰래 빼내오는 모험을 감행해야만 했다. 마초준은 중국국민당의 당원으로서 5백 정의 총을 훔쳐내왔다.

이러한 역경에도 불구하고 이 황포군관학교는 중국현대사를 누빈 허다한 인물들을 배출, 혁명가의 산파 역할을 유감없이 감당했다.

중국공산당의 출현

제12장 중국공산당의 출현

1. 중국공산당의 창립

코멘테른의 성립

1917년의 '10월 혁명'으로 소련 공산정권이 탄생하자 레닌은 또다시 박차를 가하여 일거에 세계혁명을 실현하고자 했다. '세계적화'는 처음에 유럽을 겨냥했다가 거기서 실패하자 방향을 일전해서 유럽 식민주의의 통치에 허덕이는 아시아로 향했다. 그 최대목표는 중국이었다.

중국은 19세기 이래로 열강에 의한 불평등조약의 압박과 반식민지 상태에서 빠져 나오기 위해 중국국민당을 축으로 하는 혁명의 격동기에 처해 있었다. 정치정세가 아직 자리를 잡지 못한 중국은 소련이 공산주의의 씨를 부리기에 안성맞춤인 땅이었다.

1918년 7월에 소련의 외무인민위원(외무상), 치체린은 '러시아가 제정시대에 중국에서 빼앗은 특권을 포기한다'고 선언했다. 그것이 서구 열강이 중국에서 취한 이권을 스스로 포기한 최초의 조치로서 중국인들은 이를 열렬히 환영했다.

이어서 1919년 3월 소련은 세계 각국의 공산당 대표를 소집하여, 소련공산당을 정점으로 하는 공산혁명 수출기관—코민테른(제3차 인터내셔널)을 성립시켰고, 그 후 소련의 세계적화 공작은 한층더 조직적으로 진행되었다. 때마침 중국에서는 파리 회의에서 처리된 산동문제가 청년들을 격앙케 하여 이른바 5·4운동이 발생했다. 소련은 그러한 기회를 이용하기 위해 7월 25일 소련 외무인민위원 대리 카라한을 통해 중국인민과 광동·북경의 남북 양정부에 대해 제1차 '카라안 선언'을 발표했다. 그 요지는 다음과 같다.

1. 소련정부는 제정 러시아가 일본·중국 및 제정시대의 동맹국과 체결한 일체의 비밀조약을 폐기한다.

2. 소련정부는 중동철로(북만주 철도)와 그 일체의 부속권익을 무상으로 중국에 반환한다.

3. 소련정부는 중국이 지불하기로 되어 있는 의화단 배상금을 포기한다.

4. 소련정부는 조차지·영사재판권 등 러시아 인이 중국영토 안에서 소유하던 일체의 특권·특수구역을 폐지한다.

그렇지만 북경에 도착한 선언서는 '정본'이 아니고 시베리아 극동외무인민위원회 전권위원 얀손이 서명한 것이었다. 그러한 사정에 곁들여, 소련을 적대시하는 열국의 압력도 있고 해서 북경정부는 소련정부를 합법정권으로 인정하지 않고 있었다. 그러나 당시 중국 여론은 제정시대의 지배에서 벗어난 소련인민에 대해서 동정적이었다. 그리고 그 후 영국·미국·프랑스 등이 소련과 접촉을 시작한 것을 본 북경정부는 육군중장 장사린을 소련에 파견하여 실정을 보고 오도록 했다.

그런데 소련은 제정 러시아 시대에 중국에서 강탈한 영토를 국민당 정부에는 결국 한 평도 반환하지 않았다. '카라한 선언'에서 약속한 중동철로의 '무상반환'도 지켜지지 않았다. 1935년에 소련은 그것을 '만주국'에 매각하여 일본군벌의 중국 침략도구로 제공했다.

중공당 임시중앙 발족

소련이 표방하는 '피압박 계급의 해방', '피압박 민족의 해방(식민지로부터 제국주의를 구축)'은 물론 중국 국민혁명의 이상과 일치했다. 중국과 국경을 접한 제국주의 대국 러시아가 진정 그러한 새로운 나라로 바꾸어졌다면 그것이야말로 중국을 위해서 커다란 광명이라고 할 수 있을 것이다.

레닌(1870~1924): 말르크스로부터 공산주의 교리를 받아 러시아의 혁명으로 소비에트연방공화국을 건립했다.

러시아 혁명의 성공에 즈음해서 손문이 레닌에게 축전을 치고 격려의 말을 보낸 것은 바로 그 때문이었다. 그러나 그들이 생각하는 것은 중국의 기대를 완전히 배반하는 것이었다.

1920년 8월 북경에 유린이 소련의 친선사절을 이끌고 나타났다. 그의 방문목적이 표면으로는 중·소 국교수립과 새로운 양국간의 조약 체결이라고 했지만 그의 사명은 외몽고의 '독립운동'을 선동하며, 북경에서 공산주의를 선전하는 데 있었다.

유린은 1921년 10월까지 4회나 북경에 나타났는데, 그는 사회주의·공산주의에 관심을 가진 중국청년들을 소련으로 입국시켜 공산당원으로 양성하는 사명을 띠고 있었다. 중국사회당의 창시자 강항호(江亢虎)도 그렇게 해서 소련으로 건너갔던 사람이다.

그와 동시에 중국 국내에는 공산주의 조직을 만들어가는 움직임이 진행되고 있었다. 그것을 담당한 자는 나중에 중국공산당 탄생의 산파역을 한 보이틴스키라는 자였다.

보이틴스키가 최초로 접근한 것은 북경대학 교수 이대교(李大釗)였다. 그는 일본에서 동맹회에 관계한 일도 있었고, 〈신청년〉〈매주평론〉 등의 잡지를 편집하면서 '마르크스주의 연구회'를 조직하고 있었다. 그가 북경대학 도서관에 한 청년을 취업시킨 적이 있는데 바로 모택동이었다.

이대교는 상해에 있는 진독수(陳獨秀)를 보이틴스키에게 소개하였다. 진은 〈청년잡지〉(나중에 〈신청년〉으로 개제)를 창간한 사람으로 1918년에 북경대학 문과과장에 취임, 호적(胡適)과 함께 문학혁명의 기수로서 전국 청년의 인기를 모으던 사람이다. 5·4운동 후에 〈북경시민에게 고함〉이라는 전단을 뿌리다가 북경정부에 체포된 그는 보석된 후에는 상해 외국조계에서 살고 있었다. 그는 '국가' 그 자체를 부정했고, '국가가 없어도 걱정할 것이 없으며, 그것이 존재하는 것을 나는 달갑게 여기지 않는다'고 하는 무정부주의자였다. 그들은 상해에서 청년·학생조직과 접촉해서 그해 8월에 '상해 사회주의 청년단'을 결성했다. 이어서 북경·광주·장사·무창 등에도 유사한 단체가 생겼고, 마침내는 '중국 사회주의 청년단'으로 발전했다.

보이틴스키는 중국공산당의 조직에 착수, 1921년 진독수 등 7명을 발기인으로 '중국공산당 임시중앙'이 설립되었다. 진독수는 그 서기가 되었으며, 〈신청년〉은 공산당 선전기관으로 탈바꿈하여 상해를 거점으로 삼았다. 또 하나의 거점은 이대교를 중심으로 하는 북경이었다. 그들은 보이틴스키의 지도 아래 은밀히 간부를 훈련하면서 각지에서 조직공작을 벌였다.

그밖에도 상해에는 러시아 어를 가르칠 목적으로 '외국 어문학교'가 성립되어 그것이 공산당 간부양성에 이용되었다. 후일 중공의 국가주석이 되었다가 문화대혁명 때 실각한 유소기(劉少奇)도 그 학교에서 러시아 어를 배운 사람이다.

또 주간지 〈노동계〉가 발간되었고, 중국 노공협회 비서처를 서립하여 노동자의 조직화에 나선 그들은 각종 '공인회(工人會)', '노동자연맹', '노동보습학교' 등을 설립했다.

소련공산당에 의해 중국에 뿌려진 씨는 소련에서 보급되는 비료를 얻어서 전국적으로 성장해 갔다.

중국공산당 창립대회

1921년 7월에 중국공산당 창립대회가 상해의 프랑스 조계에서 열렸다. 당시 당원은 30명 또는 60명이라는 설이 있지만, 대회에 출석한 자는 7개 지구 대표 13명이었다. 그러므로 그것은 '창립대회'라는 거창한 이름과는 달리 소수 그룹의 '밀회' 정도의 것이었다.

그러나 이 '대회'를 추진하기 위해서 코민테른은 이미 그해 봄부터 극동문제 전문가인 마린을 중국에 파견하여 맹렬한 활동을 전개하였다. 코민테른의 마린 이외에도 보이틴스키가 대회장에 나타나서 회의를 '지도'했다.

대회에 참가한 대표는 이달(상해)·장국도(북경)·진공박(광동)·동필무(무한)·진담추(무한)·모택동(호남)·하숙형(호남)·주불해(일본화교) 등이었고, 중심인물인 진독수와 이대교는 결석했다.

마린은 이제 겨우 태어난 영아와 같은 중국공산당에게 정치에 직접 참가하는 것을 금지했다. 그러면서 그는 그 공산당을 소리없이 키워줄 수 있는 기성세력에 의한 기생(寄生)을 구상했다. 마린이 그런 숙주(宿主)로서 눈독을 들인 것이 중국국민당이었다.

손문·마린 회담

1912년 12월 23일, 마린은 손문과 회담코자 계림(桂林)에 도착했다.

손문은 당시 북벌준비를 위해 계림으로 대본영을 옮겨놓고 있었다. 마린은 3일간 계림에 체재하면서 손문과 2회에 걸쳐 장시간 회담했다. 호한민·허숭지 등 중국국민당의 간부가 동석했다.

마린의 제안은 중국국민당과 소련의 제휴를 전제한 것으로 다음

세 가지였다.

1. 국민당을 개조해서 사회의 각계 특히 농민·노동대중과 연합한다.
2. 군관학교를 창설해서 혁명군의 기초를 만든다.
3. 중국국민당과 중국공산당의 합작을 도모한다.

마린은 특히 소련이 실행에 옮긴 '신경제정책'을 예로 들어 소련 정책의 '유연성'을 역설했다. 손문은 '신경제정책'에 큰 관심을 보였다.

손문은 나중에 요중개 등에게 다음과 같은 전문을 보냈다.

―소련의 경제상황은 아직 공산주의를 실행할 만큼의 조건을 갖추고 있지 않다. 나는 당초에 소련이 공산주의를 실행하고 있다는 말을 듣고 매우 이상하게 느꼈다. 그러나 마린의 설명을 듣자니, 소련은 공산주의를 실행해 보았으나 커다란 곤란에 부닥쳤고, 그 결과 '신경제정책'이라는 것을 채용했다고 한다. 그것은 우리가 생각하는 실업계획과 큰 차이가 없는 것으로 반가운 일이다.

손문은 마린의 제안에 대해 구체적인 언질은 주지 않았다. 그러나 2회째 회담의 마지막 고비에 가서는 다음과 같이 말했다.

"소련은 혁명 후 아직 4년도 되지 않았고 나는 소련의 실정을 잘 알지 못하고 있다. 그러나 우리도 혁명당원이다. 그런데 어찌 혁명에 대해서 동정을 하지 않겠는가. 그러나 혁명의 주의라는 것은 나라에 따라서 다르다. 갑의 나라에서 가능한 일이 반드시 을의 나라에서도 통용되는 것은 아니다. 공산혁명이 소련에서는 가능했지만 중국에서는 절대로 불가능하다. 우리는 앞으로 북벌을 위해서 영국의 세력범위인 장강 유역으로 들어간다. 만약에 우리가 소련과 제휴하고 있다는 것을 영국이 알게 된다면 영국은 반드시 우리를 타도하려 할 것이다. 그렇게 된다면 우리의 북벌계획은 마지막이 되고 만다. 안전을 도모하기 위해 지금은 다만 소련과의 의례적인 연락만을 취하겠다. 우리가 북양군을 타도한 후에 다시 구체적으로 검토해서 합작을 도모한대도 늦지 않을 것이다"

다같이 '혁명'이라고 해도 공산주의가 과연 중국에 적합할 것인가에 대해서 손문은 처음부터 부정적이었다. 손문과 마린 사이에는 결정적인 세계관의 차이가 있었다.

마린이 손문에게 질문했다.

"선생이 가지신 혁명사상의 기초는 무엇인가?"

그에 대해 손문은 이렇게 대답했다.

"중국에는 하나의 도덕적 전통이 있다. 그것이 요(堯)·순(舜)·우(禹)·탕(湯)·문(文)·무(武)·공자(孔子)로 이어져 내려왔다. 내 사상의 기초는 이러한 전통에 있다. 나의 혁명은 중국의 전통사상을 계승하고, 나아가서는 더욱 그것을 발양, 확대하자는 것이다"

마린은 중국 정치사상의 역사를 알지 못했기 때문에 손문이 무슨 말을 하는지 알지 못했다. 그래서 그는 손문에게 다시 질문했지만 손문은 거듭 같은 대답을 했을 뿐이다.

마린은 다시 다그쳐 물었다.

"선생은 무엇 때문에 혁명을 하는 건가?"

"사람을 사랑하기 때문에 혁명을 하는 것이다"

이 대답이 마린을 어리둥절하게 만들었다. 마린은 손문과의 대담을 마친 다음 장계에게 이렇게 말했다.

"인류애를 위해서 혁명을 하는 것이라면 혁명은 영원히 성공할 수가 없다. 우리는 사람을 사랑해서가 아니고 원망하며 미워하기 때문에 혁명을 하는 것이다"

마린은 국민당과 소련과의 현합안을 성취하지 못하고 계림을 떠났지만, 여전히 그는 중국공산당을 중국국민당에게 기생시키려는 전략을 단념하지 않았다. 당시 코민테른은 중국 국내의 삽작 상대로서 오패부·진형명을 생각한 적도 있었지만, 중국의 실정을 알고 있는 마린은 손문이 아니고서는 제휴할 가치가 없다고 판단했던 것이다.

국민당과의 '연합전선'

1922년 1월에 코민테른이 모스크바에서 개최한 극동근로자대회 (극동민족회의)에서 레닌과 중국공산당 대표 장국도(張國燾)와의 사이에 중국공산당과 중국국민당의 협력문제가 논의되었다. 코민테른의 결정에 따라 중국공산당은 그해 6월에 〈제1회 시국에 대한 주장〉을 발표하면서 '현재 중국의 정당 중에는 오직 국민당만이 혁명당이라고 할 수 있다. 국민당에는 혁명의 정신이 있다. 그 정강은 불완전한 것이기는 하지만 〈삼민주의〉와 〈실업계획〉은 국민당의 민주정신을 방영하고 있다'라고 말했으며, 국민당과 '민주적 연합전선을 세워서 봉건적 군벌에 대해 싸움을 계속할 것'을 제의했다.

이어서 7월에 중국공산당은 상해에서 2전대회(二全大會)를 개최, 국민당과의 '연합전선'을 펼치기로 방침을 세웠다.

'우리들 무산계급과 빈곤한 농민은 민주주의 혁명운동(국민당의 혁명운동을 말함)을 원조해야 한다. …무산계급이 민주주의 혁명에 협력한다는 것은, 무산계급이 자산계급(국민당을 말함)에 항복한다는 뜻이 아니고, 봉건제도의 연명을 불가능하게 만들며 무산계급의 참다운 실력을 양성하기 위해서 필요한 과정이다'

그러나 세계관을 전혀 달리하는 중국국민당과 공산당이 '연합전선'을 꾸민다는 것은 될 일이 아니었다. 손문은 그것을 단호히 거절했다. 이때 손문은 오히려 공산당원이 국민당에 가입해서 국민당에 복종할 것을 허가한다고 말했다.

그런데 마린은 그 기회를 놓치지 않았다. 그는 공산당원을 개인

자격으로 중국국민당에 가입시키는 방식을 고안했다. 그것은 그가 일찍이 인도네시아에 있을 적에 회고단체를 공산주의 단체로 변질시키는 데 성공했던 것과 같은 방법이다. 말하자면 '내부로부터의 붕괴전술'인 것이다. 코민테른도 마린 방식의 중국국민당으로의 '혼입'에 동의했다.

마린은 1922년 8월, 항주(杭州)에서 특별회의를 열고 그의 안을 제시했다. 그는 이렇게 말했다. ① 국민당의 이름을 빌어야만 대중을 흡수하는 활동을 할 수 있다. ② 국민당 속에 '좌파'를 만들어서 국민당을 분열시킬 수 있다.

한편 손문은 그러한 소련이나 중국국민당의 계략과는 관계없이, 국민당과 소련과의 제휴를 고려하고 있었다. 소련에서 그러한 제의가 있었다는 데 곁들여, 소련이 '신경제정책'에 의해서 공산주의를 수정했다고 판단한 점, 그리고 '카라안 선언'에 의해 제정시대 러시아의 침략적 이미지가 없어졌다는 점이 그 이유였다.

손문은 19세기 말 이래의 기나긴 혁명과정을 통해, 혁명을 실현하기 위해서는 국제적인 원조와 동정이 필요하다는 것을 잘 알고 있었다. 특히 1922년 6월, 진형명의 반란(영풍호 사건)에 의해 혁명근거가 광주를 쫓겨간 후로 손문은 다시 한 번 외교의 운용에 대해서 깊이 생각하게 되었다.

1922년 여름 마린과 진독수 등이 손문을 방문, '공산당원의 개인자격에 의한 국민당 가입'을 정식으로 요청했다. 당시 손문은 마침 진형명의 반란에 쫓겨 상해에 체류하고 있었다.

손문은 그것을 쾌히 승낙했다. 그들이 국민당에 복종하고 삼민주의의 세례를 받아 함께 국가를 위해 분투한다면 그것은 반가운 일이라고 손문은 생각했던 것이다.

손문은 9월 6일에 벌써 중국공산당 서기장 진독수를 국민당의 개혁안 기초위원 9명 중의 1명으로 기용했다. 공산주의자에게 실제적인 문호를 열어준 것이다.

그에 호응하듯이 소련은 요폐라는 인물을 중국에 파견했다. 요폐는 소련이 독일과의 단독강화를 할 때 수석대표였고, 그 후 독일대사로 취임하여 독일에서 혁명(빌헬름 2세의 퇴위, 1918년)을 선동한 경력을 가진 자다.

손문·요폐 선언

1923년 1월 16일 요폐는 상해에 도착하여 손문을 만났다. 두 사람은 오랜 시간을 회담한 끝에 1월 26일, '손문·요폐 선언'을 발표했다. 선언은 4개 항목으로 된 것이었다.

제1항목에서는 중국국민당과 소련이 제휴하기 위해서 기초가 되는 견해를 다음과 같이 표명했다.

'손일선 박사(손문)은 공산조직, 특히 소비에트 제도에 대해서는 그것이 모두 사실상 중국에서는 채용될 수 없는 것이라고 생각했다. 왜냐하면 중국에는 그와 같은 공산주의 또는 소비에트 제도를 성공시킬 상황이 없다고 믿기 때문이다. 이러한 견해에 대해서는 요폐씨도 완전히 동의했다. 그리고 손일선 박사는 중국에서 가장 긴급한 문제는 민국통일을 성취하는 일이라고 말했다. 그러한 위대한 사업에 대해서 요폐씨는 손박사에게 중국은 소련국민의 가장 열렬한 동정을 얻을 수 있고 또 소련의 원조를 기대할 수 있을 것이라고 보증했다'

이어서 제2하에서 4항까지는 '중국에 대한 일체의 특권을 포기한다'는 소련의 성명이 여전히 유효하다는 것을 분명히 했다.

이 선언은 중국국민당과 중국공산당과의 관계를 정하는 데 있어서 역사적인 의미를 갖는 것이다. 이 속에서 분명한 것은 다음의 2가지이다.

하나는, 손문이 '중국에서는 공산주의를 실행할 수 없다'고 못박았으며, 요페도 그에 동의했다.

둘째는, 소련의 국민당에 대한 원조는 민국통일과 국가의 독립을 달성하기 위한 것이고, 중국국민당과 소련공산당의 합작도 그러한 대사업을 성공시키기 위한 것이다.

이 선언은 나중에 소련의 배신으로 짓밟혀버렸지만, 당시의 '중·소평화공존', '국공합작'의 근거가 될 것이다.

요페는 공동선언을 발표한 이튿날 즉시 신병요양을 이유로 일본으로 향했다. 손문은 요중개를 요페에게 딸려 보냈다. 국민당과 소련의 합작문제에 대해 좀더 깊이 있는 이야기를 듣고 오라는 것이었다.

요페는 약 한 달을 일본의 아타미(熱海)에 체재했다. 그동안 그는 요중개에게 소련의 현상과 소련의 아시아 민족에 대한 태도, 소련이 왜 중국과 손을 잡으려는 것인가에 대해 자세하게 설명했다. 군관학교 설립문제에 대해서도 말이 오갔다. 요페는 요중개에게 '소련이 중국공산당에게 국민당에 가입하라고 명령한 것은 어디까지나 중국의 국민혁명을 달성케 하기 위해서다'고 말했다. 그러면서 그는 '중국은 어디까지나 손문 선생의 삼민주의를 실행해야 하고, 공산주의를 해서는 안 된다'고 정중하게 덧붙였다.

요중개가 요페에게 '소련은 공산주의를 언제 국내에서 달성하려는 것인가?'하고 질문하자 그는 머리를 설레설레 가로저을 뿐 대답을 하지 않았다. 그래서 요중개는 '앞으로 60년쯤 지나면 공산주의가 소련에서 실현될 수 있겠는가?'하고 재우쳐 질문했다. 요페는 그 질문에 대해서 숨김없이 '그것도 의문이다'라고 말했다.

이런 문답에서 볼 수 있듯이 요중개는 소련의 공산주의에 대해 막연한 동경심을 가지고 있었으며, 그에 대한 경계심을 완전히 풀어

버렸던 것이다. 그는 소련에 대해서 아주 좋은 인상을 받았고 전폭적인 신뢰감을 가지고 돌아왔다. 요중개는 귀국 후 '연소용공' 정책의 적극적인 추진자가 되었다.

2. 제1차 국공합작(國共合作)

보로딘의 등장

12월 중순 중국국민당은 1전대회(一全大會) 준비에 바빴다. 이 대회는 '연소용공'의 방침 아래 열리는 것이었다.

이 시기에 아주 중요한 인물이 하나 등장하게 되었다. 그는 소련 공산당에서 파견되어 손문의 고문이 된 보로딘이라는 사람으로, 카라한의 추천으로 손문에게 온 것이다.

10월 25일 중국국민당은 1전대회 소집을 위한 임시 중앙집행위원회(호한민·요중개 등)을 조직하여 선언·강령 등을 기초함과 동시에 조직개편에 착수했다. 보로딘은 벌써 여기에 참가하여 중국 국민당의 정책에 관여하기 시작했다. 이에 대한 우려가 당의 일각에서 심각하게 일자 손문은 다음과 같이 말했다.

"중국공산당원들을 우리 당의 지도하에 묶어둠으로써, 그들의 계급 투쟁이 우리 당의 국민혁명 진행을 방해하는 것을 막을 수가 있는 것이다. 만약 우리가 북벌에 성공한다면 삼민주의가 현실적으로 실행 가능한 것이 된다. 그때 가서는 아무리 공산당이 우리 국민혁명을 방해하려고 날뛴다 해도 그것은 불가능한 일이 될 것이다. 더구나 소련이 중국의 혁명에 대해서는 우리 당을 유일한 지도적 정당으로 인정하였다. 공산당원을 우리 당에 가입시키면서 지도에 복종하도록 권유하고 있는 실정이다. 게다가 중국에서 공산주의를 실행할 가능성을 소련 자신이 부정하고 있지 않는가?"

국민당의 개조

그러나 일단 '용공'이 결정되자 공산당원은 속속 국민당에 '혼입'
되어 왔다. 혼입방법도 가지가지였다. 소개를 받아서 들어오는 자,
상호간에 끌어들이는 자, 자천해 오는 자, 집단으로 가입해 오는 자
등등이었다. 심한 경우에는 장기간 자기 신분을 숨기고 잠복해 있는
자도 있었다. 여하튼 당시의 중국공산당원의 거의 전부가 국민당 속
에 혼입되어 있었다.

국민당에게 최초로 접근해 온 자는 뒤에 손문으로부터 국민당
개혁에 관한 기초위원으로 임명된 진독수였다. 그는 당의 개혁이 끝
난 다음에도 손문으로부터 참의로 발탁되어, 손문의 보좌역으로서
중요한 위치를 차지했다.

그러나 국민당의 임시 중앙집행위원인 등택여 등은 진독수와 그
의 배후에 있는 보로딘 등 소련 측의 진의를 의심하여 그를 '진독
수(陳毒獸)'라고 부르며 경계하고 있었다. 과연 그들은 독수를 뻗치
기 시작했다. 보르딘은 국민당의 조직법·당장(黨章)·당강(黨綱) 등
의 초안 기초를 지휘하면서 그 새로운 정강·정책은 진독수 등 공산
당이 의결한 것을 그대로 적용하려 했다. 등택여 등은 1923년 11
월 29일, 손문에게 보로딘과 진독수의 음모를 규탄하는 문서를 제
출했다.

'이번 개혁은 진독수가 러시아 인의 힘을 빌어 총리에 작용, 우리 당
으로 하여금 공산당의 지휘를 받도록 고쳐 놓자는 것이다'

그러나 손문은 당강의 초안은 자기가 보로딘에게 의뢰해서 작성
한 것을 수정한 것이라고 말하면서 '만약 그들이 우리 당에 복종하
지 않는다면 나도 그들을 버리겠다. 우리 당은 신해혁명 이래 날로

퇴보해왔는데 그것은 진보·개량을 도모하지 않았기 때문이다'하고, 기정방침을 고치려 하지 않았다.

공산당의 또 한 사람의 지도자 이대교(李大釗)는 국민당원인 장계의 소개로 1923년 2월 상순에 국민당에 입당했다. 그때 이대교는 손문에게 자기는 제3인터내셔널 당원으로서 당을 떠날 수 없는데, 그런데도 국민당에 입당할 수가 있느냐고 물었다. 손문은 '그것은 별로 문제될 것이 없다. 당신은 제3인터내셔널의 당원으로서 전력을 다하는 한편 국민당에도 참가해서 나를 돕는 일에 전력을 다하면 된다'고 대답했다. 그런데 이대교는 북경에서 국민당 청년당원들을 모아 '경진청년 국민구락부(京津靑年國民俱樂部)'라는 것을 조직하여 그것을 공산당원에 의해 움직이게 해놓고, 국민당 골수당원을 배척케 했다.

국민당 본부의 간부직원들 중에도 공산당원이 혼입되었다. 총무부 부부장 임조함(林祖涵)과 선전부 간사 장태뢰(張太雷) 등이 그들이었다. 임조함은 1906년에 중화혁명당에 가입한 오랜 당원이면서도 몰래 공산당에 입당한 후 공산당을 위해 암약했고, 장태뢰는 원래 국민당과는 관계가 없으면서도 신문기자로서 국민당원과 자주 접촉을 갖는 동안에 진독수의 추천을 받아 국민당 소련 시찰단에 참가한 이후로 국민당의 붕괴를 위해 은밀한 활동을 전개했다.

해외에 있는 국민당 조직에도 공산분자들이 혼입되어 있었다. 주은래(후에 중공 수상을 역임)도 그 중의 하나였다. 주는 당시 프랑스에 유학중 '공산주의 청년단'을 결성하여 단원 80명을 이끌고 1923년 7월에 국민당 프랑스 지부에 집단으로 입당했다.

모택동은 북경에서 호남으로 돌아가 표면에는 별로 나타나지 않은 지하운동을 계속하고 있었다. 현지 국민당은 그의 존재조차 알지 못했다. 그런데 어떻게 된 셈인지 중국국민당 제1차 전국대표대회(一全大會)가 광주에서 열렸을 때 그는 호남대표로 '선출'되어 출석하고 있었다. 그가 대표 자리에 앉자 호남성 출신 국민당원들이 항의를 제출하여 문제가 되었다. 그러나 임조함 등 공산분자들의 이면공작으로 '발언권은 있으나 표결권은 없다'는 기묘한 조건을 분쳐 그대로 앉아 있게 했다. 그밖에도 그에 유사한 정체불명의 인물들이 공산당의 공작으로 대회장을 점령하고 있었다.

1전대회를 휘어잡은 공산당

전국대표자회의가 시작되자, 공산분자의 국민당 가입문제가 표면화 되었다. 공산당원의 행동에 의문을 가진 광주 특별구 대표인 방서린(方瑞麟)이 국민당의 장정(章程—당규)에 '본당 당원은 타당에 가입할 수 없다'는 조문을 넣을 것을 제안했다. 그에 대해 이대교는 '나는 원래 코민테른의 공산당원이다'라고 말머리를 꺼내면서 미리 준비한 성명을 각 대표에게 배포했다.

'우리가 국민당에 가입한 것은 국민당에 공헌하고 국민혁명의 사업에 공헌하기 위함이지, 결코 사사로운 이익을 탐내서가 아니며, 국민당의 이름을 빌어 공산운동을 하려는 것은 더욱 아니다. …일부 동지들은 우리가 국민당에 가입함으로써 국민당이 공산당으로 되어버리는 것이 아닌가 하고 의심하는 사람도 있지만 그것은 완전한 오해이다. 우리가 국민당에 가입하는 것은 우리가 국민당의 정강을 받아들이기 때문이며, 국민당에 공산당의 강령을 강제하기 위해서가 아니다. 즉, 국민당이 새로 정한 정강에 공산주의는 하나도 들어 있지 않다. 우리들 일부분이 국민당에 가입했다고 해서 국민당이 어찌 공산당이 되겠는가. …우리는 이미 국민당에 참여했고, 우리가 국민당에 머물러 있는 이상, 하루인들 어찌 국민당의 정강을 저버리며 장정(당규)을 지키지 않는 일이 있겠는가.'

이대교의 이 같은 '설득 전술'은 국민당원의 일부에게 동정심을 불러 일으켰다. 왕조명은 이대교를 적극적으로 지지하여 이렇게 주장했다.

'우리 국민당은 당장(黨章—당헌) 속에 규율의 명문규정이 있으므로 우리는 다만 그 규율에 의해서 당원의 행동을 저울대에 올려놓고 보면 되지 않겠는가. 우리 당의 규율에 맞으면 당원으로서 인정할 것이며, 그렇지 못하면 제재하면 그만일 테니까, 한 당에 소속되어 있건 두 당에 소속되어 있건 그런 것은 문제가 아니다'

회장의 공기는 왕조명의 지지연설에 의해서 일단 공산당에 유리하게 기울어졌다. 그러나 캐나다 지부의 황계륙(黃季陸)이 거기서 공산당의 우세에 재동을 걸었다. 그는 이렇게 말했다.

"공산분자가 삼민주의를 옹호하기 위해 우리 당에 가입하는 것이 사실이라면 그들은 무엇 때문에 먼저 가진 조직을 그대로 가지고 있을 필요가 있다는 말인가. 하나의 당 속에다가 또 하나의 당을 만드는 것은 당내에 당을 만드는 결과밖에 안 된다"

이러한 황계륙의 발언에 대해 요중개와 호한민이 반대발언을 했다. 이때 돌연히 뒷자리에서 굵은 목소리로 발언을 요구하는 자가 있었다.

"주석, 39호가 발언하겠소. 본안의 토론을 정지하고 즉시 표결에 들어갈 것을 제의합니다!"

그 대표는 두꺼운 솜옷으로 감싸인, 키가 훤칠한 위인으로, 시골에서 튀어나온 듯한 촌티를 풍기는 사나이였다. 호남성 사투리를 마구 써대는 그 사나이가 바로 모택동이었다.

마침 반대론이 계속되던 참이었다. 그때 타이밍을 맞춘 모택동의 강경한 토론종결 제의에 따라 황계륙의 주장은 간데없이 사라지고 거수표결에 들어갔다.

강언자(强言者) 모택동

모택동의 강경한 발언은 이튿날에도 계속되었다. 황계륙이 국민당의 정강에 비례선거제도 채용을 제안했고, 대회주석인 임삼(林森)이 토의를 요구했다. 그러자 모택동은 대뜸 '그 따위 문제는 말할 필요도 없다'는 식으로 다음과 같이 주장했다.

"비례선거제도는 소수파에게 당선의 기회를 주고, 혁명을 파괴할 기회를 주게 된다. 나는 근본적으로 그런 안에는 반대한다. 그런 안은 토론 없이 표결에 붙이기 바란다!"

이어서 공산분자들의 독특한 '발언봉쇄작전'이 벌어졌다. 모택동과 공산분자인 선중화(宣中華)가 서로 짜고 번갈아 일어서서 앞의 발언이 미처 끝나기도 전에 뒷사람이 발언하는 식으로 타인의 발언을 봉쇄하는 작전이다. 모택동은 '비례선거제도는 외국의 사회주의 정당이 야당시대에 채용한 것으로서 정권을 획득한 후로는 물리쳐버린 제도이다', '그런 제도는 반대당에게 자유를 주는 결과가 될 뿐이고 오히려 위험하다'고 주장했다.

대회는 교대로 일어서서 발언하는 모택동과 선중화의 고함소리 때문에 마치 반대론 일색인 것 같은 분위기를 자아냈고 마침내 '토의로만 그치고 다음 대회에서 다시 제안한다'는 형식으로 보류되어 버렸다. 그러나 그 안이 다시 상정된 일은 없었고, 공산당이 숙청된 뒤인 1928년에 가서야 비로소 햇빛을 보게 되었다.

임원에도, 선거결과 꽤 많은 공산당원이 당선되었다. 중앙집행위원 24명 중 3명, 후보위원 17명 중 7명을 차지했다. 당시의 당에서는 집행위원과 후보위원은 동일한 책임을 지고 있었는데, 후보위원에는 임조함·모택동 등도 끼어 있었다. 결국 위원 총수 41명 중 4분의 1이 공산당원으로 채워져 있어서, 그들의 활동여하에 따라서는 회의를 좌우할 수도 있게끔 되었다.

이어서 비서처 및 조직·선전 등 9부가 설립되자, 공산당원은 조직·공인(工人—노동자)·농민의 3부를 가장 중시했고, 그것을 장악하려 했다. 그들은 부장 자리를 의식적으로 회피했다. 그들의 의도를 숨기고 국민당을 안심시키기 위해서였다.

손문은 원래 공산당원의 한 사람인 임조함을 농민부장으로 정하고, 기타 7부는 모두 국민당의 고참당원들로 선임했으며 조직부장에는 요중개를 앉히기로 방침을 세웠다. 그런데 나중에 광동의 노동자 조직문제가 중요하게 되자 요중개는 자기가 공임부장을 담당하겠다는 의사를 표시해왔다. 광동성 출신인 그가 광동의 당원을 지도하는 편이 적당하겠다는 판단도 있고 손문은 그를 공인부장으로 옮기는 대신에 담평산을 조직부장으로 정했다. 담평산은 원래 국민당원이었지만 1920년 공산당이 조직될 무렵 요중개의 지시에 따라 공산당에 가담한 사람인만큼 그에게 그 직무를 맡기면 삼민주의를 위해 충실하게 일할 것을 믿었던 것이다. 그런데 뜻밖에도 그는 조직부장에 임명되자 양포안(楊匏安)이라는 순전한 마르크스주의자를 비서로 임명하고 조직부를 온통 공산당 조직의 지배하에 두게 했다. 양은 그 지위를 이용해서 공산당의 침투공작에 나섰다.

또한 임조함은 농림부장에 임명되자 공산당원인 팽배(彭湃)를 비서로 임명한 다음, 자신은 부장 자리에서 물러나서 국민당원의 주목에서 벗어났다. 그 후 부장은 몇 번이나 교체되었지만, 농민부의 일은 여전히 팽배가 주무르는 실정이었다.

국민당 요직을 장악

중국국민당 제1차 전국대회(一全大會, 1924년 1월)의 결과로 수많은 공산당원들이 국민당 집행부에 혼입했다. 그중에서도 농림부 비서가 된 공산당원 팽배의 침투공작은 가장 전형적이라고 할 수 있으므로 그의 행적을 좀더 추궁해보기로 한다.

임조함으로부터 모든 일이 맡겨진 그는 자기 주위를 나기원(羅綺園)·완소선(阮嘯仙) 등 공산당원으로 굳혀놓고 권력을 휘둘렀다. 3대 농림부장에는 국민당원인 황거소(黃居素)가 임명되었다. 그러나 팽배는 상사인 황거소에게 이렇게 말했다.

"당신이 내 말을 듣지 않으면 부장 구실을 제대로 할 수 없을 거요"

황거소는 물론 화가 나서 팽배를 면직시키려 했다. 그러나 결국 사임을 하도록 궁지에 몰린 사람은 비서가 아니고 부장인 황거소였다.

팽배는 1924년 8월 농림부 산하에 농민운동 강습소를 설립했다. 공산분자의 거점으로 삼을 계획이었다. 팽배는 학생모집에 즈음하여 일단 공개시험의 형식을 거쳤다. 그는 담평산의 집에 들어앉아서 답안지를 훑어보았다. 그러나 그가 본 것은 답안의 내용이 아니고 수험생의 성명이었다. 그는 공산당원이 아닌 자는 하나도 합격시키지 않았다.

강사도 모택동·주은래·소초녀(蕭楚女)·이립삼(李立三) 등 공산당원이었고, 25과목 중에서 국민당에 관계되는 것은 2과목에 지나지 않았다. 팽배는 그 강습소에서 농민운동의 지도자를 양성하였는데, 거기에 솔선해서 가입한 자는 지방의 토호(土豪)나 토비(土匪)들, 즉 그 지방의 폭력단 조직원이었다. 그들은 농민운동으로 조직된 농민협회에 가입하기만 하면 이전에 지은 죄는 모두 용서되었다. 강습소의 지도자가 2년 후에는 모택동으로 교체되었는데, 그는 거기서 공산당의 아성을 구축했다.

공인부 비서인 풍국파(馮菊坡)도 공산당원으로서 노동운동을 조종하면서 파업을 지도했다. 그는 공인부 입구에 '공인부 이외의 자는 출입을 금지한다'고 써붙여 놓고 있었기 때문에 공인부 속에서 무슨 일이 일어나고 있는지를 밖에서는 알지도 못했다. 풍은 공산계의 노동조직 설립은 즉시로 허가해 주었지만 공산계가 아닌 조직의 결성은 온갖 수단을 다해 저지했다.

광주에서 공산계가 아닌 노동단체와 공산계 단체 사이에서 쟁투가 생기면 그는 공산계의 모든 단체원을 신속히 동원하여 싸움을 조장했고, 그 때문에 도처에서 살인극이 벌어졌다.

국민당이 애써 세운 황포군단학교마저 공산당의 표적에서 벗어나지 못했다. 거기에도 정치부 부주임으로 주은래, 교수부 부주임에 섭검영(葉劍英), 관리부 위병장에 호공면(胡公冕) 등이 들어앉았고, 교련부 부주임에는 등연달(鄧演達)이라는 공산당원도 있었다. 그리하여 삼민주의 정신에 철저하던 군관학교에도 공산주의 사상이 정면으로 침투해 들었다.

군관학교 창립 당시에는 학생과 교직원이 5백 명이 지나지 않았지만, 상하 일심으로 정신이 일관했고, 아무런 불평도 있을 수 없었다. 그러던 것이 어느새 '공산'과 '비공산'으로 분열을 일으키기 시작했다. 공산당원들은 먼저 군관학교의 교사와 졸업생으로 조직된 혁명군의 '교도단'에 당대표라는 자격으로 잠입해왔다. 교도관은 제1차 동정(東征, 1925년 1월) 후에 '당군(黨軍)'이 되었는데, 거기서도 주은래가 전선정치부 주임이 되었고, 곧 이어 정치부 주임으로 승격되었다.

공산당 탄핵안 제출

공산당원들이 처음에는 드러내놓고 적화활동을 하는 것은 피했다. 오히려 그들은 남이 좋아하지 않는 귀찮은 일을 솔선해서 했으며 어떤 일에나 열성적이었다. 그리하여 일단 상사로부터 신뢰를 얻고 권한을 받게 되면, 그때 가서는 공산당의 지령에 따라 국민당의 파괴공작에 나서는 것이다.

그들을 조종하고 있는 자는 소련에서 파견된 국민당의 고문 보로딘이었다. 그는 군관학교 안에서 지위를 구축한 공산당원들에게 '청년군인연합회'를 결성하도록 명했다. 그것을 통해서 군관학교에 분열을 일으키고, 마침내는 자기들의 것으로 만들자는 방책이었다. 그래서 삼민주의 및 국민당에 충실한 교사와 학생들은 그에 대항하기 위해 '손문주의학회'를 결성해야 할 지경에 이르렀다.

국민당에 혼입된 공산당원의 파괴행위에 대해서 등택여·장계 등이 1924년 6월 18일, 손문과 당중앙위원회에 공산당 탄핵안을 제출했다. 그들의 탄핵안에는 공산당원들의 비밀문서가 첨부되어 있었다. 즉, 그것은 '중국 사회주의 청년단 제2차 대회 결의 및 선언'(1923년 8월 25일)과 '확대집행위원회' 특호(1924년 4월 11일) 등이었다. 내용은 대략 다음과 같다.

1. 우리는 국민당에 가입했지만 중국공산당의 주장에 찬성하고, 발언·행동을 완전히 일치시켜야 한다.

2. 우리의 조직은 종전대로 보존하며, 각 노동자 단체, 국민당 좌파 중에서 계급의식에 눈뜬 혁명분자를 흡수하여 우리의 조직을 차츰 확대한다. 우리들의 규율을 엄격히 하고, 강대한 대중을 배경으로 공산당의 기초를 세우도록 노력한다.

3. 국민당이 군사행동에 전력을 집중하는 경향을 저지해야 한다.

4. 국민당을 소련과 접근시키도록 힘써야 한다.

5. 우리는 국민당과 되도록 마찰을 피해야 한다. 우리는 국민당의 중간급 및 고급 포스트를 이미 완전히 확보하고 있거니와, 이는 대내적으로 좋지 못한 영향을 주고, 대외적으로는 다른 단체의 반발을 가져올 것이다. 그러므로 필요 없는 적대감을 초래하지 않도록 조심해야 한다.

보로딘에 대한 심문

감찰위원들은 이 문서를 보르딘에게 제시하며 따졌다. 보로딘은 그런 문서를 자기는 처음 보는 것이라고 부인하면서 성난 말투로 응수했다.

감찰위원 조직에서 가장 중요한 문제는 '당 속에 당'을 만들지 않아야 하는 일인데, 그대들은 국민당 안에서 공산주의 단체를 만들고 있으니 무슨 까닭인가?

보로딘 : 정당에서 분파가 생기는 것은 피치 못할 일이다. 당의 중앙집행위원회가 실제로 당 활동의 중심이 될 수는 없다. 당내에 작은 단체가 생겨서 좌·우파로 나뉘어지는 것은 당연한 흐름이다. 공산당은 국민당의 좌파라고 할 수 있다.

감찰위원 : 공산당이 국민당에 가입해서 국민당의 당내활동을 하는 것을 그런 말로 합리화 할 수 있겠는가?

보로딘 : 국민당은 이미 생명이 없는 당이다. 당으로서의 체제를 갖추지 못했다. 국민당원이 있다고 국민당이 존재한다고 말할 수는 없다. 공산당과 같은 새로운 분자가 가입함으로써 국민당 고유의 당원에게 자극도 주고 경쟁심도 일으키는 것이 아닌가. 공산당은 결국 국민당에 생기를 불어넣고 국민당을 부활시켜 주는 구실을 하고 있다.

감찰위원 : 국민당을 부활시키는 것이 아니라 국민당을 멸망시키려 하고 있다. 당내에 많은 단체를 만듦으로써 당을 분열시켜 말망의 길을 가게 하고 있지 않은가?

보로딘 : 그럴지도 모르겠다. 그러나 우리가 그것을 바라고 있는 것은 아니다. 다만, 우파·좌파가 서로 경쟁함으로써 중도파가 생겨서 당의 중심이 잡히기를 바랄 뿐이다.

감찰위원 : 우리는 원래 공산파가 국민당에 가입해서 다 함께 혁명에 종사하는 일에 찬성해왔다. 그러나 이제 그대의 말을 듣고 보니 우

리의 종전 생각이 달라졌다. 그대가 말하는 것처럼 국민당이 부패된 것이고 공산당이 싱싱한 혁명단체라면 양자는 서로가 받아들일 수 없는 성질의 것이 아닌가. 그러므로 양자는 서로 방해할 필요 없이 각각 다른 길을 갈 밖에 없다. 그러면 부패된 자는 단결해 일어날 것이고, 싱싱한 자는 그대로 전진할 수 있지 않겠는가.

보로딘 : 코민테른은, 중국혁명을 훌륭하게 진행시킬 수 있는 것은 국민당의 강령밖에 없고, 다른 주의에 의할 수 없음을 인정하고 있다. 그러므로 공산당·사회주의 청년당 전원을 국민당에 가입시켰다. 만약 공산당이 이 명령을 따르지 않는다면 그것은 명령위반이다.

보로딘과의 설전은 2시간 반이 계속 되었다.

감찰위원 : 우리는 반드시 공산당과의 분리를 주장하는 것은 아니다. 다만 공산당(공산당원의 국민당 내 활동조직)의 영향은 절대로 용납할 수 없다.

보로딘 : 국민당은 공산당을 이용하고, 공산당도 국민당을 이용하는 것이다. 그런 상호간의 이용에서 국민당 쪽에 더 많은 이익이 가고 있다.

감찰위원 : 이것은 중대 문제이므로 분명히 해둘 필요가 있다. 중국 혁명과 러시아 혁명의 관계는 양자의 상호제휴·상호이용에서 좋은 결과를 기대할 수 있을 것이다. 그러나 공산당이 국민당에 가입한 이래로 우리는 해로운 일만 당했을 뿐이고 좋은 일은 아무것도 없었다. … 중국공산당은 코민테른의 심부름을 하는 단체에 불과하다.

보로딘 : 그것은 오해다. 그러나 나는 국민당의 많은 당원들이 소련 공산당과의 합작에 반대하는 것을 알고 있다.

감찰위원 : 당신의 말을 듣자니 국민당은 빈사상태에 있는 환자 같은 것이고 중국공산당 및 사회주의 청년단은 일종의 회복제인 셈인데, 그것을 주사하면 정말로 국민당을 구제할 수 있다고 생각하는가?

보로딘 : 그렇게 비유하는 것은 좋지 못하다. 우리는 합작을 하는 것이다. 합작을…

감찰위원 : 여기 제시하는 2종류의 인쇄물(중국 사회주의청년단 제2차대회 결의와 <團刊> 7월호)에서 보자면, 공산당은 영구적인 장기 계획을 가지고 있다고 본다. 이것은 즉, 국민당을 하나의 대립조직으로 보고, 매일같이 어떻게 해서 국민당과 대결할 것인가 하는 문제가 중요한 목적으로 되어 있다. 국민당은 공산당을 국민당의 본질에 관한 중대 문제라고 보지 않을 수 없다.

보로딘 : 그러나 당이란 무엇이나 좌우 양파로 갈라지게 마련이다.

감찰위원 : 공산당 전원이 국민당에 가입하고, 국민당의 주의에 의해서 혁명을 실행하게 된다면 구태여 공산당 간판을 그대로 걸어둘 필요는 없지 않겠는가?

보로딘 : 국민당의 중앙간부는 아직 조직이 완성되어 있는 것도 아니며 전체 당원을 지도하지도 못하고 있다. 따라서 공산당은 자기 조직을 유지할 필요가 있다.

보로딘이 말하는 것은 결국 그들의 목표가 국민당을 분열시키고, 내부로부터 파괴하여 그들의 조직을 확산시키려는 데 있음을 드러내는 것에 지나지 않았다.

삼민주의와 공산주의

등택여·장계 등의 공산당 탄핵안은 7월 3일(1924년) 국민당 중앙집행위원회에서 제의되었고, 손문이 최종적인 단안을 내렸다. 그런데 그것은 국민당의 제1차 전국대회 정강과 선언에 따라서 '입당자로서 혁명정신을 갖고, 삼민주의를 신봉하는 자는 그가 무슨 파에 속했거나 관계없이 다같이 국민당원으로서 대우를 받는다. 대회 선언과 정강에 위반하는 자는 당의 규칙에 의해 제재된다'는 것이었다.

　7월 7일에는 국민당이 당무선언을 발표하여 다시금 '용공'의 원칙을 밝힘과 동시에 '삼민주의를 혁명의 유일한 길로 삼는다'는 것을 지적하여 당 내외의 오해를 풀었다. 국민당은 삼민주의 정당이고 '용공'이라는 말이 공산주의를 당내로 끌어들이는 것이 아님을 명백히 했다. 손문이 목표로 삼은 것은 평화적 건설을 위한 국민혁명이었지, 공산주의에 의한 계급투쟁은 아니었다. 이는 그해(1924년)에 손문이 행한 삼민주의의 강연 속에서 분명히 지적되어 있다. 그 강연은 1월 27일에서 8월 24일까지 매주 1회씩 광동고등사범학교에서 행해졌다. 민족주의와 민권주의에 대해서 각각 6회, 민생주의에 대해서 4회(예정은 6회였지만 북벌을 위해 중단)에 걸친 방대한 것이었다.

　손문이 삼민주의 기본구상을 갖기 시작한 날로부터 이미 30년에 가까운 세월이 흘렀지만, 삼민주의의 이론을 체계화해서 세상에 공표한 것은 그것이 처음이었다. 손문이 그 강연에서 특히 경고한 점은, 공산주의자의 민생주의에 대한 곡해에 관련된 부분이었다.

　손문은 첫째, 마르크스 유물사관·잉여가치설 및 계급투쟁의 주장을 물리쳤다. 그는 역사의 중심은 물질이 아니고 생존이라고 말했다. 그는 상품의 노동가치설은 사실에 맞지 않는 것이고, 발명·제조에서 교환·소비에 이르는 모든 것이 생산에 공헌하고 있음을 인정했다. 그리고 또한 사회의 진화가 대다수 사람들의 협력에 의해서 이루어지는 것이지, 계급투쟁에서 생기는 것은 아니라고 했으며, 경제·사회문제의 해결에는 평화적인 방법을 사용해야 하고, 계급투쟁이나 대중의 폭력을 사용해서는 안 된다고 주장했다.

　손문이 행한 일련의 삼민주의의 강연에는 당내의 공산주의를 계몽하고, 그들에게 삼민주의를 올바르게 인식시키며, 그들의 사상과 행동을 바른 길로 인도하려는 의도도 포함되어 있었다. 그러나 그러한 말은 공산주의자들에게 제대로 먹혀 들어가지 않았다.

3. 폭로된 영국의 음모

무기밀수선 적발

1924년 8월 9일 밤에 장개석은 광동성 황포에 있는 군관학교 교장실에서 손문의 명령서를 받았다.

─무기를 밀수중인 노르웨이 상선을 포획하기 위해 오늘밤에 등언화(鄧彦華─대본영 부관)에게 강고함(江固艦)을 이끌어 장주(長洲)로 가도록 명령하였으니, 귀관은 그와 협의하여 공동행동을 취하기 바람.

당시 광주에는 진염백(陳廉伯)이라는 영국은행의 매판(수출입 중개인)이 지도하는, 상인들로 구성된 사병인 '광주상단(廣州商團)'이라는 것이 있었다. 진은 영국정부를 배경으로 삼고 혁명정부에 대해 불온한 동향을 보이기 시작했는데, 손문은 그들의 무기밀수 정보를 사전에 입수한 것이다.

진염백에게 상선단의 조직과 무기구입을 사주한 것은 바로 영국이었다. 영국은 광동의 매판들과 결탁하여, 광동정부가 세제개혁을 단행할 때에도 파업을 선동했다.

영국은 손문이 소련과 제휴를 강화한 것을 경계하여, 소련과 대항할 목적으로 광동에 상인들이 지배하는 정부를 수립하기 위한 공작을 시작한 것이다.

진염백은 홍콩에서 총기를 9천정이나 사들였고, 유럽에서도 또 대량의 무기를 매입했다. 그는 먼저 홍콩에서 매입한 무기를 노르웨이 선적의 '하버디'호로 밀수하려던 참이었다. 그런 정보가 친교가 있는 영국영사로부터 손문에게 들어간 것이다.

손문으로부터 지시를 받은 장개석은 강고함에 몸을 싣고 등언화와 함께 주강의 장주·사각(沙角) 그리고 백아담을 순시했다. 그 부근은 진형명의 반란(영풍함 사건, 1922년) 당시 장이 손문의 곁에서 생사를 걸었던 추억의 장소이다.

하버드 호를 발견한 것은 이튿날 새벽 백아담에서 였다. 장개석은 그 배를 황포군관학교 부근으로 예인해서 정박시키고 무기를 압수하여 군관학교 안에 보관했다. 하버드 호는 밀수용의로 억류하여 엄중히 감시했다.

그러자 진염백은 상인들을 선동하여 8월 12일에는 모든 상점의 일제파업을 지령했고, 하버드 호의 석방, 무기의 반환을 요구하는 한편, 상인으로 조직된 1천 명의 '청원단'을 대본영으로 보낸 항의했다.

손문은 그들의 무기반입이 위법임을 설명하면서, '상인군은 1천 명에 지나지 않는데 9천정이나 총을 사들인 이유는 무엇이냐? 그대들이 만일 우리를 공격하겠다면 무기를 반환할 수는 없다. 무기의 처분은 필요한 조사를 마친 후에 하겠다'고 말하여 그들의 요구를 거절했다. 그러나 노르웨이 선적을 가진 선박은 국제법에 의해서 처분할 밖에 없고, 또 그 배는 단순히 수송계약을 집행한 것뿐이었으며, 거기에 실린 다른 물품은 금수품이 아니었기 때문에 배는 곧 풀어주었다.

19일에 손문은 상인단에 서한을 보내, 압수된 무기 중에서 상인단이 실제로 자금을 모아서 구입한 것에 대해서는 법에 의해 상인단에게 반환하겠다고 말했다. 그리고 진염백의 음모계획을 구체적으로 지적하면서 상인단이 반역의 도당이 되지 않도록 다음과 같이 경고했다.

'진염백은 엄청난 음모를 계획하고 있다. 그는 상인단의 힘을 빌어서 정부를 전복시키고, 제2의 『이탈리아의 뭇솔로니』역할을 연출하고 있다. 요즈음 진염백의 영향을 받은 신문 등은 광주 상인단을『파우스트당』이라고 부르고 있는데, 이는 이탈리아 자본가의 완고하고 지각없는 분자를 뜻하는 말임을 알아야 한다. 이를 획책하는 자 중에는 외국인도 있다. 그들의 계획은 8월 14일을 기하여 정부를 전복하고 진백달이 스스로 광동의 지도자가 되어 독립을 취소하고 북방에 항복하는 것이다. 그러나 정부는 관대한 조치를 취하겠다. 스스로 잘못을 회개하는 자에 대해서 정부는 더 이상 추궁하지 않겠다.'

영국의 노골적인 간섭

정부의 이 같은 경고에 대해서 상인단은 조금도 뉘우친 바가 없었다. 그들은 8월 20일, ① 정부가 압수한 무기를 전부 무조건 반환하라, ② 상인단의 통일적인 군사기구로서 '연방총부(連防總部)'를 조직하는 것을 인정하라는 등 불법적인 요구를 제기하기조차 했다. 이는 혁명정부가 지배하는 지역 안에서 별개의 '권력'을 승인하라는 것과 다름없는 요구였다.

손문이 그러한 요구를 거절하자 상인단은 25일을 기해 다시 총파업에 들어갔다. 이때 손문은 무력대결마저 불사할 강경자세를 보였다. 그는 압수한 무기 일부를 황포군관학교의 장갑차에 배치하도록 지시하기까지 했다.

일이 이렇게 되자, 지금까지 배후에서 조종만 하던 영국 제국주의가 공공연하게 모습을 드러내고 나섰다. 영국의 광동 총영사는 27일에 '중국정부가 만일 광주시내를 향해서 발포한다면 모든 영국 해군부대는 즉시 행동을 일으킬 것이다'고 통고해왔다.

상인단 사건이라는 중국의 국내문제에 대해 영국이 끼어들어, 무력을 배경으로 해서 터놓고 상인단을 지원하겠다는 것이다.

손문은 9월 1일에 대외선언을 발표했다.

'과거 12년간을 제국주의 열강은 정신적으로, 또 각종 차관에서 시종 반혁명을 지원했다. 오늘날 우리 정부에 대한 공공연한 반란의 동향도 그 배후자는 중국에 주재하는 영국 제국주의자의 유력한 기관의 대리인이다'

영국 제국주의자의 유력한 기관이란 영국의 회풍은행임은 말할 것도 없고, 그 대리인이 진염배임은 물론이다. 손문은 동시에 영국 수상 맥도널드에게 '제국주의의 중국내정에 대한 간섭'에 항의하는 전문을 보냈다.

이러한 일련의 조치로써 긴급사태는 일단 회피할 수 있었다.

상단군의 발포사건

이 무렵 북방에서는 봉천군벌인 장작림과 직례군벌 조곤·오패부 등의 대립이 격화되고 있었다.

손문은 그 기회를 놓치지 않고 대본영을 소관으로 옮기고, 강서·호남 방면에서 북벌 준비를 갖추었다. 9월 16일에는 북방에서 제2차 봉직전쟁(奉直戰爭)이 시작되었고, 18일에는 손문이 북벌과 제국주의 타도를 선언했다.

그런데 광주에 병력이 적어진 틈을 타서 다시 상인단의 반란 움직임이 일어났다. 10월 9일 상인단은 다시금 파업을 선동했고, 광주 주변은 불안에 감싸였다. 손문은 그와 같은 혼란상태를 빚는 광주를 포기해 버릴 생각이었다. 그는 장개석에게 이런 전문을 보냈다.

─광주가 만일 위험하다고 느껴지면 즉시 학생 전원을 데리고 황포

를 철수하여 소관으로 오되, 무기·탄약은 남김없이 거두어올 것.

하지만 장은 광주와 황포는 혁명의 근거지이며, 황포가 없이는 혁명군은 설 자리를 잃은 것으로 판단하고 손문에게 이렇게 타전했다.

—본관은 맹세코 황포를 사수할 것이며 신성한 혁명 근거지를 포기할 수 없다.

그러나 정부는 사태수습을 위하여 상인단과 교섭하여 5천 정의 총기를 인도해 줌으로써 그들과의 화해를 도모했다.

이튿날은 쌍십절(雙十節)이었다. 군관학교에서는 기념식전을 거행했다. 열병식에서는 하응흠이 지휘를 했다. 그런데 그날은 세찬 비가 바람에 휘날리며 뿌려댔다. 군관학교 학생들은 오후부터 광주 각계 대표들과 시가지 축하행진을 시작했다.

오후 3시 무렵, 행진이 성하(省河)의 강변 서쪽 호(壕) 가까이 갔을 때였다. 때마침 상인단이 그날 인수해가는 총기를 호에서 뭍으로 끌어 올리고 있었다. 그들은 행진하는 학생들을 보고서 자기들의 무기를 빼앗으러 온 것이라고 착각하고 행진을 향해서 발포했다. 일대혼란이 벌어졌다. 학생들이 20여 명이나 쓰러졌다. 상인단은 사상자의 신체를 칼로 찌르며 창자를 꺼내고 심장을 도려내는 등 온갖 잔인한 행위를 저질렀다. 이로써 사태는 결정적인 국면으로 접어들었다.

상인단이 11일에는 선전 삐라를 뿌리면서 공공연하게 정부를 모욕, 공격했고, 시가지가 온통 파업으로 들어갔는가 싶더니 시내에는 상인단 무장부대가 출동하여 대결을 선동하며 다녔다.

정부 측에서는 13일에 오철성(吳鐵城)이 경위군을 이끌고 소관에서 광주로 돌아왔으며, 호남군 3천명도 귀환했다.

14일 손문은 '전군의 지휘를 장개석에게 맡긴다'는 명령을 보내

왔다. 장은 즉시로 각 부대를 광주시 주변에 배치했다. 밤 7시에 상인단은 대규모의 부대를 전면에 내세웠다. 정부군은 그들 부대를 분리시키고 차례대로 포위 섬멸하는 작전을 취했다. 광주시 서부에 있는 서관(西關) 등지에서는 경미한 전투가 벌어지기도 했다.

이튿날인 15일 오전 4시, 정부군은 일제히 반격을 개시했다. 격렬한 시가전이 벌어졌다. 정부군의 작전은 주효했다. 개별적으로 포위 분단되고, 협공을 받은 상인단 부대는 순식간에 괴멸되어 대부분은 투항했다. 상인단의 저항은 반나절로써 끝나고 말았다.

다음날 상인단의 부단장인 진공수가 황포로 출두하여 정식으로 화의를 청했다. 정부군은 그것을 받아들이는 대신 진염백 등 9명에 대해 체포령을 내림으로써 사건을 종결했다.

이렇게 황포군관학교는 첫 '출진'을 장식했다. 처음으로 인민들 앞에 모습을 나타낸 젊은 군관들의 일사불란한 행동에 광주시민들은 놀랐다. 황포군관학교의 교관과 학생은 내일 먹을 양식도 없고, 한뼘의 토지도 가진 것이 없는 몸에, 이제 겨우 훈련을 마친 고군(孤軍)이면서도 마침내 상인단의 난을 평정하고 제국주의의 야심을 제압한 것이다. 이는 후일 북벌군이 백전백승을 성취하는 데 중요한 관문이 되었다.

4. 제1차 동정(東征)

손문과의 마지막 만남

1924년 11월 13일, 손문은 영풍함을 타고 황포 육군군관학교를 찾았다. 중국통일을 위해 북방군벌의 웅자인 장작림과 단기서를 만나서 담판하겠다는 결심으로 북쪽으로 가는 도중 군관학교에 들른 것이다.

북방의 군벌끼리 싸운 제2차 봉직전쟁(9월)은 직례파인 풍옥상의 배반으로 장작림·풍옥상의 승리로 끝났다. 그 결과 조곤은 감금되고, 오패부는 호북으로 도망쳤으며, 단기서가 새로운 지도자로 나섰다.

손문의 북경방문은 그러한 새로운 정세를 배경으로 장작림·단기서 등이 손문을 초청한 데서 비롯된 일이었다.

군관학교 장병과 학생 일동이 교문 밖의 부두에 정렬했고, 교장인 장개석이 함상으로 올라가서 손문을 영접했다. 손문은 군관학교를 한바퀴 시찰한데 이어서 1·2기생들의 훈련과정을 지켜보았다. 그런 다음에 그는 한숨 섞인 소리로 이렇게 말했다.

"이번에 북경에 가긴 하지만 어쩐지 이상한 생각이 드는군. 다시 돌아올 수 있을지 어떨지… 내 나이도 이제는 59세니까 죽는다 해도 부족할 것은 없겠지만…"

불길한 말이었다. 장개석이 놀라면 무슨 말씀이냐고 묻자 손문은 조용히 대답했다.

"나는 지금 느끼는 게 있네. 오늘 여기서 학생들이 고생을 하면서도 씩씩하게 훈련하는 모습을 보니까, 저들이 나의 혁명사업을 충분히 계승하고, 나의 주의를 실행해 줄 것으로 믿어져 마음이 든든하네. 사람에게는 누구나 죽을 때라는 것이 있지. 2,3년 전까지는 내가 죽을 수가 없었네. 죽어도 눈이 감아지지 않았을 거야. 하지만 이제는 저 학생들이 나의 뜻을 이어주겠지. 이젠 죽어도 걱정이 없어"

손문의 그런 예감은 마침내 현실로 나타나고 말았다.

손문은 교내에서 벌인 송별연에 임석한 다음 저녁에 영풍함으로 황포를 떠나서 상해로 갔다. 그것이 장개석이 만난 손문과의 최후였다.

손문이 북쪽으로 간 틈을 타서 진형명이 또다시 광주를 노리기 시작했다. 그는 혁명군에 쫓긴 후에 북양군벌과 영국 제국주의자들의 은밀한 지원을 배경으로 복건·강서·호남 각 성의 군벌들과 제휴하고, 또 강동 일대의 토비들을 모아서 10만 병력을 보유하고 있었다.

혁명정부는 그들을 진압하기 위해 나섰다. 이것이 바로 '동정(東征)'(제1차)이다.

1925년 2월 1일, 광동군·운남군·광서군으로 연합군이 편성되어 운남군의 양희민이 연합군 총사령관에 임명되었다.

황포군관학교의 교도단·학생 2천여 명은, 그러한 신식군대의 대두를 달갑게 여기지 않는 운남·광서 양군벌들의 질시를 받게 된 탓으로 당초에는 연합군의 정식 멤버에 끼지 못했다. 그러나 광동군은 주력으로 하는 우익군에 '교군(校軍)'이라는 명칭으로 자주적으로 참가하게 되어 연합군 최선봉으로 담수(淡水)·평산(平山)을 목표로 출진했다.

군기 엄정한 군대

교군은 2월 3일 오전 9시에 복안함(福安艦)을 타고 황포를 출발했다. 강기슭 포대에서 출진을 격려하는 예포가 은은히 울려 퍼졌다. 교군의 우익은 이튿날 동완(東莞)을 점령하고 계속 동진했다. 포병대나 기관총 대원들이 스스로 무거운 총포와 탄약을 짊어지고 가는 것을 보는 연도의 주민들은 자못 의아스러운 표정을 지었다. 짐을 운반하는 데 인부를 징발하지 않는 별스런 군인들을 처음 보았기 때문이다. 이것이 이제 새로 태어나려는 나라의 새로운 군인의 모습이라는 것을 그들이 어찌 알 수 있었겠는가. 민가에 침입하거나 물품을 빼앗아가는 병사가 한 명도 없는 군대라는 것도 이상했다.

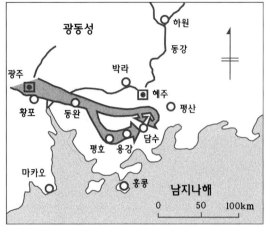

군벌의 병정들에게서는 보지 못하던 기묘한 군인들이었다.

그들은 14일 이른 아침에 조우한 적군과 격렬한 전투를 치른 끝에 적군을 격퇴했다. 적군은 담수성 성안으로 도망치더니 성문을 굳게 닫아걸고 완강히 저항했다.

담수성을 수비하는 적군은 진형명의 부총지휘자 홍조린 휘하의 정예부대로서, 견고한 진지를 구축하고 있었다. 성벽의 최하부는 복사(伏射), 중층부와 상층부는 입사(入射)로 3층의 사격진지를 짜놓았고, 야간공격에 대비하여 성벽 위에는 강력한 조명장치를 설치해 놓고 있었다. 그 조명이 한밤의 성의 주변을 휘황할 만큼 비추었고, 2백m 부근에 접근하면 3층 총좌에서 일제히 불을 내뿜었다.

그들은 또 폭죽을 함석관에 넣어서 점화하여 기관총을 연사하는 것처럼 꾸며대는 계략을 쓰기도 했다.

교군으로서는 이것이 최초의 본격적인 전투였다. 사기는 자못 높았지만 전투경험은 적었고, 지세가 밝지 못한데다가 후방으로부터의 보급을 별로 기대할 수 없다는 불리한 조건 아래 있었다.

그에 비해 적군은 견고한 성벽을 방패로 전투를 오래 끌면 끌수록 그들의 본거지로부터 증원군이 달려올 공산이 컸다. 교군의 탄환은 시시각각으로 줄어들고 있었다. 승부를 재촉할 밖에 없었다.

15일 오전 7시에 남문 밖 고지에 포진한 포병대의 포격으로 원호를 받은 보병대가 남문으로 밀고 들어갔다. 삽시에 적의 방위선 일

각이 무너졌다. 기수(旗手) 한 명이 비오듯 쏟아지는 탄막을 뚫고
성벽에 다다라서 돌격신호를 보냈다.

그의 결사적 행동에 분기한 교군이 일제히 성벽으로 쇄도했고,
사다리를 걸고 잇달아 성내로 뛰어 들었다.

5. 손문의 죽음

손문에게 승보를 타전

치열한 담수의 시가전이 종일(1925년 2월 15일) 계속 되었다.
교군은 한때 우세를 확보하기도 했지만 저녁 무렵 적의 증원부대가
도착해서 집요한 공격을 가해왔다. 사상자가 속출했고, 고전을 면치
못했다. 그래도 학생들은 그것을 견뎠다.

야간전투로 들어갔다. 전황은 교군에 유리하게 전환되었고 적군
은 마침내 성 밖으로 떠났다.

16일, 담수성은 교군의 경계 아래에서 고요한 하루를 맞았다. 전
과는 포로가 2천여 명, 포획한 총이 1천여 정이었다.

정오 무렵에 손문에게로 승리를 보고하는 전문을 보냈다. 황포군
관학교 학생들로
서는 최초의 본
격적인 전투에서
승리를 거둔 것
이다.

동정 우익군
은 담수를 제압
한 다음에 계속

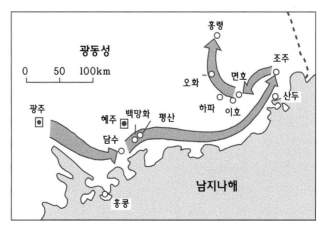

동진을 거듭했다. 도중에서 잔적의 집요한 매복 저격을 받기도 했지만 2월 20일에는 평산을 공략했고, 3월 7일에는 조주·산두를 점령했다.

이때 임호(林虎)가 이끄는 적군이 면호(棉湖)·이호(鯉湖) 방면으로 남하해 온다는 정보가 들어왔다. 임호가 노리는 바는 교군의 배후를 치고 포위하자는 것이 분명했다.

황포를 출발한 이래 1개월 남짓을 계속 진격해온 교군은 후방 보급선이 4백km나 떨어져 있었다. 만약 후방을 적군에게 차단당한다면 우익군 전체가 곤경에 빠진다.

그러므로 임호군은 어떠한 희생을 무릅쓰고라도 반드시 섬멸해야만 하는 것이었다.

장개석은 직접 교군을 지휘하여 교도(敎導) 제1단·제2단을 인솔하고 면호 방면으로 되돌아갔다.

교도 제1단의 정탈대는 12일 이른 아침, 면호의 서쪽에서 적의 소부대와 접촉하여 적을 격퇴했다. 적군의 본대가 근접해 있음이 분명했다. 지방민에게 적정을 물어본 결과 어떤 자는 '2,3만 명'이라고 말했고, 또 어떤 자는 '앞산과 숲이 모두 적병으로 꽉 차 있다'고 대답했다. 숫자는 알 수 없지만 적이 어마어마한 병력을 투입한 것만은 확실했다. 교군이 가진 것이라고는 형편없이 부정확한 지도뿐이어서 그야말로 땅을 더듬으며 공격하는 식이었다.

장은 교도 제1단의 1영(1대대)을 정면 공격대로 해서 전진을 명령했다. 그 후방에 제2영을 예비부대로 배치했다. 제3영은 우익에서 적의 배후를 찌르는 포위공격용의 별동대로 두었다.

고전에 고전을 거듭

총공격 명령은 이날 밤에 내려졌다.

13일 오전 9시 반, 제1영은 면호 교외에서 적군과 마주쳐 격렬한 전투를 벌였다. 그러나 적군은 압도적인 군세를 몰아와서 아군을 포위했다. 예비부대인 제2영이 투입되었으나, 우세한 적의 병력에 상대가 되지 않았다. 적군은 교도 제1단의 10배나 되는 1만 이상의 병력을 갖고 있었다. 포위된 제1영은 3분의 1이상의 사상자를 내는 고전에 빠졌다.

교도 제1단장 하응흠은 우익 별동대 제3영에도 전투 참가를 명령했다. 그러나 그것마저 역포위를 당했다. 교군은 포병대의 원호로 가까스로 지탱할 뿐이었다.

적의 포위 속에서 3시간에 가까운 고전을 치르는 중에 정오 무렵에 비로소 광동군 제7여단의 제3영이 달려와 주었고, 교도관 제2단도 도착해서 전투에 참가했다.

이런 고전의 와중에 군관학교의 당대표인 요중개가 전선으로 나타나서 병사들을 격려했다. 그는 짚신을 신고 지팡이를 휘두르며 후방의 탄약수송을 지휘했다.

원군을 얻은 교군은 즉시 반격으로 나섰다. 적군은 퇴각하기 시작했다. 교군은 그런 기회를 놓치지 않고 계속 추격했다. 면호의 서남쪽 5km 지점에 있는 화순(和順)까지 추격하자 적은 돌연 반격으로 돌아섰다. 적군의 증원부대가 매복하고 있었던 것이다. 적군의 총격으로 교군의 손해는 막심했다. 교군 제1영의 당대표 장담(章琰) 등 간부들이 여기서 전사했다.

정면대결을 피한 교군은 먼저 화순 주변의 고지를 점령, 교도 제3단을 우회시켜서 이호 방면에서 적군의 측면을 찔렀다. 적은 마침내 도주하기 시작했다.

14일 이른 아침, 장개석은 다시 전선의 상황을 시찰했다. 단 하루의 전투에서 교도단의 제1단만으로도 전사자가 3백 명을 넘어서는 격전이었던 것이다. 커다란 희생이었지만 '면호전투'가 갖는 승리의 의미는 큰 것이었다.

그 후 아군은 오화(五華)를 점령하고 21일 아침에는 홍녕에 입성, 제1차 동정에서 일련의 전투를 일단락지었다.

전사자·부상자가 6백 명에 이르렀다. 제1기생으로 출정한 5백 명과 교도단 3천 명 중 3분의 1에 가까운 사람이 전사 또는 부상했다.

교군은 곧 산두에 남아 있던 총사령 허숭지에게 '승리'를 알리는 전보를 쳤다.

그날 오후 5시, 교군의 행영(行營)으로 전문이 날아왔다. 호한민으로부터였다.

─총리, 서거했음.

최후의 일본 강연 '대아시아주의'

손문이 북경에서 서거한 것은 1925년 3월 12일이었다. 향년 60세로 사인은 간장암이었다.

부보가 장개석에게 도착한 것은 사망 후 9일이나 지나서였다. 중앙당부가 전선 장병의 사기에 나쁜 영향을 줄 것을 염려하여 소식을 늦춘 것이었다.

손문이 북쪽으로 여행을 떠난 것은 그 전해인 1924년 11월 13일이었다. 광주를 출발하여 황포에 들러 육군군관학교를 시찰한 다음, 그는 홍콩에 도착하여 거기서 일본선박 '슌요마루'로 옮겨탔다. 17일에 상해에 도착한 그는 부인 공경령을 비롯한 왕조명·소원충(邵元冲)·이열균 등 20명의 수행원과 더불어 북으로 갔다.

북상의 목적은 그의 '북상선언'(11월 10일)에서 볼 수 있듯이, 국민회의를 소집하여 중국의 통일과 건설을 도모하고, 일본으로부터 강요된 불평등조약을 철폐시키는 데 있었다.

손문은 상해에서 일단 일본에 들렀다. 북경으로 직행하지 않고 일본에 들른 이유는 진포철로(천진에서 포구 사이)가 불통인데다가 상해와 천진 사이의 항로도 만원이어서 앞으로 2주일이나 기다려야 했기 때문이다. 그러자 손문은 그 기회를 이용하여 일본에서 중국의 시국을 설명하고, 불평등조약의 철폐를 일본국민에게 직접 호소해 보자는 생각을 하게 되었다.

손문은 21일 일본선 '상해호'로 나가사키를 경유하여 24일에는 고베(神戶)에 도착했다. 고베에서는 6일간 체재했다.

28일, 그는 강연회를 열었다. 그것이 유명한 〈대아시아주의〉라는 연설이다. 강연은 고베 상업회의소 등 5개 단체의 요청으로 고베 고등여학교에서 열렸다.

강연에서 손문은 아시아 전역의 발전을 위해 일본이 '패도(霸道)'를 버리고 '왕도(王道)'를 선택해야 한다고 역설했다.

'아시아는 세계에서 가장 오래 된 문화의 발상지이고, 동양은 일체 문화의 원천이다. 근세 이래로 유럽 각국은 아시아 각 민족을 그들의 압제하에 두었지만, 일본은 메이지 유신으로 불평등조약을 폐지하는 등, 홀로 발분하여 아시아 부흥에 앞장섰다. 또한 아시아의 모든 나라와 민족으로부터 한없는 동경의 대상이자 기대의 대상이 되어왔다.

특히 일본이 러시아와 싸워 이겼다는 사실은 최근 수 백년 동안 아시아 민족이 유럽인과 싸워서 승리한 최초의 일이며, 그로써 아시아 민족에게 커다란 흥분을 자아내게 했다. 또한 그에 고무된 페르시아(이란)·터키·아프가니스탄·인도 등에서든 독립운동이 발생했다.

아시아 동부의 최대 민족은 중국과 일본이며, 이는 또 아시아 민족의 원동력이기도 하다. 이제 아시아 민족의 각성은 서방 제국주의자들의 두려움의 대상이 되고 있다.

아시아 문화는 왕도의 문화이어서 인의(仁義)·도덕을 중심으로 하는데, 이에 반해 유럽 문화는 패도의 문화이어서 공리와 강권을 중심으로 하는 것이다. 동양의 물질문명은 서양에 미치지 못하지만, 동양의 도덕은 서방보다 월등히 빼어나 있다. 우리가 대아시아주의를 실현하기 위해서는 왕도에 기초를 두어야 한다. 유럽의 과학을 배우는 것은 자위를 위해서이다. 일본민족은 이미 구미 각국의 패도문화를 배웠다. 그러나 아시아 왕도문화의 본질을 가지고 있을 것이다. 세계문화의 전도에 대해 일본은 서방 패도의 사냥개가 되느냐, 아니면 동방 왕도의 성채(城砦)가 되어야 하느냐에 대해서는 일본국민이 신중히 선택해야 할 문제인 것이다'

이러한 '대아시아주의' 강연을 하던 그날에 손문은 고베에서 베풀어진 각 단체의 환영연회에서도 '일본은 중국이 불평등조약을 폐지하려는 것을 도와야 한다'는 제목으로 일본의 협력을 요청했다.

'만약 일본이 진심으로 중국과의 친선을 바란다면 중국이 불평등조약을 철폐하고 주인의 위치로 돌아가서, 중국인의 자유를 회복하는 것을 도와야 한다. 그래야만 비로소 〈친선〉이라는 말을 입에 담을 수 있을 것이다. 수천 년의 역사에서 보자면 중국은 형이고 일본은 아우이다. 형제가 화합하자면 먼저 집안의 화목을 도모해야 하고, 아우는 마땅히 형의 일을 걱정하여 불평등조약을 개량하고, 노예의 위치에서 벗어나도록 형을 도와야 하지 않겠는가. 그런 다음에 비로소 중·일 양국은 형제국이 될 수 있을 것이다'

이 2회의 연설은 일본 제국주의자들이 의도하는 중국침략에 대한 강력한 경고이자 손문의 마지막 연설이기도 했다.

손문은 30일에 배편으로 고베를 출발하여 12월 4일에 천진에 도착했다.

천진의 날씨는 몹시도 추웠다. 차디찬 바람이 긴 여행에 지친 손문의 몸을 무척 괴롭혔다. 숙사로 지정된 장원(張園)에 닿자마자 손문의 몸은 높은 신열에 시달렸고 간장의 통증을 호소하기 시작했다. 독일인 의사의 치료를 받아 신열은 며칠 사이에 내렸지만 간장의 통증은 2, 3일 간을 더 계속되었다.

그 후 상태는 약간 호전되어, 병상에서 국민당의 관계자들과 면담을 할 수 있을 정도까지 회복되었다. 동지들이 북경에서 철저한 요양을 하도록 권고했고, 손문은 31일 북경시내에 있는 북경반점(호텔)으로 숙소를 옮겼다.

이튿날 외국인 의사 6, 7명의 진찰을 받은 결과 간장에 병이 있는 것으로 진단되었으나 병명은 밝혀지지 않았다.

1월 20일 돌연 병세가 악화되었다. 24일, 25일 이틀간은 전혀 식사를 들지 못했고, 체온이 상승하며 맥박이 빨라졌다. 의사들은 26일 손문을 협화의원(協和醫院)으로 옮기고 개복수술을 시행했다. 육안으로 보아도 이미 간장이 나무토막처럼 단단해 진 것을 볼 수 있었다. 현미경 검사 결과 그것은 말기의 간장암이었다. 이미 때는 늦은 것이다. 적어도 3년 이상이나 이전에 발생된 암이었고, 약품치료의 단계를 넘어선 것이다. 당시 암치료법으로는 라디움 방사법이 있었지만 손문의 병상은 이미 시기를 놓쳐서 아무런 방법도 없었다.

'혁명은 아직 끝나지 않았다'

중태에 빠진 손문에게 동지들과 가족이 한방치료를 받으면 어떻겠느냐고 진언해 보았다. 손문은 서양의학을 배운 의사로서 내심으로는 한방의학을 믿지 않는 사람이었다. 그러나 가족들을 안심시키기 위해 그것을 받아들였다. 하지만 서양의학으로 치료를 받고 있는 중에 한방약을 병용하는 것은 병원 사람들에게 실례라고 말한 그는 28일에 퇴원하여 호동(胡同)의 행관(行館—숙사)으로 옮겼다.

한방치료도 효과는 없었다. 24일에는 목이 잠기고 많은 가래가 목에 걸렸다. 의식은 몽롱해지고 위중한 상태가 계속되었다.

행관에 있던 동지들은 손문의 최후를 깨닫고 유촉(遺囑—유언)에 서명해 주기를 요청키로 했다. 송자문·손과(孫科)·공상희·왕조명 등 4명이 그 역할을 맡았다. 왕조명이 병상에 다가가서 완곡한 말투로 그 뜻을 손문에게 전했다.

"1월 26일에 선생께서 입원하신 이래로 우리 동지들은 선생님으로부터 몇 가지 가르침을 받고 우리들의 지표로 삼을 생각이었습니다. 선생님이 하루바삐 쾌유하시는 경우에도 물론 그렇습니다만, 만약 쾌유하시지 못하더라도 우리는 영원히 선생님의 가르침을 따라야하기 때문입니다. 우리는 물론 선생님이 병을 이겨내실 힘을 가지셨음을 알고 있으며 선생님이 병마와 싸워 이기시는 것을 전력으로 돕겠습니다. 하지만 선생께서 기운을 차리신 시간을 이용해서 몇 가지 가르침을 주신다면 10년, 20년 후의 언제라도 우리에게 도움을 주시는 일이 되겠습니다."

손문은 왕조명의 말이 끝나기를 가만히 기다리고 있더니 잠시 무엇인가 생각에 잠겼다. 오랜 침묵 끝에 그는 엄숙한 어조로 말했다.

"나는 아무 말도 할 것이 없소. 병이 낫게 된다면 할 말이 많이 있겠지만 말이오. 우선 온천에라도 가서 휴양을 하고 2, 3일을 잘 생각해 본 다음 차분히 말하겠소. 만약에 내가 이대로 죽는다면 여러분은 여러분의 생각대로 하시오"

왕조명은 다시 말을 계속했다.

"선생님의 병환은 곧 쾌유되리라고 믿습니다만 앞으로도 정양을 하시자면 시간이 걸릴 터이니 당장에 공무를 처리하시기는 어려울 것 같습니다. 그런데 당은 지금 중대한 시기에 있으므로 한시도 정체할 수가 없습니다. 아무쪼록 선생님 말씀대로 당무를 수행해 나갈 수 있도록 해주십시오"

손문은 다시 침묵에 빠졌다. 잠시 후 그는 말문을 열었다.

"만약 내가 그대들에게 무슨 말을 남겨 놓는다면 그것은 매우 위험한 짓이 될 거요. 현재 수없이 많은 적들이 그대들을 포위하고 있소. 내가 죽은 다음에는 반드시 그들이 당신들을 공격할 것이고, 당신들을 무력화시키려 할 것이오. 당신들이 그들에게 강하게 저항한다면 그들로부터 큰 해를 입을 위험이 크겠지요. 그러므로 나는 아무 말도 남기지 않는 편이 좋겠소. 그대들이 환경에 따라 대처해 나가야지요. 그렇게 하는 편이 훨씬 일하기가 쉬울 거요"

이렇게 말한 그는 눈을 감았다.

그러나 왕조명은 말을 멈추지 않았다.

"우리는 선생님을 따라서 분투하기를 수십 년이 넘었습니다. 지금까지 위험을 피하려는 생각은 가져본 일도 없었으며 또 앞으로도 위험을 두려워하지는 않겠습니다"

"그대들은 내가 무슨 말을 해주기를 바라지요?"

왕조명이 대답했다.

"우리는 지금 초고를 준비해 가지고 있습니다. 선생님께 읽어드리겠으니 찬성하신다면 서명해 주십시오. 그러면 우리는 이것을 선생님의 말씀으로 삼겠습니다. 만약에 찬성해 주실 수 없으시다면, 몇가지 말씀을 해주시면 제가 필기하겠습니다"

손문은 고개를 끄덕였다. 왕조명은 한 장의 종이를 꺼내 낮은 음성으로 천천히 읽었다. 왕조명 자신이 미리 써놓은 초고였다.

"여(余—나)는 국민혁명에 진력하기 40년, 그 목적은 중국의 자유평등을 구함에 있었다. 40년의 경험으로써 여가 알게 된 것은, 우리가 목적을 달성키 위해서는 무엇보다도 먼저 민중의 의식을 깨우쳐 일으키며 평등으로써 세계 민족과 연합하여 공동으로 분투해야 한다는 점이다. 현재의 혁명은 아직도 성공을 거두지 못했다. 모든 우리 동지들이여! 모름지기 여가 저술한 <건국방략(建國方略)>, <건국대강>, <삼민주의> 및 제1차 전국대표자대회 선언문>에 의거한 노력을 계속하고, 목적의 관철에 진력하라. 최근에 주장한 국민회의의 개회 및 불평등조약 철폐는 특히 단시간 안으로 실현토록 당부하는 바이다"

손문은 그것을 듣고 나더니 만족한 듯이 미소를 지었다.

"여는 군사에 진력했기 때문에 가산을 다스리지 못했다. 여가 남긴 서적·의복·주택 등 일체는 모두 여의 아내 송경령에게 부여하며 그것으로써 기념을 삼는다. 여의 자녀는 이미 장성하여 자립할 수가 있다. 각자 자중자애하여 여의 뜻을 잇기를 바라며 여기에 유촉한다"

이 유촉 초고에도 손문은 고개를 끄덕이면서 '좋아, 찬성하오'라고 대답했다. 왕조명은 그것에도 손문의 서명을 받기 위해서 붓과 먹을 들었다. 그때에 병실 밖에 있던 손문의 부인 송경령의 몹시도 흐느끼는 소리가 들려왔다.

손문은 부인에게 그 이상의 절망적인 감정을 일으키지 않도록 하기 위해 왕조명에게 이렇게 말했다.

"이 유촉문은 당신이 잠시 보관해 주시오. 서명은 잠시 미루어두고, 2, 3일 후에 다시 이야기합시다. 나는 아직도 며칠은 더 살아 있을 것 같으니까…"

왕조명은 2매의 유촉서를 호주머니에 넣고 병실을 나왔다.

그런 후 손문의 병상은 날로 악화되어갔다. 일본에서 개발된 신약을 주사하는 등 모든 가능한 방법을 써봤지만 상태는 호전되지 않았다. 강인한 의지력으로 가까스로 연명하는 상태였다.

'평화…분투…중국을 구하라'

'죽음의 병상'에 있는 손문에게 최대의 위로는 동정군이 광동에서 파죽지세로 진군을 계속하여 잇달아 들어오는 승보였다. 교군이 담수를 점령했을 때는 왕조명으로부터 '담수 승리의 전보를 총리께 보고했더니 무척 기뻐하셨습니다'라는 답전이 날아왔다. 그 후 평산의 승리, 조주·산두의 점령도 손문에게 전해졌다.

그러나 동정군의 기세와는 달리 손문의 용태는 날로 악화되어 갔다.

31일 아침 손문의 부인 송경령도 '이제 와서는 어쩔 수 없습니다. 잘 부탁합니다'라고 말했다. 그러나 손문에게 유언장을 내미는 자는 아무도 없었다. 정오에 손문은 눈을 떴다. 병실 안에 있는 가족과 동지들에게 가까이 오라고 손짓했다.

"아직은 나의 눈이 여러분의 모습을 분간할 수 있소. 자아, 준비해 둔 유촉장을 어서 꺼내시오. 내가 서명을 할 시간이 왔나보오"

왕조명이 2매의 유촉과, 손과(孫科—손문의 장남)가 사용하는 만년필을 건넸다. 손문의 손은 힘없이 떨리고 있었다. 송경령은 눈물을 흘리면서 손문의 손에 만년필을 쥐어주었다. 그 손은 마침내 서명을 끝냈다. 아주 뚜렷한 서명이었다.

이때 병상을 지키던 사람은 부인 송경령, 장남인 손과 외에 오경항·송자문·공상희·왕조명·대은새(戴恩賽)·소원충(邵元冲)·대계도·추로(鄒魯)·장인걸(張人傑)·진우인(陳友仁)·하향응(何香凝) 등 10명이었다.

이때 돌연히 영문 비서 진우인이 영문초고 1통을 꺼냈다. 진우인과 소련인 고문 보로딘이 기초한 <소련에 대한 유서>였다.

송자문이 긴 영문을 읽었다. 그 유서는 동지들이 신중하게 토론해서 만든 유촉과는 달리 공산주의자들이 단독으로 만들어 놓았다가 손문의 임종 직전에 제출한 것이다. 손문은 그에 서명하지 않았다. 그 후 손문은 부인과 몇마디 말을 주고받은 다음 동지들에게 이렇게 말했다.

"내가 이번에 북경에 온 것은 평화통일을 도모하기 위해서였소. 내가 주장하는 통일방안은 국민회의를 열어서 삼민주의와 5권헌법을 실행하고 새 국가를 건설하자는 것이오. 동지 여러분은 분투노력하여 조속히 국민회의를열고, 삼민주의와 5권헌법을 실행해 주기 바라오. 그렇지 못한다면 나는 구천에서도 편히 잠들지 못할 거요"

"평화…분투…중국을 구하라…"

12일 오전 9시가 조금 지나서 손문은 왕조명을 불렀다. 뭔가 말을 하려 했지만 소리가 나오지 않았다. 왕조명이 수면을 취하도록 권했을 때 손문은 목이 가래로 잠기고 안색이 회백색으로 변했다. 임종은 오전 9시 반이었다.

전세계가 손문의 죽음을 애도

손문의 유체는 영구보존을 위해 협화의원에서 방부조치가 취해졌다.

북경정부는 국장을 제의했지만 국민당 중앙집행위원회의 북경주재 위원은 국민평등이라는 원칙을 고수하여 그것을 거절했다. 손문의 관은 3월 19일(1925년), 24명의 동지들이 운구하여 중앙공원의 제단으로 옮겨졌다. 연도에는 약 12만 명의 군중이 그의 영구를 배웅했다.

4월 2일에 영구는 북경의 벽운사(碧雲寺)에 임시로 안치되었다. 유언에 따라 수도 남경의 자금산(紫金山)에 안치된 것은 그로부터 4년 후, 북벌을 마치고 전국이 통일된 1929년 6월 1일이었다.

손문의 죽음을 애도하는 소리는 전세계에 확신되었다.

〈런던 타임즈〉는 '손문 박사는 고난과 실패 속에서 일생을 마쳤다. 그것을 아는 사람들은 충심으로 그의 죽음을 애도할 것이다'

라고 보도했으며, 또 미국 신문들은 '손문 박사는 근대 민족자결운동사에서 가장 뛰어난 인물 중의 한 사람이다. 인도·터키·페르시아(이란)·이집트에서는 손문을 그들의 이상인물로서 섬기고 있으며, 국민혁명을 환기하는 대명사처럼 부르고 있다'라고 평했다.

광동성 동강(東江) 전선에서 싸우는 동정군으로서는 손문의 서거야말로 더없이 큰 충격이었다. 그러나 적군과 대결하는 전선에서 슬픔에만 젖어 있을 수는 없었다.

3월 27일 정오, 황포군관학교의 교도 제1단 및 제2단 장병은 점령한 흥녕현성의 동문 밖에 모였다. 장개석은 거기서 이렇게 훈시했다.

"총리(손문)의 서거는 본교와 본당에게 더없는 슬픔을 주었고, 이보다 더 큰 불행은 없다. 이는 전세계 인류의 손실이 아닐 수 없다. 작년에 총리께서 북으로 가시는 도중에 본교에 들르셨을 때에 『사람은 누구나 죽음을 면할 수가 없다. 다만 중요한 것은 어떻게 살다가 죽느냐하는 것이고, 죽음의 장소를 가리는 일이다. 지금 나는 황포의 학생·병사들이 분투하는 모습과 정신을 보고 나의 사명을 인계해 줄 사람들이 있는 것을 알았다. 이제 나는 마음 편하게 죽을 수가 있다』고 말씀하셨다. 총리의 신병과 서거는 삼민주의를 완전히 실행하지 못하신 애태움에서 온 것이다. 진형명이 반기를 들고나온 지도 이미 3년의 세월이 흘렀지만 우리는 아직 역적을 제거하지 못했다. 그 근심이 총리의 신병을 유발한 원인이었고, 서거를 초래한 것이다. 총리는 지금 이승을 떠나 계시되, 영혼은 천상에서 편히 계시며 우리들의 모습을 지켜보시고 있다. 우리는 오직 분투 노력하여 총리의 한을 풀어드릴 뿐이다"

30일에는 흥녕현 북문 밖에서 손문과 전몰장병의 추도대회가 열렸다. 이 대회에는 각군 장병과 당원·학생·농민·노동자 등 약 5천

명이 참가했다. 대회에서 장개석은 다음과 같은 제문을 낭독했다.

"생각컨대, 가까이 모신 이래로, 환난은 많았고 안락은 적었습니다. 생사의 틈바구니를 오락가락 하실때마다 함께 강개, 통탄했습니다. 종일 얼굴을 마주하여 이심전심이었습니다. 그러던 정경을 아시는 이가 이제 세상에 없으십니다.

…저는 지금 학생을 교육하고, 당군(黨軍)을 훈련하며, 생명이 다하기까지 중화를 부흥하여 하늘에 계시는 영령을 위로할 따름입니다"

장은 다시 손문의 영전에 선서를 낭독했다.

"우리 육군군관학교의 모든 당원은 죽음에 이르도록 변함없이 총리의 유촉을 준수하고 유지를 계승하여 국민혁명을 실행할 것을 삼가 서약합니다"

제13장 국민정부의 수립

1. 합의제에 의한 국민정부

후계자 선택

공산당은 손문이 죽자 국민당을 분열시켜 주도권을 장악할 절호의 기회가 왔다고 생각했다. 그들은 코민테른과 국민당의 소련인 고문 보로딘의 지원하에 손문 이후의 국민당을 '좌파', '중도파', '우파'로 분열시켜 내부항쟁을 유도하고, 이 틈을 타 국민당의 주도권을 장악하려는 전략을 세웠다.

공산당의 계획은 다음 3단계로 이루어져 있었다.

제1단계―국민당 좌파와 중도파가 연합하여 우파를 공격한다.

제2단계―우파세력을 타도한 뒤 이른바 신우파로서의 좌파를 공격한다.

제3단계―신우파를 타도한 뒤 중도파를 공격대상으로 한다.

보로딘이 최초로 주목한 사람은 왕조명이었다. 우선 왕조명을 좌파의 영수로 세운 뒤 그와 연합하려 한 것이다. 손문이 아직 살아잇을 때부터 전체합의에 의한 국민당 후계자 선택을 주장한 쪽도 바로 공산당이었다. 후에 호한민이 명백히 밝힌 바에 의하면, 후계자의 선택기준은 '당원간에 성망이 높고', '주의주장이 없으며 권력지향적인 사람'이어야 한다는 2가지 점이었다. 보로딘은 호한민·왕조명·대계도 3인을 후보로 추천했다. 검토 결과 호한민에 대해 '일처리에 있어 추진력이 부족하다', 대계도에 대해선 '줏대가 없다'는 평가로 '부적격' 판정이 내려졌다. 결국 남은 왕조명이 용공정책에 반대하지 않은 전력과 '야심 있는 정객'이라는 이유로 제1후보로 뽑혔다. 보로딘으로부터 '이제 당신이 중국국민당의 영수다'라는 말을 들은 왕조명은 기쁨을 감추지 못했다.

그러나 공산당은 왕조명을 단번에 국민당의 영수로 추대하지는 않았다. 그들은 국민당을 단일지도체제에서 이른바 집단지도체제, 즉 합의제로 이끌어나갈 것을 주장했다. 이 또한 국민당의 주도권을 잡기 위한 공산당의 전략이었음을 두말할 것도 없다.

대본영에서 국민정부로

손문이 죽자 즉각 그의 뒤를 이어 모든 정무를 관장한 사람은 대원수 대리의 자격을 가진 호한민이었다. 이때 보로딘은 호한민을 우파로, 왕조명을 좌파로 각기 규정했다. 호한민과 왕조명은 여러 해에 걸친 동지로서 우정도 두터웠다. 그러나 보로딘은 그러한 분류로 두 사람을 대립 관계로 만들고, 나아가서는 국민당을 좌·우 양파로 분열시키려 했다. 또한 공산주의자들은 좌파를 '혁명적'이라고 부추기는 한편, 우파에 대해서는 '반혁명적'이라고 매도했다. 호한민의 당내 인기를 떨어뜨리기 위한 수법이었다.

6월 14일(1925년), 호한민은 대본영에 국민당 중앙정치위원회를 소집했다. 대본영을 개편하여 국민정부를 수립하기 위해서였다. 그리하여 위원회의 회의 결과 국민정부는 정부위원에 의한 집단지도체제(합의제)로 이끌어나갈 것이 결정되었다. 7월 1일에는 정식으로 국민정부가 광주에서 수립되었고, 정부위원으로는 호한민·왕조명·장인걸·담연개 등 16명이 선출되었다. 그 후 왕조명 등 정부위원 11명이 출석하여 주석을 호선하기로 했다. 그때 선출에 있어 주도권을 잡은 자는 고문으로 출석한 보로딘이었다. 그 결과 왕조명이 11

명 전원일치로 주석에 선출되었다.

7월 3일에는 위원 8인으로 구성된 군사위원회(왕·장개석도 포함)가 발족, 여기서도 역시 왕이 위원장에 선임되었다. 이로써 보로딘은 최초의 계획대로 공산당에 가장 유리한 인물을 정·군의 최고 포스트에 올려놓은 데 성공한 것이다.

그 후 왕은 보로딘의 지도 아래 호한민 추방에 나서게 된다.

소년노동자 살인사건

국내 정국이 안정되지 못하고 있을 때 국제적인 마찰도 속발하고 있었다. 상해의 '5·30사건', 광주의 '사기(沙基)사건' 등이 바로 그것이다. 이러한 사건은 제국주의 침략과 불평등조약에 반대하는 대규모 민족주의 운동의 도화선 역할을 했다.

5·30사건은 일본인이 경영하는 상해 조계의 방적공장에서 일어난 소년노동자 살해사건에서 비롯된 것이다.

일본은 청일전쟁의 승리로 체결된 불평등조약인 시모노세키 조약에 의해 중국 국내의 상항(商港)에 공장설립을 인정받게 되었다. 사건 당시, 상해에는 일본 방적공장이 22개나 되어 상해 전체의 방적공장 중 3분의 2를 점하고 있었다. 이러한 공장은 중국의 원료와 중국인 노동자의 저임금, 혹독한 노동조건으로 경영되고 있었다. 노동자는 매일 12시간 이상의 장시간 노동을 해야 하며, 그 임금은 1일 1각(角) 5분(分)의 3에 자니지 않는 액수였다. 그럼에도 불구하고 일본인 경영자들은 노동자를 묶어두기 위해 임금의 5%를 강제로 적립시켜 경영자가 관리하며 10년이 지나야 반환하고, 만약 중도에 그만 두는 경우에는 반환치 않는다는 부당한 규칙을 만들어놓고 있었다. 노동자들의 불만이 공장 안에 팽배해진 것은 말할 것도 없는 일이었다.

이러한 상황 아래서 마침내 일은 터지고 말았다. 발단은 일본인이 경영하던 내외방적 제8공장의 구석진 곳에서 발견된 소년노동자의 시체였다. 소년은 가슴에 수십 군데나 상처가 나 있었다. 일본관리자가 철봉으로 타살하여 시체를 감추어 두었던 것이다. 격분한 노동자들은 일본인 경영의 전공장에서 스트라이크에 돌입했다. 조계당국은 이 스트라이크를 강제로 파괴하려 했지만, 노동자들은 이에 굴하지 않았다. 그리하여 스트라이크는 2주일간 계속되었다.

상해총상회와 상회연합회가 조정에 나선 결과, 일본 측 경영자가 양보, 이후로는 노동자를 폭행하거나 폭언하지 않을 것이며, 스트라이크 기간인 2주일에 대한 임금을 지불하겠다고 약속함에 따라 노동자들도 점차 공장으로 돌아갔다. 그러나 이미 스트라이크는 청도(靑島)의 일본인 방적공장에까지 파급되어 있었고, 5월에 접어들자 상해에서 다시 스트라이크가 일어나기에 이르렀다. 중국인 노동자의 불만은 마침내 대규모의 반일운동으로 발전된 것이다.

5월 5일, 전면 스트라이크의 발단을 만들었던 상해의 내외방적은 스트라이크와 원료부족을 이유로 제7공장을 폐쇄하겠다는 태도로 나왔다. 노동자측은 고정홍(顧正洪) 등 8명을 대표로 내세워 공장측과 교섭을 벌였다. 그때 일본 측이 돌연 권총을 발사하여, 고정홍은 4발의 총탄을 맞고 절명하고 나머지 7명도 부상당했다.

이 소식이 알려지자 내외방적의 제5동공장, 제5서공장, 제7·8·12공장은 일제히 분노의 스트라이크에 돌입했다. 일본 측은 사건의 확대를 두려워하여 조계당국에, 병력을 파견하여 불온한 노동자들을 체포해 달라고 요청했다. 또한 일본의 상해총영사는 중국의 관계기관에 대해 노동자의 취체를 요구하고, 만약 이에 불응할때는 일본정부가 군대를 보내 진압하겠다고 위협했다.

5·30 사건

5월 22일, 고정홍의 추도식에 참석하려던 상해대학의 학생 4명이 조계경찰에 체포당한 일이 일어났다. 노동자·학생들의 분노는 극에 달했다.

5월 30일, 상해의 학생연합회는 대학생과 중학생 2천여 명을 동원, 조계 안에서 항의연설 운동을 벌였다. 조계경찰은 즉각 탄압에 나서 다수의 학생을 체포, 각 경찰서에 분산 유치시켰다. 이 학생들의 석방을 요구하는 데모가 다시 남경로를 휩쓸었다. 영국인 경찰은 그들 중 2명을 붙잡아 경찰서로 연행했다. 학생들은 그 뒤를 따라 경찰서 앞까지 쇄도했다. 이미 그곳에는 학생 외에도 기천 명의 군중이 운집해 있었다. 그들은 하나같이 '학생을 석방하라!'고 절규했다.

영국인 서장 에버슨은 인도인 경찰 22명을 입구에 반월형으로 둘러서게 했다. 3시 55분, 마침내 에버슨은 권총으로 위협사격을 하면서 부하들에게 일제 사격을 명했다. 무방비의 학생·군중에서 44발의 총탄이 퍼부어졌다. 그 결과 대학생 11명이 그 자리에서 숨지고, 20여 명이 부상당하는 참사가 일어나고 말았다. 이것이 바로 '5·30사건'이다.

이 사건은 전국에 걸쳐 해일과 같은 반제국주의 운동을 불러 일으켰다. 그 선봉에 선 세력은 북경대학 학생들이었다. 사건 다음날인 31일에는 대학 내에서 집회가 열려 대응책이 논의되었다. 그들 중 공산당적을 가진 학생들이 주가 되어 사건의 책임은 영국과 일본에 있다고 규정짓고 '영·일 제국주의 타도'를 슬로건으로 할 것을 주장했다. 한편, 국민당적을 가진 학생들은, 영·일동맹이 해체되고 극동에 있어 양국의 이해관계가 날카롭게 대립되고 있는 이때, 그러한 슬고건은 양국의 결속을 강화시켜 주어 혁명운동 전반에 불리한 영향을 끼칠 우려가 있다고 주장했다. 따라서 타켓은 영국에 한하자는 의견을 내세웠다. 이리하여 이후의 항의운동은 영국 한 나라에 초점을 맞추기로 결정되었다.

북경대학의 호소에 따라 전국 각지의 학생·노동자·상공업자들이 영국상품 보이콧 운동에 나서게 되었다. 영국은 이때도 무력으로 그것을 분쇄하려 했다. 6월 11일에 한구, 13일에 구강(九江), 23일에 광주의 사기(沙基), 7월 31일에 남경 등지에서 영국에 의한 민중학살사건이 잇달아 일어났다. 그중에서도 가장 참혹한 예가 광주 사기사건이었다.

6월 23일 광주의 노동자·농민·학생 약 7만 명은 5·30사건 추도대회를 연 뒤 시내를 데모 행진했다. 참가자 중에는 황포군관학교 학생 약 8백명도 끼어 있었다. 오후 2시 40분경 데모대가 사기의 서교구(西橋口)에 이르렀을 때, 돌연 주강(珠江) 대안의 영국·프랑스 조계로부터 데모대를 향해 소총·기관총이 난사되기 시작했다. 동시에 백아담(白鵝潭)에 정박중이던 영국·프랑스·포르투갈 군함으로부터 포격이 퍼부어졌다. 불과 수십 분 만에 60명의 민중과 23명의 군관학교 학생·군인이 목숨을 잃었고 5백여 명이 부상당하는 참변이 일어났다. 5·30사건의 희생자를 훨씬 웃도는 사상자가 발생한 셈이었다.

사건 직후 광주의 혁명정부는 즉각 영·불·포르투갈 3국의 광동 주재 영사에 엄중한 항의를 제기했다. 그러나 3국 영사는 언사를 농하며 책임을 회피했다. 혁명정부는 영국에 대해 경제단교를 선포하고 각국 상선의 홍콩 정박을 금지시켰다.

홍콩·광동의 상공업자들도 '광동·홍콩 스트라이크 위원회'를 조직하여 영국에 대한 경제단교를 선언했다. 스트라이크는 7월에서 이듬해 12월까지 1년 반에 걸쳐 시행되었다. 그 기간 중 홍콩 노동자 대부분이 광동으로 철수하는 바람에 홍콩 주민은 40% 격감하여 도산한 상점 수가 4백여 업체에 이르렀다. 홍콩은 문자 그대로 '죽음의 거리'로 변했다. 홍콩을 지배하는 영국은 이로써 엄청난 타격을 받을 수밖에 없었다.

2. 북벌을 위한 준비

2인의 배신자

손문의 죽음이라는 비극을 맞은 가운데서도 황포군관학교 교도단은 전승에 힘입어 당군(黨軍)을 조직했다. 이 당군을 포함한 동정군(東征軍)의 주력은 광주를 떠나 광동성 동부에 주둔해 있었다.

1925년 4월 28일, 산두에 있는 광동군 총사령부 행영(行營)에서 총사령 허숭지와 군관학교 당대표 요중개 사이에 앞으로의 군사계획에 대한 논의가 있었다. 이 자리에서 결정된 것은, 군의 내부결속을 다지기 위한 양희민(운남군)과 유진환(광서군)의 토벌이었다. 그 중요임무는 당군 사령관에 맡겨졌다.

양희민과 유진환 2인은 '아군'으로 자처하여 동정 때 좌익과 중로군을 담당했지만, 광주에 틀어박힌 채 전혀 움직이려 하지 않았다. 그리고는 우익군의 고분분투를 남의 일처럼 멀리서 구경할 뿐이었다. 게다가 북경정부와 진형명에 끈을 대고 광주를 장악하기 위해 기회만을 노리고 있었다. 마침내 그들은 광주 주민들로부터 마음대로 군비를 징수하여 혁명정부의 재정통일을 교란하는 등, 개별적인 행동을 하기 시작했다.

그에 앞서 3월 20일 흥녕(興寧)에 입성했을 때, 당군은 그 두사람의 반역증거를 잡을 수 있었다. 적장 임호(林虎)의 사령부를 수색했을 때 양희민과 진형명이 주고받은 비밀전문이 다수 발견되었던 것이다. 조사 결과 다음과 같은 사실들이 판명되었다.

1. 유진환은 직접 운남으로 잠행하여 당계요로부터 군대를 광동으로 보내겠다는 약속을 받아냈다. 당은 손문이 대원수에 취임했을 때 부원수로 임명되었음에도 불구하고 취임하지 않은 '항명분자'였다. 그런데 손문이 죽자 별안간 부원수를 자임하고 병력을 모아 광주로 육박해왔다. 유진환은 그러한 당계요를 도왔다. 당에서는 마침내 그의 부원수직을 박탈하고 토벌을 선언했다.

2. 양희민은 홍콩으로 가서 영국인과 결탁, 북경정부를 움직여 북경정부의 광동독리(廣東督理)에 오를 공작을 폈다.

운남·광서군은 속속 광주로 집결하기 시작했다. 사태가 이에 이르자 더 이상 화해할 여지는 없어지고 말았다. 더 이상 그들을 방치한다는 것은 혁명진영에 위험을 자초하는 결과가 되리라는 판단이 내려졌다.

5월 21일, 당군 제1여(하응흠), 광동군 제1여(진명추) 등이 매현(梅縣)을 출발, 광주로 향했다. 혁명의 근거지 광주를 반혁명분자의 손에서 해방시키기 위한 진군이었다. 혁명군의 발생지가 원래 광주였던 만큼 이들 부대는 말하자면 귀환부대인 셈이다. 혁명군이 광주에 육박하자 양·유 등은 황급히 군대를 전방으로 진출시켜 방어하려 했다. 그러나 바로 이때, 광주(광주-구룡)·광삼(광주-삼수)·월한(광주-한구)의 세 철도를 비롯한 선박노동자들이 일제히 파업에 돌입하여 유·양 군대는 이동할 수가 없었다. 파업을 공작한 것은 교군의 당대표 요중개였다.

귀환부대는 장목두(樟木頭)에 집결하여 공격태세를 갖춘 다음, 당군 제1여를 선두로 석룡(石龍)을 거쳐 석탄(石灘)을 점령했다. 적은 용안동(龍眼洞)과 광구철로 일대에 대군을 전개, 혁명군의 진로를 막았다.

혁명군은 주력을
용안동에 투입하는
한편 일부병력을 광
구철로 연변으로 진
격시켰다. 이틀 후
인 6월 11일 오후,
용안동이 혁명군

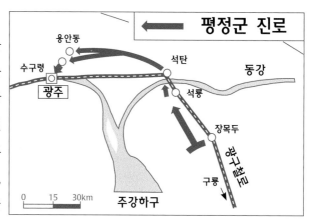

주력에게 떨어졌고, 다음날 아침까지는 부근의 요지가 모두 제압당
했다.

국민혁명군의 탄생

한편 광구철로 연변으로 진격한 부대는 수구령(瘦狗嶺) 일대에
강력한 방어선을 구축한 적의 반격에 맞닥뜨리게 되었다. 혁명군은
해군의 함포사격 지원을 받는 한편 항공대를 출동시켜 포탄을 투하
했다. 이 전투에서 광구철로를 방어하던 운남군 수장(首長) 조성량
(趙成樑)이 전사하고, 전군이 붕괴, 광주시내로 퇴각했다. 그들을
추격하여 혁명군이 시내로 돌입하자 그들은 완전히 전의를 잃고 차
례차례 무기를 버렸다. 투항한 적군의 수는 2만에 달했다. 양희민과
유진환은 외국의 보호를 구하기 위해 사면(沙面)의 조계로 도망쳤
다. 이로써 혁명 근거지 광주의 가짜 혁명군은 일소되고 말았다.

이에 따라 7월 1일 중화민국 국민정부가 광주에 수립되고, 군은
'군사위원회'의 통괄 아래 '국민혁명군'으로 개편되었다. 개편된 각
군의 군장은 다음과 같다.

제1군(당군)＝장개석 제2군(호남군)＝담연개 제3군(건국 제1
군)＝주재덕 제4군(광동군)＝이제침 제5군(광동군)＝이복림

새 진용을 갖춘 국민혁명군은 곧 2차 동정에 나섰다. 2~3월의 1 차 동정으로 큰 타격을 입은 진형명의 부하 홍조린과 임호 등의 부대는 동정군에 귀순할 것을 서약함에 따라 그대로의 잔류가 허락되었다. 그런데 광주탈환을 위해 혁명군 주력이 철수하자 다시 불온한 움직임을 보이기 시작한 것이다. 국민정부가 '사기사건'과 '요중개 암살사건'으로 내부혼란에 빠져 있을 때 그들은 다시 거병하여 반란을 일으켰다. 조주(潮州)·매현 등지에 배치되어 있던 국민혁명군 현지부대는 3만 병력의 반군이 압도당해 퇴각에 퇴각을 거듭해야만 했다. 반군은 마침내 광주 동쪽 150km 지점의 평산(平山)에까지 육박하기에 이르렀다.

국민정부 군사위원회는 급히 2차 동정을 결정했다. 이번에는 대군을 투입하여 광동성 동부, 동강(東江) 방면의 반군을 일망타진할 작정이었다.

9월 28일, 장개석은 '동정총지휘'에 임명되자마자 즉시 국민혁명군에 출진을 명령했다. 제1군과 제3군을 중심으로 3종대를 편성하고, 하응흠·이제침·정잠(程潛)을 각각 제1·제2·제3종대장으로 임명했다. 이때 제1군 제2사(師)의 당대표에는 공산당의 주은래(周恩來)가 임명되었다.

동정군의 작전은 진형명의 근거지인 혜주를 단숨에 관통하는 '중앙돌파'를 감행하는 것이었다. 혜주는 남·서·북 3면이 강으로 둘러싸여 있고, 뒤로는 산을 등지고 있는 난공불락의 땅으로, 예로부터 '동강의 요새'로 불리는 곳이었다. 혜주성 안에는 양곤여(楊坤如)가 이끄는 3천명이 버티고 있었다.

혜주성 공격에는 제1종대의 정예부대가 나서게 되었다. 10월 13일 오전 9시 반, 야포가 불을 뿜으면서 동시에 전투가 개시되었다. 동정군의 격렬한 포격으로 혜주성 북문계의 성벽이 무너져내렸다.

제1종대의 보병이
북문돌파를 감행,
북문교를 건너 성에
육박했지만 적의 맹
렬한 총포화를 뒤
집어쓰고 퇴각할 수
밖에 없었다. 보병
은 5회에 걸쳐 돌격

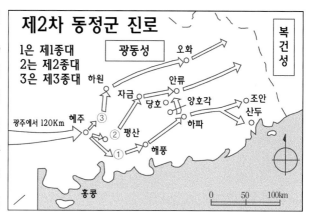

을 되풀이했지만 번번이 실패하고 다수의 사상자만 내고 말았다.

오후 4시, 간신히 사다리를 성벽에 대고 올라갔으나 역시 실패로
끝냈다. 보병 제4단 단장 유요신은 직접 대나무 사다리를 갖고 결사
대와 함께 용전분투하다가 전사했다. 제4단의 사상자는 절반을 넘
었다. 고전하는 제4단에 보병 제7·제8단과 보충단이 투입되어 여러
차례 공성을 시도했지만 전부 격퇴당하고 말았다. 밤이 되자 혁명군
은 일단 부대를 철수하고, 다음날 다른 방법의 공략작전을 세웠다.

다음날 14일 오전, 각 부대는 다시 혜주공격에 나섰다. 전날 다
수의 사상자를 낸 보병 제4단은 계속 북문공격의 제1선에 나설 것
을 지원했다.

총공격은 오후 2시에 개시되었다. 제4단·제8단이 북문공격에 투
입되었고, 제7단·보충단이 서문을 육박했다. 동정군의 야포·산포
가 전화력을 집중하여 북문에다 퍼부었다. 적의 유력한 화기는 북
문 성루 옆의 초가집에 설치한 기관총이었다. 성루 뒤에 가려져 있
기 때문에 포격에도 끄떡없었다. 이를 안 동정군은 산포를 북문 가
까이 끌고와서 한방에 기관총 진지를 날려 버렸다.

그 틈을 타 제4단의 병사들이 일제히 사다리를 타고 단숨에 성
벽을 기어올랐다. 그리고는 성벽 위에서 수류탄을 던졌다. 이로써

북문의 방어선은 허물어지고 동정군이 성 안으로 쇄도해 들어갔다. 양곤여는 끝까지 사령부를 지키며 저항했지만 이미 전세는 기울어 있었다. 그는 부상당한 몸으로 잔병을 이끌고 성을 빠져나가 도주했다. 이리하여 혜주는 저녁 무렵 완전히 동정군에 함락당했다.

동정군, 파죽의 진격

입성 후 광주의 당중앙과 국민정부 주석 왕조명에게 승리를 보고하는 전문을 보냈다.

혜주전투야말로 2차 동정의 승패를 판가름짓는 열쇠와 다름없었다. 서전에서 최대의 난관을 돌파한 동정군의 사기는 자못 높았다. 전열을 가다듬은 동정군은 입성 사흘 후인 10월 17일 다시 동진을 계속했다. 제1종대는 우로군으로 1차 동정 때와 같은 코스로 진군, 해풍(海豊) 등 요지를 장악한 다음 26일에는 하파(河婆)에 이르렀다.

중로군인 제2종대는 자금(紫金) 방면으로 진출했다. 그리고 좌로군인 제3종대는 하원(河源)에서 동강을 따라 오화(五華)로 진격했다. 이 같은 파죽의 진격에 퇴각을 거듭하던 진형명군은 당호(塘湖) 주변에 주력을 집결시켜 결전태세에 들어갔다.

제1종대 제3사를 이끌고 최초로 당호 부근에서 진형명군과 맞닥뜨린 하응흠은 적이 5천을 넘는 대군임을 알자 일단 양호각(洋湖角)으로 물러났다. 적은 곧장 하파를 향해 진격해 왔다. 그러자 제1사가 그들을 격파 시켰고, 이윽고 자금 방면의 제2종대가 달려와 매림(梅林) 부근에서 적을 포위, 5천 명의 대군을 무장해제시켰다. 그때는 이미 남은 적군들도 전의를 잃어 동정군은 광동성 동부 전역을 완전히 평정했다. 2차 동정에 나선지 약 한달 남짓한 11월 초하루로 토벌작전은 마무리 되었다. 실로 영풍함 사건이 일어난지 4년여 만에 진형명의 반군세력이 광동에서 완전히 구축된 셈이었다.

이 동정에 의해 국민정부는 전국통일을 위한 북벌의 근거지를 확고히 장악한 셈이 되었다.

3. 국민당의 내분

요중개, 흉탄에 쓰러지다

국민정부가 정식으로 발족한 것은 2차 동정 전인 1925년 7월 1일이었다. 왕조명이 국민당 주석에 취임하여 군·정의 대권을 한손에 틀어쥐게 되었다. 왕의 뒤에서 그를 지원 조종하는 인물은 다름 아닌 소련인 정치고문 보로딘이었다. 앞에서도 말한 바와 같이 보로딘은 공산당에 가장 협조적인 인물인 왕조명을 국민당 영수로 천거한 것이다. 그는 당무와 정무에 걸쳐 커다란 영향력을 발휘하고 있었다. 그때까지 미약한 존재에 지나지 않았던 공산당은 보로딘의 후원을 업고 국민당 중앙부 깊숙이 세력을 부식하기에 이르렀다.

자연 국민당 우파의 불만은 높아갔다. 일례로 당청년부장 추로(鄒魯)는 '보로딘과 왕조명이 독선적인 운명을 계속하는 식이라면 중앙당부가 존재하지 않는 것이나 마찬가지다'라고 비난했다. 광동대학장을 겸하고 있는 추로는 학내에 반공 삐라를 배포하고, 청년들이 공산주의의 유혹에 빠져들지 않게끔 다각적인 노력을 기울였다. 이에 대해 공산주의자들은 광동대학을 '반혁명의 대본영'이라고 비난했다.

요중개 암살사건은 이러한 정세 속에서 일어난 것이다.

8월 20일 오전 10시경, 중앙집행위원회에 출석하기 위해 중앙당부를 방문한 요중개는 정문 앞에서 저격당했다. 곧 광동대학 외과의 원으로 옮겨졌으나 이내 숨지고 말았다. 당년 48세─.

범인 진순(陳順)은 현장에서 사살되었다.

요중개는 중국혁명동맹회(1905년 결성) 이래 20년에 걸쳐 손문과 생사를 같이한 중국혁명의 중진이었다. 손문·요페 회담 후, 요페와 동행하여 일본까지 간 적도 있으며, 손문에게 연소용공(連蘇容共)정책의 채택을 건의하기도 했으나 원래 공산주의자는 아니었다. 국민정부 수립과 동시에 재정부장에 취임, 손목 사후의 국민당에 커다란 비중을 차지하고 있었다.

요중개의 비참한 죽음에 국민당과 정부는 커다란 충격을 받았다. 정부는 각 기관이 3일간 반기(半旗)를 게양하고, 전직원은 1주일간 상장을 달도록 하여 애도의 뜻을 표하게 했다.

문제는 사건의 처리에 있었다. 국민당 정부·당중앙·군사위원회는 사건 직후, 요중개 암살사건을 조사하기 위한 특별위원회를 조직했다. 왕조명·허숭지가 함께 위원에 임명되었다. 이 위원회는 사건발생 닷새후인 25일, 호의생(胡毅生)·임직면(林直勉)·주탁문(朱卓文)에 대해 체포령을 내렸다.

호의생은 역시 당 중진인 호한민(외교부장)의 사촌동생으로, 반공단체인 '혁명기념회', '문화당(文華堂)'의 지도자이다. 평소 그는 국민당내의 공산주의자들을 맹렬히 비난하면서 요중개의 용공방침에 반대해 왔다.

임직면은 미국화교 출신으로, 한때 손문이 비서로 일한 적이 있는 사람이다. 역시 혁명기념회 지도자의 한 사람으로, 암살사건 직전 주탁문 등과 '요중개를 죽이지 않으면 안 된다'는 말을 했다는 정보가 있었다.

주탁문은 하와이 '흥중회' 이래 손문의 동지였다. 범인 진순이 범행에 사용한 피스톨의 주인으로서, 세 사람 중에서도 가장 혐의가 짙은 인물이었다.

체포령이 떨어지자 세 사람 중 호의생과 주탁문은 자취를 감추었고 임직면만 체포되었다. 임은 '요중개는 공산당이다. 그는 국민정부의 관리가 되어서는 안될 사람이었다. 그는 제거되어 마땅하다'고 말하면서도 범행과는 무관하다고 주장했다.

호의생은 상해로 탈출한 후 〈국내외 동지에게 고하는 글〉을 발표, 역시 범행을 부인했다. 또한 주탁문도 도피생활을 계속하다가 1년 후에 〈해내외 동지에게 드리는 글〉에서 '요중개가 저격당한 것은 실로 민중의 마지막 심판이다'라고 썼다. 주는 오랜 잠행을 계속하다가 1936년 주원정(朱元鼎)으로 개명하고 광동성 중산현(中山縣—예전의 香山縣. 손문을 기념하여 그의 사후에 개칭했음)의 토지국장 겸 건설국장으로 앉아 〈중산일보(中山日報)〉를 창간했다. 동 지상에서 그는 '사건 1주일 전쯤 보로딘·왕조명·요중개 3인을 전부 암살할 계획을 세웠지만 이 사실을 안 공안국장 오철성(吳鐵城)에게 제지당해 실행에는 이르지 못했다'고 술회했다.

요중개 암살사건의 진상은 결국 오늘날까지 해명되지 않고 있다. 하수인 진순의 단독범행 가능성이 없지 않다고도 하겠다. 용의자 3인에 대해서는, 주탁문이 진순과의 연대관계로 보아 일단 혐의를 면키 어렵다고 하겠으나, 호와 임이 범행에 관련된 증거는 끝내 발견되지 않았다.

우파 숙청

이 사건은 그러나 진상이 어떤가는 관계없이 커다란 정치적 사건으로 발전했다. 좌·우파의 대립에 의한 당내 분열이 심화되기 시작한 것이다.

요중개를 '친공적'이라고 본 공산주의자는 이 사건을 정치문제화하여 당내 반공세력을 약화시키려 했다. 보로딘은 이 사건 후 설치된 특별위원회를 왕조명과 함께 조직하고, 공산당에게 유리하도록 위원회를 조종했다.

사건 다음날 보로딘은 아침 일찍 '체포자 명단'을 갖고 나왔다. 거기에는 추로·호한민·등택여·사지(謝持) 등 국민당 실력자들의 이름이 끼어 있었다. 그는 사건규명이라는 명목하에 국민당 수뇌부의 일제 체포를 요구하고 나섰다. 그러한 요구가 받아들여질 리가 없었다. 허숭지를 비롯한 위원들은 그 자리에서 거부의 뜻을 분명히 했다. 그러자 보로딘은 온갖 방법을 다해 공산주의자를 작용하여 '우파 숙청운동'을 일으키려 했다.

일례로, 담평산(譚平山)은 중공당 중앙의 지시로 〈요중개 선생의 서거에 즈음하여 일반 혁명적 민중에게 삼가 아뢴다〉는 제목의 글을 발표, '여러분은 현재 요중개 선생과 동일한 목적을 위해 분투하는 까닭으로 제국주의자·반혁명파로부터 위협당하고 있는 것이다. 여러분이 그들을 죽이지 않는다면 그들이 여러분을 죽이려 할 것이다'라고 선동했다.

또한 주은래도 당군 정치부 주임으로서 〈인민에 고하는 글〉〈혁명군인에게 고한다〉〈노농우인(勞農友人)에게 고한다〉 등의 글을 잇달아 발표, '당의 원수를 잊지 말자! 당의 원수를 두드려잡자!'는 격렬한 어조로 실력대결을 호소했다.

이러한 '우파 숙청'의 소리는 국민당 수뇌부의 내분을 촉발시켰다. 손문이 죽은 후 국민당은 3인의 실력자에 의해 운영되었다. 곧, 왕조명·호한민·요중개가 그들이다. 요는 암살당함으로써 제거되었고, 호한민은 암살사건의 혐의자 호의생의 사촌형이자 또다른 혐의자인 임직면과도 친분이 있었던만큼 사건의 '흑막' 뒤에 있는 인물로 지목되어 곤경에 처할 수밖에 없었다.

이 기회를 틈타 왕조명은 9월 15일의 중앙
상무위원회에서 '호한민 동지가 외국과의 협의
를 위한 출국을 요청했다'고 발표했다. '외국'이
란 소련을 가르키는 말이었다.

호한민은 마치 추방당하듯이 9월 22일 황
포에서 소련선 '몽고호'에 올랐다. '요양', '정
치·경제의 중요문제 협의'라는 명목이었다. 호
에게는 '항간의 유언비어를 막는다'는 명목으
로 보로딘의 심복이 동행했다.

왕조명

▶ 이로부터 약 1개월 여 뒤 장개석의 장남 장경국(蔣經國—현 자
유중국 총통)이 모스크바의 중산대학에 유학하기 위해 소련으로 출
발했다. 그때 장개석은 2차동정에 올라 해주를 공략한 데 이어 잔적
을 추격, 진공중에 있었다.

호한민의 '국외추방'과 동시에 반공간부에 대한 축출도 함께 진
행되었다. '5·30사건' 이래, 국민의 민족의식이 고조되는 것을 계
기로 삼아, 보로딘은 당의 요인을 화북으로 보내 국민혁명의 취지
를 통보하자고 정치위원회에 제안했다. 그 대표로 뽑힌 사람은 당내
에서도 반공으로 널리 알려진 임삼(林森)과 추로 두 사람이었다. 이
인선의 이면에는 보로딘의 입김이 작용했다. 이른바 조호이산(調虎
離山—위험인물을 본거지로부터 떼어낸다)의 인선이었다.

임삼·추로를 북경으로 쫓아보낸 왕조명은 그들의 후임 중앙상
무위원으로 즉각 임조함(林祖涵)과 담평산 두 사람을 임명했다. 둘
다 공산당원이었다. 당시 중앙상무위원회는 왕조명·임삼·추로·정
유분(丁惟汾)·우수덕(于樹德) 다섯 사람이었으나, 정과 우는 북경
에 있고 임과 추는 거세되었던 것이다.

1전대회 이래 국민당과 합작한 공산당은 2년이 안 되는 동안에
당의 중추부를 완전히 장악하기에 이른 것이다.

제14장 국·공의 갈등

1. 두 파로 분열된 국민당

반공으로 뭉친 서산회의파

광주를 쫓겨난 임삼과 추로의 결의는 반공을 공공연히 내걸고, 국민당의 체질을 근본적으로 개혁하는 데 있었다. 두 사람은 우선 상해로 가서 반공파인 대계도·사지·소원충(邵元沖)·섭초창(葉楚傖) 들과 의논, 북경에서 '제1기 4중전회(四中全會)'를 열기로 결정했다. 그들은 각처의 반공동지들과 연락을 취하면서 속속 북경으로 모여들었다.

이 같은 움직임에 대하여 공산당은 신경을 곤두세우고 갖가지 방해공작을 벌였다. 회합장소에 공산당원이 몰려와 폭력을 휘두르는 사건까지 일어났다.

1925년 11월 23일, 임삼 등은 북경의 서산(西山) 벽운사(碧雲寺)의 손문 무덤 앞에 모여 '제1기 중앙집행위원회 제4차 전체회의'를 개최했다. 이후부터 '서산회의' 참가자는 '서산회의파'라고 일컬어진다.

회의는 첫날에 공산당원의 국민당적을 박탈하는 결의를 채택하고, 다음과 같은 선언을 발표했다.

"본당(중국국민당)의 총리(손문)가 중국 공산당원의 입당을 허가한 것은, 그들이 개인의 자격으로 본당의 주의를 신앙하고, 국민혁명을 추진함에 있어 본당의 주의·선전·임무에 노력케 하기 위해서이며, 공산당이 당으로서 가입하여, 본당 내에서 별개의 공작을 하지 않을 것임을 성명했기 때문이다. 그러나 지난 2년간 공산당원으로서본당에 가입한 자의 언론·공작의 모든 것은 공산당 기관의 결의와 지휘에 의거하고 있고, 완전히 공산당의 활동이 되어 있다. 생각건대 공산당원이 본당에 가입한 의도는 본당을 이용하여 공산당 세력의 발전을 꾀하고, 소련의 앞잡이가 되는 데에 있다. 중·소의 역사는 다르고, 사회정세도 역시 다르다. 국민혁명과 계급혁명은 병행할 수 있는 것이 아니다. 만약 공산당원을 본당 내에 오래도록 그대로 둔다면, 혁명단체의 당원은 내부문제로 인해 분쟁이 격렬해지고, 나아가서는 국민혁명의 진전에도 방해가 될 것이다'

이에 의거하여 12월 2일, 우선 담평산·이대교·모택동·구추백(瞿秋白)·장국도(張國燾) 등 9명의 국민당적을 박탈했다.

'서산회의'는 이어 12월 4일(1925년)에 주석 왕조명의 당적을 6개월간 정지하고, 중앙집행위원에서 해임할 것을 결의하는 동시에 다음과 같은 왕조명의 '죄상'을 의결했다.

1. 당중앙·국민정부를 보로딘이 조종하는 대로 맡겼다.

2. 요중개 암살사건 후 보로딘의 교사를 받아 호한민을 추방했다.

3. 18개월 중 14개월 동안이나 휴가를 하고, 몰래 호남성에 잠입하여 공산당운동을 하고 있던 모택동을 발탁하여 중앙선전부장으로 삼았다.

우파는 12월 14일 상해집행부를 접수, 이곳을 '중앙당부'로 삼고, 독자적으로 '당무'를 개시했다. 중국국민당은 이로 인해 '서산회의파'와 '광주파'로 분열의 위기를 맞이했다.

정세는 이미 빼도 박도 못할 데까지 진전해 있었다. 이듬해인 1926년 1월 1일에는 광주에서 중국국민당 제2차 전국대표대회(2전

▶ 장개석은 대회개막 전날인 1925년 12월 31일데산두 방면으로부터 황포에 귀착, 2전대회에 절강성 대표 자격으로 참가했다.

대회)가 열려, 결정적인 단계로 돌입했던 것이다.

공산당이 주도한 2전대회

광주의 2전대회는 이미 공산당원이 마음대로 조종하게 되어 있었다.

대회에 앞서서 대회참가자의 '대표자격 심사위원회'가 조직되어 있었는데, 그 위원은 등백여·임조함·모택동·담평산·임산의 5명이었다. 그중 임삼은 이미 광주를 떠나 있었고, 공산당원이 아닌 사람은 등택여 밖에 없었다.

그런데 등택여는 공산당원을 싫어하여 위원직을 거부했다. 그 때문에 대회대표의 자격심사는 임조함·모택동·담평산의 공산당원 세 사람에게 완전 장악되었다. 그 결과, 많은 공산당원이 대회대표 자격을 획득하여 대회 전대표 256명 중 공산당원이 3분의 1 이상인 90명을 차지했다. 이 90명에는 공산당의 중앙·지방의 간부 대부분이 포함되어 있었다.

대회기간 중 공산당원의 대표들은 담평산·모택동·장국도 등 11명을 간사로 하는 '비밀당단'을 조직하여 매일 최저 한 번은 집회를 열고, 공산당 중앙정치국의 지휘하에 일사분란하게 움직였다.

인원수는 3분의 1 남짓이었지만 토론이나 의사진행을 충분히 좌우할 수 있는 세력이었다.

당내 반공파의 시련

대회의 초점이 되었던 것은 서산회의파의 '처분'이었다. 공산당은 이것을 반공세력을 일소할 절호의 구실로 삼았다.

장개석은 제2차 전국대표대회의 대표를 초청한 연석에서 다음과 같이 말했다. 이때 장내의 공기는 험악했으나, 그는 결단을 내려 이렇게 말했다.

"여러분은 지금 여기에 제2차 건국대회를 열고 있지만, 우리들 중국
국민당은 총리(손문)가 남겨준 것이다. 우리는 총리의 마음을 우리 당
의 마음으로 삼고, 총리의 뜻을 우리의 뜻으로 삼아야 한다. 제2차 전
국대표대회의 결과가 천상(天上)의 총리를 나날이 탄식케 하는 것과
같은 일이 있어서는 안 된다"

장의 말에 대해, 다소나마 공산당적 색채를 띤 대표들은 완전히
반대하는 태도를 보였다.

장개석은 상해에서 돌아온 손과(孫科)와 '당의 단결'에 관해서
협의하여, 서산회의에 관한 의제는 3전대회까지 보류하고, 다른 기
회에 다시 결정하자는 태도를 분명히 했다. 그러나 대회비서장 오옥
장(吳玉章) 등 공산당원을 주도로, 1월 16일에 '서산회의 탄핵결의
안'이 정식으로 통과되고 말았다.

이것은 ① 추로·사지 두 사람은 영원히 중국국민당적에서 제적
한다, ② 임삼·장계(張繼)·거정·소원충 등 12명에 대해서는 서면
으로 '반성'을 경고하고, 2개월 이내에 경고를 받아들이지 않으면
제적한다─는 등 강경한 것이었다.

말하자면 당내의 반공파의 대부분은 당을 떠나든가 완전 굴복을
강요 당했던 것이다.

서산회의파를 '처분'한 뒤, 중국국민당 제2차 전국대표대회(2전
대회)는 중앙집행위원·중앙감찰위원 및 후보위원을 선출했다. 공산
당원은 중앙집행위원으로 36명 중 임조함·이대교·담평산 등 9명,
후보중앙위원으로는 24명 중 모택동 등 6명이 선출되었다. 중앙감
찰위원으로도 12명 중 고어한(高語罕) 등 2명, 후보 중앙감찰위원
에는 한 사람이 선출되는 등 대폭적인 약진을 보였다.

그 뒤 제2기 중앙집행위원회 제1차 전체회의에서 실시된 중앙상

무위원의 인선에서는 다음의 9명이 선출되었다.

왕조명·담연개·장개석·담평산·임조함·호한민·진공박(陳公博)·감내광(甘乃光)·양포안(楊匏安).

이중 담·임·양 세 사람이 공산당원, 왕·진(중공 1전대회에 출석했으나 후에 탈당)·감 세 사람은 공산당 동조자였다. 호한민은 모스크바로 추방당한 채로 있었고, '우파 국민당원'은 담연개와 장개석 단 두 사람뿐이었다.

또 당내의 각 조직은 조직부장에 담평산, 농민부장에 임조함이 취임(모두 비서처 비서를 겸임)하고, 선전부장에는 당초에 왕조명이 앉았으나 오래지 않아 모택동과 교체했다.

각부의 비서는 모두 공산당원에게 점령당했다. 이중 공인부(工人部)는 부장인 호한민이 부재이고, 부녀부는 송경령(頌慶齡―손문의 아내)이 부장 취임을 사퇴했기 때문에, 각각 풍국파(馮菊坡)·등영초(鄧潁超―주은래의 아내)가 비서이면서 실권을 장악하게 되었다. 이로써 중국국민당의 지도기구는 거의 공산당원의 수중에 떨어졌다.

국민당에 기생한 그들은 마침내 '행랑방'에서부터 '안채'까지 점령한 것이다.

군벌 타도의 연설

이에 대항하여 서산회의파도 3월 29일(1926년)부터 상해에서 27개 성구(省區)의 대표 107명을 모아 똑같이 '제2차 전국대표대회'를 열게 된다.

이와 같이 당내 모순을 잔뜩 안은 2전대회에서, 장개석이 군을 맡은 책임자로서 역설한 것은 '북벌'의 실행이었다. 혁명 근거지 광동을 튼튼히 굳힌 지금, 국민정부의 최대의 과제는 손문의 유지인 중국통일이 아닐 수 없었다. 그러나 이 북벌의 주장은 공산주의자의 저항을 받아 끝내 받아들여지지 않았다.

두 차례의 종정으로 힘을 기른 국민혁명군이 삼민주의의 기치 아래 전국을 통일한다는 것은, 공산당으로서는 매우 불리한 일이었다. 공산당은 아직까지 당세가 충분히 강하지 못하다고 판단하고, 시간을 벌어야 했던 것이다.

북벌주장을 최초로 공공연히 한 것은 1월 4일 밤 국민정부가 개최한 공식연회에서 있었던 장개석의 연설이었다.

"내가 오늘의 전국적인 상황과 본당의 전도를 자세히 관찰한 바로는, 우리 중국국민당은 반드시 중국을 통일할 수 있다고 본다. 통일은 금년 중에 달성할 수 있을 것이다. 적(북양군벌)의 내부를 보면, 붕괴는 나날이 빨라지고 있으며, 본당이 금년에 더욱 노력하면, 군벌을 모두 타도하여 북경을 수중에 넣고, 총리(손문)의 영구를 남경에 맞아들여 자금산에 안장할 수가 있다"

이어서 6일의 2전대회에서 장은 군사보고를 하고, 보다 구체적으로 북벌의 가능성을 말했다.

"현재의 국민혁명군은 완전히 정부의 관할하에 있고, 명령 하나로 8만 5천 명의 인원을 동원할 수 있다. 총은 6만 정을 갖추었고, 병사의 급여도 일정한 예산이 있으며, 병사의 생활은 이전보다 개선되어 있다. 또 각 학교에도 육군학생이 6천 명쯤 있는데, 이는 1개 사단에 필적하다. ····우리의 정부는 이미 밖으로 향해 발전할 만큼의 역량을 확실히 가지고 있다. ····요 2년간에 국민혁명군이 거둔 다대한 성과는 분명히 삼민주의의 힘으로 쟁취한 것이다. 혁명군이 가는 곳에는 인민의 열렬한 환영의 표시가 있었고, 인민의 마음으로부터의 조력이 있었다. 이런 의미에서도 혁명군은 바로 인민의 군대요 무장인 것이다"

북벌주장에 대해 왕조명이나 참가자 일동은, 적어도 표면상으로는 찬의를 표했다. 보로딘도 특별히 이의를 내세우지 않았다.

반장(反蔣)과 북벌 저지

그러나 대회의 공기는 이와 같은 제언을 받아들일 만한 것이 못
되었다.

장개석은 개막 후 4일째에 보고를 했으나, 그 4일 동안 누구 하
나 '삼민주의'의 네글자를 입에 담은 사람은 없었다. 이러한 분위기
속에서 장개석은 '이번에 혁명군이 동강(東江)을 탈환하고 광동을
통일한 것은 완전히 우리 총리의 삼민주의의 승리이지, 다른 누구
의 승리도 아니다'라고 역설했다. 그 때문에 2전대회 이후부터 공산
당은 공격목표를 장개석에게 압축하고, 그를 타도해버리려 했다.

2전대회가 끝난 뒤, 주위의 분위기가 2차동정 전에 비해 미묘하
게 변화해갔다. 이러한 사실은 장개석도 이내 알아채게 되었다. 그
는 까닭도 없는 냉소나 무시, 또는 개인적 중상을 당하는 수가 종
종 있었다. 그가 산두·조주(潮州)에 있었던 무렵, 이미 광주에서는
공산당원이나 소련인 고문 사이에서 '반장 기운'이 조성되고 있었던
것이다. 당초에는 이것이 무엇에 유래하는지 확실하지 않았으나, 이
윽고 똑똑히 정체를 드러내기 시작했다. '장개석 타도'는 '북벌저지'
와 표리일체를 이루는 것이었다.

장개석이 산두에서 광주로 돌아오자, 일종의 도장(倒蔣) 운동이
발생했다. 국민혁명군 또는 황포군관학교 내부에서 반장 분위기가
조성되고 있었다. 군대의 장교 중에는 노골적으로 장개석에게 반항
하는 자들도 나왔다.

요중개 암살, 호한민 추방으로 권력을 왕조명에게 집중하는 일에
성공한 공산당은 마침내 혁명군 총사령 장개석을 타켓으로 삼기 시
작했던 것이다.

고립무원의 곤경

2전대회가 끝난 지 오래지 않은 1926년 2월 3일, 보로딘은 돌연 '본국의 소환에 따라 귀국한다'면서 광동을 떠났다.

보로딘을 뒤이어 소련인 고문단의 리더가 된 것은 키산카라는 사나이였다. 그는 노골적으로 북벌저지 공작을 시작했다. 키산카는 군의 회의석상 등에서 '북벌은 반드시 실패한다'고 계속 주장했다.

그들은 또 '참모단'의 명의를 가지고 국민정부 군사위원회의 결의를 무시하고, 군교(軍校)의 경비를 멋대로 삭감하며, 장교의 급여 지불을 억제한 일도 있었다. 이것은 당군 교장에 대한 신뢰를 떨어뜨리려는 계획이었다. 이때에는 왕조명도 그들이 하라는 대로 하고, 북벌에 반대하는 태도를 보이기 시작했다.

이보다 앞서 2월 1일, 장개석은 군사위원회로부터 '국민혁명군 총감'에 임명되었다. 그러나 내부의 불통일에 의구심을 품은 그는 취임 거부의 뜻을 전하고, 이튿날에는 광주위수사령 및 군사위원회 위원의 두 직책에 대해서도 사표를 제출, 군관학교의 교무에 전념할 뜻을 표시했다. 이에 대해 왕조명은 뚜렷한 회답을 하지 않아, '사직'은 공중에 뜬 상태가 되었다.

장개석은 2월 27일에 왕조명을 찾아가서, 만일 자신의 사직을 승인하지 않으려면, 대신 키산카를 소련으로 즉각 귀국시키라고 강력하게 요구했다.

"혁명의 실권을 소련인의 손에 넘길 수는 없다. 코민테른과 제휴한다 하더라도, 반드시 일정한 한계가 있어야 하며, 자주적인 입장을 잃어서는 안 된다"

그런데 두 사람의 비밀대화는 즉시 키산카의 귀에 들어갔다. 여기에 이르러서 장은, 왕조명―공산당이 깊이 결탁해 있고, 그에게 소련공산당의 음모를 알게 할 방법은 없다고 깨닫게 되었다.

이 무렵 장이 왕조명에게 보낸 편지는 그동안의 사정을 다음과 같이 말하고 있다.

"…아우(장개석)가 산두에서 돌아와 즉시 북벌을 제안했을 때, 형(왕조명)은 적극적으로 찬성했고, 북벌을 위한 비용까지 준비하여 그 결심을 보였다. 그러나 키산카 고문이 반대하자 갑자기 그 태도를 바꾸었다. 이는 형에게 자주성이 없음을 나타내는 것이다.

키산카는 북방에 배로써 군대를 수송하면 된다고 제의했다. 이것은 정말 속이 빤히 들여다 보이는 천박한 전술이며, 이 제의의 이면에는 북벌을 시키지 않겠다는 독침이 있다. 그래서 북벌을 실행할 성의가 없음은 명백하다. 그의 생각은 총리(손문)의 일생의 소원이었던 북벌의 뜻에 상반한다.

2전대회 이래 당무·정치·군사가 언제나 누군가에 의해서 조종되고 있는 것을 슬퍼하지 않을 수 없다. 군사조차도 자주적으로 움직일 수 있는 여지를 잃었다. 혁명의 전도는 절망적이다. 중국혁명을 제3자에게 조종당하게 해서는 안 된다.

총리의 '연소용공' 정책의 뜻과, 소련이 중국혁명과 독립을 돕는다고 하는 약속에 위반되어서는 안 된다.

이 점을 확실히 교섭하도록 제의한다. 이것은 키산카만의 책임이 아니라, 형에게도 그 책임이 있다. 키산카는 또 북방으로 거점을 옮겨 군대를 훈련할 것을 권하는데, 그 진의가 어디에 있는지 명백하다. 즉, 아우가 하루라도 광동에 있으면 키산카의 계획은 그만큼 실천이 어려워진다. 그는 나를 광동에서 떼어놓아 군의 중심을 잃게 하고, 우리 당의 세력을 약화시키려 하고 있는 것이다…"

공공연한 인신공격

키산카는 장교의 공명심을 이용하여 직접 반란을 선동하게까지

했다. 이에 편승한 것은 제2사 사장 왕무공이었다.

그들은 왕무공에게, 반란을 일으키면 제7군 군장의 지위를 주겠다고 약속하고, 나아가 그 준비를 위해 군관학교의 경비에서 3만 원(쌀값 환산으로 약 7만여 달러)을 깎고, 그 못을 제2사단에 지급했다. 다행히 직전에 모의가 발각되었고, 2월 26일에 왕무공을 체포, 해직하여 반란은 저지되었다.

3월에 접어들자, 소련인 고문의 책동하에 공산당원들은 장에 대한 인신공격을 하기 시작했다.

군교(軍校) 내부에서는 정치주임 교관 고어한이 강연 때마다, 본교가 혁명적이 아니라고 비방하는 말을 서슴없이 늘어놓았다. 그의 의도는 우선 일반동지에게 장개석에 대한 신뢰를 잃게 하는 데 있었다. 그는 노골적으로 이렇게까지 말했던 것이다.

'우리 단체 안에도 한 사람의 단기서(북방 군벌의 한 사람. 당시 북방정권의 임시 집정)가 있다. 북방의 단기서를 타도하려면 먼저 이쪽의 단기서를 타도하지 않으면 안 된다'

3월 7일에는 군교 교육장 등연달(鄧演達)로부터 '등사 인쇄된 반장(反蔣)선전 삐라를 뿌리고 있는 자가 있다'고 하는 보고도 들어왔다.

장개석은 심로(心勞)가 겹치고 밤에도 편안히 잠자리에 들 수 없는 나날이 계속 되었다. 그런 곤경을 벗어나서 외유라고 하고 싶은 심정이었다. 14일에는 '사직' 문제에 관해서 승인도 하지 않고, 달래어 머물게 하지도 않는 왕조명으로부터 '잠시 광동을 떠나면 어떻겠는가?'하는 암시가 들어 왔다.

"나는 이때, 만일 내가 광동을 떠나지 않으면 뜻밖의 사건이 발생할지도 모른다고 생각했다. 그러나 나는 사직이 정식으로 승인되지 않는 한, 만일 스스로 광동을 떠나면 직무를 포기하고 달아난 죄를 입게 되는 것이다"

이렇게 생각한 장은 광동에 머물러서 직무를 수행하자는 결심을 굳히게 되었다.

이 같은 정세 속에서 3월 18일 이른바 수수께끼 같은 문제의 '중산함 사건'이 일어났다.

2. 중산함 사건

중산함의 기괴한 행동

'중산함 사건'의 내용은 너무도 기괴, 복잡하여 생각도 할 수 없는 것이었다'

사건은 3월 18일(1926년) 저녁대 중산함이 기묘한 움직임을 보인데서 시작되었다. 중산함은 4년 전 진형명의 반란으로 인해 손문과 55일간 운명을 함께한 인연이 있는 바로 영풍함 자체이다. 당시 광동에서는 최대의 함정이며, 손문의 사망 후 그의 이름을 남기기 위히 중산함으로 개명되었다.

중산함은 마침 수리를 마친 참이었고, 일루미네이션 부착 작업 중이었다. 그것이 명령도 없이 돌연 광주로부터 황포로 찾아왔던 것이다.

오후 5시, 해군국 소관인 중산함이 황포중앙군사정치학교(황포군단학교를 개명한 것)에 돌연 항행해와서, 교육장 등연달에 대해서 '교장의 명령을 받들어 회항해 왔다. 여기에서 대기한다'고 통고해 왔다.

그때 교장인 장개석은 공무 때문에 성도(광주)에 있었는데 이 보고를 듣고 매우 기괴하게 생각했다. 왜냐하면, 이 군함을 회항하라는 명령을 한 일이 없었으며, 중간에서 잘못 전달될 만한 명령도 내리지 않았기 때문이다.

군교(軍校) 앞에 정박한 중산함은 총포의 덮개를 벗기고, 1주야에 걸쳐 보일러의 불을 계속 땠다. 바로 임전태세였다.

19일이 되자 의심스러운 일이 일어났다.

한 동지가 장개석과 얼굴을 맞대자마자, 오늘 황포에 가는지 안 가는지를 물었다. 장은 갈 생각이라고 대답했다. 헤어진 뒤, 오전 9시부터 10시 사이에 그 동지는 또 전화를 걸어와 '황포에는 언제쯤 가는가?'하고 물었다. 이 같은 전화가 잇달아 세 번이나 있었다. 이것은 장이 황포에 가는 시간을 알아내려 했던 것이다.

장은 두 번째 전화까지는 아무렇지도 않게 생각했으나, 세 번째 전화가 걸려오자 아무래도 이상하다는 생각이 들었다.

마지막 전화에서 장은, 오늘 황포로 갈지 안갈지 아직 결정하지 않았다고 대답했다. 그는, 장이 오늘은 황포로 돌아가지 않는다고 이해한 것 같았다.

그로부터 한 시간도 지나기 전에, 공산당원이자 해군국장 대리인 이지룡이 전화를 걸어왔다. 그는

"중산함을 광주로 되돌려 참관단에 참관시키고 싶은데, 좋겠습니까?"

하고 물었다. 장이 그에게 되물었다.

"중산함은 언제 황포에 갔는가?"

"어젯밤입니다"

"나는 황포로 가라는 명령을 내린 적이 없다. 자네가 광주로 회항해야 한다고 생각하면 그렇게 하면 된다. 나에게 물을 필요가 어디 있는가?"

하고 장이 대답했다. 누가 명령을 내렸는지는 분명하지 않았다. 이

지룽이 다시 대답했다.

"중산함을 회항시킨 것은 교장의 명령입니다"

장이 그에게 명령문을 가져와서 보이라고 요구하자, '그것은 전화에 의한 명령이었습니다'라고 대답했다.

이날 저녁때, 중산함은 다시 광주로 돌아갔다. 광주에 도착했을 때, 이미 해는 저물어 있었다.

광주로 돌아간 중산함에는 이렇다 할 일이 없었기 때문에 보일러의 불을 꺼야 했음에도 불구하고 이 군함은 여기에서도 계속 밤새워 불을 땠다. 마치 계엄상태 같았다.

장은 무언가 불온한 책동이 진행되고 있다는 것을 직감할 수 있었다. 그는 공산당의 음모가 드디어 폭발했음을 알았다. 그러나 이때는 단지 그들이 반란을 일으키려 하고 있다는 것, 자기를 없애려 하고 있다는 것을 알았을 뿐이며, 그들이 어떤 계획을 세우고 있는지는 알 수 없었다. 그들의 계획을 처음부터 안 것은 반란평정 뒤였다. 그 계획이란, 장이 광주로부터 황포군교로 돌아가는 도중에 그를 협박하여, 중산함으로 광동에서 블라디보스톡으로 데려가서, 소련에 억류시킨다는 것이었다. 그들은 국민혁명을 이용하여 '무산계급 전정(專政)'을 실현하기 위해, 유일안 장애인 장개석을 제거하려 했던 것이다.

▶ 중산함 사건에 관해, 시종 장개석과 동행한 진조영(陳肇英—전호문요새 사령)은 공산당의 움직임을 훗날 다음과 같이 말하고 있다.

"이지룡은 중산함을 이동시켜 군교와 광주의 교통을 차단한 뒤, 군교를 왕조명에게 인도하도록 장개석을 협박할 생각이었다. 장개석과 비서인 진립부(陳立夫) 두 사람의 소련행 여권도 사전에 준비되어 있었다. 불온한 움직임을 알아 챈 장개석은 19일에 은밀히 작은 배를 타고 황포에서 광주로 갔다. 그날 오후 중산함도 역시 광주로 돌아와 보일러를 계속 때며 출발에 대비하고 있었다. 이튿날 아침에 장개석·진립부 두 사람을 체포하여 출항하려는 계획이었다'

장개석, 계엄령을 포고

신속히 대항조처를 강구할 필요가 있었다. 20일 미명, 광주 위수 사령부는 계엄령을 포고했다. 진조영의 말에 따르면, 장개석은 일단 조주·산두로 물러가서 재기를 꾀한다는 결심을 굳히고, 산두행 배표를 구입했다. 장개석은 자동차로 부두까지 가다가, 마지막에 차 안에서 수행자에게 '결심'을 알리고, 광주시내로 돌아왔다고 한다.

계엄령 선포와 동시에 장은 기민한 움직임을 보이기 시작했다. 우선 해군학교 부교장 구양격(歐陽格)에게 명령하여 함대를 장악케 함과 동시에, 이지룡을 체포, 엄중 취조했다. 또한 광주시내에도 군대를 파견, 공산당이 조종하는 '항성(港省) 파공(罷工—파업) 위원회'의 무장을 해제한 데 이어 군·당내의 대표적 공산주의자를 일제히 검거하기 시작했다. 소련인 고문들의 각 자택에도 군대를 파견하여 포위, 감시하에 두고 움직임을 봉쇄했다.

신속한 조처 결과, 유혈을 보지 않고 공산당원의 음모를 미연에 방지할 수가 있었다.

소련인 고문들은, 자택이 포위되고 위병이 무장해제 당한 것에 항의해 왔다. 그러나 사변의 배후에 소련인 고문들이 있다는 것은 의심의 여지가 없었다. 제1군 고문인 스테파노프도 후의 고문단 회의석상에서, 고문단이 직접 지휘하여 중산함을 광주로 되돌린 사실을 밝혔던 것이다.

3월 22일(1926년)에는 소련의 광주주재 영사관 대표가 나타나서, '이것은 고문단 안의 특정 개인에 대한 문제인가, 아니면 소련 전체에 대한 문제인가?'하고 물었다. 물론 소련 전체를 적으로 삼을 만한 문제는 아니었다. 그는 장의 설명에 납득하고, 음모의 주모자인 키산카를 비롯하여 고문단 안의 가담자를 소련으로 송환하는 데 동의했다.

소련인 고문단은 그들의 실패를 시인하고, 다음과 같이 반성했다.

1. 러시아 인이 중국의 풍속·관습에 무지했기 때문에 중국인의 반감을 초래했다.

2. 중국공산당은 국민당을 점차적으로 개혁하려 하지 않고 공공연히 공산당 세력의 확충에 전념하였으며, 각 부서에서 지휘권을 장악하려 했기 때문에 국민당원의 분노를 샀다.

키산카 등 소련인 고문단의 일부는 24일에 광주를 출발하여 귀국했다. 국민정부는 그뒤 4월 14일에도 10여 명의 소련인 고문을 해임했다. 이리하여 장개석은 소련인에 의한 국민당 '지배'를 약화시키는 데 성공했을 뿐만 아니라, 좌파를 제압하고 자신의 정치적 계획을 추진하는 데 유리한 고지를 점령했던 것이다.

왕조명, 프랑스로 도망

또 한 사람, 이 사건으로 큰 손상을 입은 것은 왕조명이었다. 사건 직후 장은 그를 직접 만나러 갔다. 왕은 중산함 사건 처리에 관하여 자기에게 사전의논이 없었던 이유로 기분이 상해 있었다. 그는 지금까지 음으로 양으로 공산당원과 연대하고 있었다. 그런 참에 발생한 중산함 사건의 결말은 그의 입장을 손상하는 것이었다.

그는 3월 23일 돌연 자취를 감추었다. 병으로 의사의 진찰을 받는다는 것이었으나, 그 진의는 장인걸(중앙감찰위원)에게 보낸 다음과 같은 편지에 그대로 드러나 있다.

"그(장개석)가 아주 싫어졌다. 이제 두 번 다시 정치책임은 지고 싶지 않다!"

왕조명은 5월에 고국을 떠나 프랑스로 향했다.

한편 장개석으로서는 이 중산함 사건의 처리를 독단으로 실행함으로써 군의 규율을 위배한 만큼 책임을 명확히 할 필요가 있었다. 3월 23일 그는 스스로 처분을 바라는 상신서를 군사위원회에 제출하고 판단을 요청했다.

"이번 사건의 발생에 즈음해서는 긴급을 요하기 때문에 비상조처를 취했다. 그 때문에 사전에 보고할 시간이 없었고, 독단 전행의 죄는 피할 수 없는 바가 있다. 다만 심야이기도 하고, 약간이라도 시간을 늦추었으면 기회를 잃었을 것이다. 임기응변의 조치는 부득이했다. 스스로 엄중히 처분할 것을 바라며, 이로써 징계의 뜻을

북벌군에 연설하는 장개석(蔣介石 1887~1975)

나타내고, 기율을 숙정해야 한다…. 장중정(蔣中正)"

그러나 이 상신서는 불문에 붙여졌다.

보로딘, 다시 등장

송환된 소련인 고문단과 교대로 4월 29일에는 책사(策士) 보로 딘이 소련으로부터 다시 광주로 돌아왔다.

보로딘과 장개석은 국·공 합작문제에 관해 몇 차례나 협의를 되풀이 했다. 그 결과, 당무정리변법(黨務整理辦法)을 정하고, 5월 15일에 국민당 제2기 중앙위원회 제2차 전체회의에 제출했다. 이 변법은 모두 8조이다.

1. 공산당은 그 당원에 대하여, 국민당에 대한 언론의 태도를 개선

하고, 특히 총리(손문) 및 삼민주의에 비판을 가하거나 의심을 품는 것과 같은 일은 허용되지 않는다는 것을 훈령한다.

2. 공산당은 국민당 내의 공산당원 전원의 명부를 국민당 중앙집행위원회 주석에서 교부한다.

3. 중앙당부의 각 부장은 2개 당 이상의 당적을 가지지 않는 자만이 담당한다.

4. 국민당적에 속하는 자는 당의 허가를 받지 않는 한 어떠한 경우에도 국민당의 명의를 가지고 당무회의를 열어서는 안 된다.

5. 국민당적에 속하는 자는 최고 당부의 명령을 받지 않는 한 별도로 조직을 만들거나 행동해서는 안 된다.

6. 중국공산당 및 제3인터네셔널(코민테른)이 국민당 내의 공산당원에 대해 내리는 일체의 훈령이나 책략은 사전에 국·공 연석회의를 거치지 않으면 안 된다.

7. 국민당원은 탈당허가를 받기 전에 타당의 당적을 얻을 수 없다. 이미 당적을 이탈하여 공산당에 입당한 자는 금후 다시 국민당에 입당할 수 없다.

8. 당원이 이상의 각항을 위반했을 때는 즉시 그 당적을 취소하는 동시에 위반 정도에 따라서 징벌한다.

이 변법을 협의했을 때 보로딘의 태도는 매우 온화했고, 장이 제출한 주장은 거의가 받아들여졌다.

양보전술로 전환한 공산당

사건 후, 소련 본국의 트로츠키 파는 공산당에게 국민당으로부터 탈퇴하여 폭동을 일으킬 것을 주장했다. 그러나 스탈린 등은 국민당을 자극하지 않도록 하여 당내에 머물도록 설득했고, 중국공산당도 그 방침을 받아들였다.

그 결과 조직부장 담평산, 대리 선전부장 모택동 등 공산당원은 잇달아 직무에서 떠났다. '연소용공'을 돌파구로 하여 국민당을 장악하려 한 공산당의 계획은, 중산함 사변으로 인해 일단 제동이 걸리게 되었던 것이다.

그러나 공산당은 결코 본심으로 변법을 받아들인 것은 아니었다. 여기서 국민당으로부터 물러남으로써 지금까지의 '기득권익'을 모두 포기하는 것은 중대한 손실이라고 계산하고, 얼마동안 양보하여 내부에 머물면서 딴 기회에 지도권 탈취를 꾀하려 했던 것이다.

일단락은 되었지만 공산당과의 결정적 대결은 역시 뒷날로 미루어지게 되었다.

3. 북벌—혁명전쟁

3·18사건

중산함 사건 후 최대의 임무는 손문의 뜻을 이어서 북벌을 완성하는 일이었다.

북방에서는 여전히 군벌할거가 계속되고 있었다. 북경의 임시집정 단기서는 세력을 잃고, 북경정부의 실권을 쥔 풍옥상의 국민군(국민혁명군과는 다름), 장작림의 봉천군, 손전방의 신직례군(新直隷軍), 오패부(吳佩孚)의 구직례군의 네 파가 이합집산을 되풀이하며 상쟁하는 상태에 있었다. 열강 제국 중 일본은 장작림, 영국은 오패부를 배후에서 도와, 군벌끼리의 세력다툼에 박차를 가했다.

장작림·오패부 등은 봉직(奉直)연합군을 결성, 북경의 풍옥상과 맞설 채비를 갖추고 있었다.

중산함 사건 직전인 3월 12일(1926년)에는 이른바 대고(大沽)

전선(북벌전쟁)에서 작전을 지휘하는 장개석(검은 망토)

사건이 일어나, 일본군함이 풍옥상의 국민군과 교전했다. 이것은 국민군이 수뢰(水雷)로 봉쇄한 대고 해항(海港)을 일본군함이 봉천군의 함선을 이끌고 강경하게 돌파하려했기 때문에 발생한 사건이었다.

일본을 비롯한 열강 제국은 이 기회를 틈타 북경정부에 대해 천진·북경에서의 내전정지를 요구하는 최후통첩을 들이댄 끝에, 북경정부를 굴복시켰다.

이 '굴욕외교'에 분노한 북경의 학생·민중은 3월 18일에 천안문 앞에 모여 항의대회를 열었다. 그러나 단기서는 그 청원 데모대에 발포를 명령, 사망자 47명(일설에는 57명), 부상자 2백여 명을 내는 참사를 빚었다. 이른바 '3·18 사건'이다. 이로 인해 군벌 타도, 열강 제국주의의 반대의 소리는 민중 속에 더욱 높아졌다.

봉직연합군의 북경 압박이 점차 강화되자, 이에 견디지 못한 풍옥상은 국외(소련)로 탈주했고, 북경이 봉직연합군의 손에 떨어지는 것은 시간문제였다. 따라서 이때야말로 지방군벌을 일소할 수 있는 절호의 기회가 아닐 수 없었다.

이에 장개석은 4월 3일 중앙에 대해 북벌을 건의했다.

"북방에서 국민군이 북경·천진을 퇴각하면, 중국의 정세변화는 신속하고도 중대한 것이 될 것이다. 예를 들어 봉천군이 북경·천진을 점령하면, 중국에서의 일본의 세력은 더욱더 공고해진다. 영국은 또 호북·하남에 있는 오패부를 전력을 다해 부추길 것이다. 손전방은 강소·절강에 주저앉아 있지만, 영국은 손에게도 오와 손잡을 것을 강요할 것이고, 미국도 최근에 손과 제휴하여 일본을 견제하려 하고 있다. 프랑스 역시 중국에서 소련의 세력이 다시 확대되는 것을 두려워하며, 돌연 영·일 양국과 연합전선을 결성, 운남의 당계요를 원조하여 우리들의 북벌을 견제하고 있다.

열강은 북방의 국민군을 처치한 뒤 반드시 전력을 기울여 광동·광서의 혁명 근거지에 간섭해 올 것이다. 그 기한은 3개월에서 반년까지의 사이이다"

북벌을 위한 거병은 그와 같은 상태가 도래하기 전, 즉 6월말까지 실행되지 않으면 안 되었다.

이 건의는 중앙에 의해 받아들여졌다. 4월 16일 장개석은 군사위원회 주석에 추천되었고, 6월 5일에는 국민정부로부터 국민혁명군 총사령에 임명되었다. 이때부터 북벌계획은 급속하게 진전되기 시작했다.

북벌 동원령 떨어지다

북벌에 동원된 국민혁명군의 총병력은 8군, 약 10만 명, 그중에서 동원할 수 있는 병은 5만 명 정도에 불과했다. 각군 군장은 제1군 하응흠, 제2군 담연개, 제3군 주배덕, 제4군 이제침, 제5군 이복림, 제6군 정잠(程潛), 제7군 이종인(李宗仁), 제8군 당생지였다.

그밖에 8개 함정으로 구성된 해군함대와, 3대로 이루어진 공군 비행대가 있었다. 이것이 예비품 전부였다.

상대되는 북방군벌은 25만이라고 일컫는 오패부의 부대가 하남·

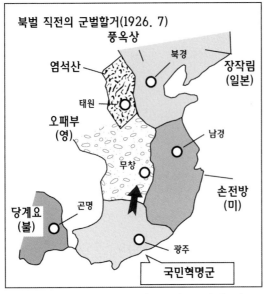

북벌 직전의 군벌할거(1926. 7)
풍옥상
염석산
태원
오패부
(영)
당계요
(불)
곤명
북경
장작림
(일본)
남경
무창
손전방
(미)
광주
국민혁명군

호북·호남·사천·귀주(貴州)까지 전개해 있었고, 광동·광서에도 잔존부대를 가지고 있었다. 손전방은 20만의 병력을 거느리고 강소·절강·안휘·복건·강서의 5개 성을 제압하고 있었다. 더구나 장작림은 동북 3성·직례(하북)·산동에 걸쳐 총 35만의 대군을 배치하고 있었다. 적의 병력은 국민혁명군의 10배를 훨씬 넘고 있는 것이다. 더욱이 혁명군은 장비 및 재력면에서도 적보다 훨씬 뒤져 있었다.

정면으로부터 전면전쟁을 거는 것은 자살행위나 다름없었다. 그래서 우선 중원(中原)에 버티고 있는 오패부군을 무찌르고, 이어서 손전방군을 친 다음, 마지막으로 장작림군과 결전하여 전국을 통일한다고 하는 각개격파의 전략을 세웠다.

7월 1일, 장개석은 군사위원회 주석의 이름으로 북벌의 동원령을 내렸다. 우선 호남에 병력을 집중하여 무한(武漢)을 함락한다는 계획이었다.

4일, 국민당 중앙집행위원회는 북벌 출사(出師) 선언을 발표하고, 전국 각계에 북벌에 대한 협력을 호소했다. 이튿날인 5일에 장은 중앙당부 군인부 부장에 임명되어 군의 전권을 부여받았다. 그는 곧 광주에 국민혁명군 총사령부를 설치하고, 이제침을 총참모장, 유영건을 총참의(總參議)에 임명했다. 9일, 광주 동(東) 연병장에서 국민혁명군 총사령 취임식과 북벌 서사전례(誓師典禮)를 거행하

고, 군인과
민간이 약 5
만명 앞에서
북벌맹세의
말을 했다.

호남, 호북성의 전선으로 향하는 국민당의 북벌군

"국민이
수재와 화
재의 고통
에 헐떡이
고 있는데
도, 토비 군
벌은 악업
을 돕고, 제국주의는 침략을 확대하려 하고 있다.

본군이 군대를 일으키는 것은 구국 국민을 위해서일 뿐이다. 죄인을
토벌하여 백성을 편안케 하고, 흉도의 수령을 격멸하여 평등을 회복
하고 자유를 되찾았을 때야말로 비로소 총리(손문)의 유명(遺命)이
빛날 것이다.

우리 장병들이여, 백성의 선두에 서서 전진하라. 후퇴하지 말라. 나
라에 충성을 다하고 주의를 실행하고, 개인을 희생하여 충심으로 혁
명정신을 드러내라"

장개석은 거듭 전국에 일제히 선언을 내고, 북벌에 이른 경과를
말한 다음 특히 다음과 같은 것을 호소했다.

"중정(장개석)은 지금 취임에 즈음하여, 삼가 다음 세가지 일을 국
민에게 알린다.

첫째, 제국주의자 및 그 주구와 끊임없는 결전을 하고, 절대로 타협
하지 않는다.

둘째, 전국의 군인과 일치하여 대외에 임하고, 삼민주의를 하루속히 실현한다.

셋째, 우리 전군으로 하여금 인민과 깊이 결합시켜, 인민의 군대가 되게 한다. 전국 인민은 함께 혁명의 책임을 질 것을 요구한다'

북벌군, 파죽의 진격

염원의 북벌은 드디어 힘차게 출발했다. 전국통일을 위한 국민혁명군의 첫걸음이 내디뎌진 것이다. 손문이 하와이에 흥중회를 조직하고, 국민혁명을 목표로 한 지 이미 33년이라는 세월이 흐르고 있었다.

첫 번째 목표는 호남성을 평정하고, 여세를 몰아 호북성의 요지 무한3진(三鎭—武昌·漢口·漢陽)을 함락하는 데 있었다. 무한3진은 중화민국의 초석이 되는 신해혁명(1911년)의 첫 봉화를 올린 장소이다. 장강(양자강) 중류에 있으며, 예로부터 군사상의 요충이라고 일컬어져 왔다.

국민정부 주석 취임식을 끝내고 계단을 내려오는 장개석과 송미령.

7월 5일(1926년), 당생지가 전선의 총지휘를 맡아 제4·제7·제8군을 통솔하고 호남의 성도 장사(長沙)를 목표로 북상을 시작했다.

오패부군은 장사 남쪽의 강 연수(漣水)에 방어선을 치고 북벌군을 맞아 대항했으나, 북벌군은 어렵잖게 이를 격파하고, 파죽지세로 9일에 상향(湘鄕), 10일에 상담(湘潭), 11일에는 장사를 점령했다. 오패부군의 호남군 총사령 섭개금은 부대를 이끌고 북으로 달아났다.

장개석이 총사령으로서 장사에 발을 디딘 것은 8월 12일 오전 3시경이었다. 동이 트기 전인데도 5만의 군중이 피로의 기색도 없이 마중나와 혁명군을 환영했다. 민중의 지지는 컸다.

북벌군은 계속 파죽지세로 북진을 감행, 19일에는 평강(平江), 22일에는 악양(岳陽)을 관통했다. 불과 20일이 못되는 동안에 호남성의 대부분을 제압한 것이다. 그러나 성경(省境)을 넘어 호북성에 들어선 곳에서 적의 완강한 저항에 부딪쳤다.

전열을 정비한 오패부군은 무창 남방 80km의 정사교(汀四橋)에 진지를 구축하고 있었다. 정사교는 월한철로(광주-한구)의 작은 역이지만, 무한 방위를 위해서는 중요한 거점이다. 동쪽에는 산이 육박해 있고, 남·서·북의 3방향은 장강지류와 호수에 둘러싸여, 고작 서남쪽에 놓여진 철로의 긴 다리만이 외부로 통해 있었다. 여기를 깨뜨리지 않는 한, 남쪽으로부터 무한에 육박하기는 불가능했다. 오패부는 이 자연의 요새 정사교에 진덕린(陳德麟)·유옥춘(劉玉春)이 이끄는 최정예부대 약 2만을 새로 투입하여 북벌군의 진격을 저지하려 했다. 장개석은 정사교와 무창 중간에 있는 하승교(賀勝橋)에 전선사령부를 두고 스스로 전투를 지휘했다. 여기서 북벌의 전도를 결정짓는 정사교 쟁탈의 대격전이 전개되게 된다.

북벌군의 첫발이 한순간 빨랐다. 오패부가 전선사령부에 도착하기 전에 일반 제4군이 정사교 공략에 성공했다. 그러나 오패부도 물러서지 않았다. 오는 정사교로부터 퇴각해온 여장·단장·여장들 9명을 부하에 대한 본보기로 전원 총살하고, 전군에 정사교의 절대 탈환을 명령했다. 전선의 병사 배후에는 칼을 든 부대를 배치하여, 퇴각하는 병사는 사정없이 죽인다고 하는 지독한 작전이었다. '공포의 명령'에 휘몰린 오패부군은 27일 밤 결사적인 반격으로 나왔다. 어쩔 수 없이 북벌군은 일단 정사교를 버리고 철수했다.

그뒤 정사교를 둘러싼 양군의 싸움은 바로 사투 그 자체였다. 28일 아침에는 북벌군이 다시 탈취했으나, 이윽고 마제(馬濟)가 이끄는 적군에게 또다시 탈환당했다.

치열한 공방전 뒤, 총예비대의 제1군을 투입하여 간신히 정사교를 제압한 것은 29일이었다. 이날 오전 10시 장개석은 열차로 정사교를 건넜다. 온통 겹겹이 시체가 딩굴어, 싸움의 처참함을 남기고 있었다.

오패부군은 9월 1일 드디어 최후의 거점인 무창까지 물러갔다. 무창의 측면에 있는 나지막한 야산인 홍산(洪山)은 포대가 구축되어 견고한 요새로 변해 있었다. 오패부는 다시 2개 사단을 증강, 무창을 사수할 태세였다.

9월 3일 오전 3시에 북벌군은 무창성을 포위하고 야음을 틈타 공격에 들어갔다. 결사대가 여러차례 성벽을 기어올라 가려 했으나, 적측의 중포와 기관총이 위세를 떨치는 바람에 막대한 희생자만 남긴 채 퇴각할 수밖에 없었다.

3일 밤, 차편으로 무창에 가까운 도가만(涂家灣)에 도착한 장개석은 제2차 공격준비를 지시했다. 5일 오전 3시, 북벌군은 좌우 양 날개로부터 총공격을 재개했다. 그러나 이때도 사닥다리를 성벽에 갖다댈 수가 없어 공격은 실패로 끝났다.

그러나 대안(對岸)의 한양에서는 16시간의 격전 뒤, 6일 저녁때 이곳을 함락했다. 이튿날 7일에는 한구마저 항복시켜 무한3진 중 2진을 수중에 넣을 수가 있었다.

적장 오패부는 다시 북쪽 하남성의 신양(信陽)으로 도망쳤다.

무창 함락의 날

고립상태가 된 무창성에서는 아직도 유옥춘의 군이 완강하게 저항을 계속했다. 북벌군은 성내 주민의 생명을 보호하기 위해, 성내의 무차별 포격을 가할 수는 없었다. 그래서 제4군의 2개 사단과 포병 일부에게 성을 포위시키고, 나머지는 다른 데로 전전(轉戰)시켰다. 무창성을 봉쇄한 후 차분하게 공략하기로 한 것이다.

봉쇄는 육상·수상·통신 등 전반에 걸쳐 행해졌다. 무창성 내의 상인에게도, 적에게 식량·금전 등의 제공을 금지하도록 하고, 이를 위반하면 군법에 의해 처벌한다고 경고했다. 이에 병행해 비행기로는 폭격과 함께 '오패부를 타도하라! 불평등조약을 취소하라!', '장병의 투항을 권고한다!'는 등의 전단을 뿌려, 적병에게 심리적인 압박을 가했다. 오패부군으로부터 민심을 이반시키고, 군의 사기를 떨어뜨리기 위한 심리전이었다.

다른 한편으로 장개석은 군관학교의 공병대에 명령하여, 공성전(攻城戰)을 위한 터널을 굴착케 했다. 무창성의 적군은 그래도 끈덕지게 계속 버텼다. 북벌군이 마침내 이곳을 함락한 것은 10월 10일 오전 7시 반이었다. 이날은 마침 무창에서의 신해혁명 15주년 기념일이었다.

손존방군, 활동을 개시

국민혁명군(북벌군)의 초기의 전략은 이러했다.

—오패부를 타도하고, 손전방과 연락하며, 장작림과는 상대하지

않는다.

당장의 적은 오패부만으로 한정하고, 손정방과는 오히려 협의함으로써 싸움에 개입하지 않도록 하는 방안도 생각하고 있었다.

손전방은 처음에는, 북벌군과 오패부군의 싸움에서 운이 좋으면 어부지리를 차지할 수 있다는 계산으로 양자의 싸움을 방관하고 있었다. 으르렁대고 있는 군벌끼리의 사이에서는 라이벌이 상처를 입을수록 자기에게 유리한 상황이 되기 때문이다.

북벌군은 8월 12일(1926년), 이러한 손전방에 대해 장사로부터 '혁명진영에 참가하기 바란다'는 전문을 보냈다.

'귀형(손전방)은 강소·절강·안휘·강서·복건 5개 성의 치안책임을 맡고 있지만, 만일 혁명의 조류에 순응하여 인민의 행복을 보전할 수 있다면, 중정(장개석)은 반드시 정부에 귀형을 5개 성의 총사령으로 승인할 것을 요청하겠다…'

그러나 손정방은 이에 응하지 않았다. 북벌군의 쾌진격을 보고 도리어 자신도 위험하다고 생각한 것이다. 따라서 그는 오패부를 재촉해서 더욱 완강히 응전하도록 격려하는 동시에, '보경안민(保境安民)'(영지를 보호하고, 인민을 편안케 한다)을 구실로 자기 지반인 강소·절강에 자치운동을 일어나게 하고, 민중을 휘몰아 북벌군의 동진을 강력히 저지하려고 했다.

8월 31일에는 제3방면군 총사령 노향정(盧香亭)을 강서서 총사령에 임명, 강서성에 병력을 움직여 북벌군에 대항케 했다. 북벌군이 한창 무한을 공략하던 때였다. 손정방의 움직임은 북벌군의 측면에 대한 위협이었다. 이로써 손전방군과의 무력대결은 이미 피할 수가 없게 되었다. 북벌군은 우익의 제2·제3·제6의 각 군을 서둘러 강서방면에 배치했다.

9월 6일, 북벌군은 총공격을 개시했다. 손전방은 아직도 집결을 완료하지 못하고 있었다. 이 선제공격으로 그날 안에 평향(萍鄕)을 함락한 데 이어 삽시에 강서 남부를 제압, 19일에는 제6군이 성도 남창(南昌)에 입성했다.

연도의 민중은 한결같이 '땅쥔커아이(黨軍可愛—당군이 사랑스럽다)'라고 다정한 말을 외치며 진군하는 국민혁명군을 환영했다.

남창 입성에는 성내의 민중, 특히 학생들이 적극 협력했다. 그들은 자진해서 적군의 시설을 파괴하는 등, 혁명군의 입성을 도왔다.

그러나 괴멸한 것처럼 보이던 손전방군은 전력을 기울여 다시 반격해 왔다. 일단 구강(九江)까지 물러난 뒤, 태세를 정비하여 남창 탈환에 대군을 투입한 것이다. 그때 남창을 방비하고 있던 북벌군은 고작 1만에 지나지 않았다. 북벌군은 눈물을 머금고 남창성으로부터 철수하지 않을 수 없었다.

남창 공방전

이미 무창의 싸움은 거의 대세가 결정나고, 주전장은 남창 공방전으로 옮겨져 있었다. 장개석은 남창의 혁명군을 독려하기 위해 무창에서 돌아와 장사를 거쳐 남창으로 행하는 도중에 남창이 탈환당했다는 소식을 들었다. 그는, 남창의 서남서 60km의 고안(高安)을 거점으로 하여 스스로 남창 재공격의 지휘를 잡게 되었다.

무창 포위전에 임하고 있었던 제1군 제2사 및 제4군을 새로 투입, 12일부터 남창 포위작전을 시작했다. 그러나 적군의 포화로 민가에 화재가 속발했다. 북벌군은 민중의 피해를 최소한도로 막기 위해 일단 포위를 푼 다음, 적의 후방으로 우회하여 보급선을 차단하기로 작전을 변경했다.

이것이 멋지게 주효하여, 11월 5일에는 적의 후방 거점인 구강을 함락하고, 7일에는 남창도 역시 다시 북벌군의 손에 떨어졌다.

이 싸움에서 손전방군 정예부대의 거의 전부가 섬멸되고, 손전방은 남경으로 도주했다. 이로써 호남·호북에 이어 강서성도 국민정부의 통치하에 놓여지게 되었다.

한편 복건성에는 하응흠이 지휘하는 동로군이 손전방의 복건 독판(督辦)인 주음인(周蔭人)의 부대를 소탕하고 있었다. 동로군은 해안을 따라 쾌진격을 계속하여, 12월 18일에는 북주에 진주했고, 주음인은 절강으로 도망했다.

처음에는 북벌군을 깔보았던 북방군벌은 사태가 여기에 이르자 갑자기 결속하기 시작했다.

우선 남경으로 달아난 손전방은 천진으로 가서 장작림에게 도움을 청했다. 장작림은 이에 응하여, 12월 1일에 난국군(安國軍)을 조직, 총사령부를 천진에 두고 스스로 총사령이 되었다. 손전방과 장종창(張宗昌)을 부총사령에 임명하고, 하남에 피해 있었던 오패부와도 다리를 놓았다. 다시 말하면 북양군벌을 몽땅 합친 영격(迎擊) 체제였다.

최후의 적 장작림이 드디어 적극적으로 나선 것이다.

북양군벌의 움직임에 대항하여 1927년 1월 6일, 북벌군은 남창에서 작전계획을 짰다. 동로군·중앙군·서로군의 세 길로 나누어, 장강 하류의 적을 일소하려는 계획이었다.

1. 동로군은 하응흠이 총지휘하여 항주(杭州)·상해를 목표로 한다.

2. 중앙군은 총사령이 직접 통솔하고, 정잠이 이끄는 강우군(江右軍—장강 우안), 이종인이 이끄는 강좌군(江左軍—장강 좌안)으로 나누어 남경으로 행한다.

3. 당생지가 총지휘하는 서로군은 섬서(陝西)에 있는 풍옥상의 부대와 연락을 하고, 기회를 보아 하남성으로 진격했다.

1월 26일, 동로군의 진격을 필두로 각군이 작전을 개시했다. 동로군은 삽시에 항주를 함락한 뒤, 3월에는 상해의 공략에 나섰다. 3월 14일에는 적의 송호(淞滬—吳淞·상해) 해군 함대사령 양수장(楊樹莊)이 북벌군에 귀순해와 국민혁명군 해군총사령에 취임한 후, 소속 각 함정에 청천백일기를 달고 북벌군의 작전에 호응했다. 그 결과, 21일에는 상해·송강(松江)·소주·무석(無錫) 등 적의 중요거점을 점령, 손전방의 잔존부대·직로(直魯—하북·산동)군의 일부는 괴멸했다.

중앙군의 진격도 쾌조를 보여, 강우군은 2월 23일 마침내 남경에 이르렀다.

오점 남긴 남경사건

3월 23일(1927년)에 남경성 공략전을 스스로 독전하기 위해 장개석은 군함 '초동(楚同)'으로 남경 남방 약 60km의 장강 채석기(采石磯)로 갔다. 국민혁명군의 제6군과 제2군을 주력으로 하는 강우군(총지휘 정잠)은 이날 저녁때까지 남경의 남쪽 성문에 도달했다. 적의 수비대인 직로군(하북·산동군)은 이미 남경성을 포기하고, 황급히 장강을 건너 북으로 도망했다. 강우군은 24일 이른 아침, 남경의 중화문(中華門)으로 입성을 시작했다.

이른바 '남경사건'은 이 직후에 일어났다.

남경사건이란 국민혁명군과 열강이 정면으로 충돌한 것으로서, 북벌 과정중의 가장 불행한 사건 중의 하나였다. 오전 9시경, 국민혁명군의 제복을 입은 병사들이 영국영사관을 포위했다. 그들은 관저로 돌아가려고 나온 영국총영사 자일러스를 쏘아 부상시킨 뒤, 기세를 올리면서 관내에 침입, 관원을 살상한 다음 손에 잡히는 대로 금품을 약탈했다.

이와 전후하여 일본·미국 등의 영사관도 습격당해 건물이 파괴되었다. 이 약탈들에 참가한 병사들은 확실히 국민혁명군의 제복을 입고 있었으나, 분명히 유맹(流氓—부랑자)이 섞인 '깡패 집단'이었다. 교회나 외국인이 경영하는 의원·상점 등이 습격의 대상이 되었다. 집이 불태워지고 금품이 탈취되었다. 거류민들은 난을 피해 도망치려고 우왕좌왕 했다.

오후 3시 반이 되자, 장강에 정박중인 미국과 영국의 포함이 경고 없이 남경시가를 향해 발포를 개시했다. 외국인의 대부분은 시내의 구릉지대에 피해 있었다. 거기로 몰려드는 폭도들을 저지하기 위한 포격이었다. 구릉지대 주변에 집중포격이 실시되었다. 이 포격은 오후 5시 쯤이 되어서야 겨우 멈추었다. 그러나 이 포격으로 많은 사상자가 발생하였으며, 소문구(小門口) 농업학교나 민가 등 건물도 다수 파괴되었다. 강우군의 총지휘이자 제6군장 정잠과 제2군자 노척평(魯滌平)들이 입성하여, 사태의 수습에 나선 것은 저녁때가 지나서였다.

▶ 강우군의 조사에서는, 이 남경사건의 사상자는 장병이 사망자 24명, 중상 7명, 민간인이 사망자 15명, 중상 19명, 또 영국영사관의 조사에 따르면 외국인의 사망자는 영국인 3명, 미국인 1명, 프랑스인 및 이탈리아인 선교사 각 1명 합계 6명이었다.

초동 함상에서 사건의 통보를 듣고 장개석은 순간 귀를 의심했다. 북벌개시 때 총사령 이름으로 낸 대외선언(1926년 8월)에 정면으로 위배되는 사건이었기 때문이다. 선언에서는 외국인의 생명·재산의 보호를 강조하고 있고, 지금까지 국민혁명군은 단 한번도 이를 어긴 일이 없었다.

사건처리를 위해 부랴부랴 국민혁명군의 참의 임석민(林石民)을 일본영사관에 파견하여 다음과 같은 메시지를 전했다.

—중국 군함 '이통(利通)'으로부터의 보고에 따르면, 남경의 영국과 미국의 군함이 남군(북벌군)을 향해 발포했다. 원인은 분명하지 않지

만, 우리나라는 영·미 양국에 대해 조금도 적의를 갖고 있지 않다. 본인은 스스로 남경에 가서 모든 책임을 지고 해결할 생각이다—

그때는 사건의 전모가 아직 밝혀지지 않았다. 공산주의자들은 '반동분자의 짓이다'라고 선전하고 있었다. 그러나 진상은 그렇지 않았다. 이 사건은 모스크바와 공산당의 음모에 의해 야기된 것이었다.

열강은 이 남경사건을 '국민혁명군의 정규군에 의해 조직적·계획적으로 저질러진 것'으로 보고 있었다. 따라서 포격은 일단 중지했지만, 태도는 매우 강경했다.

포격을 중지한 뒤, 영국함정으로부터 모터보트를 탄 군사(軍使)가 장강 강안으로 와서, 세계 홍만자회(紅萬字會) 강녕(江寧) 분회장 등을 함상으로 데려갔다. 홍만자회는 적십자와 비슷한 운동을 하고 있는 단체로서, 포격이 한창이던 때에 장강 강안에 서서 수기(手旗) 신호를 포함에 보내어 발포정지를 요청했던 것이다. 영국함정은 이 홍마자회를 창구로 하여 약 2시간 동안 교섭한 뒤, 다음과 같은 요구를 중화민국정부 및 국민혁명군에게 재시했다.

1. 장휘찬(張輝瓚) 사장(師長—강우군 제2군 제4사장)은 긴급명령을 내어 외국인을 보호하라.

2. 장 사장은 병사의 발포를 금지한 뒤, 스스로 미군군함에 출두하여 외국 거류민의 손해상황에 관하여 의논하라.

3. 25일 오전 10시(1927년 3월), 시내의 외국인 거류민을 병사의 호위하에 양자강 강안까지 호송하라.

4. 이 요구들이 실행되지 않을 경우에는 즉시 엄중하게 대치하고, 남경·하관(下關)을 군사구역으로 한다.

25일, 장개석은 총사령으로서 군함을 남경에 도착했다. 함상에 정잠(강우군 총지휘)을 불러 지시했다.

"중국군대 또는 폭도의 어느 쪽에 의한 짓이든, 외국인의 생명·재산에 손해를 끼친 자는 모두 철저하게 조사하라. 책임을 지고 외국이 납득할 수 있도록 해결하라"

동시에 국민혁명군의 하응흠·노척평·정잠·하요조(賀耀組) 네 장군을 남경의 치안유지 책임자로 하여, 외국 거류민의 생명·재산에 손실을 끼치는 자는 엄벌에 처하도록 명령했다.

이날 각국은 요구조건을 거듭 문서화하여 정잠의 지휘부에 보내왔다. 이 문서에 의한 요구는 공식외교 절차를 밟지 않은 것이었지만, 국민혁명군은 그 절차상의 문제에 항의하면서도 그들의 요구를 거의 받아들이고 다음과 같이 회답했다.

1. 외국인 보호에 관해서는 요구를 기다릴 것도 없이 희망에 부합할 만한 긴급명령을 낸다.

2. 교섭은 외교 당국이 해야 하며, 장사장이 스스로 포함에 갈 필요는 없다. 또 국민혁명군측도 발포를 금지하므로 포함측도 다시 발포하지 않기 바란다.

3. 외국인 거류민은 요구대로 호송한다. 그러나 외국인이 흩어져 있으니, 영사관측에서 통지를 내어 한 곳에 집합시키도록 해주기 바란다.

이로써 사건확대의 위기는 일단 면하게 되었다. 외국 거류민도 안전하게 장강 강안까지 호송되어 각국의 포함에 무사히 수용되었다.

오해를 낳은 과대보고

이튿날인 26일, 장개석이 타고 있는 함정은 상해로 회항했다. 상해의 외국 신문은 '영국 총영사가 사망했다'느니 '외국인 거류민의 사상자는 수백 명에 달했다'는 등으로 과대보도를 내보내고 있었다.

이 보도는 국민혁명군에 대한 신뢰를 잃게 하고, 국제적으로 무익한 공포와 혼란을 야기하는 것이었다. 공포상태에 빠진 외국인들은 속속 귀국하기 시작했다. 열강은 비상사태 발생에 대비하여 수천 명의 증원군을 상해의 조계에 들여보냈다.

장개석은 일본·미국·영국·프랑스 등 상해주재 각국 신문사·통신사의 기자를 총사령부에 불러 담화를 발표했다.

'이번의 남경사건에 관해서는 외국 신문과 통신사가 과장된 선전을 했기 때문에 많은 오해를 낳았다. 나는 이미 사건을 책임을 지고 조사하고, 거류민이 만족할 만한 해결책을 취하도록 지시했다. 조사 결과 국민혁명군의 소행이라고 밝혀지면, 마땅히 적절한 조치를 취할 방침이다. 그렇다 하더라도, 미국과 영국의 군함이 사전 경고도 없이 발포한 일에 대해서는 남경의 외국 관계당국에 항의했고, 손해비장을 요구하는 바이다'

이와 같이 열강이 마음대로 하고 있는 조계문제에 관해서 명확하게 견해를 제시했다. 국민혁명군은 이전부터 불평등조약의 철회, 조계의 회복을 주장하고 있었지만, 이 주장은 무력을 빌어서 하는 것은 절대로 아니라는 사실을 밝히기 위해서이다.

'여러분은 중국의 상황에 관해서 잘 알고 계시리라고 생각하지만, 만일 각국이 아직도 19세기적인 정책을 취하고, 군함이나 군대의 무력을 행사하여 중국에 대응한다면, 조계 및 거류민의 생명·재산에 이익이 없을 뿐만 아니라, 오히려 해가 될 것이다. 왜냐하면, 현재의 중국은 이미 19세기의 중국이 아니기 때문이다.

우리 국민혁명군이 가는 곳에 각 우방 제국이 파병할 필요는 없다. 우리 국민혁명군은 외국인 거류민의 생명·재산에 대해 완전히 보호의 책임을 진다. 불평등조약의 취소 및 조계의 회수에 즈음하여 무력이나 폭동에 의지하는 일은 결코 하지 않을 것이다. 어디까지나 중앙정부가 외교상의 정당한 절차를 밟음으로써 실행될 것이다.

여러분은 각국 거류민에게 두려워할 필요가 없다는 것을 전해주기
바란다. 국민혁명군의 혁명목적은 오직 국제적 지위의 평등을 확보하
는 데 있을 뿐이다'

이어서 장개석은 무한의 외교부장 진우인(陳友仁)에게 전보를 쳐
서, 즉각 상해로 와서 외교적 처리를 맡도록 요청했다. 사건은 이리
하여 대외적으로는 해결의 방향으로 나아가게 되었다. 그러나 진상
의 규명은 이제부터였다. 사건의 배후에 공산당이 있다는 증거가 포
착되었던 것이다.

비밀문서를 입수

남경사건이 모스크바와 공산당의 음모임을 똑똑히 보여주는 한
가지 증거인 비밀문서가 입수되었다. 1926년 11월, 마침 북벌군이
남창을 함락한 시기에 열린 코민테른 제7차 회의의 결정에 의거하
여, 이 문서가 입수됐을 때, 상단의 왼쪽 귀와 후반부가 소실되어 원
문은 2분의 1밖에 남아 있지 않았다. 그러나 타다 남은 부분의 제5
항과 제7항에는 이렇게 적혀 있었다.

'5. 모든 방법을 써서 국민대중에 의한 외국인 배척을 야기하지 않
으면 안 된다. 이 목적달성을 위해서는 각국과 대중을 무력 충돌시키
지 않으면 안 된다. 이렇게 함으로써 각국의 간섭이 야기된다면, 다시
방법을 가리지 않고 그것을 관철해야 한다. 비록 약탈이나 수많은 참
살을 초래하더라도 개의할 필요는 없다. 대중이 유럽의 군대와 충돌했
을 때에는 그 기회를 절대로 놓쳐서는 안 된다.

7. 유럽 제국에 대한 배척운동을 일으킴에 있어, 각국간의 보조에
혼란을 야기시키는 일이 대단히 중요하다. 다만 일본은 지리상으로 보
아 최단기에 병력을 대거 투입할 수 있으므로, 열강 각국과는 별도로
취급하는 것이 특히 중요하다. 일본인 거류민에게는 위해를 가하지 않

도록 감시해야 한다'

이 훈령은 바로 남경사건의 배후관계가 어디에 있는가를 똑똑히 뒷받침하는 것이었다.

당시 중국에 권익을 가진 열강 제국은 국민혁명군의 파죽적 진격에 신경을 곤두세우고 있었다. 특히 장강 유역을 세력권으로 하는 영국은 그들이 지원하고 있던 오패부가 패했기 때문에 불리한 입장에 몰리지 않나 하고 불안감을 느끼고 있었다. 일본도 역시 장작림을 지원하고, 동북 3성으로부터 화북에 걸쳐 세력신장을 꾀하고 있었다. 1927년 1월에는 한구·구강의 영국 조계가 국민정부에 의해 접수당한 것을 계기로 상해 조계 역시 접수당하지 않나 하는 소문도 퍼졌다. 그 때문에 열강 제국은 거류민 보호 등의 명목으로 주요지에 병력을 증강하고 있었다.

공산당으로서는 이때가 기회였다. 대중을 선동, 대규모 배외(排外)사건을 일으켜, 국민혁명당과 열강의 주둔군 사이에 전쟁이 벌어지게만 한다면, 국민당을 제압하고 일거에 혁명을 찬탈할 수 있다는 계산이었다.

> ▶ 이 무렵 열강 각국의 중국 주둔 병력은, 5월 말 현재로 상해 부근에 일본·미국·영국·프랑스·이탈리아·네덜란드·스페인·포르투갈 8개국이 합해서 2만 5천, 북경 방면에 일본·미국·영국·프랑스·이탈리아 5개국의 5천 명, 군함은 장강 유역을 중심으로 8개국 104척이었다. 이중에서 영국이 가장 많아 상해에는 1만 6천 7백 명을 주둔시키는 외에 군함 42척을 각지에 배치하고 있었다.

남경사건의 진상

남경사건의 배후에는 여느때처럼 소련인 고문 보로딘이 있었다. 그 앞잡이가 된 것은 제6군 정치부 주임 임조함과, 제2군 정치부주임 이부춘(李富春) 등의 두 공산주의자며, 총지휘인 정잠도 역시 그들에게 조종되었다.

임조함과 정잠 사이에는 모종의 거래가 있었다. 사건 전후인 3월 23일, 보로딘이 무한에서 소집한 '중앙정치위원회'에서 임조함은 정잠을 상해·남경 등을 관할하는 강소 정무위원회의 주석으로 하도록 제안하고 있었다. 정잠은 강소의 지반이 탐이 나서 공산당을 도와주었던 것이다. 그리고 사건날 아침에 최초로 남경에 들어간 부대는 이부춘이 속한 제2군과, 임조함이 속한 제6군이었다.

조사 결과, 사건의 전모는 밝혀졌다. 무한정부로부터 파견되어 조사를 맡았던 외교부 비서 위각(韋慤)은 이렇게 보고하고 있다.

'우리 군이 입성할 무렵에는 적군의 대부분은 이미 퇴거한 뒤였으나 적의 잔병은 아직도 완전히 제압되어 있지 않았고, 성내의 질서도 일시적으로 미회복 상태였다. 남경의 반혁명분자는 기회를 틈타 지방의 유민과 패잔병을 선동하고, 사전에 우리 군의 포로로부터 탈취한 제복을 입혀 혁명군으로 변장시켜 소동을 일으켰다'

이것이 공산당의 음모임은 국제적으로도 확인되었다. 영국의 외상 챔벌린은 5월 9일, 하원에서의 연설에서 이렇게 말했다.

'남경사건은 사실은 코민테른의 지휘하에 조직되고 발동되었다. 그 목적은 열강을 부추겨 장개석을 곤경에 빠뜨리게 하는데 있었다고 생각된다. 이 사건 때문에 중국인민은 공산당원과 소련의 고문을 신용하지 않게 되었다. 영국정부로서도 남경사건의 취급에 대해 방침을 바꿀 여지가 있다'

소련에 대한 불신감은 더욱 더 깊어졌다. 4월 6일에는 북경의 실권을 쥔 장작림이, 중국공산당원의 은신처로 되어 있었던 소련대사관을 수색, 이대교 등 공산당원 60여 명을 체포하고, 비밀서류 다수를 압수했다. 압수서류 속에는 '재화(在華) 스파이 국 조직법', '스파이에 대한 소련 대사관이 군사·정치 정보조사를 명령한 훈령' 등이 포함되어 있었다. 유명한 지식인 이대교 등 주모자 20명은 28일에 교수형에 처해졌다. 또 영국에서도 앞서의 챔벌린의 연설 3일 후에, 런던의 소련 통상대표부를 수색하여 문서를 압수하고, 영국의회는 대소련 단교를 결의했다.

'장개석 타도'의 책략

전국통일을 위한 북벌에 대한 공산당의 노골적인 방해공작은 비단 남경사건에서 비롯된 것만이 아니다. 북벌 당초부터 어떻게 해서라도 북벌을 실패시키려고 조직적인 활동을 벌이고 있었던 것이다.

북벌 방해공작을 지도한 것이 다름아닌 소련인 고문 보로딘이고, 그 배후에는 코민테른이 대기하고 있었다. 그들은 우선 북벌에 반대하고, 북벌개시 당시는 '도저히 승산이 없다. 반드시 실패한다'는 등의 소문을 퍼뜨렸다. 국민혁명군의 사기를 꺾으려 한 것이다. 그러나 북벌은 그들의 기대에 반하여 파죽의 연승을 계속했다. 그러나 그들은 노골적으로 국민혁명군 9총사령 장개석)의 발을 잡아당기려 했다. 그들에게 있어서 국민혁명군에 의해 전국통일이 성공하는 것은 불편한 일이었던 것이다.

보로딘이 계획한 가장 직접적인 책략은 '장개석 타도'였다. 군사적 승리로써 명성을 획득하는 것을 두려워했기 때문이다.

그들은 우선 혁명진영의 내부분열을 꾀했다. 그것은 북벌이 시작된 직후, 1926년 7월 12일부터 광주에서 열린 공산당 제2차 중앙확대집행위원회의 결의에서 시작된다. 그들은 다음과 같은 국민당의 분열책을 통과시켰다.

국민당 내부를 네 가지로 나눈다. 즉 1종은 반동적 우파(풍자유·마소·손과·고응분 들), 제2종은 공산파, 제3종은 좌파(왕조명·감내광 들), 제4종은 신우파(즉 중간파, 대계도·장개석 들)이다. 우리들(공산파)는 좌파와 연합하고, 아울러 중간파에게 반동적 우파를 공격시킨다. 그와 동시에 중간파를 발전시켜서는 안도면, 좌파에 접근시킨다.

즉, 옛날부터의 국민당원 동지를 분류하여 한패끼리 분열시키고 다투게 하여 세력을 꺾으려고 한 것이다.

이어서 '좌파'의 영수로 떠받들기 위해 왕조명은 파리로부터 불러오려 했다. 공산당은 절강·안휘·호북·상해·한구 등, 공산당의 입김이 닿는 성·시당부에 손을 돌려 왕조명 귀국요청 전보를 중앙에 치게 했다. 이 보조를 맞춘 전보전술에 움직여져, 10월 15일에 중앙·각 성·시당부 연석회의는 정식으로 '왕조명을 맞아 복직시킬 것'을 결정, 귀국요청 전문을 보냈다.

그러나 여기에서도 공산당은 음험한 수단을 썼다. 왕조명이 병이 나서 귀국에 시간이 걸리는 것을 틈타 '사실은 장개석이 왕조명에게 돌아오지 말라고 전보를 쳤기 때문이다'고 하는 사실무근한 소문을 퍼뜨렸다. 왕조명 복직의 목적인 '영왕도장(迎汪倒蔣—왕을 맞아들여 장을 타도한다)'을 위해 평판을 나쁘게 하여 설 자리를 잃게 하려 했던 것이다.

이와 같은 상황을 배경으로 하여 보르딘은 중앙상무위원 대리주석 담연개를 만나 '장개석이 당정(黨政)업무에서 물러나 군사에만 전념하도록 권유하면 어떻겠는가'하고 요구했다.

'도장(倒蔣)'의 음모는 국민혁명군 내부로도 향해졌다.

국민혁명군이 한구를 함락한 직후 공산당 기관지는 '북벌군은 대중의 지지를 얻지 못하고 있다'고 논하고, '당의 권위는 군사적 영수(장개석을 가리킨다)의 상위에 있어야 하며, 당이 일체를 지배해야 한다'고 반장(反蔣) 무드를 고조시켰다.

소련의 스탈린도 배후에서 공산당을 조종했다. 그는 1926년 11

월의 코민테른 제7차 확대회의에서 이렇게 지시했다.

'중국공산당원은 가능한 한의 방법을 강구하여 군대 내에서 정치공작을 해야 한다. 각종각양의 군벌이 지금 광동파(국민혁명군)에 귀순하고 있지만, 그들에게는 국민당과의 공통점은 전연 없다. 그들을 중립화하고, 나아가서는 진짜 국민당인으로 만들기 위해 정치공작을 강화하고 그들을 감시하는 방법을 취해야 한다'

이용당한 야심가

보로딘이 이용하려고 한 것은 제8군 군장 당생지이다. 당생지는 본디 호남성을 지반으로 하는 군벌로서, 북벌 초기에 국민혁명군에 귀순, 제8군에 편입된 경력의 소유자이다. 호남·호북 양성을 국민혁명군이 제압한 뒤, 당생지의 제8군은 강서성으로 진군하려 하지 않고, 그대로 병력을 온존, 보로딘과 손을 잡고 '국민혁명군 총사령'직을 탈취하려고 했다.

그해 10월, 총정치부의 코민테른 고문 테르니가 보로딘에게 보고한 바에 따르면, 당생지는 다음과 같은 야망을 말하고 있다.

'장개석은 이제 완전히 지쳐 있다. 그에게 제일 좋은 것은 휴양이다. 이미 그는 강서성을 공격해도 아무것도 할 수 없을 것이다. 만일 나에게 지휘를 하게 해주면, 강서를 함락할 뿐만 아니라, 남경까지도 함락해 보이겠다'

당생지는 총지휘의 권력이 탐이 나서, 당면한 적인 손전방과 은밀히 접촉하고, 일본군과도 의논을 하였다. 더욱이 소련에 대해서는 국민정부를 통하지 말고, 무기를 직접 원조해 주기 바란다고 요구했다.

보로딘은 당생지의 야심을 이용하여 '도장'의 진영에 넣었다. 당생지는 이윽고 보정(保定) 군관학교계(북경정부계)의 장교들에게 호소하여 '반장연맹'을 결성하려 했다. 그러나 그 혼자서 권력을 장악하려고 했기 때문에 오히려 장교들의 불만을 불러일으켜, 결과적으로는 실패로 끝났다.

보로딘은 타인을 이용할 뿐만 아니라, 스스로도 국민정부의 분열을 연출했다. 이른바 국민정부의 '천악(遷鄂—무한으로의 이전)'이다. 이 천악문제야말로 '도장'의 마무리라고 할 만한 것이었다. 이것은 뒤에 '두개의 국민정부'(寧漢 분열)로 발전하여 북벌을 중지시키고, 나아가서는 국민당의 '연소용공' 정책에 종지부를 찍는 원인이 된다.

무한천도를 단독으로 결정

보로딘은 북벌군이 강서성의 남창을 함락한 1주일 후인 11월 16일(1926년)에 국민정부의 대리 외교부장 진우인, 사법부장 서겸(徐謙)[1], 교통부장 손과, 재정부장 송자문(宋子文) 들을 대동하고 무한 이전의 사전조사를 위해 광주를 출발했다. 보로딘의 속셈은 '도장'의 상징으로 왕조명을 무한에 맞아들여, 공산당의 지배하에 있는 정부를 수립하는 데 있었다.

국민정부도 26일, 정식으로 무한을 옮길 것을 결정, 12월 5일에는 광주의 중앙당부·정부기관을 폐쇄했다. 국민당 중앙상무위원회 대리주석 장인걸, 국민정부 대리주석 담연개 등 당·정부의 최고 수뇌들도 역시 그 후 광주를 떠나 남창을 거쳐 무한으로 향했다.

보로딘이 국민정부 분열 음모를 공공연히 드러낸 것은 이 직후이다. 그는 당·정부의 수뇌가 이동중인 틈을 노려, 12월 13일에 몰래

---

1. 서겸(1871~1940) 1917년 광동 군정부에 들어가 손문의 비서장을 역임한 뒤, 파리 강화회의의 광동대표로 참석했다. 뒤에 소년의 카라얀 주중대사의 고문이 되어 모스크바로 갔고, 귀국 후 국민정부의 사법부장에 취임했다. 그 후 반장개석 운동에 참여한 외에, 이제침 들과 공산계의 복건 인민정부(1933년)에 참가했다.

앞질러 한구에서 '중국국민당 중앙집행위원회 및 국민정부 임시연석회의'(이하 임시연석회의로 약칭)을 성립시켰다. 서겸이 그 주석이 되고, 동시에 중앙집행위원회 정치회의가 호북에서 개회될 때까지 최고직권을 집행한다는 것을 결정했다.

본디부터 이 임시연석회의는 수뇌부를 빼고서 멋대로 만든 것으로서, 하등 합법성이 없었다.

이에 비해, 당 대리주석 장인걸은 남창에 도착한 3일 후인 1927년 1월 3일, 즉시 정식으로 중앙정치회의를 소집하고, 임시연석회의의 활동 정지를 명령했다. 그와 동시에 중앙당부와 국민정부를 당분간 남창에 머물게 할 것을 결정했다.

보로딘은 이 정식 결정에 따르려고 하지 않고, 임시연석회의의 명의로써 중국국민당 제2기 중앙집행위원회 제3차 전체회의(이하 3중전회라고 약칭한다)를 한구에서 열 것을 역제의 해왔다. 북벌이 한창인 때에 국민정부가 사실상 분열한다고 하는 실로 불행한 사태가 되는 것이다.

어떻게든 양자의 화해를 꾀하지 않으면 안 되었다. 1월 11일 장개석은 스스로 무한까지 가서 보로딘을 만났다. 무한에서는 수만 명의 민중이 모여 환영해 주었지만, 장개석을 맞는 보로딘의 태도는 냉랭했다. 본디 '도장'의 목표로 되어 있는 장본이의 해명 따위는 필요하지 않다는 식이었다.

무한에 도착한 그날 밤, 연회에서 장개석의 연설이 끝난 뒤 보로딘이 최후의 연설을 했다. 그는 공개석상인데도 불구하고, 국민당을 비판했다. 그는 혁명진영 안에 농민·노동자를 파괴하는 행위가 있다고 지적하고, 더구나 국민당의 영수(국민당 중앙상무위원회 대리주석 장인걸)에게 비난·중상·경멸하는 말을 거침없이 퍼부었다. 그리고 마지막 장개석에게 이렇게 경고했다.

'장개석 동지, 우리는 3년 동안 고난을 함께 해 왔으니 모든 사정을 이해하고 있을 것이다. 만일 농민·노동자에게 압력을 가하고 CP(중국 공산당)에 반대하는 것과 같은 일이 있으면 우리는 사정 여하를 불문하고 방법을 강구하여 그것을 타도할 것이다!'

그는 이 연회에서 최후의 연설자였다. 그의 연설이 끝나자 장은 곧바로 그에게 질문을 하려 했으나, 주석인 서겸이 산회를 선포하는 바람에 반론할 수가 없었다.

이틀째에 장은 그에게 힐문했다.

'당신의 말에는 근거가 없다. 어느 군인이 농민·노동자에게 압력을 가하고 있는지, 어느 영주가 당권을 파괴하고 있는지 똑똑히 말해보라'

보로딘은 대답하지 못했다.

장은 다시 이렇게 말했다.

'당신은 이 같은 근거 없는 말을 해서는 안 된다. 당신은 소련의 대표인만큼, 본당을 파괴하는 것과 같은 일은 해서는 안 된다. 지금의 소련은 3년 전의 소련이 아니라, 각국으로부터 강국이 되었다고 보여지고 있다. 더구나 세계에서는 소련을 적색 제국주의라고 말하는 사람도 있다. 당신이 어젯밤의 연석에서 연설한 것처럼 무례하게 자기 하고 싶은 대로 말을 할 것 같으면, 모든 국민당원, 나아가서는 중국인민이 당신을 미워하게 될 것이다. 당신은 중국국민당이 우리 중국 인민을 압박하고 있다고 말하지만, 그것은 사실이 아니다. 우리는 총리(손문)의 연소정책을 포기하고 있지는 않다. 당신이야말로 우리 총리의 연소정책을 파괴·방해하고 있는 것이다'

주요인물이 빠진 3중전회

그러나 보로딘은 장개석의 의견을 완전히 무시하고 '임시연석회의를 얼마동안 계속해서 추진한다'는 것을 결의했다. 장개석의 분노는 이로써 절정에 달했다. 그는 18일 남경으로 돌아갔다. 이제 와서는 보로딘의 분열공작을 묵인할 수 없다고 생각한 장은 담연개·대계도의 동의를 열어 보로딘 추방을 호소했다.

'나는 정부와 당부가 일치하여 보로딘을 퇴거시키기를 바란다. 우리는 어떠한 외부의 논란에도 흔들리지 않고 독립된 입장에서 혁명을 확립해야 한다. 보로딘과 같은 회포한 인물을 빨리 퇴거시키지 않고, 어떻게 혁명을 완수할 수 있겠는가'

그러나 보로딘은 이에 굴하지 않고, 당내의 공산주의자를 움직여, 그가 역제안한 국민당 3중전회를 한구에서 열 공작을 추진했다. 처음에는 반대했던 남창측도 대세에 어쩔 수 없어 마침내 한구 개최를 양해했다.

그러나 중앙상무위원회 대리주석 장인걸은 보로딘에게 소외당해 스스로 참석을 사퇴했다.

3중전회는 3월 10일부터 개최하기로 되어, 7일 오후에는 남창의 중앙의원 8명 중 담연개 등 5명의 한구에 도착, 예비회의에 참석했다. 담연개가 '장개석·주배덕 두 동지는 순수한 군사상의 사정으로 오지 못한다. 개회를 12일까지 연기하기 바란다'고 제안했다. 그러나 오욱장·우수덕(于樹德)·모택동 등은 '한두 사람을 기다릴 수는 없다'며 10일 개최를 주장했다. 이리하여 3중전회는 공산당 지배하에 주요한 출석자를 제외한 채로 강행되게 되었다.

남경사건이 일어나기 2주일 전의 일이었다.

중국현대사 연표(1884~1926)

1884 베트남에서 청불전쟁 발발.
1885 청·불간에 천진강화조약 조인.
1888 강유위, 청조에 변법자강을 요청.
1894 청일전쟁 반발.
　　손문, 하와이에서 흥중회 조직.
1895 청·일강화조약(시모노세키 조약) 조인. 흥
　　중회, 광주에서 기의(혁명봉기).
　　일본군, 대만을 무력점령.
1898 무술정변 발생.
　　의화단, 산동에서 봉기.
1900 흥중회, 혜주에서 기의(제2차 기의).
1904 노일전쟁 발발.
1905 손문 등, 도쿄에서 중국혁명동맹회를 결성,
　　<민보> 창간.
　　노·일, 포츠머드 조약 조인.
1907 동맹회, 수차에 걸쳐 중국 각지에서 봉기했
　　으나 모두 실패.
1908 광서제 사망(38세).
1910 일본, 조선을 합병.
1911 동맹회, 무창에서 봉기, 신해혁명 시작
　　(10·10).
　　혁명군, 무창·한양을 점령.
　　도독에 여원홍을 선임하고 중화민국 호북
　　군정부를 수립. 이후 혁명은 전국으로 확
　　대되고 각 성에 군정부가 차례로 조직 됨
　　(10·11).
　　청조, 원세개를 내각 총리대신에 임명
　　(11·3).
　　러시아, 외몽고의 왕공들을 선동, '대몽고
　　국' 독립을 선포(12·1).
　　손문, 초대 임시 대총통에 선출됨(12·25).
1912 남경에 중화민국 임시정부 수립. 손문, 임
　　시 대총통에 취임(1·1).

선통제 부의 퇴위하고 원세개에 전권을 넘
김. 청조 멸망(2·12).
원세개, 중화민국의 2대 임시 대총통에 취
임(2·15).
동맹회, 통일공화당 등 4개 당과 통합, '국
민당'을 조직.
1913 최초의 국회의원 선거에서 국민당 대승.
송교인, 상해 역두에서 피격, 사망(3·20).
원세개, 국회 동의 없이 5개국 은행단과 선
후차관협정에 조인(4·27).
이열균, 강서성에서 거병, 2차 혁명 시작
(7·12).
대총통 선거에서 원세개가 선출됨. 부총통
에 여원홍.
일·독·영·노 등 13개국이 '중화민국'을
승인(10·6).
국민당 해산(11·4).
1914 원세개, 중·참 양원을 해산(1·10).
장개석, 상해에서 봉기 기도에 실패, 일본
으로 망명(5·30).
오스트리아 황태자, 사라예보에서 피격, 절
명. 1차대전 발발(6·28)
손문, 도쿄에서 '중화혁명당' 결성(7·8).
일본, 독일에 선전포고(8·23).
일본, 산동반도의 청도에 출병(9·12).
1915 일본, 대중국 21개조 요구(1·18).
중국 외교총장 육징상, 일본공사에 통후통
첩 승인을 회답(5·9).
중국 참정원, 원세개를 황제에 추대. 원세
개 제위를 수락(12·12).
운남장군 당계요, 채악·이열균과 함께 호
국군을 결성, 동시에 운남성의 독립을 선언
(12·25).

1916 원세개, 제제 취소를 선언(3·22).
　　　원세개, 병사(6·6).
　　　여원홍, 대총통 대리에 취임(6·7).
　　　구약법 회복. 국회 소집. 단기서, 국무총리
　　　에 임명됨(6·29).
　　　장개석, 중화혁명군 동북군 총사령부 참모
　　　장에 임명됨(7·31).
　　　정가둔엣 일본군과 중국군이 충돌(8·13
　　　정가둔 사건).
1917 중국, 독일에 국교단절을 통고.
　　　독일·오스트리아에 선전을 포고(8·14).
　　　손문, 국회 비상회의를 소집하고 '중화민
　　　국 군정부 조직대강'을 결정. 광주에 군정
　　　부 수립(8·15).
　　　손문, 대원수에 선출됨(9·1).
1918 광동 비상국회, 군정부를 '군무원'으로 개
　　　조. 손문, 대원수를 사임하고 도일(5·4).
1919 파리 강화회의 개최(1·18).
　　　베르사이유 조약 조인(6·28).
　　　손문, 중화혁명당을 '중국국민당'으로 개
　　　조함을 선포(10·10).
　　　제1차 카라한 선언(7·25).
1920 안직전쟁 발발. 안휘파의 단기서와 직례파
　　　의 조곤·오패부가 대립.
　　　제2차 카라안 선언(9·27).
1921 중국공산당 창립. 상해에서 제1차 전국대표
　　　대회(1전대회).
　　　광주 비상국회, 손문의 제의로 북벌을 의
　　　결(10·8).
1922 진형명, 반란을 일으켜 광주 근교에서 손
　　　문을 급습, '영풍호 사건'의 발단을 만듦
　　　(6·16).
　　　중국공산당 2전대회, 국민당과의 연합전선

방침을 결정.
1923 손문·요폐 선언(1·26).
1924 중국국민당, 광주에서 제1회 전국대회
　　　(1·20).
　　　장개석, 육군군관학교장에 취임. 군관학교
　　　개학식(6·16).
　　　'광주상단사변' 발생(10·11).
　　　혁명군, 진형명 토벌을 위해 담수·평산에
　　　진격.
　　　손문, 고베에서 '대아시아주의' 강연을 행
　　　함(11·28).
1925 손문, 북경에서 사망(3·12).
　　　상해에서 5·30사건 발생.
　　　국민정부, 광주에 수립. 왕조명이 주석에
　　　선출됨(7·1).
　　　요중개, 암살당함(8·20).
　　　장개석, '동정군 총지휘'에 임명됨(9·28).
　　　동정군, 11월부터 광동성 동부를 평정.
1926 중산함 사건 발생(3·18).
　　　장개석, 국민혁명군 총사령에 임명됨
　　　(6·15).
　　　장개석, 북벌 선언. 9월에 무한 3진, 10월
　　　무창, 11월에 구강·남창을 공략.
　　　국민정부, 무한으로의 천도를 결정
　　　(11·26).

다큐멘터리 중국현대사 1

2014년 3월 10일 개정판 인쇄
2014년 3월 15일 개정판 발행

엮은이 서문당 편집실
펴낸이 최 석 로
펴낸곳 서 문 당

주 소 경기도 고양시 일산서구 법곳동 1155-3
전 화 031-923-8258
팩 스 031-923-8259
홈페이지 Http://SeoMoonDang.com
창립일자 1968년 12월 24일
출판등록 제 406-313-2001-000005호

ISBN 978-89-7243-661-4
1986년 4월 25일 초판 인쇄